欧洲 反犹史

1880 — 1945

[德] 格茨·阿利 —— 著

陶卓 朱凤仪 —— 译

上海译文出版社

目　录

第一章　从犹太人问题到大屠杀

犹太人何以为家？

至 1914 年，移居至美国的东欧犹太人已逾 200 万，并呈井喷式增长趋势。这些移民者希望在美国过上安全而幸福的生活。波兰人、意大利人、中国人或德国人将本国青年男子先行派遣至美国，是为了一探究竟，然后在必要时返回。犹太人却携家带口踏上了未知之路和永别之路，因为他们不得不屈服于对其的集体迫害。移居伦敦的俄罗斯犹太人之子伊斯雷尔·赞格威尔①为此创造了一个词汇——"驱逐流亡"："（移居美国的）意大利人或中国人渴求带着积累的财富衣锦还乡，可能让犹太人重返的家园又在哪儿呢？事实上他们已无路可退，并常被迫在没有护照的情况下流亡各地。他们再也回不去了。"

1907 年夏，一场严重的经济危机席卷美国，导致 30 万意大利移民在短短数周内纷纷归乡。鉴于这一情况，犹太复国主义的活跃分子赞格威尔于当年 12 月让公众进行了一次试验性联想活动："如果回乡的是 30 万犹太人，请您想象一下会是怎样！"[1]

1938 年，这种情况真的发生了——德国和波兰举行了游行示威。这年夏天，位于华沙的波兰政府颁布条例，取消了长居国外的犹太人的波兰国籍。这些犹太人被迫沦为受人唾弃的无国籍者。接着，同年 10 月的最后几天，德国警察突然逮捕本土的 1.7 万名波兰犹太人，将其押运至东部边境，并强行遣送出境。然而，这些本国公民在波兰境内也并未受到欢迎。因为他们是犹太人！两国边防军在边境线之间将被驱逐者来回驱赶了数日之久。最后，波兰政府将这些人禁闭在仓促建造却戒备森严的营地里。其中，最大一处营地靠近德国奥得河畔的法兰克福市和波兰波兹南市之间的新兹邦申边检站。该边检站位于波兰小镇兹办斯内克（即老兹邦申）。营地生活着 8000 多名犹太男子、妇女和儿童，一直运作到 1939 年夏。

被赶出柏林的小提琴家门德尔·马克斯·卡普曾这样描述营地情况："这里被警察严密封锁，就连火车站也受到警方控制。只有 65 岁以上的被驱逐者可获准前往波兰国内，而我们其他人就不得不自己想办法挣脱这个牢笼。因为只有获得去往别处的入境签证才有可能离开这里，所以我们亟待外界的帮助。"这些内容来自卡普寄给侄子格哈德·英特拉特的求助信。格哈德曾担任柏林高等法院候补官员至 1933 年，并在 1937 年设法从希特勒控制下的德国逃往美国。从那时起，卡普就一直试图追随侄子的脚步，却总是徒劳

---

① 伊斯雷尔·赞格威尔（1864—1926），英国作家。作为在伦敦东区长大的东欧移民后裔，赞格威尔是最早用英文介绍犹太移民生活的作家之一。他的主要作品有《犹太区的儿童们》（1892）、《犹太区的梦想家》（1898）和《熔炉》（1914）。1896 年，赞格威尔成为犹太复国主义运动的发言人。后来他脱离该运动，另建"英帝国犹太人定居区地方组织"，并自任主席（1905—1925）（参见《英汉百科知识词典》，南京大学出版社，1992）。——译者（本书脚注如无特殊标识均为译者注）

无功。[2]

两周后的 1938 年 11 月中旬，波兰政府减少了对这些被拘禁者的食品供应。同时，波兰政府还在华盛顿、伦敦和国际联盟总部日内瓦发声，强烈要求其他国家接受这些被德国驱逐的波兰公民。原因何在？时任波兰驻英大使爱德华·拉钦斯基伯爵解释道，"这些人"尽管持有波兰护照，"但与波兰再无瓜葛"。没过多久，拉钦斯基的副手扬·巴林斯基-容齐乌伯爵在英国外交部放狠话威胁道，"迄今为止"，波兰人抵制了"每一次针对犹太人的行动"。迄今为止！如果西方世界不伸出援手接纳这些被驱逐出德国的人，那么"波兰人将得出以下结论：解决犹太问题只有一条途径——迫害犹太人"。[3]

多亏国际干预和德波两国协商，马克斯·卡普得以于 1939 年 6 月 29 日获准从兹邦申营地回到柏林，尽管德国当局命令他必须于 8 月 24 日前彻底离开德国。卡普计划移居上海，美国的亲戚帮他筹措到乘船所需的外汇。实际上，卡普已为 8 月 23 日这天做好了一切准备：一张用美元支付、尚未注明日期的临时机票，各种已缴费和盖章的授权文件，还有盖世太保发放的有效期至出境的延期居留许可。然而，一切都太晚了。1939 年 9 月 1 日，二战全面爆发。9 月 13 日，柏林警察强行抓走卡普，将他扔进柏林附近的萨克森豪森集中营，因为他是可恶的无国籍东欧犹太人。在集中营里，卡普被烙上"009060"的编号，与其他因同样理由而被抓的犹太人一起被关在所谓的小牢房里。1940 年 1 月 27 日，卡普以不明方式死去，可能是受虐致死，也可能是被谋杀。

德国东北部城市奥拉宁堡的户籍管理人员奥托·格里普签发了死亡证明。根据他的登记，犯人卡普"根据奥拉宁堡萨克森豪森集中营指挥官的书面通知登记"，因流感死于早上 7 点。这当然是捏造的。

直至后来，该集中营才有了自己的户籍登记处，但还缺少专用火葬场。因此，被害者的尸体被运往柏林鲍姆舒伦韦格火葬场火化。1940年2月22日，家住选帝侯大街185号的拉希尔·英特拉特把装有她侄子卡普遗体的骨灰盒埋在了柏林的白湖犹太公墓，和她的姐妹安娜·卡普安葬在一起。安娜于1892年在加利西亚的卢彻尔奇采村生下了儿子门德尔·马克斯·卡普。该地区时属奥地利，1918年后改归波兰。[4]

卡普的生死故事对本书的主题"欧洲反犹史"以及必要的区分具有典型意义。他受到德国政府的歧视，被禁止从事音乐家的工作，以致只能沿街叫卖。因为波兰政府想要剥夺他的公民权利，德国政府最后追捕穷困潦倒的他，直至越过德波边境。但波兰一方却拒绝收留这位被驱逐者，视之为不受欢迎分子，并剥夺了他的自由。最后是德国人杀害了门德尔·马克斯·卡普，而不是波兰人。但波兰政府的行为无疑是在助纣为虐，减少了卡普的存活机会。

德国人在掌控罪行

对犹太人的驱逐和谋杀是德国人发起的。德国人掌控着对犹太人登记造册、强行划定居住区和剥夺财产的官方程序；他们设计出谋杀的技术手段；将犹太人驱逐出境，大规模枪杀之，或送往死亡营；在被占国和同盟国挑起针对犹太人的暴力行为。毫无疑问，希特勒政府是整个反犹罪行的主谋。

不过，种族屠杀这样的暴行不可能只由始作俑者独自实施。对各国如何迫害犹太人进行研究的人，会不可避免地发现：德国征服者为达到目的，是如何将原本就存在于欧洲各地的民族主义、民族社会主义和反犹主义的愿望巧妙融为一体的。如果没有这些国家的行政官员、警察、政客和成千上万当地同谋为虎作伥——至少是被动支持，这个庞大的屠杀工程就不可能以令人窒息的速度实现。如果我们只注意到德国"指挥中心"的角色，就无法理解大屠杀快速蔓延或停滞不前的进程。

例如，罗马尼亚领导人扬·安东内斯库在得知希特勒对苏的战争计划后，曾就犹太人问题发表评论："罗马尼亚必须全力以赴、有条不紊、持续不断地摆脱所有吸食人民鲜血的害虫。当前的国际形势十分有利，我们绝不能错过这个好时机。"[5] 安东内斯库——当然也不只是他一人——想要利用这一由德国促成的特殊机遇。也正因为如此，欧洲多地的民事、道德和法律规范才最终走向土崩瓦解。

1918 年至 1921 年间，数十万犹太人不得不眼睁睁看着战争如何将以前虽充满偏见但还算和平的人变成了屠杀者。所以，本书将专辟一章，介绍一战后发生在东欧地区的大屠杀、内战和民族战争。当时，来自不同冲突方的士兵和民兵杀害了十几万犹太人，这些男人、女人和儿童不属于任何交战方。战争带来的破坏性后果影响深远，成为了对犹太人这个长期被嫉妒地打量、折磨、歧视，时不时被恐吓，同时又被傲慢地鄙视着的少数族裔实施大规模屠杀的起点。在犹太人的主要聚居区，由波兰、乌克兰和俄国的民族主义者、苏联红军、白军、无政府军或掠夺性部队实施的极端行动在各地上演。导火索是战争，实施对象是一个与其他群体明显不同的、手无寸铁的少数族裔。以色列历史学家，同时也是大屠杀幸存者索尔·弗里德兰德在他关于大屠杀的鸿篇巨作中指出，1939 年至 1945 年间，欧洲"没有一个社会团体"宣布要声援遭受迫害的犹太人。因此，"纳粹主义及与之相近的政治主张得以发展至最极致，而没有遇到任何值得一提的阻力"。[6] 本书将和盘托出来龙去脉：1880 年起，欧洲的反犹主义是怎样、缘何以及以哪些不同形式兴起的？又是如何最终使纳粹德国的迫害者和谋杀者得以在几乎所有的被占国和同盟国为他们的"最终解决"方案找到支持的？

德国国家安全总局长赖因哈德·海德里希本来筹备于 1941 年 12 月 9 日召开柏林万湖会议，讨论驱逐德国犹太人的问题，但临时取消了会议。他虽未说明理由，却定下新日程：1942 年 1 月 20 日。在此期间，德意志帝国的领导层大大扩展了会议主题。现在，不是德国，而是"欧洲的犹太人问题必须得到最终解决"作为议题被提上会议日程。[7] 海德里希向与会者们解释了这一计划，并向其寻求建设性的合作，以实现"围绕路线方针的协同行动"。他推测在一些被占国和同盟国内，会出现个别针对"最终解决"方案这个宏大计划的抵抗行为，在其他国家则不会。外交部次官马丁·路德也报告了他如何评估各国逮捕犹太人和派遣死亡运输队的意愿。这番言论在会议记录中被描述为"对问题的深刻处理"。

海德里希称："鉴于个别国家的普遍态度和观念，犹太人问题的处理将在这些地方遇到某些麻烦。……在斯洛伐克和克罗地亚，此事最基本的核心问题已得到解决，因此阻碍不复存在。在此期间，罗马尼亚政府任命了一位犹太问题代表。为了解决匈牙利的问题，有必要在近期也向该国政府强制派驻一名犹太问题顾问。"至于意大利，海德里希想亲自与他的伙伴们商谈。关于已被部分占领的法国，他则乐观地宣称，"犹太人的疏散登记工作大概率可以顺利开展"。这里可促进"最终解决"方案顺利实施的"核心问题"是，由国家权威部门发起或在其帮助下，剥夺犹太人的权利、没收其财产，并进行社会隔离。他还提到在所占领的苏联地区已获得的经验：德国特别行动队与罗马尼亚、乌克兰、拉脱维亚和立陶宛的同谋们已联手杀害了 80 万犹太人。

外交部次官兼国务秘书路德提出限制国家范围。他认为，"如果深入处理这个问题，在北欧等一些国家将会遇到困难"。因此，最好"暂不考虑这些国家"，"这也是鉴于这些国家的犹太人数量很少"，所以并不重要。"对于欧洲东南部和西部"，他认为"问题不大"。根据盖世太保犹太事务部头目阿道夫·艾希曼的记录，会议"讨论了各种解决方案的可能性。在此过程中，无论是纳粹党东部占领区头目迈尔博士，还是由德国管制的波兰占领区国会秘书布勒博士，都认为'最终解决'方案的准备工作应在相关地区同时展开，而且必须避免打扰普通民众的生活"。

参加会议的 15 位先生中有 8 位拥有博士学位。他们对"准备工作"的理解是已经开始建造的毒气装置，并以各种方法进行的大规模屠杀实验。纳粹宣传部长约瑟夫·戈培尔在会后不久的 1942 年 3 月底曾说："这是一个相当野蛮、无法详细描述的方法，犹太人所剩无几。"[8]

这就是当时的计划，然而执行时却出现了偏差。在比利时，45％的犹太人落入德国侵入者手中。不过，具体情况也存在着巨大的地区性差异。在弗拉芒地区的安特卫普，因为城市警察的积极配合，3 万犹太居民中有 65％被捕。在位于瓦隆地区的布鲁塞尔，由于当局和非犹太血统的当地人的配合明显要少得多，2.2 万犹太人中只有 37％被俘。

1944 年 5 月 15 日至 7 月 9 日，2 万余名匈牙利宪兵通过国营铁路将 437402 名犹太人流放至奥斯威辛集中营。这些被驱逐者在斯洛

伐克边界才被德国人接管。濒临死亡的犹太人大多说依地语①，一直
在偏远地区过着传统的生活，是布达佩斯的政治家和市民眼中的"加
利西亚人"。在这些被驱逐者中，大约有 6 万人因被拣选出来从事强
迫性劳动，而得以在战争的最后数月中存活下来。1944 年 7 月初，
德国党卫军和盖世太保犹太事务部头目艾希曼开始实施运送布达佩斯
犹太人的行动。这一计划实际被推延，而当时匈牙利政府又拒绝了合
作，因此只能靠艾希曼本人及其手下派遣三列火车把此前已被隔离的
犹太人运走。三天后，艾希曼回到柏林。因为没有匈牙利政府的帮
助，什么都无法进行。因此，布达佩斯的绝大多数犹太人都在大屠杀
中得以幸存。[9]

与德国结盟的罗马尼亚在二战期间参加了对苏战争。在德国的庇
护、鼓动，有时甚至是特别行动队的支持下，罗马尼亚警察、民兵和
士兵在其占领区直接或间接杀害了至少 25 万犹太人。屠杀行动也因
得到国家支持，在摩尔多瓦的比萨拉比亚、德涅斯特河左岸和布科维
纳等存在争议的地区也纷纷出现。然而也正是同一个政府，保护了罗
马尼亚中部 31.5 万犹太人中的绝大多数逃离了纳粹的魔爪。1943 年
后，甚至那些得以从德控区逃往罗马尼亚的犹太人也能得到保护。[10]
保加利亚政府也保护了主要地区的 4.5 万犹太人幸免于难。但在保加
利亚 1941 年占领的色雷斯和马其顿，境内居住的 1.1 万余名犹太人
却被该国警察运送至德国占领下的波兰，并最终被处决于特雷布林卡

---

① 属印欧语系西日耳曼语支，又称"意第绪语"或"犹太德语"。其词汇多借用自希
伯来语、斯拉夫语、罗曼语和英语，书写则用希伯来语字母。目前，世界上有 400 万
犹太人使用该语。19 世纪晚期起，陆续产生依地语的主要文学作品。二战中，犹太文
化遭纳粹摧残，依地语也随之遭受严重打击。（参见《英汉百科知识词典》，南京大学
出版社，1992）

集中营①。

德国人在希腊的协助下，将 4.5 万萨洛尼卡犹太人驱逐至奥斯威辛。这批犹太人在那里几乎全部被处决了。与此相反，3500 名雅典犹太人中，有三分之二以上的人躲过了德国密探。这一切要归功于希腊人总体上对纳粹的不配合，以及对犹太人积极援助的态度。与萨洛尼卡犹太人不同，雅典犹太人已被当地居民同化。此外，1912 年才被侵吞的北部领土，当时在国家层面仍被视为有待希腊化的争议地区。

这些例子暗示了本书各章节将要探讨的问题。第一点，我们将研究融入主流社会的犹太人为何会比那些穿着传统服饰、操一口依地语或塞法迪语②的犹太人更容易存活下来。第二点，我们将说明同盟国或德占国的官员赞同在何种范围内驱逐犹太人。他们的目标是在本国或刚被侵吞的国家存在争议的边缘地带实行"种族清洗"。第三个要讨论的问题是，20 世纪上半叶反犹主义的目标是如何与种族同质化的总体政策相结合的。同时，这也引出了我们要探讨的第四个问题：当时那么多欧洲国家的政府（包括被占区的傀儡政权）以及主流社会的相当一部分人，因为得到承诺将为各自所谓的国民在经济上创造新机会，在多大程度上支持或至少容忍了纳粹驱逐犹太人的行为。总而言之，我们想探讨的问题是，对国家建设及反犹主义的正面理解和负

---

① 特雷布林卡集中营位于波兰布格河畔的马尔基尼亚戈尔纳。1941 年夏建立 1 号营，1942 年春建立 2 号营。（参见《第二次世界大战百科词典》，上海辞书出版社，1994）
② 塞法迪人：犹太人的一个分支，占犹太人总数 20％左右。历史上长期定居于伊比利亚半岛，如西班牙和葡萄牙。语言上说拉迪诺语，是古老的卡斯提尔西班牙语的犹太变种。15 世纪末，遭西班牙王室驱逐而流散至北非、奥斯曼帝国的领地、美洲、意大利以及荷兰。1948 年，从北非（尤其摩洛哥）、阿拉伯半岛、伊朗、伊拉克等伊斯兰国家及地区移居以色列。在以色列，人们又称其为"东方犹太人"。"东方犹太人"与"塞法迪人"在以色列的语境中常混用。（参见《坚守与妥协：以色列极端正统派犹太人的基要主义》，载《阿拉伯世界研究》，2020 年第 5 期）

面观点，是如何使"清除犹太人"变得如此诱人，并使如此多的国家参与其中或对其视而不见的。

　　为了对德国人谋杀行为的前提有一个更好的理解，我们必须首先对一战前后在欧洲普遍存在的民族主义进行剖析。因此，本书的主题不仅包括反犹主义的法律条文和暴力行为，也包括各国为实现种族同质化所做的努力。个别国家为了给予与国名相同的本国多数族裔——无论是波兰人、斯洛伐克人、马扎尔人（即匈牙利人）、乌克兰人、克罗地亚人还是罗马尼亚人——更多的优待，普遍歧视国内的少数族裔。这些措施包括限制经济自由和职业选择、剥夺公民权利、强制同化、驱逐，以及用条约的形式强迫重新安置。第五章描述了1918年至1923年间，法国将德国人从阿尔萨斯-洛林地区强行驱逐的情况，以及一战后不久在希腊、土耳其和保加利亚之间的数十万人如何被强制"转移"。孤立地看，这两个事件充其量只是恰巧涉及犹太人，但正由于此，才使强制驱逐少数族裔的做法被欧洲政界接受。当法国当局1919年开始在阿尔萨斯-洛林地区对来自德意志帝国的移民进行"净化"时，他们制定了一个便于官员操作的衡量标准——父母的出生地，必要情况下还包括祖父母和外祖父母的出生地。

　　书中对欧洲各国的介绍篇幅有异，其中有一个明显原因是：死于大屠杀的600万犹太人中，有大约85％来自波兰、俄国、罗马尼亚、匈牙利和波罗的海三国（爱沙尼亚、拉脱维亚、立陶宛）。因此，本书叙述的重点必须是绝大多数犹太人生活和死于非命的欧洲地区。上述国家中，匈牙利可被视为西方国家。因为早在1867年，包括匈牙利在内的整个哈布斯堡王朝就已实现犹太人的解放。虽然生活在希腊的犹太人相对较少，但本书详细描述了反犹主义在那里的发展过程。因为这是一个国家逐步巩固领土的范例，是一个涉及多种暴力形式的过程，与其他民族主义的相似之处并不显见。西欧的代表国是法国。尽管 1791 年生效的法律中就已承认权利平等（在拿破仑时期被暂时限制），19 世纪 80 年代起，法国社会还是出现了现代反犹主义思潮。

1919 年至 1920 年间，一战的战胜国代表们在巴黎创造了至今仍广为人知的民族国家世界，并在欧洲划定了数千公里长的新边界。此时，少数族裔这个已毁灭的帝国从未认识到的问题日趋激化。那些被新任政府核心层定义为少数族裔的人，不得不为众多不利因素而担忧。而那些属于多数族裔的人则享有保护和特权。为此，英、法、美三国在 1919 年至 1920 年间制定了保护少数族裔的条约，也导致了随后一系列难以言说的矛盾。然而，正如著名犹太思想家汉娜·阿伦特书中所写，最重要的一点是，巴黎和会新秩序的创造者们并没有考虑到，很快"在欧洲就会出现一群无法被驱逐的人，因为他们在全世界的任何国家都无逗留权"。[11]

早在 1939 年以前，欧洲各国就曾激烈讨论过如何在近期内迫使犹太少数族裔移民。"移民自由的结束"这一章探讨的正是此问题。该问题指向美国在 1921 年至 1924 年间实行的移民限制，这一限制切断了许多欧洲特别是东欧犹太人的越洋出逃之路。这一做法很快就导致了一个新的政治问题：这些多余的犹太人该何去何从？如何才能摆脱他们？一战结束后，危机和民族战争紧随而来，然后是长达 10 年的世界经济危机，进一步加剧了欧洲各国内部的社会动荡。在此期间，民族主义以反共和的形式在欧洲迅速蔓延。此外，纳粹德国自 1933 年起还逐步破坏了已十分脆弱，但仍在勉强维持的欧洲秩序。其目标十分明确，即在欧洲发动一场新战争。不过，纳粹主义和法西斯主义也对大量欧洲政党、政客和选民产生了瘟疫式影响。专制统治在意大利和德国大获成功，经济和社会政策被国家控制，普遍冷漠的民众被大规模动员，人口政策毫无商量余地，维护本国人民而削减少数族裔尤其是犹太人利益的政策获得推行。这些都深深吸引着他们。

歧视犹太少数族裔的情况在各国基本相似。因此，笔者认为没有必要赘述每个国家各自的反犹史，这必将导致重复。立陶宛和波兰的大部分地区在1918年前都属于俄罗斯帝国，因此笔者将简述民族主义和反犹主义在该地区的来龙去脉，并重点叙述两国的战时情况。

欧洲对犹太人的憎恨

对大多数欧洲国家来说，有关二战期间自身历史的问题在1945年后仍是社会禁忌，尤其是与占领国广泛合作的时期。通常情况下，那些所谓的卖国贼都遭到了严厉的惩罚以儆效尤，以便让其他众多帮凶、告密者和大大小小的得利者免于罪责。在那场可怕的战争之后，许多人宁愿相信不令人尴尬的那部分历史和大规模抵抗的传闻，而不是事实。

这些观念和幻想基本持续到20世纪80年代，冷战结束后才有所改观。1995年3月，立陶宛总统阿尔吉尔达斯·布拉藻斯卡斯在以色列议会为那些"无情地谋杀、射杀、驱逐和抢夺了犹太人"的立陶宛人道歉。同年7月16日，新当选的法国总统雅克·希拉克也回顾了53年前的这一天。1942年7月16日，为迎合纳粹德国占领军，4500名法国警察和宪兵在法国军官的指挥下发起了对犹太人的大搜捕。

希拉克如此描述那一天："这天清晨，巴黎市内及其近郊约 1 万名犹太男子、妇女和儿童在家中被警察抓捕，然后集中在警察局。恐怖的事发生了。多少个家庭妻离子散，甚至那些在一战中为法兰西抛头颅洒热血的白发老人也未能幸免，他们统统被扔进巴黎的公交车和警车……这一天，法国这个启蒙运动和人权思想的故乡以及避难所，犯下了不可饶恕的错误。它违背自己的原则，把理应保护的子民交给了刽子手。受害者们被关到狭小的冬季市内自行车运动场。在那里，他们不得不忍受恶劣的环境，直到数日后被带往皮蒂维耶集中营或博讷拉罗朗德集中营……之后，巴黎及各省有更多的犹太人被捕。最终，共有 74 辆列车驶向奥斯威辛。7.6 万名法国犹太人再也无法回家。我们永远亏欠他们。"[12]

但是，还有许多欧洲国家的领导人并没有立即进行郑重道歉。相比之下，雅克·希拉克面对自己国家犯下的错误表现得更为坦然。尽管起初维希政府①与纳粹勾结，法国宪兵队也愿意配合，而且法国很快颁布了针对犹太人的特别法律。德国迫害者最终只得以将约 32 万法国犹太人中的四分之一驱逐出境，其中绝大部分人出生于国外。多亏法国人的帮助或消极响应，大部分法国犹太人都得救了。

有些城镇的居民往往需要几十年才能正视过去，这样的事情并不少见。这往往是少数人的顽固不化导致。在此举两个典型例子。1943年，捷克摩拉维亚地区小城普罗斯捷约夫的居民移走了犹太人墓地的2000 块墓碑。这些墓碑被用作建筑和铺路材料，原来的墓地则变成

---

① 法西斯德国控制下的法国傀儡政府。1940 年 6 月德军占领巴黎，法总理贝当投降后将政府迁至法国中南部城市维希，故得名。该傀儡政府一贯奉行卖国政策，对内设立特别法庭镇压人民的反侵略斗争，对外追随法西斯德国参加侵苏战争。1944 年 8月，在反法西斯联盟国家军队和法国游击队的打击下，宣告垮台。（参见《中国百科大辞典》，华夏出版社，1990）

足球场，后又改建成小公园。2015 年，托马什·耶利内克开始寻找那些被亵渎的石块，重新恢复犹太人墓地的原貌。[13]1940 年，德国人将位于波兰波兹南的犹太总教堂改建为一个室内游泳池，并一直使用至 2011 年。在其他城市，遗忘的情况也比比皆是。在如今属于白俄罗斯的布列斯特，花园小路仍是用犹太人的墓碑铺设。在拉脱维亚的陶格夫匹尔斯，曾有一座被修缮得极为完美的犹太总教堂，如今却是一个颇具人气的电子产品市场。[14]

为什么我要选择 1880 年至 1945 年作为本书讨论的时间段？以 1945 年作为结束的原因无须赘述。虽然将 1880 年作为起点并无强制性理由，但在我看来有一些理由也是明白易懂的。1882 年，包括如今波兰领土在内的沙俄通过了针对本国 500 万犹太人的严苛法令。这些法令在此后的 35 年间影响深远。1864 年，罗马尼亚的政治家们通过了促进犹太人更好融入社会的法律。但在 10 年后，首都布加勒斯特的议员却转向反犹主义。1881 年至 1884 年间沙俄对犹太人进行的大屠杀，迫使大量来自俄国、波兰和罗马尼亚的犹太人涌向西方，尤其是美国。

同一时期，在欧洲民众中占据主导地位的是民族主义思潮。原先的民主和解放运动纷纷宣传起将其他民族排除在外、而将本民族奉若神明的分裂主义战争计划。尽管欧洲大部分地区的工业化进程都在不同程度上有所加快，但欧洲社会仍充斥着危机，普遍存在不安全感、赤裸裸的贫苦，被迫或自愿的社会流动也到处可见。在中欧和西欧，最迟自 1867 年起，犹太少数族裔就开始享有广泛的法律保障。也正是在这时，社会上出现了以下声音：犹太人被赋予了太多权利，他们凭借对教育的热情、商业上的智慧和自身的聪明才智，占了基督教民众太多的便宜。

作为对日益膨胀的民族主义的回应，犹太民族运动，即犹太复国主义，应运而生。该主义的代表人物信奉：如果所有人都把本民族视为一个排他性民族，那么无论我们是否愿意，都必须走上同一条路。犹太复国主义的第一份重要宣言是列奥·平斯克①于1882年在柏林出版的《自我解放！一个俄国犹太人对同胞的忠告》一书。与此同时，纳胡姆·索科洛夫②也在华沙发表了自己的第一份犹太复国主义宣言。

就在1880年，"反犹主义"这个当时尚不为人知的词语出现了，不过是在德国。随后，该词被传至世界各地。这个新造概念包含着一种对犹太人的新敌视——它不再只是基于宗教偏见和过时的痴迷，而更多的是出于民族、社会和经济等方面的考量。此外，在当时还有一些被认为是科学，因而也是现代的理由，来源是人类学、民族学、生物学和人口学。反犹主义一词的发明者威廉·马尔生于马格德堡，是1848年德国民主革命的左翼人士。他说："我们已应付不了这个外来种族。"在威廉和他迅速壮大的追随者们看来，"灵活、聪明的以色列人"正在对阵"懒惰的、像熊一样笨拙的日耳曼人"；"以自身才智迅速繁衍"的犹太人正在对阵"慢性子、道德严肃"的基督教德国人。与马尔同时代的阿道夫·施特克尔多次提到，犹太民族的努力是"社会问题尖锐化"的原因。1882年，第一次"有组织的反犹主义者的国际反犹大会"在德累斯顿举行。[15]

---

① 列奥·平斯克（1821—1891），生于俄属波兰，是一名俄国犹太医生，也是"热爱圣山运动"的领袖和《自我解放！》一书的作者，后来成长为一名杰出的犹太思想家、犹太复国主义理论家和活动家。在早期犹太复国主义思想的发展历程中，平斯克起到了上承开创者摩西·赫斯、下启集大成者西奥多·赫茨尔的过渡作用。（参见《〈自我解放！〉与列奥·平斯克的犹太复国主义思想》，载《世界民族》，2013年第4期）
② 纳胡姆·索科洛夫（1859—1936），生于俄罗斯，是一个支持犹太人建立自己家园的雄辩家，曾著有《犹太复国主义史》。

反犹主义中与当时的环境及困境相关的新兴内容，很快在政治上被 19 世纪 80 年代的现代世俗国家接受。各国政党反对犹太人，或将其作为目标纳入执政计划。1880 年 11 月 20 日至 22 日，普鲁士众议院就犹太人问题举行了为期两天的会议。这次会议在当时沸沸扬扬，人尽皆知。这一切并非巧合。基于上述原因，我认为将 1880 年作为起点是合理的。这也与西蒙·杜布诺夫于 1929 年出版的宏篇巨作《犹太民族世界史》中第十册和第十一册里的划分一致。

说明事项

本书所引内容主要来自纸质印刷材料，可分为三类。第一类是同期的文献资料、论战文章和备忘录，比如犹太公证人约瑟夫·特南鲍姆在事件发生不久后撰写出版的《利沃夫大屠杀》。西奥多·赫茨尔的纲领性著作《犹太国》也属于此类。这类文本对我的写作很重要。因为作者当时尚不知晓最终结局，所以在解释大屠杀这一史无前例的暴行时没有任何压力。

第二类是阐述详尽、带有一定距离感的叙述文本和学术研究作品，比如于 1910 年在伦敦以德语出版的全面详实的调查报告《俄国的犹太人大屠杀》。还有 1930 年由利奥·莫茨金主编并在巴黎出版的《波兰的反犹运动》一书，其中包括提交给国际联盟的申诉文本。这一类还包括学术著作、资料集及回忆录，例如关于德雷福斯事件的资料。基于方法论的考虑，我更倾向于选择 1939 年之前出版的作品。

第三类材料也为本书的成稿奠定了至关重要的前提，即大量最新版本的资料和学术研究作品。从 1989 年至 1990 年这一时代转折期起，围绕犹太史及犹太人在欧洲各国受到的迫害，出现了由不同基金资助的各式各样的文献。经过个人筛选，我这里借鉴的主要也是 1939 年前的资料检索结果。在此向编纂此类研究文献的作者们致谢，并表达敬意。其中，我也参与了主题为"纳粹德国 1933 年至 1945 年间对欧洲犹太人的迫害和谋杀"（注释中简称为 VEJ）的文献资料的搜集出版。该项目创立于 2003 年，我作为编辑之一与之相伴了 5 年。截至 2017 年初，规划的 16 卷已出版 10 卷。正是该项目以及同事们不假思索的欧洲视角，鼓励我撰写了本书。

包括引文在内，本书的拼写都遵循了目前的正字法规则。正字法和语法错误会得到默认修正，偶尔出现的屈折变化是为了适应句子的流畅度。出自其他德语版书籍的外语引文，我会译得更为流畅，但同时标出来源。与原版译文略有出入的地方，注释中也会标为"引自"。在网络上能轻易找到的事实，则无需标注出处。为了把更加宏大、基本不存在争议的内在联系描述出来，我没有逐条说明引文，而是采取了集中标注的方式。

德语中的"大屠杀"一词有阳性和中性两种词性，在本书中我采用了后者。出于对读者的信任，我没有给不同国家和时代所使用的常见政治词汇加上引号，虽然这些词汇对今天的我们来说有些奇怪。涉及的有杂种、犹太人问题、新希腊、新俄罗斯、旧罗马尼亚帝国、种族清洗、雅利安化、希腊化或波兰化、遴选和清洗等概念。与此相反，我有时会将诸如自由斗士或解放者这样的词语放进引号。原因无他，国家和社会革命的民兵以及各色志愿军总是自称（现在仍然这么做）自由斗士。但只要将其宣称的自由理念和谋杀无辜平民的行径联系起来，就会发现他们完全不配获得这个荣誉称号。但是，有时我会用这个概念来提醒读者注意迫害者的自我认识——他们打着社会和民族自由的旗号，做的却是抢掠和谋杀。

当我谈及"犹太人"时，通常也包括犹太妇女。我明白，犹太人也是法国、波兰或希腊公民。因此严格来说，站在反犹主义的角度对犹太人和希腊人进行区分是错误的。这一点无法因表象的经济原因而改变。历史学家还必须使用相关时期的概念来做研究。当我写到某项措施是针对萨洛尼卡的犹太人时，读者可能会认为，我并没有否认他们的公民权，而是在指信奉犹太教的希腊公民。"犹太企业"这一术语也存在类似问题。是有这样的企业，生产某样东西，且归属于犹太教信奉者。但有时为了简洁，我还是使用了这个不当的称谓。"犹太人"这个统称也充满陷阱。然而当反犹主义者谈及"犹太人"并采取相应行动时，这个称呼也可以说是符合现实的。本书描述的就是这个在某种程度上是被发明创造出来的事实。当然，过去和现在都存在贫穷和富裕的犹太人，犹太复国主义者和反犹太复国主义者，无神论者和皈依基督教的犹太人或民族同化者，还有那些顽固地坚持自身语言、宗教和文化特点的人，以及介于两者之间的人。犹太民族的内部行为迥然不同，这对反对者来说尤其具有挑衅性。

与之类似，后文使用的欧洲民族主义的集体概念也不令人满意，比如德国人、波兰人、希腊人、法国的犹太法以及俄国的犹太人大屠杀。这些术语都是错误的，因为许多个体以及相当一部分团体的想法和行动完全不同。相反，人们习惯用的多是减少粉饰的名称，比如反犹暴徒、国家社会主义分子、罗马尼亚法西斯分子、极端民族主义势力、德国政权、斯洛伐克政权、罗马尼亚政权等。至于反犹主义，不仅国家社会主义分子，社会各阶层都参与了对犹太人的大屠杀和对犹太人财产的抢劫。20世纪，欧洲那些被称为"政权"的政府在颁布反犹主义政策时，并未以独裁方式，而是通过扩大群众基础的办法来实施。原则上，我采用的地名是当时出现在标识牌上的名称。因此，用于法国的斯特拉斯堡、波兰的华沙和罗兹、捷克的布尔诺、罗马尼亚的布加勒斯特的是其在德语中的惯用名称和写法。尽管语言的使用在未来一定会继续发生变化，我仍用德语名字来指称立陶宛的维尔纽斯、乌克兰的利沃夫和希腊的萨洛尼卡。

在基督教和东正教占据主导地位的欧洲国家，儒略历①于20世纪的不同时期被逐渐废除，取而代之的是西方教会地区通用的公历。由于文献中的日期与今天普遍有效的纪年方式有时相符，有时又不符，请容许我存在某些不精确处。（20世纪的公历滞后13天，19世纪则是12天。）西里尔字母的罗马化转写方式在不同时期各不相同，在英语和德语中的处理方式也不同。因此，我放弃使用一个固定的转写系统。此外，关于驱逐、重新安置和大规模屠杀犹太人的数字往往差别很大，我尽可能参考个人认为可靠的数字，或最新文献中的主要数字。但许多数字仍存在争议。

我在以色列的亚德·瓦舍姆大屠杀图书馆写下了这本书中的大部分内容。在此，我想对这个纪念馆兼研究中心的工作人员致以特别的谢意，感谢他们提供的诸多帮助和支持。我还与柏林、维也纳、德国图青和耶路撒冷的朋友讨论过本书内容，其中特别感谢耶胡达·鲍尔。长期以来，以色列历史学家在对大屠杀进行思考时都会考虑欧洲背景。

---

① 阳历的前身，公元8年正式通用。公元前46年，罗马统帅儒略·恺撒采纳天文学家沙锡齐尼的建议，废罗马旧历（阴历），改用新式的阳历，故得名。儒略历每年平均365.25日，平年365日。四年一闰，366日。

　　从这个意义出发，我将"欧洲反犹史"这个主题处理为走近历史的众多必要视角中的一个。因此，本书讲述的并不是对歧视和迫害犹太人的反抗，而是当下欧洲反犹主义的抬头。我在 2011 年出版的《为什么是德国人？为什么是犹太人？——平等，忌妒和种族仇恨1800—1933》一书中，研究了事件发生前的德国社会情况。这项研究对撰写"欧洲反犹史"是必不可少的基础工作。这两本书关系密切，其中一部分还是交叉重叠的。尝试在历史背景下分析希特勒领导的纳粹德国所犯下的罪行，在我看来并不是去全面回答为什么和怎么做以及诸如此类的问题，而是为读者提供各种视角，从而让常被视为不可理解之事具备更易理解的可能性。或许我们还可以本着预防的态度来向本书学习。

　　历史学家会调查历史事件的导火索和时间背景。他们查明众多参与者的利益及行为，并将其描述为政治过程，以使人们可以想象出这些个人或团体的行为，从而对其加以理解。这一切必须用专业的方式来完成，别无他法。试图用这些手段来对大屠杀这一人类罪行进行分类时，总会遇到限制，无法做到完整。每个答案都会导致进一步的问题。但有一点是明确的：若想对大屠杀的发生前提有所认识，绝不该将 20 世纪发生的这一最令人震惊的种族灭绝从德国和欧洲的历史长河中剔除。

2016 年 11 月写于柏林

第二章 1945 年不受欢迎者的返乡

1943 年初，在一个希腊抵抗组织的帮助下，犹太人弗雷德里克·卡基斯得以隐匿于希腊。1944 年秋末，他在德军撤退后乘船返回萨洛尼卡。刚一到家，卡基斯就遇到数千亲共示威者。他们挥舞着红旗，为保加利亚共产党传奇领袖格奥尔基·季米特洛夫高唱赞歌。一位老人安慰这位返乡者道："英国军队不久就会到来，他们会分发食物。届时这些人又会高呼'国王万岁！'。"随后，果然如此。

卡基斯带着他同样得救的母亲一起前往萨洛尼卡的祖屋。"我们看到的景象令人震惊。"百叶窗消失不见，屋顶的瓦片也毫无踪影，里面却住了很多人家。"德军鼓励人们搬进犹太人的空屋。在我们表明房主身份后，收到的却是充满敌意的回答：'我们先住在这儿的，你们赶紧滚开去找别的地儿吧！'"[1]

1946 年，英国历史学家塞西尔·罗斯参观了萨洛尼卡。他沮丧地报道说："掠夺的痕迹遍布各处。我看到路边有个孩子坐在一把属于犹太教堂的椅子上，上面精心镶嵌着希伯来语的铭文。有人递给我一双被切割成鞋底状的犹太人经典《摩西五经》①的碎片。在公墓里，我看到犹太人的墓碑被装在马车上，即将被文物保护部门的负责人带去修复旧教堂。"[2]

　　少数大屠杀幸存者的经历表明，一些城市的非犹太居民是多么粗鲁地将其推至门外。这种事情不只发生在萨洛尼卡，而是出现在几乎所有地方：奥地利的维也纳、立陶宛的维尔纽斯、捷克的奥得贝格或匈牙利的埃格尔。数百万欧洲人曾期望犹太人消失，对驱逐一事保持沉默，并从被害犹太人的遗产中获利。这就是本书从 1944 年至 1945 年间的结局开始讲起的原因。人们必须谅解那些被德国占领和恐吓的国家的非犹太人，他们也遭受了战争带来的严重损害和精神创伤，往往无法控制自己的行为。不过由于将犹太人拒之门外的景象在各地反复上演，返乡者们的叙述表明了一个普遍的事实：犹太人并不是众盼其归，而是完全出乎意料地站在了门前，他们被当成不受欢迎者。那些侵占其财产的人误以为他们已经死掉，并对此深信不疑。

　　欧洲大陆的霸主纳粹德国有意制造了这一局面。他们要求将被驱逐者的不动产和动产全部分配给当地居民，从而使这些居民无法挽回地卷入犯罪的旋涡，保持沉默，并最终成为销赃者和小偷，沦为加害者的同谋。匈牙利的档案馆里保存着大量事先印好的清单，上面记录着在 1944 年那个物质极度匮乏的时代收缴的每一件衣服、每一双儿童长袜是从哪个犹太家庭转移到哪个非犹太家庭的。只有极个别人能从因谋害犹太人而造成的内心和物质的纠葛中抽拔出来，承认幸免于难的犹太人所遭受的冤屈。

　　1944 年至 1945 年的解放期间，幸存的犹太人还不知道自己几乎是家里唯一逃过杀戮的人。尽管条件艰难，他们还是启程返回家乡。

---

① 《摩西五经》：《圣经》的首五卷，分别为《创世记》《出埃及记》《利未记》《民数记》《申命记》。犹太教认为这五卷书是上帝通过摩西宣布的"律法"，是构成犹太教的教义和教规的重要依据之一。（参见《宗教大辞典》，上海辞书出版社，1998）

他们敲开家门，期待着至少能与几位老友和邻居欢快地，或甚至是泪流满面地重逢。他们期待能有一个容身之处，能得到一些衣物、回忆和人们的温暖，特别是关于父母子女和兄弟姐妹命运的消息。

然而，等待他们的却是遭战争摧残而绝望的人们。欧洲大陆流尽了鲜血，这些人在废墟上努力过活。其间，有许多人凭借自己在一片混乱和死亡中弄到的这样或那样的好处，小小地发了一笔横财。他们搬进被驱逐者的公寓，接管商店，将后者小到烹饪木勺、大至衣橱衣柜的财产瓜分得一点不剩。遭受了严重精神创伤的返乡者面对的是顽固不化、蹩脚借口以及贪得无厌，仇恨也不少见。数小时内，返乡的人们就成为"流离失所者"——在原先的家园里无家可归。

维也纳：铁石心肠和一声不吭

1938 年 3 月 12 日，德国士兵开进奥地利首都维也纳。当时，19万犹太人住在那里，其中约 2000 人活到了 1945 年 4 月 30 日解放。这主要归功于"希特勒所宣称的'雅利安'女性"的忠诚和坚定。在1945 年底的那几个月里，近 3000 名幸存者从集中营回到家乡。这些人被折磨得几乎丧失了工作能力，首先需要"一个康复过程，用来重获工作能力"，维也纳犹太社区的负责人在《1945 年至 1948 年的活动报告》中如是描述。这份报告构成以下段落的文献基础。[3]

面临的困难堆积如山。1945 年 3 月的炸弹和 4 月的炮火摧毁了多处大楼、档案馆和社区档案室，破坏了犹太人墓地中的 2250 座坟墓和 53 处墓穴。炮声尚未停息，信仰基督教的奥地利雅利安人就悄悄地一致同意保持沉默，将自己伪装成纳粹德国独裁统治的第一批受害者。1947 年 5 月，犹太社区主席戴维·布里尔抱怨道："强盗们仍然占据着我们的房屋和所有属于我们的东西。"尽管这些幸存者对维也纳的家乡朝思暮想，但一开始就连社区委员会也未能成功地使"奥地利政府关注我们的犹太兄弟从避难国返乡一事"。不过，这个 1946年 4 月被选出、起初为临时性质的委员会的成员们还是尝试重新开始。他们在旧社区的废墟之上建立起新的犹太社区——正如工作报告中所述那般"孜孜不倦"。

首先，新的领导机构不得不将维也纳犹太人长老会的领导干部解雇掉。该长老会被称为纳粹高官、屠犹刽子手艾希曼的影子委员会，其领导干部曾"非常乐意"与盖世太保和党卫军合作。社区领导者迫切地寻找替代者，"可物色到的适合人选非常少"。至 1938 年初，这一社区拥有几十所学校和医院，维持着养老院、图书馆、孤儿院和公共厨房的运作。它为犹太人中的贫穷者提供庇护，教授其文化和礼仪，还拥有一个由 600 名公职人员和雇员组成的"训练有素、配合优秀的机构"。但 1938 年 3 月 12 日，这一切都被打碎了。

当时，信仰基督教的奥地利人以压倒性的多数对奥地利并入大德意志帝国表示支持。通过疯狂的反犹活动来庆祝 3 月合并之日的人不在少数。其间，犹太人不得不用牙刷清洗路面，然后战战兢兢地被人用脏水泼向头部。维也纳人把这种市民参与的小型迫害称为"羞辱性清洗"。

在此背景下，阿道夫·艾希曼及其助手开始用自己的一系列方法在社会领域开展工作。他们逐个瓜分社区财产，使之最后成为一个从人性和物质上被掏光的空壳。当局参考奥皇弗朗茨·约瑟夫于 1890年颁布的用来规范犹太人宗教社会外部法律关系的法令，在 1942 年正式解散了该社区。[4]1948 年，社区主席准确地描述了这一法律文书的特点："法律规定，如果一个社区出于物质方面的原因不再有能力完成任务，就可以解散。犹太社区即属于此种情况。这一切是如何导致的，本身就构成了一个章节。"

1938 年 11 月的大屠杀中，由愤怒民众组成的所谓的先锋队将维也纳城中的 94 座犹太教堂和礼拜堂捣毁成一片废墟。位于赛滕施特滕小巷的社区教堂侥幸未被完全摧毁，建筑的外观仍然完好，但内部却是"一堆瓦砾"。在一片沮丧和困境中，幸存者们成功进行了第一次摆脱性活动：1946 年 4 月 2 日，正值该教堂落成 120 周年，人们为其举办了第二次仪式。他们将希伯来语版《圣经·旧约》中《诗篇》的第 100 篇第 4 节放置于大门上方："当称谢进入他的门；当赞美进入他的院。"

仪式上没有犹太教士，督察伊西多尔·奥勒以传道士身份替代。维也纳市长特罗多·克尔纳博士荣幸获邀；广播电台向其他欧洲国家和海外听众转播了仪式。随后，为了纪念该犹太教堂的创始人，来宾们一起为一块大理石牌揭幕，上面同样用希伯来语写道："纪念在 1938 年至 1945 年那段对命运造成深远影响的岁月中丧生的男人、女人和儿童。"在战后第一次逾越节[①]的开场晚宴上，犹太社区开办了犹太厨房[②]。随后，浸礼池也于 1946 年 10 月建成。

在战后第一年的年底，802 名于 1938 年至 1939 年间移居上海的

---

① 逾越节：犹太人举族逃出埃及的历尼散月（公历三四月间）14 日，上帝助之击杀埃及境内的头生人畜。犹太人按其吩咐，事前宰杀羔羊，涂血于门。上帝见之，便越门而过，不予加害。犹太人遂立此节，以志纪念。逾越节当晚的家宴上，人们会共进有象征意义的食物，并诵经祈祷。（参见《世界节日纪念日辞典》，中国对外翻译出版公司，1990）
② 犹太厨房：犹太教根据《圣经》中的神启将食物分为洁与不洁，并形成了一套非常详细而复杂的饮食禁忌法。犹太人称之为"Kashrut"，即"膳食法"。根据该法，不洁之物如血液，既不可食用，也不可接触。此外，奶品和肉品必须分开食用。（参见《浅谈犹太教的饮食禁忌》，载《世界宗教文化》，2009 年第 3 期）

维也纳犹太人等待着返乡。漫长的筹备工作由犹太社区的移民部门负责，维也纳上海犹太难民的亲朋好友组成委员会协助。双方必须共同克服奥地利内政部的官僚思想和外交部"带有反犹色彩的抗拒"。终于，移民部门的负责人米夏埃尔·科恩以冷静而讽刺的口吻对这次运动的结果进行了总结："我们的政府表示愿意让这些奥地利公民入境。"

来自上海和卡拉干达的返乡者

作为对策，返乡者表示绝对服从。在离开中国之前，这些愿意踏上返乡之旅的人必须填写一份专门印制的表格，以便在末尾"用签名的方式来表示效忠奥地利"。然后，从维也纳来的领馆官员才向他们发放签证。绝大多数奥地利人曾欣然效忠希特勒领导的纳粹德国，他们赶走犹太人，并大张旗鼓地参与了对未逃亡犹太人的谋杀行动。现在，距德奥共同期待实现的大德意志帝国的覆灭不过 18 个月，奥地利人就强迫之前被侮辱、抢劫和驱逐的犹太人签署一份书面效忠声明。

决心回国的人签字后，登上两艘美国部队的运输船。数周后，他们在法国马赛或意大利那不勒斯的港口着陆，终于踏上欧洲土地。正值隆冬，这些被遣返者坐着没有取暖设施、不过还说得过去的运畜火车前往位于意奥边境的塔尔维西奥。这次行程花费了一周。

他们的亲朋好友在维也纳不耐烦地等待着，有些人"已被送往边境，其他人则被安排夜以继日地待命了数周"。1947 年 2 月中旬，一切准备就绪：文化社区的人们欢呼着迎接他们的亲人，维也纳市长克尔纳依次走到每一节车厢前亲自问候每个人，口中不停地说着"城市毁损得如此厉害，重建需要每一个人"[5]。然而，市房管局的官员却拒绝为这些从中国流亡回来的奥地利犹太人提供住房，还告诉文化社区的请愿者，返乡者"可能会被安置在集体宿舍里"。

1947 年 6 月，另有 208 名维也纳犹太人未经通知就返回了家乡。他们也在 1938 年至 1939 年间逃离维也纳，前往波罗的海三国或苏联。1941 年夏，德国、罗马尼亚和匈牙利联手进攻苏联的战争几乎还未开始，苏联负责安全事务的人员就逮捕了这些犹太难民，将其作为敌国公民运往内陆腹地。随之而来的，是穿越不同营地的长途跋涉——长达数日之久的货车之行。终于，这些被拘留者抵达了位于哈萨克斯坦的卡拉干达营地群。煤坑，刺骨的寒冬，无情的酷暑。多年来，数十万人在卡拉干达消失——苏联罪犯和所谓的国家公敌，共产党干部和被驱逐的波兰人、吉人赛人和罗马尼亚人，所谓的受罚民族的成员，不服从命令者和各类嫌犯，德国战俘以及来自德国、波兰、波罗的海三国、俄罗斯和奥地利的犹太人。

曾在此地流放 8 年的俄罗斯作家亚历山大·索尔仁尼琴①把这里称为"古拉格群岛最大的省会城市"，以此讽刺苏联和政治迫害。约瑟夫·库舍列维奇是一个白俄罗斯犹太囚犯，他躲过大屠杀成为了苏联红军士兵，但在 1946 年突然被捕，并被押运到卡拉干达。最初，库舍列维奇被关押在监狱火车站的三人间。正如他之后在报告中所描述的那样：在那里，被驱逐者被划分为不同组别，然后被带入重重铁丝网包围中的营地群。营地被分割成许多区域，绵延几十公里，一眼

---

① 亚历山大·索尔仁尼琴（1918—2008），俄罗斯作家。二战时期，是苏联优秀的炮兵连长，曾荣获两枚勋章。1945 年，因在通信中对苏联不敬而被流放至哈萨克斯坦 8 年。此段经历后来成为其作品主题。1970 年，索尔仁尼琴获诺贝尔文学奖。之后，因出版巨著《古拉格群岛》而被驱逐出国。索尔仁尼琴在 1975 年定居美国后毫不留情地批评自由主义，但在苏联解体后又大骂戈尔巴乔夫和叶利钦，其立场让左右两派都无法与之相处。2007 年，索尔仁尼琴因认同普京的许多执政理念，而被授予俄罗斯国家奖，并在死后被誉为"俄罗斯的良心"。

望不到头，荒凉无比。[6]

来自维也纳的犹太囚犯受到的对待还算不错。他们没有遭到系统性屠杀，但相当一部分人却因饥饿、冰冻、伤寒、痢疾、疟疾和肺结核死亡。不过，与落入纳粹手里相比，这些犹太人的存活率大大提高。后来的以色列总理梅纳赫姆·贝京也曾被驱逐至西伯利亚，因为苏联国安局在 1940 年苏联合并立陶宛时将其归为"英帝国主义的代理人"。回顾这一段经历，贝京坦陈："与普遍发生的巨大灾难相比，我遭受的不幸没有任何意义。在这场灾难中，苏联意外地为犹太人提供了宝贵的帮助。我将永远记住这一点，每个犹太人也都无权忘记这一点。"[7]

1945 年5 月9 日，德国战败的消息传到了卡拉干达的维也纳犹太人耳中。他们互相拥抱，喜极而泣，以为自己获得了自由。但他们都错了。政治家们严厉而简洁地说，现在他们必须作为战败德国人从事强迫性劳动："这不是一个值得你们高兴的日子。你们不得不通过劳动来弥补你们的人民带给苏联人民的伤害。"[8] 这种折磨又持续了近 2 年。

回到维也纳家乡的犹太人被安置在"几处条件非常糟糕的无家可归者收容站"，一间大卧室容纳 40 张床位是常事。房管局负责安置。至 1948 年2 月底，总共 1393 名犹太返乡者中只有 17％的人以主要租客的身份住进了普通公寓。这些数字是一种赤裸裸的讽刺。只有当一件事被人们想起时，才可以理解这种讽刺：1938 年至 1942 年间，纳粹领导的城市管理部门将犹太人租赁或拥有的约 5000 套公寓，重新分配给这座城市的非犹太人，正如希特勒满意地观察到的那样，这样就"解决了维也纳的住房短缺问题"。如今，社会民主党人领导着同一批官员，却几乎没有犹太人公正地生活在这样的公寓里。文化社区的领导层忧虑地注意到，民主党派拒绝"通过一项正直的法律来结束纳粹对犹太人房产的掠夺"。

1956 年，已成为学者的瓦尔特·格拉布首次返回故乡维也纳。1938 年，他 19 岁，不得不离开这里。18 年后，他又一次参观了自己从小居住的房子。以前的 6 个租户只有当时的捷克门房还在，不过不再住在一楼，而是三楼。格拉布按下门铃，前门房的妻子给他开了门："天哪，是格拉布先生回来了！"经过数秒的震惊，她请格拉布进客厅就座。当这位访客问到谁曾住在这里时，他听到了建筑师特奥多尔·吉斯坎的名字。格拉布突然意识到，前门房一家"现在使用的竟是吉斯坎的家具"。女人注意到格拉布的疑惑，解释说建筑师一家"以某种方式逃离了"，"纳粹就将这套漂亮的公寓连同家具一起分配给了我们"。然后，"公寓门上有钥匙转动，她的丈夫——曾经的门房走了进来"。前门房也立即认出来访者，对妻子"嘘"了一声说道："'一个字'都不要说！"[9]

1947 年至 1948 年的冷战初期，苏联政府释放了大部分来自奥地利的战俘。如今，少数留在苏联或返回家乡的犹太人亲身体会到了政府对前纳粹德国国防军士兵是如何关心的：正如文化社区代表所言，"当局开始采取奇怪的立场"，即"战俘是返乡者，他们可以要求享受所有特权；而我们犹太人只是自愿回来的，在任何情况下都不得要求享受特殊的优待。战俘中部分是纳粹或他们的帮凶，但在我们返乡犹太人看来，他们是纳粹时代的牺牲品。而这一点人们却想忘记"。

1947 年 12 月，犹太社区的成员数达到 18 个月前的 2 倍，有男女及儿童合计近 9000 名。宗教生活再次恢复了。1947 年 4 月 1 日，一场隆重的安魂弥撒在犹太教堂举行，逝者是丹麦国王克里斯蒂安十世。他因在 1943 年帮助本国 5000 名犹太人获救而赢得深深的谢意。"如果您要求丹麦犹太人佩戴黄色六角星标志，我和整个王室都会自豪地同做。"这位被纳粹占领的欧洲国家中的仅存的国家元首这样对德占军说道。1947 年 6 月 8 日，纪念犹太复国主义之父西奥多·赫茨尔逝世 43 周年的活动在维也纳犹太教堂举行。1947 年 11 月 10 日，幸存者齐聚一堂，来悼念 1938 年 11 月大屠杀中的遇害者，并为"在巴勒斯坦种植一片奥地利森林"而募捐。1947 年 12 月 6 日，"联合国通过决议，允许犹太人在巴勒斯坦地区建立一个独立的国家"，"大量热情洋溢的民众"涌向教堂参加感恩礼拜。

大屠杀的痕迹在维尔纽斯消失得无影无踪

1795 年，波兰-立陶宛联邦在俄普奥的三次瓜分中亡国。自此，维尔纽斯成为沙皇俄国的领土。1914 年至 1921 年间，战争和革命、民族斗争和大屠杀成为日常生活的一部分，之后还发生了经济危机和针对少数族裔的冲突。和其他许多地方一样，暴力政变摧毁了当地波兰人、立陶宛人和犹太人等不同民族共生共存的传统关系。一战期间，德军占领了维尔纽斯。在紧接着的波苏战争中，波兰得到领导权。随着 1939 年《苏德互不侵犯条约》的签订，维尔纽斯落入苏联之手，并于次年夏天成为立陶宛苏维埃社会主义共和国的首都。1941 年 6 月，德军占领维尔纽斯。3 年后的 1944 年 7 月，苏联红军重新夺回维尔纽斯。立陶宛 22 万名犹太人中约有 8000 人于 1941 年夏天设法逃往苏联腹地。超过 1 万人被杀，仅有约 1000—2000 名犹太人通过躲藏或成为游击队员得以幸存。

扎哈瓦·祖克曼-斯特罗姆索就是其中一位。2009 年秋，以色列记者科比·本-西姆洪问她道，为何喜欢昆汀·塔伦蒂诺执导的电影《无耻混蛋》。在这部影片中，犹太人对纳粹进行拷打、刺杀、殴打、焚烧，甚至剥去头皮，这些情节与现实正好颠倒。祖克曼-斯特罗姆索认为这部电影充满杀戮，每一秒都在制造悬念，堪称"制作精良"。"看到纳粹分子受苦求生的感觉很好。"然而，祖克曼-斯特罗姆索本人的人生经历却与之不同。

青少年期，她就经历了维尔纽斯犹太隔离区和其他集中营的恐怖。在死亡行军中，她徒劳地恳求纳粹不要杀害自己的父亲。她像塔伦蒂诺电影中的主人公一家那样躲在下水道里，听到头顶上传出皮靴踢来踢去的声音："我们就像老鼠。没有经历过大屠杀的人是无法真正理解的，但这就是当时的真实情况。"维尔纽斯刚一解放，斯特罗姆索就立即逃离。她尽可能快地离开欧洲，在特拉维夫开始了新生活。她抚养了 2 个孩子，2009 年时已有 4 个孙子。她说："我做到了真正的复仇！"[10]

1939 年，有 6 万名犹太人居住在维尔纽斯，并对这座城市产生影响。他们中的几百人在 1944 年的夏天重新露面。1944 年和 1945年，返乡者在遭到严重损坏、但仍能使用的犹太教堂举行了礼拜仪式。他们遵照教规，将被撕毁和亵渎的妥拉①卷轴埋葬。1944 年秋，他们开办了一所小学。不久后，又建起一座博物馆，用来展示犹太人临死前为留给后人保存而埋进地下或嵌入墙内的文字、图片和雕塑。

由于地方当局的抵制，其他计划全部落空。犹太科学研究所未能获批重建，报纸和电台的犹太语广播仍被禁止，就连社区合唱团也不准公开演出。1945 年夏，共有 4500 名犹太人住在维尔纽斯。不久，

---

① 希伯来文"Torah"的音译，意为"教义""训诲""指引"。包括《创世记》《出埃及记》《利未记》《民数记》《申命记》五卷，亦称《摩西五经》。"妥拉"一词意为"律法书"，即法令的化身。该经典在宗教信仰、律法制度、伦理道德等方面确立了上帝至高无上的地位，也为犹太人规定了信仰和生活方式。（参见《宗教词典》，上海辞书出版社，2009）

立陶宛苏维埃政府下令拆除了几近修复的犹太教堂。这片被推平的土地先是成为停车场，1964年起又被用于修建幼儿园。1948年，犹太小学也被迫关闭。所罗门·阿塔穆克进一步证实："1949年6月10日，立陶宛苏维埃社会主义共和国部长理事会通过了关闭维尔纽斯犹太博物馆的决议。一些展品被转入立陶宛其他机构，许多犹太书籍被当作废纸送进造纸厂。1950年，立陶宛犹太儿童机构被关闭。"[11] 当地官员辩解道："人们不需要犹太语，犹太人算不上一个民族，他们什么都不是！他们的文化也一无是处！"

与此同时，当局还抹去了所有能让人想起犹太人历史的街道名称。原本的犹太中心在城市布局上遭到破坏。加昂街消失了——它本用于纪念当地最伟大的犹太学者维尔纳加昂。曾是维尔纽斯商业轴心的施特拉松街也不复存在了——它是为了纪念犹太教法典学者、世俗知识分子、慈善家马蒂亚斯·施特拉松。1952年，城市父母官们还移走了波纳利城郊刻有犹太文字的纪念碑——这本是为了纪念在那里被枪杀的4.4万名犹太人而建的。所有12年以来与被杀立陶宛犹太人有关的记号都遭到抹除。但是1960年，皮尔丘皮艾却立起巨大的纪念碑，用以纪念1944年6月在德军报复性大屠杀中受害的119名信奉基督教的立陶宛人。

斯大林时代后期，犹太人被有体系地污蔑为背信弃义的世界主义者。1952年，在莫斯科针对犹太医生的公审中，两位知名立陶宛医生也被告上法庭。由于1953年3月斯大林逝世，这场针对所谓"穿白大褂的杀人犯"的诉讼提前草草收场。为了更详细地探讨民众对犹太人的公开看法，立陶宛国家安全委员会代理人检查并评估了维尔纽斯非犹太人当时寄往国外的私人信件，写下如下言论：

"犹太理发师给非犹太顾客刮胡子时态度不佳，还设法用泡沫毒害他们。""这些以色列人想要勒死我们。他们已经杀害了数不清的优秀同胞，所犯罪行足够上绞刑架了。""不要指望犹太人是什么好东西！德国人消灭他们并不是毫无理由的，至少在这里合情合理。"E. M. 普雷萨申科是一位有着犹太血统的维尔纽斯公民，他曾写道："我不喜欢上街，然后听到'杀死的犹太人还是太少了！'之类的话。这种情况该如何收场？我们这些苏联犹太人，认真忠诚的苏联公民，仅仅因为是犹太人就遭到敌视，这种感觉让我非常痛苦。"

苏联统治的最后 20 年里，越来越多的立陶宛犹太人移居至以色列及其他西方国家。许多官员干部和立陶宛非犹太居民都乐见这一景象："犹太人离开住所，这样立陶宛人就可以入住；犹太人放弃工作，这样就为立陶宛人创造了新机会！"还有些人公开或私下表示，"对于立陶宛的'无犹太化'很满意"。[13]

1948—1961：犹太人的墓地被夷为平地

1920 年，雷切尔·马戈利斯出生在维尔纽斯一个富裕的医生家庭。1943 年，她逃出维尔纽斯犹太人隔离区，并加入游击队。战争胜利后，从前的波兰邻居交给她一些关于她家财产的文件。这些文件是马戈利斯已被杀害的父亲埋在花园里的，其中包括她的学生证和一份名单，上面列出了父亲在 1941 年隔离区建成前托付部分财产的人的姓名和地址。

尽管年轻的马戈利斯心中充满反感，她还是向这位所谓的受托资产管理人解释道："人们已习惯将犹太人的财产据为己有，往往不愿再交还。饥肠辘辘、无家可归的犹太人一贫如洗地站在那儿，毕竟他缺少证人来证明这些财产属于自己。"马戈利斯还见到了她父亲童年时期的保姆，这个女人已变成老妪。马戈利斯一眼就注意到父母以前的一些精美家具，却遭到老妇的断然否认："我不认识您，没有医生托我看管过东西。赶紧走开！"被拒绝的马戈利斯曾是游击队员，因而得到警方帮助。这名老妇终于唤起自己可怜的记忆，使雷切尔·马戈利斯得以拿回几件物品，用以纪念她被杀害的家人们。[14]

纳粹德国的暴政结束后，一位名叫奥纳·西马伊特的基督徒曾试图号召民众将犹太人的财产物归原主。然而总体而言，她在维尔纽斯的经历充满痛苦："我所询问之人，无论属于哪个社会阶层，是否受过良好教育，也无论是立陶宛人还是波兰人，都在这一点上保持一致：要费相当大的力气才能说服他们归还从犹太人那里夺得的财产，或者他们干脆断然拒绝归还，而我不得不忍受各种谩骂。"[15]

社会上对犹太人的轻视表明了国家的态度。1947 年 10 月，在纽约召开的世界犹太人大会试图阻止将维尔纽斯犹太人的旧墓地夷为平地。15 世纪起，这块墓地就一直在尼亚里斯河的右岸。犹太教代表请求将其作为宗教和历史文物保留下来——作为"Bet Olam（希伯来语，意为永恒之家）"。[16] 然而，人们却对这个请求充耳不闻。1948 年至 1950 年间，市政局拆除了这块墓地，将墓碑用作建筑材料，并在原址上建成一座彰显社会主义进步的建筑。这是个配备了室内泳池的体育馆，有一条名为奥林匹克路的宏伟大道连接交通。得以继存的犹太教堂古迹基本无法得到保护，天主教堂却数量众多。

拆除犹太人的旧墓地符合波兰和立陶宛人长期以来的愿望。1924 年，阿尔弗雷德·德布林①在参访波兰时，描述了这"可怕的荒芜景

---

① 阿尔弗雷德·德布林（1878—1957），德国小说家。他的小说创作对 20 世纪德国小说艺术的发展有极大的贡献。1913 年，德布林发表了第一部包括 12 个短篇小说的具有表现主义特征的集子。此后又创作了一系列著名的作品，如《王伦三跳》（1915）、《华伦斯坦》（1920）、《山、海与巨人》（1924）、《柏林，亚历山大广场》（1929）等。（《西方现代艺术词典》，四川文艺出版社，1989）

象"。砖瓦散落一地，波兰士兵或骑马或走路穿行其中，他们把这条路当作各营房间的捷径。士兵们时不时故意拆毁一座坟墓，或砍掉一棵具有重要宗教意义的树木。"士兵们唱着歌，突然传来哞哞的牛叫声。"德布林好奇地爬到"凸起的路面上"，上面七零八落地堆着破碎的墓碑："我站在上面，而一头奶牛正在下面的坟墓上吃草，它的粪便就排弃在墓碑下。"[17] 这块墓地于 1830 年被关闭。但根据犹太教的规定，墓地不能因废弃而被亵渎。

尼亚里斯河岸边现代化的新公墓占地广阔。截至 1960 年，共有 7 万名犹太人安葬于此。此后，城市父母官们"在上级部门的默许下"，摧毁了最后一处见证了犹太人历史的古迹。保留较好的墓碑被磨掉文字，成为各种代表性建筑项目的原材料。遭到亵渎的墓地被拍卖给旁边的公园，然后一起被用作城市露天剧院的规划用地。剧院于 1965 年落成，至今仍享有盛誉。2008 年，德国网站曾这样宣传道："晚餐之后将迎来歌会的重头戏：维吉奥公园的音乐节。在巨大的露天舞台上，由超过 1.5 万名歌手组成的合唱团将演唱民歌。"在维尔纽斯，几乎所有在战争中幸存的犹太人的生活痕迹都被当地居民毁掉了。2014 年，立陶宛当局指责苏联政府曾有"专业导游提供维尔纽斯犹太之旅服务"。

匈牙利：谬误和悔悟

在被驱逐至奥斯威辛集中营的 44 万匈牙利犹太人中，约有 34 万人在 1944 年初夏抵达的第一天就被杀害在毒气室中了，还有 10 万人被要求强制劳动。在第三帝国苟延残喘的最后数月中，4 万多名犹太人死于"劳动灭绝"计划。1944 年至 1945 年秋冬，约有 8 万名匈牙利犹太人被驱逐至奥地利，其中大部分是徒步前往的。此过程中，约有 2 万人丧生。战争结束后，共有 12 万名被驱逐者返回家乡。与其他国家相比，返乡的匈牙利犹太人数量众多。[18]

22 岁的莉莉·魏斯是返乡者中的一员，她后来嫁给了柯特兹。与其父亲、祖父和曾祖父一样，莉莉在匈牙利的北部城市埃格尔长大，她一直觉得自己是匈牙利人。直到 1944 年 6 月初，她和城中其他 1620 名犹太人一起被赶到工厂院子里。当天下午，匈牙利官员在警察的陪同下出现了。"他们要求我们交出金钱、珠宝和其他贵重物品，我们的行李也遭检查。"他们甚至没收了我们的婚戒，然后搜身。深夜中，莉莉等人被要求沿着主路走到火车站。"街两旁的房屋灯火通明，室内传出舞曲。埃格尔的居民从自家窗户后看到了这一大事件：犹太人被驱逐了！左边有一扇窗被打开，一个嘶吼的男声和紧随其后的女声响彻风雨夜：'你们别再回来了！'我认识这家人，曾经还去过他们家几次，每次都得到亲切的接待。不，我们不指望道歉，但他们对待我们的方式真的很伤人。"

刚到奥斯威辛，莉莉·魏斯就与双亲及妹妹踏上了异路。莉莉经过诺因加默集中营后，抵达了德国西北部的汉萨城市不来梅。在那里，她负责清理炸弹碎片。虽然战争即将结束，她仍然被要求前往贝尔根-贝尔森集中营。1945 年 4 月 15 日，一辆载着扩音器的车辆驶入集中营："我们是英国士兵，你们自由了！从明天起供应食物。病人会得到照顾。健康者将与之隔离。您可以回家了。不要恐慌！每个人都待在原地！我们是英国士兵，贝尔根-贝尔森解放了！"

罹患严重斑疹伤寒的莉莉幸运地活了下来。在贝尔根-贝尔森，有数千人死于该病。得救的人们在 9 月底获准回家。在布达佩斯大犹太教堂的院子里，莉莉没有得到家人的消息。于是，她回到家乡埃格尔，被安排住进犹太人联合救济组织所在的房子。该组织接管了一栋雄伟的房子——它之前是贝拉·库恩医生的私人妇科疗养院，而医生一家都被送进了奥斯威辛的毒气室。

"电影院里又会坐满犹太人"

在接下来的日子里，莉莉在城里四处寻找。她家的房子因为紧挨河边的小桥，在苏联军队进城时已被摧毁。一片废墟中，她找到一些家庭照片。埃格尔的援助组织资金匮乏，因而无法向这12名返乡的犹太人提供足够的食物。"每天轮流供应豆子和土豆，但从来不够。肉、蛋或凝乳，压根没有。"于是，莉莉及其室友一起去了一处葡萄园。该来的总会来：园子管理员抓住了她们，接着就是一通疯狂的责骂和威胁。两个女孩为自己辩解，并解释了身份。但管理员一言不发，倒空了莉莉篮子里的葡萄，铲土盖在上面，然后指着另一边说："那边有美味的甜葡萄。"走着走着，他突然又转过身补了一句："上午只有我一个人看管这里。"

在被逐之前，魏斯一家曾拜托两个基督教邻居分别帮忙保管两个箱子，内装做工精良的衣物。莉莉急需鞋子和一些衣服，于是敲开其中一位邻居的门："那个女人站在门口，告诉我她没法给我任何东西，因为都被苏联人抢光了。她满眼敌意地看着我，砰的一声关上了门。"被拒绝的莉莉忍气吞声地去找另一位邻居。"感谢上帝，你回来了。"另一位邻居欣喜地问莉莉，"其他人在哪儿呀？"她转向丈夫，继续说道："乔斯卡，快看！魏斯家的大女儿回来了！快进来吧！"她端来牛奶蛋糕和咖啡，给莉莉看自己女儿的结婚相册。这位新娘目前生活在布达佩斯。最后，莉莉问起自家托管的箱子。邻居却提高了音量：

"这件事很难说。你不知道我们不得不经历什么。一次是德国人的掠夺，一次是苏联人的洗劫。当他们抬走你的东西时，我的心也在滴血。你知道的，我很喜欢你的母亲。"

莉莉向她致谢，然后告辞。一位目睹了这一切的女人向莉莉问道："她是不是说，是苏联人拿走了一切？"不仅是魏斯一家拜托她保管行李。"她爱吹牛自夸，总说自己运气好，还说反正没有犹太人能回来。"女人向莉莉建议道："再去敲一次门吧，去和这个强盗对质！我可以作证，她的女儿还穿了你妈妈的皮草。如果她们不主动归还，你就告发她们。"

莉莉对这些冷酷和伪善的人感到厌恶，打算返回自己的住处。路上，她打量着电影院的广告。莉莉身后是一对衣着优雅的小夫妻，他们也在看广告。男人问："你今晚想来看电影吗？"女人答："我们还是待在家里吧。"男人说了句"好的"，女人又补充道："电影院里又会坐满犹太人。我在甜品店就看到一个。到处都能见到他们，感觉比被赶走的还要多。"

回到住处后，莉莉收到了一个消息，有人急着想和她谈谈。虽然她不认识纸条上的署名，但还是去了这名陌生人留下的地址，并在那儿见到了一对老夫妇。两人请她进屋，然后又带她来到卧室：柜子、化妆镜、床、床头柜、灯、地毯和沙发——所有物件都是魏斯家的。"除了原本挂在墙上的那张全家福，什么都没有少。"莉莉哭着回到厨房。共进晚餐后，两个老人尴尬地互相看了看。最后，男人开口道："当时邻居们过来告诉我们，犹太人的家具将被分发给大家。"

于是，两人接受了馈赠，去了魏斯家的房子。在那里，一位财政官员解释道："你们可以拿走任何想要的东西。"男人继续说道："我们怀着愧疚的心情走过你们家的每个房间，问那个官员，如果房屋主人以后回来了怎么办。"那人答道："这里没人，只住过犹太人，而他们再也不会回来了。"于是，两位老人买下了卧室里的整套家具。不过是以低廉的价格，而这笔钱将上缴国库。莉莉开心地拿走了母亲一个带有装饰的枕头。她遇到了一些像园子管理员那样谈论她所犯错误的人。这一切让她宽心了："这是我在埃格尔第一个安然入睡的夜晚。"

不久后，她得知了除了自己之外全家罹难的消息。刚到奥斯威辛，纳粹就立即指向左边，将她行走不便的父亲送进了毒气室。同时死于毒气室的还有她的祖母和姑姑们。莉莉的哥哥久洛住在布达佩斯而未遭驱逐。然而1944年10月底，匈牙利箭十字党①的士兵却在那儿当街击毙了他。离开奥斯威辛后，莉莉的母亲马吉特和妹妹朱迪思被驱逐到黑西施利希特瑙炸药厂。由于非人道的工作条件，两人都病倒了。1944年10月底，两人被送回奥斯威辛集中营，最终死于毒气室。莉莉的未婚夫久里·明库兹则于1944年至1945年的冬天，在匈牙利军队服劳役时被活活饿死。[19]

所幸匈牙利政府于1944年的夏天停止了对犹太人驱逐行动的配合，布达佩斯约有15万匈牙利犹太人得以幸存。其中12万是从德奥境内的集中营回来的，许多人在战争的最后数月仍被强行带到那儿。他们失去了整整一代人，因为被驱逐至奥斯威辛的6万名犹太儿童无一幸免地惨遭杀害。1947年，匈牙利的犹太儿童共有1.5万，其中大部分生于战后。

---

① 箭十字党，是匈牙利仿效德国纳粹党于1936年秋（一说1937年）成立的法西斯政党，鼓吹马扎尔民族（即匈牙利人）至上，热衷排犹。1938年7月，该党因准备发动政变被取缔，但之后又恢复活动。1939年，该党参加大选，成为国内最大的反对党。1944年3月德军占领匈牙利后，党魁萨拉希希希在德国的支持下获得统治权，并追随后者顽抗盟军。1945年4月匈牙利解放后，该党被取缔。（参见《第二次世界大战百科词典》，上海辞书出版社，1994）

1946 年，匈牙利又发生了多起屠杀。在东部的空茂道劳什乡，聚集的人群当面教训了当地社会党的书记。与政治无关，只是"因为他是犹太人"。最终，他得以幸存，其他 2 名犹太人却因此身亡。7月，东北部大城市米什科尔茨又发生了类似的暴力事件，并且同样造成犹太人死亡。与左翼分子相关的协会中还出现了对投机者、黑市获利者和发战争横财者的攻击。这些被袭击者都有一个共同特点，即为幸存的犹太人。匈牙利共产党和其他政党一样，也支持这种反犹情绪。他们宣称："过去我们受制于犹太资本的奴役，现在一切都没有得到改变。这是不行的！"煽动和辩护的策略可能看起来不同，但核心都一样，即保证已掠夺到手的东西不会减少。有这样一则广为流传的笑话。一个犹太人迎面碰到了他的基督教朋友。朋友问他："你过得怎么样？"犹太人回答道："不要再问这种愚蠢的问题了。我进了集中营，现在一无所有——当然，除了你正穿在身上的衣服。"[20]

不如我们离开欧洲吧！

1922 年，鲁思·胡珀特出生于捷克的摩拉维亚-俄斯特拉发。由于她的父亲弗里茨·胡珀特赶走了她的母亲，鲁思和妹妹伊迪丝暂时借住在祖母和叔叔雨果家。雨果和弗里茨在奥德弗特郊区共同经营一家肉食店。起初他们将铺子扩建为自助餐饮店，随后发展成小型连锁店，最后又建成为一家名副其实的香肠工厂。他们的生活也因此有了质的飞跃：最初简朴的小家庭变成了雇保姆、上钢琴课、买汽车、去寄宿学校以及滑雪度假的资产阶级家庭。

1928 年，鲁思进入犹太人小学就读。她所在的班级共有 18 名男生和 25 名女生，班主任是一位名叫格蕾特·格罗斯的女教师。课程用德语讲授，只有某些特定科目必须用捷克语。为了确保这一点，地区学校督察 I. 德沃拉克每年会到所有班级视察一次。1928 年的"调查结果是令人满意的"，此前几年也一直如此。但自 1936 年至 1937 学年起，校长不得不开始用捷克语记录学校的大事记。

1939 年 3 月 14 日，纳粹德军占领了摩拉维亚-俄斯特拉发。次日，又攻占了布拉格。1939 年 6 月，犹太人小学的办学中断。校长在最后一次的记录中写道："异常情况导致学生群体发生巨大改变。"这句话的意思可以从以下统计数据得出。除了 1938 年 9 月入学的 187 名学生外，在德国接手统治的前 4 个月里，共有 55 名儿童转入犹太人小学。显然，他们不得不从公立学校转至犹太人学校。同期，总共 242 名学生中有 91 名提前离开。这意味着，3 个月内有 38％ 的学生随父母一起逃离了摩拉维亚-俄斯特拉发。[21]

很快，成为布拉格新主人的纳粹德军开始对犹太人使用暴力，并剥夺其财产。于是，鲁思的父亲将贵重物品、为女儿们准备的嫁妆以及其他值钱的东西托付给他的捷克学徒古斯塔夫一家保管，接着把没什么价值的东西上交给盖世太保。随后，他们一家带着伪造的文件躲到了摩拉维亚南部地区的波索斯基茨村。1939 年 10 月，阿道夫·艾希曼就将摩拉维亚-俄斯特拉发的 1290 名犹太人运送到了波兰桑河沿岸的尼斯科地区。正如艾希曼所写，此次驱逐的目的"主要是为之后更大规模的驱逐积累经验"。[22] 1942 年夏，胡珀特一家被发现并被抓走，随后被驱逐出境。最终，只有鲁思在特莱西恩施塔特集中营、奥斯威辛集中营以及向莱比锡附近的陶哈进发的死亡行军中幸存下来。在那里，她逃进森林，最后于 1945 年 4 月 18 日被美军士兵解救。

1938 年初，摩拉维亚-俄斯特拉发的犹太社区足有 6000 人。而到了 1945 年的春天，整个地区只有 294 人登记。获救后，鲁思先后在布拉格和波索斯基茨寻找幸存的家人，随后她只身一人回到奥德弗特。鲁思从火车站出来后，去了雨果叔叔家。她发现那里"被遗弃和洗劫一空"——"光秃秃的墙壁仿佛嘲弄般地盯着我"。接着，她想在这个再次归属捷克的城市里寻觅一处住所。鲁思找到一些旅店老板，他们以前是她父亲的客户，和他们一家很熟。但这些人无一例外地将她拒之门外："胡珀特小姐，看到你回来我们真的很高兴。但我们没法给你提供住处，因为房间都被苏联人占用了。"

最后，鲁思被她的助产士收留。这位曾经帮助她来到这个世界的女士已是一个体弱的老妇。她在街头偶然认出鲁思，称呼她为"鲁廷科小姐"。次日早上，鲁思走到犹太社区："我越是靠近，心中就越是胆怯，因为我已经料到结果了。"没有一位亲人曾来此登记报到。

接着，鲁思又按响了父亲前学徒古斯塔夫家的门铃。他们两家曾是关系不错的邻居，古斯塔夫一家现居于一栋豪华的房子内。"我受到冷淡的接待。在他们一家的脸上，我能看到他们对我活着回来的失望。我被带进客厅，客厅的家具都在那里。就在原本属于我们家的这些东西中间，他们当着我的面谎称所有物品都被苏联人拿走了。这可真是个方便的借口。"鲁思继续走向她祖母的房子，那里挤满了陌生人。

鲁思心烦意乱地冒险来到布拉格。在那里，她嫁给库尔特·埃利亚斯，还目睹了波兰犹太难民的涌入。他们在没有身份证明的情况下，偷偷越过绿色的边境线。少数幸存者侥幸逃脱了纳粹死亡营和行刑队的魔爪，却再次成为受迫害者。因为在被解放的波兰发生了反犹大屠杀，这些人很是为自己的生命担忧。1946 年 7 月 4 日，42 名犹太人被凯尔采当地的反犹分子杀死。然而，不只是凯尔采充斥着针对返乡犹太人的排斥和暴力。当返乡者询问之前的财产时，就会听到"你们没被毒死，这可真遗憾。可你们为什么要回来？"之类的话，鲁思·埃利亚斯在她的《希望让我活着》一书中痛苦地这样写道。

不久后，数以万计的幸存犹太人"只有一个目标"——去以色列，"离开给我们带来如此多痛苦的欧洲"。鲁思和丈夫库尔特，还有其他2000名移民一起，在那不勒斯登上了拥挤不堪的"加利拉"号汽船，并于1949年4月到达以色列海法。[23]

1939年，欧洲生活着985.55万犹太人，而1945年这个数字是383.3万。[24]在纳粹德国统治的地盘上，140万受迫害者挨过这段充满杀戮的日子——尤其在那些由于各种原因使德国的入侵立即或一段时间后遭到国家、社会或军事力量阻止的国家，如苏联、法国、匈牙利、罗马尼亚、比利时、保加利亚、意大利、丹麦和斯洛伐克。

1948年至1951年间，71.5万犹太人从欧洲前往以色列，12万人移民至北美。战后的6年里，欧洲超过一半的犹太人都离开了。他们逃离了纳粹德国这台杀戮机器，同时也生活在了苏联境外。

第三章　1900 年前后：关于未来的可怕预言

1900 年前后的数十年中，一场巨变正在欧洲酝酿。在日益颓废的大帝国的掩护下，民族民主运动悄然展开，但尚未取得胜利。中欧国家的犹太少数族裔在法律上实现了平等，这一变化使多数派关于当下犹太人比别人肆无忌惮地享有更多权利的论断得到印证。共产主义在 19 世纪诞生于欧洲大陆的西部，并于 1917 年在布尔什维克党领导的俄国付诸实践。在与自由主义这个 19 世纪对经济和社会发展产生巨大影响的政治力量的斗争过程中，社会主义和民族主义的先行者们并肩作战。个人自由、不受关税壁垒阻碍的贸易和自由的经济活动成为负面词汇。自由思想、自由主义和个人主义也沦为脏话。民族主义、社会主义或民族社会主义的捍卫者们一直在倡导平等的道路上前行。他们的拥趸带着相同的徽章，穿着相同的制服，发誓保证集体内的个人平等，并拥护集体凝聚力。他们以这样或那样的方式，将其他团体列为敌对方，令自己与之严格区别。

对欧洲人民来说，崭新的 20 世纪预示着超乎意料的可能性、财富以及针对非特权阶级的机会。各国政府迅速扩大各级学校的规模，使当时仍在蔓延的文盲现象得到遏制，从而削弱了社会阶层间的壁垒，唤起人们对进步的热切渴望。技术和医学的进步扩大了人类的活动空间。这些变化可能使人获得突如其来的成功，但也可能使其坠落得更深。从整体上看，欧洲的犹太人属于能把握住机会的群体。别人可能还只是程式化地随意说说，他们却认真示范着何为"只有我们自己可以把我们从痛苦中解救出来"。欧洲的犹太人凭借创造精神和过人的胆识做到了这一点。

虽然每一次世纪之交都会引发众人预测，但这一点在 1900 年前后格外盛行。当时，旧的确定性正在迅速消退。尽管眼下的美好年代①是如此平和、如此令人愉悦，但人们普遍感到未来隐藏着巨大的危机。这段时间里，伴随着大大小小反对和支持犹太民族主义者的声音，犹太人对本民族的未来进行了充满怀疑的现实性思考。凭借超强的词语驾驭能力，西奥多·赫茨尔将当时普遍存在的反犹主义噩梦塑造成拥有主权国家的犹太复国主义梦——"如果你们想要实现，那么它就不是一个童话。"

犹太复国主义：我们是一个民族！

1894 年底，派驻巴黎的报社记者、犹太人赫茨尔目击了德雷福斯事件的诉讼。阿尔弗雷德·德雷福斯是一名出生于阿尔萨斯的上尉军官，当时在法国陆军参谋部任职，因被指控涉嫌向德国出卖军事机

---

① 美好年代："Belle Époque"是法语词汇，指的是欧洲历史上从 19 世纪末至一战前夕的一段时期。这一时期，欧洲处于一个相对和平稳定的环境。同时，随着资本主义及工业革命的发展，科学技术日新月异，也促使文化、艺术及生活方式等都日臻成熟。因此，这个时代被人们普遍认为是一个"黄金时代"。

密，而被判处终身流放。赫茨尔目睹了"德雷福斯冤案如何破坏了民族的有机体"，高喊着"犹太人该死"的人群如何在巴黎街头游行，以及这些细节如何被他在维也纳的（犹太）同事"善意地"从报告中删除。由于涉及所谓的军事机密，对德雷福斯的审判是秘密进行的。因此与其他记者同行一样，赫茨尔也只能根据军事法庭前院公开的只言片语进行报道。不过他以简练的文风出色地完成了这一任务，至今仍被奉为典范。1895 年 1 月 5 日这个寒冬的早晨，德雷福斯的军职在巴黎军事学院前的操场上被当众革除。当日下午，《新自由报》刊登了赫茨尔的电报。其中一段如下：

"9 点多，德雷福斯被押送出来。他穿着上尉军服，四人将他带至将军面前。将军说道：'阿尔弗雷德·德雷福斯，你不配携带武器。我以法国人民的名义革除你的军职。'（德雷福斯举起右手大喊道：'我发誓，你们处罚的是一个无辜者。法国万岁！'）这时鼓声响起。军事法庭的执行人员开始解下德雷福斯军服上此前已被松开的纽扣和绳结。德雷福斯全程保持平静。"[1]

此前，犹太军官德雷福斯已被所处的基督教社会同化，且看似拥有平等地位。他还被提拔为陆军参谋部上尉，却在"大革命时期的法国"这一自由与启蒙的发祥地遭到革职。这令记者们深感震惊。赫茨尔站在被判决的德雷福斯身旁，觉得同为犹太人的自己也受到侮辱——作为一个被孤立的个体，一个集体诬蔑下无助的受害者。

赫茨尔没有依靠当时已经存在的全国犹太协会，在身处巴黎的最后 2 个月内独自完成了《犹太国》一书，作为自己的宣言。创作期间，他沉醉于一种富有远见的写作狂潮，只允许自己短暂休息。他说："我唯一的休闲娱乐就是晚上去听瓦格纳的音乐，特别是他的歌剧《唐豪塞》①，几乎是逢演必听。"

政治宣言《犹太国》

从民族犹太主义和犹太复国主义的角度来看，犹太人这个群体不是一个宗教团体，而应是一个民族。这个观点是全新的。犹太复国主义者反对仅使众多个体得以融入和获得平等权利的方案，他们提议通过建立主权国家来实现集体解放。他们创造了具有竞争力的第二种模式，来回应当时的政治现实。1897 年，第一次犹太复国主义者大会在巴塞尔召开。会议提出的目标是，不是以个体形式将信奉犹太教的忠诚公民"同化吸收"至已经存在的大国中，而是将分散在世界各地的犹太人聚集起来建立一个独立的民族国家，自信地屹立于世界民族与国家之林。

一些文学先辈认为《犹太国：现代化解决犹太人问题的一种尝试》一书从长远来看具有重要意义。该书出版于 1896 年，论述了"为什么犹太人建立主权国家的愿望沉寂了许久，却在近年苏醒"。赫茨尔给出的理由只有一条：因为"世界上回荡着反对犹太人的呼声"。[2]

赫茨尔在开篇就承认，他并不打算具体描绘这个理想国的形式。同时，他还产生了自我怀疑："我是否领先于我所在的时代？难道犹太人遭受的苦难还不够大吗？让我们拭目以待。"赫茨尔在这本纲领性作品发表 8 年后就去世了，年仅 44 岁。他无法预知，到 1948 年以

---

① 《唐豪塞》（又译《汤豪塞》）是瓦格纳编剧并谱曲的三幕歌剧，1845 年 10 月 20 日首演于德累斯顿宫廷剧院，讲述了吟游骑士唐豪塞沉溺肉欲享乐而做出荒淫之举以及之后醒悟悔过的故事。表现了所谓的感官爱情与纯洁爱情之间的冲突，同时贯穿着"赎罪"的思想。（参见《瓦格纳〈唐豪塞〉中的爱情伦理观》，载《艺术评论》，2013年第 11 期）

色列国成立之前，还有多少扇门、多少道关卡和多少个港口会对犹太人关闭，还有多少暴行与灾难会降临。

赫茨尔不可能料到这些，所以回过头看时，有两个问题就显得很有趣：一是在大屠杀爆发的近 50 年前，赫茨尔是如何看待发生在他那个时代具有煽动性的反犹思潮和暴力的？二是他为何认为渐进式同化中文化共存的自由之路是失败的？长期以来，赫茨尔本人一直更倾向于同化的做法。然而 1896 年，他却指出，对犹太人的怀疑、嫉妒和仇视并不是地方性的，而是全世界普遍存在的危险现象，只要生活在那儿的犹太人达到"一定数量"：

"在俄国，犹太人的村庄被烧毁；在罗马尼亚，一些犹太人被打死；在德国，犹太人有时会遭到一顿痛打；在奥地利，反犹主义者对犹太人的日常公共生活造成威胁；在阿尔及利亚，宣扬仇恨犹太人的传教士活动到处都是；在巴黎，所谓的更好的社会条件正在对犹太人收紧。"赫茨尔不认为会出现转机。在他看来，那个时代的文化民族主义思潮促使某些方面或多或少具有同质特点的国家聚集在了一起。"坦白地讲，我们在各处都尝试过了。"他也对自己的生活经历进行了总结，"融入我们所处民族的社会环境，只保留父辈的信仰。但即使这样，也不被允许。"

赫茨尔避免让自己带着愤怒情绪叙述。他没有大声控诉：无耻！我们要人权！要平等！这一切严重违反了文明、启蒙和人性中最简单的准则！事实上，他接受了无所不在的反犹主义所带来的挑战，并将其定义为拥有权力还是软弱无能的问题。从这个角度来看，重要的是犹太人不愿再受到多数派的摆布，听任其按照自己的意愿决定"谁是脚下这片土上的陌生人"。从中，赫茨尔认识到民族交往中的基本事实：从长远看，只有"我们"犹太人也将自己视作民族，并建立一个主权国家，才能摆脱目前的困境。这是他在谈到整个犹太人群体时一直持有的观点。为此，需要一块领地——最好是巴勒斯坦地区，还需要一支有战斗力的军队。赫茨尔描绘了具有现代色彩的理想国：拥有警察系统、税务机关、统计局、外交部和（赫茨尔自己设计的）旗帜，以及较为理智的世俗法律体系和机构体系。不过，宗教并不能构成宪法基础，它只是一种文化手段，将生活方式各异的全体犹太人囊括进来。

赫茨尔急迫地警告犹太人，不要被来自所谓"宿主民族"的减轻了的迫害压力或经济和社会上的福利麻痹："反犹主义沉默得越久，爆发得就越猛烈。"赫茨尔从自己在布达佩斯、维也纳、柏林和巴黎的生活点滴中，认识到对犹太人的敌意无声增长的原因："一些犹太人被表面的安全吸引而移入，对其的渗透与本土犹太人蓬勃开展的阶级运动激烈地相互作用，导致了颠覆活动的最终爆发。"赫茨尔预言，正是在那些似乎不怎么需要担心和看起来犹太人融入得还不错的国家，会发生针对犹太人的民族革命。他受一种正确预感的引导，描述了我们今天所知的事情：被压抑在幕后且充满恶意的反犹主义出现了，特别是在德国、法国和匈牙利，得到了蓬勃发展。

赫茨尔认为，犹太民族在 2000 年的漫长历史中饱经磨难，犹太国这一方案的出现是历史发展的必然结果。尽管如此，这些苦难也给犹太人上了一节关乎未来的课程："犹太民族的所有分支都可能枯萎和凋落，但这棵树却依然活着。"在他看来，犹太复国主义者和反犹主义者其实正在携手共进。后者迫使犹太人不得不团结起来，将未来最终掌握在自己的手中。如果他们能得到不错的引导，并具备应有的意志力，就可以将自己从被残忍对待——最佳境况也仅是被容忍——的对象，转变为历史主体。赫茨尔用历史决定论的观点预言，"犹太国是世界的需要"，所以它将"在具有高度文化的民族中出现"，这只有一个简单的原因，即"我们是一个民族"。

在革命和"可怕的钱权"之间

"犹太国"这一宣言的提出，在社会和经济方面是基于工业时代所带来的巨大需求和机会。赫茨尔观察到，科技的快速进步和不断产生的新事物是当代敌视犹太人的基础。他反问，是谁创造了这些新事物？"创业精神。"对立面是什么呢？是"固定的"劳动。"有什么典型例子吗？"农夫经过一天的劳动，"仍准确地站在自己祖先千年前待过的地方"。这个"历史范畴"将很快消失，因为"农业问题也只是一个机器方面的问题"。最终，美国的技术进步一定会战胜欧洲人所热衷的博物馆式土地崇拜。因此对他来说，似乎不允许同化欧洲犹太人"而使其变得粗俗"，反倒是有利的。

德国历史学家、政论家海因里希·冯·特赖奇克的日常政治檄文中，描绘了走街串巷售卖衣裤的年轻犹太小贩。他们艰难地越过普鲁士的东部边境，只为获取更好的生活。这些具有进取精神的新面孔，改善生活的速度远超当地普遍比较懒散的基督徒。赫茨尔将这些犹太青年描绘成四处漂泊的犹太无产阶级，"由于政治压力和经济困难，而在各地和各国间辗转"。这些来自加利西亚、俄国西部和罗马尼亚的贫穷犹太移民使已在迁入地拥有公民身份的犹太人产生了巨大的抵触情绪——担心这些来自东边的犹太穷人再次激发反犹主义。即使是德国犹太人援助协会的那些富裕的犹太人也认为，依地语这种"德国犹太人的行话""败坏"了他们极其高尚的语言，冒犯了其受过良好教育的耳朵。[3]

对政治家赫茨尔来说，这种富足殷实的市民生活是陌生的。赫茨尔的犹太复国计划与马克思的思想相似，主要面向贫穷犹太人中的最贫穷者，寄希望于其能凭借意志力摆脱生存困难的能力。赫茨尔给他们的预言是，"阶级运动将呈上升势头"，经营管理将始终保持现代化，人们将一直能获得最好的福利国家待遇。他一次次地描绘"七小时工作制"的梦景——由社民党人提出、但至今都未能实现的八小时工作制将在犹太国被赶超。[4] 但与此同时，不工作者也会受到严厉处罚："将不允许乞丐存在，任何不想工作的自由人都会被送进劳改所。"

在犹太复国主义先驱列奥·平斯克看来，集体的自我解放是实现"犹太国"这个具象化乌托邦的中心内容。与赫茨尔相似，他长期以来更赞成同化之路，还为此在俄国犹太人中创立了传播教育的协会。然而，俄国逐渐蔓延的犹太恐惧症最终还是让平斯克放弃了同化主义。他发现，这是一个无法改变的事实，并且只存在一条解决问题的出路，那就是拥有属于犹太人自己的领土，成为一个能决定自己命运的独立民族。[5]

按照赫茨尔的计划，这种逐步有序的犹太人的迁出也会造福于他们的故土，因为这使"各国国内的基督教公民有可能移居至犹太人放弃的地方"。而在中产阶级看来，这也可能使他们"在和平状态中达到前所未有的大众繁荣"。同样，各国也将从犹太人虽然缓慢、但已确定的迁移行动中获利：被遗留下来的财产（比如犹太人的公司）的托管人得以凭借雄厚的资产条件，把更多财富提供给本国政府。之后，各国还可以将廉价收购的犹太人遗留资产转卖给私人，并将收益"广泛用于社会改良"——换句话说，也就是重新分配。赫茨尔的计划将犹太人问题和社会问题结合在一起考虑，从而使前者得以解决，而后者得到缓和。正如众多资料显示的那样，反犹主义者的方案大多都只指向同一个方向，那就是用战争的手段。他们要求犹太人无论如何都必须迅速消失，从而使其所占据的职业和经济岗位能最终空置出来。

如今回头再看，《犹太国》一书包含了警铃般的预测和关于如何避免灾难发生的建议。赫茨尔将他的复国计划对提高（基督徒）人民富裕程度的作用，与法国大革命带来的再分配所产生的利益进行了比较。只是正如他所强调的，法国大革命所带来的利益都是在违法乱纪、革命期间的无政府状态以及血流成河中，才得以实现的。而他的计划是通过和平及合法的方式，将犹太人与基督徒分开。他恳求追随者们不要把旧时的宗教狭隘与当今的反犹主义等同起来。在他看来，后者是经济解放和法律解放的直接结果。而这使得犹太人成为旧有或新崛起的中产阶级基督徒的"可怕竞争者"。这样一来，一方面犹太中产阶级跃升为资本主义社会的资产阶级，另一方面受过良好教育的犹太人却因无法在国家机关和军队中任职，仍然得不到有保障的职业前景。由于才能并未得到充分发挥，物质方面又不稳定，学术界的犹太无产阶级纷纷转向社会主义。

因此，犹太人主要分成了两大群体：经商和从文。根据赫茨尔的预言，在1900年前后几十年的紧张政治局势中，这两类人遵循的是当时互相对立的两大进步思想——公民的自由主义和革命的社会主义。一方面，他们"向下成为所有革命政党的士官"；另一方面，他们向上发挥着"可怕的金钱力量"。基于此，赫茨尔预见到后来反犹政党的方案："社会阶层的战役一定会在我们犹太人所在之处打响，因为在资本主义和社会主义阵营中，我们均处于最暴露的位置。"

赫茨尔的《犹太国》出版26年后，阿道夫·希特勒进行了一次雄心勃勃的演讲，展示他对这场斗争的决心。从一开始，希特勒就称

"犹太人"具有双重威胁，是一只既富可敌国又信奉布尔什维克的怪物。这只怪物的一只手臂扼杀了中产阶级，奴役着农民和无产阶级；另一只手臂却释放出共产主义，将所有的秩序、习俗和宗教都摧毁掉，贪婪地攫取他人苦心劳作获得的财产。他曾于 1922 年 4 月说道："犹太民族在政治上作了一个天才般的切割。这个首先把肆无忌惮的剥削手段带到世界上来的民族最为资本主义，懂得要将对第四等级——社会主义工人阶级——的领导权掌握在自己手中。"正如赫茨尔所预言的那样，希特勒指责犹太人使工人即第四阶层成员变得激进，同时也使资本主义变得更不人道。"当法律顾问摩西·科恩命令公司面对工人的不合理要求尽量不妥协时，他的兄弟、工人领袖伊萨克·科恩却正在工厂大院里煽动大家反抗。"从国家社会主义的角度来看，这个民族在这种相互作用下会"摧毁本体经济，以便让自己毫无悬念地落入该种族永远背负的义务交租的金色枷锁中"。[6]

犹太国的奠基者西奥多·赫茨尔

在赫茨尔所处的时代，学界普遍认为欧洲人可以在地球的任何"空地"上不受约束地为所欲为。因此，赫茨尔起草了"国家土地领取者"的职业蓝图。他在蓝图中把"犹太公司"将要组织的移民活动称为"移植"，《犹太国》里有一个章节的标题直接就是"我们的人类材料"。赫茨尔还经常使用"民族共同体"这一概念。不过，他希望该设想可以在不发生暴力冲突的前提下实现。在他留给犹太民族的遗嘱中，有这样一句话："要让外国人在你们的国家感到宾至如归。"

　　建立一个国家的想法在当时看来并非天方夜谭。比利时建立于
1830 年；加利福尼亚在 1850 年成为美国的一个联邦州；保加利亚、
罗马尼亚和希腊经历了好几个扩张阶段才得以形成；1905 年挪威脱
离瑞典独立；1917 年芬兰脱离俄国独立；1922 年爱尔兰脱离英国独
立；更不必说从哈布斯堡王朝、俄罗斯帝国、奥斯曼帝国以及最后从
殖民帝国中独立的众多国家了。大规模的人员迁徙是那个时代的日常
画面——仅在 1896 年，即《犹太国》出版的那一年，就有 230 万欧
洲人移民海外。

　　然而，和欧洲殖民者一样，赫茨尔很少关心原本定居于巴勒斯坦
地区的阿拉伯人有何想法。没错，基督教的圣地确实应受到保护，并
向公众开放。可是穆斯林的圣地呢？对此，赫茨尔并未提及。他希望
趁帝国主义列强对奥斯曼帝国持续进攻的时机，为自己从全欧洲角度
出发的建国计划铺平道路："如果部分东方问题和犹太问题能同时解
决，这当然符合所有民族的利益。"在第一次参观巴勒斯坦后，赫茨
尔写道："我们必须谨慎地剥夺私人的土地所有权，力求通过在过境
国为贫困人口提供工作的方式，避免其越境进入我们的国家。得到工
作者会转而支持我们，但没收行为必须像清除贫困人口一样慎之又
慎。地产拥有者应该会认为用欺骗的方式把东西高价售卖给了我们，
但我们也不会再回卖给他们任何东西。"[7]

　　赫茨尔可被视为一位严厉但并不专制的纪律委员和一个狂热但又
务实的乌托邦朋友。但在同一时代的大多数中欧犹太人看来，他的乌
托邦既不可能实现，也不值得向往。正如赫茨尔本人所说，作为"国
家的奠基者"，他遵循"出于更高层次的需要"而被赋予的任务。赫
茨尔于 1904 年逝世，在讣告中他被尊称为"我们已逝的领袖"。正如
摩西将作为奴隶的希伯来人模塑成一个独立民族，赫茨尔也因致力于

为社会中分散的犹太人重塑固定形象，而以"新一代摩西①"之称被载入史册。[8]

不过只有少数几名追随者聚集在赫茨尔身边，这也使定居工作进展缓慢：1882 年前后，大约 3.5 万名犹太人居住在奥斯曼帝国统治下的巴勒斯坦地区；受俄国犹太人大屠杀和犹太复国运动的影响，居住人数在 1914 年达到约 9 万。1917 年，该地区爆发了土耳其和英国之战。1920 年，在经历了战火、强迁、逃亡、饥荒和瘟疫之后，仍有 5.8 万名犹太人居住在由英国管辖的巴勒斯坦。[9] 长期以来，绝大多数西欧犹太人都将犹太复国主义视作误导者、狂妄自大者或骗子的幻想。赫茨尔在世时，犹太教士就曾对其强烈抨击。《新自由报》的主编禁止他在这份倾向同化思想的报纸上使用"犹太复国主义"一词，卡尔·克劳斯在《锡安山上的王冠》一书中嘲笑过他。在赫茨尔生命的最后几年里，一踏入维也纳的伯格剧院，"就会有成排的人满含嘲讽地嘟哝道：'国王陛下来了！'"[10]

身为反犹主义先驱，德国人保罗·德·拉加德②、海因里希·克拉斯③以及匈牙利政治家维克托·伊斯托奇④都认为，犹太人应被强行迁至巴勒斯坦生活。拉加德在 1853 年发表的《保守主义?》一文中进一步发展了该观点。他提出，当时生活在德国和奥地利所辖利益范

---

① 摩西：《圣经》故事中古代犹太人的领袖，曾奉上帝之命带领在埃及为奴的犹太人迁回迦南。他向希伯来人传授了上帝的"十诫"。（参见《宗教大辞典》，上海辞书出版社，1998）
② 保罗·德·拉加德：19 世纪 80 年代的德国种族主义作家，哥廷根大学的东方语言学教授，沙文主义泛德运动之父。他认为，向东扩张疆域是德语民族的必然宿命。
③ 海因里希·克拉斯：泛德联盟主席。1912 年出版《如果我是皇帝》一书，称"如果我是皇帝"，就有权攻击犹太人。他提出了各种针对犹太人的限制措施，比如要求其退出陆海军现役，禁止其从事教师和律师等职业。
④ 维克托·伊斯托奇：匈牙利民族主义者和国家反犹党的创始人。他曾提出一个解决"犹太人问题"的方案：让其离开匈牙利，去找一块土地，在那里生活并建立自己的国家。

围内的 200 万犹太人应该"移居巴勒斯坦"。由于"这项工作的艰苦复杂性"，注定需要一位坚决果断的人来领导。拉加德认为实现这项提议的机会很渺茫，因为"缺少总管"。他这样解释道："在一个国家中还同时存在另一个国家，这种情况不可能被允许出现"。特别是德国人"太软弱了"，以至于"无法抵抗这些被犹太教法典锻造得坚硬无比的犹太人"。[11]

1878 年夏，欧洲大国的代表们齐聚柏林会议讨论东方问题，重新划定国界和势力范围。6 月 24 日，议员伊斯托奇向匈牙利议会提出以下议案："众议院可以作出声明"，宣布犹太人将重新得到"心爱的故国，也就是巴勒斯坦"，要么成为奥斯曼帝国的一个适度扩大的自治省，"要么成为一个独立的犹太民族国家"。伊斯托奇在反犹主义领域坚持不懈，颇具影响力。他的这一倡议目标是将"危害基督教文明的犹太民族"从欧洲清除出去，以便他们在"相近的闪米特部落里"发挥文化载体的作用。和之后的赫茨尔一样，伊斯托奇也将犹太人定义为民族。

在穆斯林意料之中地从东南欧逐渐消失后，只剩犹太人作为"一个奇特因素"，留在了信仰基督教的西方土地上，"且从那时起被完全孤立"。因此，伊斯托奇指出关于反犹主义在 20 世纪得到有力促进的一个重要契机：被交换或驱逐、自愿移居国外或融入主流社会的少数族裔越多，剩余的犹太人所面临的情况就越棘手。也正因为如此，为了理解欧洲逐渐兴起的反犹主义，就必须弄清关于少数族裔、重新安置及驱逐的一般政策。在周边文化已经一体化的社会里，比如萨洛尼卡（现希腊塞萨洛尼基），犹太人这个最后的非民族群体越发以倔强闯入者的身份引人注目。他们无法被民族平均主义的严格管束驯服，也无法被交换或驱逐至任何地方。

伊斯托奇用极具煽动力的言辞将犹太人描绘得非常可怕：他们正在努力"取得对欧洲人民的统治权，使其屈服于犹太人的奴役枷锁之下"。为了实现这个目标，他们运用了"恶魔般的机警""极其频繁的生育"以及"大规模移民"的手段。伊斯托奇还谴责犹太人这个群体对霍乱大流行和其他疾病的抵抗力在统计学数据上更胜一筹的表现，以及他们明显更长的预期寿命。他把这些差异归因于犹太人"小心谨慎地避免"重体力劳动。此外，他们"良好的财务状况"也对此产生了积极影响。他们追求"财富不断增长"，因为这样做可以使其"对舒适生活的要求也得到充分满足"。[12]（实际上，得益于出色的卫生环境和节制的饮食习惯，犹太人的预期寿命远高于同期的基督徒。犹太妇女的平均生育率并不比基督教妇女高，但犹太家庭的婴儿死亡率比基督教家庭大约低 25％。)[13]

泛德联盟领导人海因里希·克拉斯在《德国的战争目标》一书中也表现出对"移居巴勒斯坦计划"的兴趣。这本小册子最初是秘密出版的，全文沉醉在胜利的喜悦中。1914 年 9 月，克拉斯提出摧毁俄罗斯帝国的主张，他还认为德国应在波兰、波罗的海三国和乌克兰享有最高统治地位。在 1917 年出版的小册子序言中，克拉斯讨论了他认为的"最重要的"想法，即"获得迄今无人居住的外国领土"，最好是"一个人都没有"。

在这种假设下，克拉斯谈到了犹太人问题。他建议应将尽可能多的犹太人驱逐至某块俄罗斯土地上，而该区域应被强有力地缩小至一定范围。此外，他还提出了第二个建议。在他看来，这个建议更好，也会受到东方犹太人的欢迎。只要这些犹太人明白"通往西方的大门不再敞开"，与德国结盟的奥斯曼帝国就将确保巴勒斯坦地区"供犹太人的民族国家所用"。在克拉斯看来，这样做可以成功抓住"犹太人问题的根源"。在他看来，无论大规模移居的具体情况如何，似乎都是必要的——是"每个人都必须承认的、最严肃的那种必要性"。犹太人的移民浪潮既不应"席卷德国"，也不应"以迄今为止的规模留在德国东部新的领土上，因为他们会极大危及该地区的发展"。

1912 年，克拉斯解释了为什么犹太人会对他幻想中德意志巨型帝国的德国公民生活构成巨大威胁。在他看来，犹太人享有"教育的优势"和"天赋"，这使他们在德国迅速取得社会地位和经济上的成就。拉加德、伊斯托奇和克拉斯一致认为，多数派的基督徒需要得到特别保护，因为他们只能"艰难而缓慢地找到自己的发展道路"。同样，也正是由于基督徒们的惰性，德国人的"整个阶层""时至今日"仍然没有跟上时代的要求。[14]

克拉斯本设想把部分俄罗斯土地变成荒无人烟的德国殖民区。1915 年，苏联作家马克西姆·高尔基曾开展过一次关于"犹太人问题"的问卷调查。一位读者称，犹太人"残酷、普遍、与生俱来的利己主义"总能打败"好心肠，但文化程度不高，且容易上当的俄罗斯农民和商人"。另一位读者说，寻求权利平等是理所当然的，但"只能非常小心谨慎地进行"，否则"俄罗斯领土和毫无戒心的俄罗斯人民将一起被犹太人奴役"。第三位读者建议："应该给犹太人一块自己的移民区，否则他们将摧毁俄罗斯。"第四位读者的观点更加激进："我认为，必须把所有犹太人从俄罗斯帝国的土地上消灭掉，这样就再不用发愁了。"

高尔基这样总结调查结果："无论反犹主义者给出怎样荒唐的理由，归根到底还是因为他们无法容忍犹太人。因为犹太人显然比自己更好，更加聪明机灵，也更有能力。"[15]

"烧死犹太人！"

在 1881 年至 1908 年这 27 年间，155 万犹太人离开俄国，30.5 万犹太人离开奥匈帝国，10 万犹太人离开罗马尼亚。在这近 200 万移民中，有 19 万犹太人在英国落脚，但更多的人选择的是前往美国，这个数字大约是 175 万。截至 1914 年，自 1881 年起从东欧移居至美国的犹太人已超过 200 万。仅在 1914 年 1 月至 8 月间，就有 10.26 万犹太人从被俄国吞并的居住地离开，选择前往美国定居。[16]

如上所述，移居海外的犹太人中只有一小部分回到故国。但其他欧洲人的情况则完全不同：1908 年至 1925 年间，移居美国的意大利人有 57％回家，40％的波兰基督徒踏上返乡之路，64％的匈牙利人、67％的罗马尼亚人和 55％的俄国人也作出同样选择。在新大陆的经历让他们丢掉幻想，发现还是在欧洲才能获得更好的生活机会。然而，95％的犹太移民却永远留在了美国。其他国家的移民主要由前来寻找工作且敢于冒险的年轻男子组成，而犹太人却是以家庭为单位前往美国的。[17]

在 1912 年出版的《犹太人的未来》小册子中，当时支持社会民主党的德国政治学家维尔纳·桑巴特研究了一个不久后即会出现的重大问题：如果没有移居海外的机会，那将会发生什么？他分析了永无止境的大屠杀和无法维持的状况，得出以下结论：如果东欧犹太人没有如此大规模地移民，在某种程度上扩大留存者的生活空间，那么就会遭到更加难以忍受的摆布。[18]

1863 年起，俄国犹太人的境况逐渐恶化，且很快急转直下。当时，农奴制已被废除。这意味资本主义、经济自由、无产阶级化、背井离乡和社会竞争纷纷出现。结果是，已存在的对犹太人的敌意升级为连续不断的大屠杀。作为回应，俄国通过立法给犹太人戴上更多的经济枷锁，并借此控制了占多数的基督徒。通过此法，统治者也转移了人们的注意力，使其不再关注统治阶级和多数派基督徒没有能力使国家实现经济和社会现代化以及显著改善民生的事实。

继赫茨尔之后，桑巴特没有止步于评价俄国的措施是不公正抑或是错误的。而是把这些当作事实，认为东欧犹太人的未来是"一个事关住处和供应的问题，更确切地说是一个定居或重新安置的问题"。他还坚持认为，经济封锁和大屠杀将继续并存，但由于不断的规律性移民，这个问题的引爆会被抑制。"但是，如果移民这个唯一的'阀门'被关闭了呢？"移居美国这个"阀门"虽说是件坏事，即并非好事，但它至少稳定住了局势。尽管犹太人的出生率很高，但以加利西亚的犹太人为例，1900 年至 1908 年间登记数量还是减少了约 1.7 万人，只剩 79.336 万人。"最艰难的困境"迫使数以万计的犹太人"离乡背井，前往异国他乡试试运气"。[19]

犹太复国主义者的胜利希望

一些人认为，英美很快就会阻挡东欧贫困犹太人的出逃之路。桑巴特看到英国社会"反犹主义"的崛起。1911 年夏，威尔士发生了针对犹太人的"严重过激行为"。同时，美国政客开始要求移民必须出示一定数量的财产，并拒绝"所有经济条件欠佳者"移居美国。

移居美国本是件比较自由的事。但在 19 世纪最后四分之一的时间里，当局先是谨慎增加了一些限制，然后更为果断地引入了许多条条框框。1875 年，美国政府通过了一项联邦法律，将妓女和罪犯排除在外。1882 年，出台《排华法案》对中国人加以限制。同年，这项后来多次变得更为严苛的法律开始生效，禁止那些可能成为社会福利的负担、进而影响所有民众的人移居美国。1913 年，华盛顿的议员们又讨论了如何禁止文盲进入美国的问题。

与此同时，美国当局开始更加严格地执行相关法律。边境官员越来越频繁地将新来者作为不受欢迎者拒之门外，并遣返回欧洲，费用由被遣返者来时的航运公司承担。1909 年，在爱丽丝岛①这个移民进入美国的必经之地，决定这些新来者去留的纽约移民专员威廉·威廉斯开始实施苛政。他在 1910 年的年度报告中写道："现在是时候放弃移民问题上的一切虚假的多愁善感了，重要的是从种族和经济的层面认真考量。决定接纳哪些移民时，特别要记住对国家负责。"[20]

种种迹象使桑巴特得出如下结论："总有一天"，美国会对"大批犹太移民"关上大门。然后，俄国保守主义政治家康斯坦丁·波别多诺斯采夫的预言可能成为现实——"三分之一的俄国犹太人移居国外（现在几乎已经实现），三分之一死于饥饿，另外三分之一被打致死。"

和赫茨尔一样，桑巴特通过分析得出的结论是，人们必须把东欧犹太人的基本需求作为目前和未来的政治任务"不假思索地"加以解决。世界正面临安置 500 万东欧贫困犹太人的任务，需要在某处找到一块合适的土地。如果这块土地是巴勒斯坦，当然更好。关键在于，这种移民应"系统且果断地推进"，即"向尽量多的犹太人提供人道的生活条件，移民只是为了实现这一冷静而实用的目标"。最后，他以下面这句话结束了自己的思考："希望犹太复国主义者中的乐观者

---

① 爱丽丝岛是位于美国上纽约湾的一座人工岛，曾于 1892 年 1 月 1 日宣布启用了一个移民站。1900 年至 1914 年的移民高峰期，每天有将近万人经由此处进入美国。因此，该岛也被视为美国移民的象征。

是正确的。这样，在他们提议的这条路上，至少可以解决部分'犹太人问题'——东欧犹太人的命运问题。"[21]

沙俄基什尼奥夫大屠杀爆发的 1903 年，刚成立不久、还缺少组织领导的犹太复国主义者们就达成一致，立即开始为"一个安全的犹太家园"行动起来。在这个家园里，"数百万犹太人将能生活在一个没有反犹主义的环境中"。他们试图这样唤醒世界："如果不去创造这个家园，那么数十万犹太人"很快将面临经济困难，甚至陷入被谋杀的危险中。因为"他们将无法再离开目前所在的国家，而最后的阀门——移民英美——已被关闭"。[22]

在 1908 年，欧根博士在发表的《迁入和迁出——关于犹太移民的苦恼》一文中发出警告，点明俄国、俄属波兰和罗马尼亚民众对犹太人的可怕且正在膨胀的仇恨。他总结道，这就是为什么犹太人成群结队逃往其他欧洲国家和大洋彼岸的美国的原因。但在那里，他们将再次成为当地百姓的竞争者，"从而使社会仇恨不可抗拒地再次形成"——就是"他们刚刚逃脱的"那种仇恨。因此，"美国是灵丹妙药"的"旧理论"将很快被证明作用有限。现在，犹太移民"不再懂得该如何自处"。如果什么都不发生，比如找不到安置地，那么"俄国和罗马尼亚的局势将变得越来越尖锐"——"即使是表面的立宪假象也会在某天破灭。其结果只能导致人们不断重复：'烧死犹太人！'"[23]

从民族仇恨到种族灭绝

在社会飞速发展和资产阶级繁荣的美好年代，一些犹太作家预感欧洲将迎来一个充满暴力的世纪。1882 年，维也纳记者伊西多尔·

辛格作出了一些关于未来发展的预言：社会变化虽然并非因犹太人而起，但将对其造成极大的打击。他猜测，在可预见的未来内，"日耳曼民族和斯拉夫民族之间"将爆发残酷的冲突，欧洲和"正处于可怕发酵状态的东方"之间也正酝酿着战争。届时，整个欧洲都将陷入战火，"令人担忧已久的欧洲战争就要爆发了"。在大规模的战斗中，"犹太人无疑会受到最深刻和最痛苦的伤害"。辛格用以下几个论据支撑自己的预言。一方面，战争将导致"俄罗斯帝国内部出现无法阻挡的瓦解"，"暴徒"对犹太人的愤怒不断上升。另一方面，这场席卷整个欧洲大陆的战争也会使"法律和秩序的束缚"在社会文明程度更高的西欧有所减弱，从而使"不稳定因素"轻松占得上风。如果真是这样，那么将不再会有人抗拒得了"因忌妒和贪婪而形成的对犹太人的无法根除的仇恨"。

正如辛格所观察到的那样，德国的反犹主义在 1880 年爆发后，再次一定程度受到遏制。但在 1882 年，即一战爆发前的 32 年，他对此仍持怀疑态度。辛格对 20 世纪的预言基于历史和人类发展的经验，包括长期战争对人的野蛮化作用、随后大行其道的敌友观念以及寻找替罪羊的手段。按照这一思路，他最后表示："我们可以肯定地说，当德国士兵年复一年地携带着武器站在俄国或法国战场上时，德国国内的反犹主义者就不会以更强硬的新态度喊出尖锐的口号——'打倒犹太人！'"[24]

1897 年，巴伐利亚作家西格弗里德·利希滕施泰特发表了《文化与人性》一文。他在这篇具有"时代诊断性的"作品中，将西方基督教中的人性概念称作"巨大的谎言"。如果仔细观察就不难发现，欧洲的帝国主义总会导致所谓的未开化民族的文化走向毁灭："欧洲官员、军官、商人和探险家的很大一部分工作就是对这些民族进行殴打、抢劫、奸污、焚烧和谋杀。"利希滕施泰特用寥寥数语简要勾画出以下景象：俄国人如何用"大规模屠杀"遏制了鞑靼人和其他穆斯林民族对自由的渴望，法国殖民者如何靠"令人作呕的卑劣行径"玷污了越南北部的大部分地区，俄国人和保加利亚人在 1877 年前后屠杀的"无辜土耳其人和保加利亚穆斯林可能超过 10 万名"，又或者，荷兰人如何以血腥手段来巩固自己对马来人的殖民统治。简言之："（人类）种族灭绝是文化，尤其是现代文化极为显著的现象之一。"

利希滕施泰特一次次地自问："20 世纪将带来什么？"他预言，"俄罗斯帝国会出乎意料地发展和壮大"。他还预计，欧洲人和东亚民族间将有一场武力角逐。此外，其他民族的力量也会随之调动聚集，并难以"处于一个平衡状态"。"某些情况下，甚至最不受尊重种族"的力量"也会被调动聚集"——尽管截至该文发表时，这些种族的命运似乎只有被欧洲人剥削。[25]

处女作发表一年之后的 1898 年，利希滕施泰特又完成了《土耳其的未来——为解决东方问题而作》一书。在这本小册子中，他分析了奥斯曼帝国逐渐瓦解导致的内部权力真空，以及该地区基督徒和穆斯林之间被欧洲列强有意挑起的紧张关系。受到欧洲民族主义影响，"亚美尼亚革命党"推崇分离主义①，追求民族独立，以致最终在 1895 年至 1896 年间引来"土耳其人针对亚美尼亚人的大屠杀"（哈米德大屠杀②）。毕竟，"土耳其人民"害怕自己"臣服于俄国人、亚

---

① 分离主义：指企图从已合法存在的主权国家分离出一部分领土，建立独立之国。其核心推动力一般来自该国内部某一拥有自己的集体认同的少数族群。（参见《枫丹娜现代思潮辞典》，社会科学文献出版社，1988）
② 哈米德大屠杀：19 世纪，奥斯曼帝国境内的民族独立运动风起云涌。主要聚集于帝国东部地区的亚美尼亚人受同属基督教信仰的西方国家的支持与鼓动，也开始谋求独立。1895 年 9 月 30 日，该国示威者要求帝国政府同意自治。冲突中，有 15 名军警和 60 名亚美尼亚人丧生。此次骚乱成为大屠杀的导火索。据不完全统计，1895 年夏至 1896 年冬，被杀害的亚美尼亚人从 1.3 万多人到五六万人不等。

美尼亚人或希腊人的统治"。利希滕施泰特将土耳其民族和宗教的紧张局势归咎于"欧洲理论家们的暗中唆使"——俄、英等帝国主义列强一直特别热衷于向希腊人和亚美尼亚人传播欧洲的民族主义思想。

由于今后仍存在发生大规模屠杀的危险，利希滕施泰特建议，"基督教民族"应从土耳其帝国迁出。他建议，作为一个可实践的选项，亚美尼亚人和希腊人应立即"在别处建立一个新的祖国"，比如美洲或大洋洲这种周围邻居都同是基督徒的地方。虽然"这一建议被称为不人道"，利希滕施泰特还是强调应尽快实施之："20年后再考虑就太晚了。"

对民族主义者的动机，利希滕施泰特不抱幻想。对于当时法、俄、英大力支持的希腊克里特岛"自由之战"，他评价道："'自由战士们'的斗争还有一个非常现实的目的，即抢夺穆斯林居民的土地财产。克里特岛的基督徒难道会将这些土地自愿归还穆斯林吗？这完全无法想象。"尽管这些年欧洲的亲希腊主义有所抑制，但"希腊人的不诚实已远超可允许的普遍程度"。按照利希滕施泰特的预测，这种情况将在不久之后再次出现："如果希腊人能在未来的三五年内放弃再次欺骗其债权人（这不太可能，但也不是完全不可能），欧洲将再次而且是比以前更强烈地全心支持他们——当然是以土耳其为代价。"[26] 1912年针对土耳其的第一次巴尔干战争、1920年巴黎和会系列条约中的《塞夫勒条约》以及1919年至1921年间希腊在土耳其安纳托利亚腹地蓄意发动的侵略战争，皆属此类。

在1901年和1903年，利希滕施泰特出版了一部两卷本作品。他按计划称之为关于未来的历史描述，并把虚构的政府声明、报纸文章和议会会议记录作为内容放入其中。作品预测到了1945年，所起标题为《新的世界帝国——为20世纪历史而作》。利希滕施泰特在书中写道，意大利军队会于 1910 年在的黎波里登陆。与此同时，一场激烈的战争会在被视作"欧洲晴雨表"的巴尔干地区爆发，起因是悬而未决的马其顿和阿尔巴尼亚问题。此外，保加利亚和希腊这两个基督教国家会在对抗土耳其中扮演重要角色。作者援引虚构的保加利亚首都索非亚《人民之声》这份"广为人知的报纸"的消息，称把土耳其"这一敌人赶出欧洲文明走廊"的"火热呼声"很高，且早已传开。在随后的 1910 年 1 月 12 日，希腊众议院响起这样的声音："'列奥尼达斯[①]'——'阿喀琉斯精神'——'叛徒'——'长期有效的权利'——'希腊主义'——'祖国'——'受压迫的兄弟'——'蛮族'——'自由'——'死亡'。"[27]

　　现实中，意大利军队不是在 1910 年，而是在 1911 年占领了的黎波里。不久之后，意大利正式吞并现在的利比亚。在 1912 年和 1913 年，第一次巴尔干战争和第二次巴尔干战争先后打响。其间，希腊将吞并行动瞄准土耳其、保加利亚和阿尔巴尼亚，倡导和平几乎毫无作用。德国驻雅典特使报告称，希腊非正规军进一步"对穆斯林居民实施了令人发指的暴行，并大规模屠杀了不幸的穆斯林"。[28]

　　而利希滕施泰特虚构的、发生在 1912 年的情节是，穆斯林将在土耳其安纳托利亚东部城市埃尔祖鲁姆对亚美尼亚人实施"令人毛骨悚然的"屠杀。

德国学生"受到臭虫民族的威胁"

　　利希滕施泰特在 1903 年维也纳出版的《东德评论》上刊登了一篇对 1939 年预测的文章。文中杜撰了一个发生在 1939 年 6 月 23 日

---

① 古希腊英雄，曾任斯巴达国王。

的 "德国高校学生的夏至欢庆活动"。这个庆典渗透的 "德意志民族情感" 是如此强烈，以致所有与 "过时的罗曼国家、犹太人和女子气的" 思想有关的高校积极分子均被排除在外。旅馆的花园里，"德国闪电" 很快发展成 "真正的德国人的" 喧嚣。"当最新的德国抵抗歌曲《如果臭虫民族威胁我们》被奏响时，现场响起一片难以置信的欢呼。" 然后，附近一些总是没礼貌地冷笑的捷克和斯洛文尼亚小伙就 "受到了应有的惩罚"。

在另一篇同样于 1903 年撰写的报道中，德国领导人将于 1939 年 10 月 2 日宣布：鉴于 "无知的、被迷惑的斯拉夫暴徒们最近" 制造的 "血腥事件"，目前的措施是充分的。是应该采取强硬手段，发动战争也是理所应当的。"恶有恶报"，帝国政府在对 "斯拉夫人" 的公告中如此宣称。公告还安抚性地指出，惩罚行为不会损害与俄国的友谊。利希滕施泰特还预测道，1940 年 4 月（仅比现实晚了 2 年），德国入侵奥地利。柏林的德国总理对这一行为是如此解释的："我们通过派遣部分德国陆军越过德奥边境的方式，向古老又亲爱的兄弟国家伸出援手。" 这种情况下，德俄政府将进行 "基于民族的国家领土划分"。实际上，1939 年 8 月所发生的就是这样。最后一篇有关世纪预言的文章也同样准确：一位 "负责管理解放后西斯拉夫地区的俄方专员" 将于 1945 年 10 月 1 日进驻布拉格，并于 1946 年 1 月 1 日颁布 "对西斯拉夫解放区的敕令"。其中的第三条规定，该地区所有国家的学校课程今后都要用俄语教授，以抵制 "斯拉夫文化世界的不幸分裂"。同时，所有印刷品也必须使用俄语和西里尔字母。违反者均将 "被驱逐至北冰洋内的俄国新地岛，丧失所有本应受到保障的福利和好处"。[29]

1865 年，西格弗里德·利希滕施泰特出生在中法兰克行政区的拜尔斯多夫。其父沃尔夫·利希滕施泰特是一个皮革商，其母索菲的原姓是苏茨贝格。西格弗里德的大学专业是东方学和法律，后来成为巴伐利亚一名主管财政的高级公务员。但与此同时，他也一直坚持撰写政论，并大多以笔名发表之。1942 年 6 月 6 日，这位 77 岁的老人被慕尼黑警方驱逐至特莱西恩施塔特集中营。6 个月后的 12 月 6 日，西格弗里德在那里离开人世。

　　1901 年 1 月 1 日，俄国历史学家西蒙·杜布诺夫在日记中写道："我们正在踏入 20 世纪。它将给我们人类特别是犹太人带来什么？从上世纪的最后几十年来看，人类很可能将要面临一个充斥着可怕战争和民族斗争的新中世纪。但我们的灵魂在抗拒相信这一切。"[30] 杜布诺夫因创作十卷本的《犹太民族世界史》而闻名。1860 年，他在白俄罗斯姆斯季斯拉夫尔的犹太小镇出生，父亲是木材商人。1922 年，因不愿生活在布尔什维克统治下的苏联，杜布诺夫逃往柏林。1933 年，他从纳粹德国逃往拉脱维亚首都里加。1941 年夏，纳粹占领了这座城市。和其他所有犹太人一样，杜布诺夫被关押在犹太隔离区，并在同年 12 月 8 日的一次"行动"中惨遭杀害，享年 81 岁。该"行动"中，一周内有 2.5 万名犹太人死于德国特别行动 A 队和拉脱维亚辅警的枪口之下。[31]

　　犹太复国主义者、声名狼藉的反犹主义者以及犹太或非犹太的批评者，基本观点呈互补关系。在欧洲殖民主义时代，双方都认为，在地球的所谓"空地"上建立犹太人定居区是一个可行的方法。从犹太人的角度来看，这些方案是基于以下假设形成的：20 世纪将会酝酿普遍的经济、社会和军事冲突；犹太少数族裔将陷入危险境地，比如犹太人和非犹太人间的经济竞争日益激烈、排外的民族主义迅速发展、海外移民的可能性预见性地终结。

　　预言家们没有谈论种族和种族空想，而是聚焦可预测的现实。他们一致认为，时间紧迫，同化犹太人个体的尝试也已失败。尽管动机大相径庭，但他们一致认为要对自己的民族负责，使之最终崛起为一个自我满足的同质化国家。因此，犹太人也理应得到他们的土地，拥有自己的国家。

第四章　迟缓笨拙者对勤奋能干者的憎恶

1848 年，德国博物学家卡尔·沃格特以年轻教授的身份参加了当年的资产阶级民主革命，并作为激进民主派议员当选为法兰克福国民议会①的代表。1849 年，他在发动巴登-普法尔茨起义②后逃往瑞士，而后在日内瓦大学关注着反犹主义如何在德国和欧洲蔓延开来。

1880 年至 1881 年，沃格特在《法兰克福报》上连发三篇文章来表达对德国"令人作呕的"反犹主义的愤慨。文中，他谈到反犹者"纯粹的妒忌""卑鄙的贪婪"，以及"思想落后者对更高层次的智慧和更古老深刻的文明充满了压抑的愤怒"。当时的情况是，反犹大军中海因里希·冯·特赖奇克和阿道夫·施特克尔的名字赫然在列——前者是历史学家，后者则是新教牧师。因此，沃格特试图向曾经的同胞说明，自己"在各地以同一方式一再发现的"犹太人的特点："勤劳、聪明、节俭，有时甚至显得有些吝啬，但总体上很仁慈，很少出现暴力犯罪的行为，从不酗酒。"

1885 年，当维也纳记者伊西多尔·辛格向雅各布·莫勒斯霍特询问反犹主义产生的原因时，这位曾在海德堡、苏黎世和罗马任教的荷兰生理学家回答道："全世界最顶尖的医生、最有影响力的作家、最富有且有文化的商人中，都有犹太人的身影。当人们被要求在且只在这些领域崭露头角时，会惊讶地发现，许多优秀的医生和记者都是犹太人。他们悲伤地意识到犹太人非常富有，他们辱骂和嫉妒这个东方民族的辉煌，他们表现得仿佛自己的基督教正处于危险之中。因为一个风趣幽默的犹太人的一句名言，就能让施特克尔先生和特赖奇克先生的迷信言论不攻自破。"卡尔·沃格特对此的回答则是："在我看来，整个问题的重点不在宗教，而是没本事者对有本事者、穷人对富人、迟缓笨拙者对勤奋能干者的本能仇恨。"[1]

欧金尼奥·里吉尼居住在意大利的北部城市费拉拉，是一名农业工程师，同时也兼任记者。作为记者，里吉尼打着客观主义的旗号，装出实事求是的口吻来掩饰自己的反犹立场。1901 年，里吉尼出版了《现代意大利政治中的反犹主义和犹太主义》一书，所得结论与沃格特和莫勒斯霍特从德国社会中获得的认识并无二致。不仅是他们，"病理学之父"鲁道夫·魏尔肖、古典学者特奥多尔·蒙森、发明家和企业家维尔纳·西门子、历史学家约翰·古斯塔夫·德罗伊森和自由派代表人士路德维希·班贝格尔也一致认为，反犹主义的核心原因是嫉妒和贪婪。早在 1821 年，犹太评论员路德维希·伯尔内就已强调了这一事实。[2]里吉尼还认为，犹太人其实并不比他们周围的基督

---

① 1848 年至 1849 年德国革命期间的全德制宪国民议会，因 1848 年 5 月在法兰克福召开而得名。会议经过长期争论，通过了帝国宪法，并决定建立统一的德意志帝国，把帝位授予普鲁士国王。但该决议遭到普鲁士、奥地利、巴伐利亚等各邦君主的拒绝。1849 年 6 月，议会迁至斯图加特。7 月，被符腾堡军警驱散。（参见《中国百科大辞典》，华夏出版社，1990）
② 德国 1848 年至 1849 年革命后期的最重大的一次维护帝国宪法的武装起义。1849 年 5 月，巴伐利亚大公国普法尔茨地区和巴登大公国接连爆发起义，要求政府接受宪法。起义遭到普鲁士、萨克森、汉诺威反动政府的联合镇压，起义军奋战 40 天后败退瑞士境内。（参见《新编世界社会主义词典》，上海辞书出版社，1996）

徒更聪明，但他们确实更懂得如何发挥自己的才能。他们充满干劲、目标明确，坚持不懈，又敏捷灵活地奋斗向前。这使他们周围的非犹太人感到不安。对那些"经济上的竞争者"来说，尤为如此："这种紧张的氛围使嫉妒的情绪疯长，而这正是导致反犹主义的最深刻、最普遍，也许也是最重要的原因。"

作为民族自由主义者，里吉尼当时在费拉拉领导着当地一个致力于社会整合的工会。他（可能并非毫无遗憾地）观察到，反犹主义虽然在意大利"绝对存在，但发展基础薄弱，且缺少目标"。[3] 1900 年前后，意大利的人口约为 3400 万，其中犹太人 4.3 万。这一数字几乎可谓是无足轻重。而且，这些分布于罗马、米兰、佛罗伦萨、都灵、里窝那以及费拉拉的犹太人已被高度同化。他们可以担任国家公职，成为政府官员甚至总理。轰轰烈烈的反犹主义几乎没在意大利发生，而直至 1929 年，西蒙·杜布诺夫才确定这一点。[4] 无论学生还是商人，无论小商贩还是民族主义者，都未对犹太人表现出敌意。教皇皮乌斯九世（1792—1878）针对自由主义思想而断然传播的反犹主义，在意大利社会几乎未得到回应。[5]

然而，一些国家的犹太人在城市人口中占较大比例，并已成为社会进步道路上的有力竞争者，他们的情况则完全不同。这一点将在以下的段落里，通过四个例子来说明。由于对现代社会带来的挑战感到恐惧不安和无能为力，俄国和罗马尼亚的主体民族使犹太人走向解放之路的初步尝试化为泡影。与此同时，在欧洲经济发展取得巨大进步又出现危机之后的 1880 年前后，甚至法国也出现了嫉妒、怨恨和仇外心理。而在那儿，已有相对较少的犹太人在过去的 90 年里享有平等权利。于是，不是政府，而是社会运动要求打破犹太人在某些特定职业中的"优势地位"。例如，因为想要"清洗"本国的竞争者以及所谓的外国人，希腊政府还趁机煽动了民众对犹太人的仇恨，从而为主体民族带来利益。

犹太人和俄国的不幸

一战爆发前，沙俄的疆域已延伸至普鲁士的东部边界，包括后来波兰的大部分。除了现在的摩尔多瓦，还包括芬兰、爱沙尼亚、拉脱维亚、立陶宛、白俄罗斯以及乌克兰的大部分地区。1897 年的人口普查显示，在这片广袤的土地上生活着 1.25 亿居民，其中 521.6 万（4.2%）为信奉摩西的犹太人——相当于全世界所有犹太人的一半。这些犹太人几乎无一例外地以"犹太德语"（依地语）为母语。因此，按照俄国的国家理性，这些犹太人被视为俄罗斯帝国境内的独立民族。1906 年，德国犹太复国主义者阿图尔·鲁平满意地对此表示称赞，认为这是"犹太人正式被一个欧洲国家认定具有独立民族特征的唯一案例"。

最初，这些俄国犹太人主要居住于前波兰的立陶宛王国。为了摆脱物质上的匮乏，许多人在 19 世纪移民至新俄罗斯。该地区此前由奥斯曼帝国统治，后来被俄军逐渐占领——比如乌克兰南部和克里米亚，以及不久后的移居地德涅斯特河沿岸和摩尔多瓦的比萨拉比亚。大多数犹太移民穷困潦倒，以小摊贩、手艺人、工厂工人或按日结算的短工为生。1883 年至 1884 年间，由康斯坦丁伯爵——这位来自帕伦的伯爵出身于波罗的海一个讲德语的家族——领导的委员会对犹太人的生活状况进行了调查。在提交给沙皇亚历山大三世的报告中，康斯坦丁伯爵这样写道："整个犹太人群体中，几乎有九成不具备任何生存保障。他们日复一日地在恶劣条件下过着痛苦的生活，而其他社会阶层的人都比犹太人生活得好。"[6]

国家授意的大屠杀和特别法律

1881 年至 1882 年间，沙俄社会频频发生针对犹太人的集体迫害和大规模屠杀，此后，本处于半自由状态的境内迁徙突遭禁止。沙俄的官员、警士和军官在这些暴行中常起到推波助澜的作用。他们首先放任其发生，几天后再装模作样地加以管制。1881 年春，沙皇亚历山大二世遇刺身亡①，成为犹太人大屠杀的导火索——尽管凶手并非犹太人，而是一个信奉基督教的大学生。

波多利亚省南部一个名叫巴尔塔的县可以证明，犹太人缺少权利和防御能力的情况到了多么骇人听闻的地步。巴尔塔有 3.2 万名居民，其中 80％为犹太人。1882 年 4 月中旬，这里发生了一场大屠杀，整整持续了三天。施暴者摧毁了 1000 多处房屋和 300 多个商业场所，对犹太人进行抢掠、强奸、谋杀，致使 42 人死亡，121 人重伤。人数较少的基督徒为所欲为地恐吓人数占优的犹太人，而这离不开国家的助纣为虐。对犹太人的大规模烧杀抢掠也在基辅上演。我们先略过关于大屠杀的一串串数字，看一看那里被鼓励无视法律的人群有哪些举动。以下是一份关于 1881 年 5 月发生在普雷德玛斯蒂郊区的大屠杀的报告：

"街道右侧原本有大约 15 间单层的砖瓦房，而现在除了四处散落的砖瓦和焚烧过的木头，什么也没有了。遭灾最严重的莫过于博恩斯

---

① 1861 年，亚历山大二世下诏废除农奴制，并主持了多项政治改革。改革引起守旧贵族的抵制和激进派的不满，所带来的自由化风气也导致国内局势陷入混乱。1874 年后，革命者中的恐怖主义势力抬头，屡次策划暗杀沙皇的计划，最终使其于 1881 年遭民意党成员刺杀身亡。

波尔斯基先生。他带我穿过他的仓库和住所，目光所及之处一片狼藉：每扇门窗都被砸坏，家具成了一地碎片，钢琴的琴弦全被扯出、弄折、剪断，石质墙壁上满是暴徒们试图破坏的痕迹。院子里堆满了被弄坏的生活用品和床垫弹簧。起初只有 150 名暴徒，随后对面糖果厂的 500 名工人也前来加入。他们先把烈酒搅得到处都是，继而把地窖烧为灰烬，后面的肥皂厂和灯具厂也被毁坏。博恩斯波尔斯基把房子的一部分租给了一位药剂师。暴力发生时，这位基督徒租客正和一名警察坐在一起喝伏特加。经估算，房东博恩斯波尔斯基先生的损失至少达 10 万卢布。"

随后，这位目击者参观了德姆杰夫卡大街上的犹太教堂。同样，那里也"没有任何东西能逃过一劫"。在位于郊区的萨洛门卡，暴徒们杀害了 3 个人。看到暴徒们逼近，莫迪凯·维纳尔斯基的妻子慌忙带着孩子们逃到阁楼。然而由于心慌意乱，她漏掉了一个孩子。那么，当"这些人性泯灭的混蛋"冲进房子时，又做了些什么呢？"他们捉住孩子，抓着腿，故意把他摔到地上。孩子当场死掉，眼看着在军队面前没了气息。可怜的母亲噙着眼泪向我讲述了这场不幸。当我沐浴在明媚的阳光下时，附近的士兵正四处闲逛，或坐在窗台上。不时传来的阵阵笑声和聊天声，让这个不幸的故事愈加令人悲痛。我难以相信，在满是军营和士兵的大街上，一个可怜的 3 岁孩子竟在光天化日之下遭到如此残暴的杀害。"[7]

在发生了数百起这样的暴行后，1882 年颁布的法律却不是为了保护受害者，而是为了进一步减少这些犹太人本就有限的权利。内政大臣尼古拉·伊格纳季耶夫——这位最为纯粹的泛斯拉夫主义者——对此负有主要责任。他将这部以自己姓名命名的禁言法看作是对占多数人口的基督徒的保护，以防这些基督徒在未来制造骚乱。伊格纳季耶夫指出，经济情况是导致屠杀犹太人的"根本原因，甚至是唯一原因"："在过去的 20 年里，犹太人逐渐控制了贸易和商业。通过购买或租赁获得了大量土地，依靠族群内部的凝聚力千方百计地掠夺民众特别是贫困阶层的财产。"因此，犹太人理应自行承担"暴力抗议带来的后果，尽管形式令人不快"。现在，政府在对暴乱分子采取措施后，正在履行自己的职责："立刻颁布严厉的法规，以纠正一般民众与犹太人之间的不公正关系，从而保护前者免受后者有害活动的侵扰。"[8]

普鲁士梅梅尔（今立陶宛克莱佩达）的犹太教士杰萨克·吕尔夫当时心系邻国遭受迫害的同胞们，很关心如何能在物质和舆论上为之提供帮助。在他看来，伊格纳季耶夫"就是一个披着外交官衣服的野蛮人，粗鲁而冷血""和他的众多同事一样，对犹太人的机灵、可靠和优势充满嫉妒和愤怒"。由于自卑感作祟，反犹法律和伊格纳季耶夫鼓吹的民族主义同时构成了这一政策的两面。突然之间，"腐朽溃烂的西方"的说法流行起来。"牢固而天然的斯拉夫民族"受到大力吹捧，并被称颂会注定成为"统治世界"的民族。在经历了外国的长期盘剥之后，人们要求公平地拥有一个"俄国人的俄罗斯"。为了得到民众支持，伊格纳季耶夫向各省县政府征求对以下问题的意见："犹太人的经济活动在多大程度上对原住民产生了有害影响？"对 1881 年 5 月暴行负有责任的基辅总督建议鼓励犹太人移民。因为这样，才能保护基督教居民不受"犹太人的经济活动、族群抱团以及宗教狂热所带来的有害后果"的影响。[9]

在专制统治下的俄国，尽管统治者和被统治者在诸多方面存在矛盾，反犹者却可以轻而易举地就将"国家理性与民众本能结合为强大的统一体"。奥地利犹太复国主义者贝特霍尔德·巴鲁赫·费维尔深有同感。他关心自 1882 年起在人民与国家间形成的反犹共生体会造成哪些后果:"对犹太人的观点几乎已被所有人认可。这些看法充满野蛮和暴力,在日常生活中表现为众多的琐碎小事,并逐渐成为一种称得上是覆盖全俄所有阶层的习惯。"[10] 费维尔是在 1903 年沙俄基什尼奥夫大屠杀爆发不久后写下这些看法的,有关情况将在后文讲述。

甚至在这些大屠杀发生之前,沙俄政客和官员已在用挖空心思设计出的特别条例、法律和随意颁布的行政措施折磨犹太人。根据 1882 年 5 月颁布的伊格纳季耶夫法(也称作五月法令),犹太人原则上只允许生活在所谓的定居区——一种大型隔离区。实施范围除了前波兰王国的 10 个省之外,还包括当时的比萨拉比亚、维尔纽斯、维捷布斯克、沃利尼亚、格罗德诺、叶卡捷琳诺斯拉夫(今乌克兰的第聂伯罗彼得罗夫斯克)、基辅、考纳斯、明斯克、莫吉廖夫、波多利亚、波尔塔瓦、陶里斯(即克里米亚半岛及其腹地)、赫尔松和切尔尼戈夫各省。在这些地区,犹太人的人口比例为 10%—18%。在波兰的比亚韦斯托克等个别地区,甚至达到 30%。(早在 1804 年,政府就首次颁布了居住条例,以保护俄罗斯原住民不受犹太人侵扰。)

俄国的 520 万名犹太人中,约有 20 万人获得了在帝国境内自由定居的特权。这一范围会根据当地需要扩展或撤销。其中,有一些特定职业和收入的群体尤其受欢迎,比如拥有资格认证的高级手工艺人、取得某所俄罗斯大学硕博学位的学者、一些医辅职业者以及一流的商人。当然,在获得自由选择居住地和营业场所的特许权之前,必须连续 5 年每年缴纳 500—1500 卢布的个人税。按照当时的标准,这个税额可以说是非常高的。接下来的 10 年,他们仍需每年向国家缴纳高达 5000—15000 卢布的直接税,并在这 15 年之后,继续每年上交一笔 500 卢布的特别费用给国库,用以延续自由定居的特权。由于高昂的费用，只有少数犹太人能利用此机会摆脱定居区中受压迫的生活。[11]

此外，新法明令禁止生活在定居区内的犹太人从城市迁往乡村。相反，人们可以把他们从乡村驱逐至城市。这是因为当时的俄国只有为数不多的几个城市，多数人仍生活在乡下，只有少数俄国基督徒住在城里。因此，居住在以下 9 个省份市中心的多数为犹太人：明斯克的犹太人占总人口的 59.1％，格罗德诺为 58.3％，谢德尔采为 53.7％，基辅为 53.5％，维捷布斯克为 52.7％，莫吉廖夫为 52.5％，凯尔采为 51.3％，沃利尼亚为 51.0％，拉多姆为 50.6％。除了克里米亚，其他省份犹太人的城市人口比重为 25％—50％。定居区犹太人的平均占比为 38.5％，其中最高达 78％，在今乌克兰北部的别尔基切夫。总体而言，94％的俄国犹太人住在城里，而基督徒的比例仅为 7.4％。

俄国内政大臣伊格纳季耶夫颁布的法律和随后出台的一系列规定，禁止犹太人在城外购买和租赁土地。要求其周日必须关闭商店，为自己的洁食习惯支付一笔犹太肉特别税款。同时，租金和遗产所得也需要纳税。1884 年 1 月 28 日，部长委员会下令关闭日托米尔的犹太学校和犹太人开办的职业学校。官方给出的理由简截了当："西南地区城镇和村庄中的手工业者多为犹太人，这阻碍了手工业在当地普通百姓中的发展。"该地区没有为基督徒开设这样的学校。因此，专门的犹太职业学校就是犹太人手中用来"剥削当地普通百姓"的武器，是不受欢迎的。为了切断犹太商人的生意，国家对消费合作社实行免税政策，而各合作社也以"别买犹太人的东西！"为口号来吸引顾客。[12]

1891 年 3 月 28 日，政府颁布了一项命令，迫使犹太手工业者、机械工程师和其他专业人才离开了莫斯科。连同家人在内，有数以万计的莫斯科犹太人的生活因此受到影响。此前，这些专业人才凭借一技之长享有举家自由定居的权利。但现在，他们将被基督教工匠和技术人员取代。与莫斯科的情况相似，基辅当局从 1885 年起开始驱逐犹太血统的铺路工、砌砖工、采石工、木工、泥水匠、马车夫、园丁、女佣、屠夫、非技术工及其家人，以便为那些非犹太血统的竞争者提供更好的就业机会。之后的 1892 年 6 月 11 日出台的一项城市条例，禁止犹太人参与市议会代表的直接选举。和享有投票权的非犹太居民不同，犹太居民被剥夺了选举权。而在犹太人定居区，行政官员决定哪些犹太人可以进入市议会任职，并确保犹太议员人数不能超过总议员人数的十分之一。1893 年，俄国政府下令禁止犹太人使用基督教名字，违者将会受到处罚。

这些特别法律和俄国政府一再容忍或直接导致的集体迫害果然带来了预料中的后果——俄国犹太人开始大规模移民。1880 年至 1904 年间，约有 88 万俄国犹太人移民至美国。如果再加上其他不太重要的移民目的国，15 年内共有 115 万犹太人离开俄国。同时人们不难发现，移民高峰出现在 1890 年至 1891 年和 1903 年至 1905 年间的两次大屠杀之后。移民人数虽然增长强劲，但仍始终落后于犹太人口的自然增长数。（当时，每年犹太婴儿的出生人数比犹太人口的死亡人数多出约 8.5 万。）[13]

从数据上看，移居国外的犹太人多来自贫穷的工匠家庭。根据官方统计，犹太人的移民活动多以家庭为单位进行，他们到达美国时的人均财产只有 8.7 美元。在所有移民群体中，犹太移民口袋里的钱最少。不过，他们得到了已在美国落脚的亲戚们倾力相助。与其他移民群体相比，他们"最有可能受到多方的欢迎"，"东欧犹太人之间密切的社会关系，为其暂时落脚和长久定居都提供了便利"。这样一来，一个庞大的家族连锁移民体系就诞生了。该体系中，即使是最贫穷的个体也有办法收拾行囊移居国外，逃离在本国无法受到法律保护的生活。[14]

1903：基希讷乌集体迫害

基希讷乌，今东欧国家摩尔多瓦的首都。沙俄时期，这块靠近黑海的地区根据俄语发音被译为基什尼奥夫，此前名为比萨拉比亚。1900 年前后，基希讷乌的人口有 12 万，主要由俄国人、几万名讲罗马尼亚语的摩尔多瓦人和 5 万名犹太人组成。基什尼奥夫是"俄罗斯最有福气的繁华中心地区之一"。肥沃的土地让该地区农民的生活得到了很好的保障。同样地，犹太人在这里遭受的苦难也比其他地方少得多。虽然犹太人不能拥有土地，也无法在货币和银行业中发挥重要作用，但他们掌握着当地的贸易和手工业。这是因为摩尔多瓦的农民"没有足够的能力和勤劳"来推销自己的劳动产品。为此，他们需要犹太人的帮助。故而在很长一段时间内，犹太人都得到了"懒散磨叽又追求享受的基督徒中大部分人"的认可。这一结论来自 1910 年一份名为《俄国集体迫害犹太人》的调查报告的作者。1881 年至 1883 年间，在富饶的基什尼奥夫，当地基督徒没有加入当时俄国南部各地爆发的迫害犹太人行动，他们对"杀死犹太人"的呼声也置若罔闻。

尽管在随后的 20 年里，总体形势依然有利于犹太人。而且 1903 年也既没发生经济萧条，也没遭遇粮食歉收，但在这一年的 4 月 5 日（那是一个复活节礼拜日，也是犹太人逾越节的最后一天），地狱之门被打开，一场暴乱继而发生。起初，一切还只是缓慢地发展，随后就演变为骇人听闻的事件。关于这场暴乱和紧随其后的集体迫害事件，

伦敦犹太复国主义援助基金会在一份由其编制，但延后出版的 800 多
页的文件中进行了说明，不过不是用英语，而是用受众群体普遍可理
解的德语。[15]

1903 年复活节的中午，基什尼奥夫的一些年轻人袭击了犹太人。
警察赶走了这些暴徒，但并没有逮捕他们。当日下午，诺维集市上突
然冒出一群身着红色衬衣的男人。这些人特意选择当时俄国非常流行
的节日庆祝服饰。他们不断地怒喊道："犹太人去死！杀死犹太人！"
这群红衣男子还分成了 24 个小组，每组 10 到 15 人，分别攻击城市
不同区域的犹太人。

"暴徒们开始向犹太人的房屋疯狂投掷石块，数量又多力道又大，
不仅打碎了窗户玻璃，就连百叶窗也未能逃过一劫。然后，他们扯开
门窗，强行进入屋内，将看到的所有家具陈列都砸烂敲碎。犹太人不
得不将自己的珠宝、金钱和贵重物品都上交给强盗。哪怕他们只是做
出些许反抗，暴徒们都会用毁坏的家具残片将其狠揍一顿。储藏室的
损毁情况尤为严重：货物要么被暴徒抢个精光，要么被扔在小巷里销
毁。随行在这些暴徒身旁的是一支庞大的基督徒队伍，他们中有'知
识分子'、政府官员和神学院的学生。所谓上流社会的女士们从暴徒
手中拿到抢掠来的衣服，当场就穿戴上这些丝绸大衣或其他昂贵的服
饰。暴徒们也不例外，他们喝得烂醉，身上穿着偷来的衣服，戴着抢
来的珠宝。戈斯蒂纳亚街的一家鞋店仓库被洗劫一空，所有暴徒都扔
掉了自己的旧鞋，换上仓库里的新鞋。在场的警察也做出了同样的举
动——所有的漆靴都被警察收缴了。"

就这样，闹事的暴徒们"以一种纵欲狂欢的方式"把一切砸得粉
碎：坐垫被割开，桌子被扔出窗外，就连鸭绒被子也被撕碎，填充的
羽绒"像雪花一样从空中飘落"。当几百个活动分子施暴时，城市花

园响起了礼拜音乐。街上的行人互相招呼寒暄："至少现在我们不必再忍受犹太人的气味，可以幸福快乐地散步了。"与此同时，施暴者飞奔在巷间。很快，"优雅的上流人士乘车经过，津津有味地欣赏着满目疮痍的野蛮景象"。"基督徒们安静地站在自家门口，微笑地看着暴徒们的行为，在必要时还会去搭把手。"以一位名叫巴金斯基的工程师为例，他向喧哗嗜血的暴徒们指明了"哪些是犹太人的储藏室，而哪些又是基督徒的储藏室"。下午 5 点，第一起谋杀案发生。"暴徒们冲上一辆载有一位犹太乘客的有轨电车，向乘客们大喊道：'把犹太人扔出去！'这位犹太人被推倒在地，头部受到来自四面八方的剧烈敲击。当场头骨破裂，脑浆四溢。"

然而，巡逻的警察却未予理睬。当警察局长之后开车穿过街道时，暴徒们纷纷围上前向他问道："犹太人可被殴打致死吗？"警察局长并未回答。"他的沉默可被视为决定性的事件。因为截至当时，暴力行动的组织和领导者一直保持缄默谨慎的状态。而现在，他们及所有基督徒都意识到，人们对犹太人的遭遇毫无怜悯之心，不必担心来自警察的阻止。"次日，高中生、神学院的学生和政府官员用白色粉笔在犹太人的房屋上作上标记，工人和市民也加入了前一天打砸抢的暴徒队伍。"还有人被派往附近乡村向农民发出邀请，希望他们带着大口袋到城里来帮着抢掠犹太人。"

最后，共有 49 名生活在基什尼奥夫的犹太人被杀。参与这场大规模犯罪行动的人来自社会的各个阶层："士兵和警察、官员和牧师、儿童和妇女、农民、工人，还有流浪汉。"烧杀抢掠的小团体迅速从 10 到 20 人增至 80 到 100 人，"犹太妇女在丈夫和儿子的面前被暴徒排队轮奸"。在此，我将省略犹太复国主义援助基金会的这份报告中最令人心痛的段落。这些段落详细描述了一些有名有姓的个体是如何在众目睽睽之下被侮辱、虐待、折磨和谋杀的。

来自各阶层的暴徒们乱哄哄地混杂在一起，"怒气冲冲地"冲入各处的犹太教堂。其中一处，入侵者杀死了想要保护圣所（犹太教存放约柜的地方）的圣殿仆人。他们扯破了约柜中的妥拉卷轴，并将这些羊皮纸剪成了小块。基督教儿童得到了这些卷轴碎片。不久后，他们就开始"将其作为'基什尼奥夫纪念品'，以几戈比（俄国辅币）的价钱兜售"。"有些犹太人已在基督徒身旁居住了 10 年甚至更久，却被自己的邻居直接出卖，甚至亲手交给了暴徒团伙。事实上，这些基督徒曾向犹太人承诺会给予保护，不会因钱财而对其不利。但当暴徒来袭时，他们却加入抢劫破坏者的队伍亲自动手。多年来，正是这些犹太公司的基督教员工一直在煽动暴徒团伙反对犹太人。"

官方军队刚一到达基什尼奥夫，就开始实施军事管制。城市又恢复了平静。但在此之前的数小时内，所有关于法律、道德、宗教和公民的规范都统统被击碎，在这场混乱的狂欢中，成千上万的人"扼杀了自己作为人的情感"，也"模糊了关于性别、教育、年龄、地位和阶层的个体差异"。1903 年 4 月 5 日，看似风平浪静，没想到基什尼奥夫却突然爆发了卑鄙、贪婪和残暴之事——"在俄国社会针对犹太人的大屠杀已被视为过去式的时候，突然又发生了这样一场可怕的灾难"。然而最糟糕的是，这场集体迫害其实是接下来 2 年中"降临在俄国犹太人身上一连串灾难中的第一环"。1905 年 10 月 18 日，基什尼奥夫又爆发了反犹暴力。抢劫、凌辱和谋杀持续几天几夜，之后发现了 29 名犹太人的尸体。而这一点几乎不为国际社会所知。1905 年的革命动乱中，俄国又发生了 656 次反犹大屠杀，某些地方甚至是多次上演。[16]

面对犹太人的被屠杀，西里西亚地区格莱维茨的犹太教士威廉·

明茨曾于 1906 年努力发声。他在给这个世界统治者的一封公开信中说道："他们死了，因为他们是犹太人。""这些本应担任法律守护者"的官员、警察和士兵摇身一变，成了"法律的刽子手"。正是基于这两点，系统性的屠杀准备工作"以不可遏制的野蛮方式，在全国肆无忌惮地蔓延开来"。[17] 他所说的后来真的成为现实，相关内容的详述可在当代文献中找到。在基什尼奥夫第一次大屠杀发生的 6 年前，由政府支持的反动派报纸《贝萨拉贝兹》问世。它一直是俄国唯一的区域性报纸，由俄化的摩尔多瓦财政官员帕维尔·克鲁舍万掌管。另外，首席审查官乌斯特鲁戈夫对其也极为青睐，这位副省长曾用假名在该报发文，公开反对犹太人。1903 年，克鲁舍万在圣彼得堡参与制作了颇具煽动性的反犹小册子《犹太贤士议定书》。

列宁和托洛茨基领导的俄国革命爆发期间的 1905 年，又爆发了数百次犹太人大屠杀，其中最血腥的一次发生在敖德萨①。1821 年、1859 年、1871 年、1881 年和 1900 年，敖德萨的基督教居民已对犹太人实施了多次迫害。19 世纪，这座城市迎来快速发展期。危机随着新居民涌入城市。1850 年起，犹太商人逐渐完全接管了该城的小麦出口业务——这对港口城市尤为重要。同时，犹太银行家和股票经纪人的业务也取得了长足的发展。在此过程中，他们取代了原本定居于当地的希腊商人。1871 年，这一切最终引发针对犹太人的大屠杀——"因为这个商业大都市的原住民即将失去自身的竞争力"。[18]

尽管如此，多数工厂企业的所有者仍是基督徒，多数犹太人依然穷困潦倒。然而，俄国居民眼中的犹太人刻板印象已根深蒂固，即

---

① 今乌克兰共和国第四大城市。由于拥有常年不冻的天然海港，在水路运输占据重要地位，而誉誉为"黑海明珠"。1789 年为俄国人占领，1819 年至 1859 年被辟为商港，后成为俄罗斯帝国排名第四的城市，位居圣彼得堡、莫斯科和华沙之后。

"犹太人在剥削我们"。尤其是那些按天结钱的临时工、失业者和严重受社会经济状况影响的码头工人，纷纷指责犹太老板压低了工资。一位基督徒马车夫叫苦道："几年前，每 100 个俄国马车夫中仅有 1 个犹太人。但自从犹太富人资助犹太穷人（购买或租用马车）后，马车夫里就有了无数犹太人。"事实上，犹太人口在 1860 年至 1900 年间从 1.4 万增至 14 万，增到原来的 10 倍，其在当地总人口的占比也从 14％增至 35％。

大屠杀发生前的 1905 年夏，工人革命爆发。6 月，抗议者放火烧毁了港口的木棚，军队向人群开枪还击。次日早上，发现了大约 2000 具尸体。10 月 18 日，数量众多的示威者们再次聚集。起初，他们高呼着："打倒独裁！""自由万岁！""打倒警察！"但很快，这些被 6 月暴乱火海吓坏的示威者就跟在了民族主义者身后。这个群体手里举起的不是红旗，而是沙皇的照片。他们追求民族统一的俄罗斯帝国，并为之自豪。许多对现状不满者加入以这种方式反转的游行队伍：按日结钱的临时工，来自码头、工厂和建筑工地的工人，小店主，小商贩，文员，旁观者和路人。从种族上看，他们是俄罗斯人、乌克兰人和希腊人。这些人齐唱着宗教和民族主义歌曲，当然也少不了伏特加酒。1905 年 10 月中旬，以某地的一声枪响为始，大屠杀步入正轨——当然对俄国犹太人来说，那是最多灾多难的几个月。大屠杀的施暴者主要来自工人阶级，他们还参与了 6 月末的反沙皇斗争。根据警方报道，他们在 10 月 19 日至 21 日间杀害了约 400 人。其中，300 名是犹太人。据其他可靠估计，死亡人数其实是该数字的 2 倍。[19] 成千上万的人在暴乱中受伤，被抢走全部家当，甚至连最后一件衬衫也没有保住。此外，至少有 1600 座房屋、公寓和商店遭到毁坏。

暴力事件的导火索是民众对社会的严重不满，以及 6 月抗议运动中频繁出现的普遍的激进情绪——对针对犹太人的暴力，国家报以宽容的态度，给出了这种解释。而另一种解释则是无产阶级对犹太谷物出口商的仇恨——前者指责后者是经济危机、工人痛苦和不合理薪酬的罪魁祸首，并应为之负责。6月，码头工人和临时工通过破坏港口设施来发泄愤怒，借此挑战国家权力。而在10月，"同样的工人群体将仇恨对准了犹太人"。经济形势未变，但政治形势发生了变化。支持国家的力量已再次集结，为沙皇统治重新赢回了相当一部分贫困基督徒的力量。

数月后，援助组织的负责人德国犹太人保罗·内森发布了恐怖袭击的总结表。和往常一样，内容只是轻描淡写而非夸大其词。这些恐怖活动得到了国家的支持，但其实由社会力量组织实施。根据内森的总结，1903年复活节的基什尼奥夫大屠杀发生之后的18个月里，还在639个地方发生了针对犹太人的大屠杀。其间，985人被杀（敖德萨就有300人），38225个家庭"受到这些可怕事件的影响"，共有16.27万人"在自己的国家被同胞掠夺、伤害、侵犯甚至屠杀"。而这一切"发生在政府的慷慨协助或直接帮助下"。

这场暴力浪潮并未结束"犹太人漫长的苦难时期"，而恰恰开启了"一个压迫犹太人的新时代"。这是内森1913年对当时形势的评论。俄国犹太人既无法自由从事手工业和商业，也不能获得房产，更无法选择居住地，或毫无阻碍地将孩子送入中学和大学。他们无法享受任何法律保障，生活在肆意的暴力威胁下。

1906年，彼得·斯托雷平就任俄国总理。似乎有那么一瞬间，人们觉得针对犹太人的严苛律法会放松。然而，希望很快就破灭了。1906年12月，内森对斯托雷平进行了多次探访，然后描述了这次没有结果的会话。斯托雷平"以最强烈的措辞"谈及这些针对犹太人的错误法律。但在回答"为什么你没有照你说的纠正这些问题"时，却说道："因为我们不能这样做！"[20] 内森在援助组织的年度报告中，认命地写道，斯托雷平在国家议会中，"发表了关于自由主义的最勇敢的演讲"。"而在各省，各地政府仍像往常一样进行着统治和管理，并与俄国人民联盟和充满官僚风气的其他犯罪组织完美达成一致。"

在俄国当权者看来，解放犹太人似乎过于冒险。因为这将激起民众的反抗，从而危及社会公共秩序。1907 年 1 月 23 日，沙皇尼古拉二世接见了支持大俄罗斯主义的代表团。其间，发言人提出这样的请求："陛下，我恳求您不要给予犹太人任何权利，否则他们将成为我们的统治者。"尼古拉二世的回答是："我会考虑的。"事实上，在政府为犹太人制订的援助计划中，即使是最微不足道的条款也未能付诸实践。紧随在俄罗斯人之后，罗马尼亚人——正如内森讽刺的那样，"很多人其实是血统混杂的多重混血儿"——也很快聚集起来。1909年，他们在塞维林堡、弗尔蒂切尼和首都布加勒斯特对犹太人进行了暴力袭击。[21]

未受教育者反对渴望教育者

1907 年 8 月 19 日，内森再次向斯托雷平提出会面请求，但这次接触仍未得到任何积极的回应。10 天后，支持大俄罗斯主义的代表团公布了计划。其中规定，俄国犹太人也应像在罗马尼亚那样被视为外国人。[22] 1910 年 4 月，一个俄国犹太教士大会代表团要求与斯托雷平会面。"在漫长的等待之后"，请愿者们终于受到了斯托雷平的接见。后者不耐烦地听完前者的发言，毫不客气地表示，"改善俄犹太人处境这件事还很遥远"，因为"犹太人问题普遍与政治和公民问题相关"。[23]

这种局面一直持续至 1917 年 2 月沙皇尼古拉二世倒台。1917 年 3 月 20 日（公历 4 月 2 日），临时政府废除了所有反犹法令。在第 15 号《公报》中，受崇尚改革的社会民主党人（孟什维克）支持的新政府宣布："现在，废除现行法律中对俄国公民在宗教、政治观点或国籍等权利的所有限制。"

旧俄国怎样的历史环境令人滋长对犹太人的仇恨情绪，并让其在布尔什维克-苏维埃联盟的掩护下继续闪烁？我认为，爱德华·H. 贾奇的思考结果看起来令人信服。贾奇在著作《基什尼奥夫的复活节》一书中，提出了一个重要观点，即"俄国下层阶级随处可见无知和脆弱"。沙皇政府必须考虑这一群体的反应和心理状态。此外，还要顾及工业现代化标志下虽相对缓慢、但能被迅速感知的变革。正如安东·契诃夫所著《樱桃园》的主题所描述的那样，农奴制在终结，人口迅速增长，穷人渴望土地，抗争意愿日益强烈。美国犹太历史专家尤里·斯廖兹金对反犹主义在西欧和东欧的区别作了这样的总结："19 世纪末，匈牙利和德国就像后来俄国的所有西方邻国那样，通过将正在蓬勃发展的种族民族主义与对犹太人社会和经济流动性谨慎的自由态度相结合，促成了政治上反犹主义的兴起。晚期的沙俄政府则通过将谨慎的种族民族主义与有力的歧视政策相结合，取得了类似的结果。"[24]

尽管遭受种种压迫，俄国犹太人仍比大多数人更知道该如何面对新时代。虽然功成名就的犹太人屈指可数，但这些优秀的犹太商人、银行家、企业家、工程师和医生给国家的发展带来了活力，而他们本人也在这一过程中赚得盆满钵满。只要有必要，政府就会支持犹太少数族裔。这遭到其他国民的仇恨和指责："你们犹太人剥削了我们这些俭朴、爱国的基督徒！"

此外，允许犹太人定居的区域与沙俄存在民族争议的边界地区基本一致。而这些地区在 18 世纪末和 19 世纪初时才被征服，如拉脱维亚、白俄罗斯，一直延伸至乌克兰的波兰立陶宛王国、前奥斯曼帝国的德涅斯特河地区、克里米亚和众多罗马尼亚人居住的摩尔达维亚。几十年后，分离主义思想在这些地区逐渐流行起来。工业现代化到达俄罗斯帝国西部地区的速度比到达中部和东部地区快得多，民族独立运动和工业进步最终给了犹太人反手一击。

1886 年 12 月 5 日，沙俄宣布限制进入大学的犹太高中毕业生人数。全国 8 所大学的人数配额设置有所不同：圣彼得堡和莫斯科大学的配额都是总入学人数的 3％，哈尔科夫、多尔帕特（即塔尔图）和托木斯克为 5％，华沙、基辅和敖德萨是 10％。这一法令意味着，犹太人学习和晋升的机会急剧减少。在新法规生效前不久，圣彼得堡大学犹太学生的比例为 11.7％、莫斯科为 10.19％、哈尔科夫为 28.4％、多尔帕特为 14.8％、华沙为 15.5％、基辅为 12.7％、敖德萨则为 29.8％。[25] 许多有能力且渴望接受教育的年轻人选择前往西欧，例如哈伊姆·魏茨曼[①]，这位后来的以色列总统前往德国，在达姆施塔特和柏林修读了化学专业。[26]

杜马的立宪左翼代表也通过了此项条款，并提出同意的决定性理由：如果允许犹太人充分发展，那将直接导致俄罗斯人民的毁灭。因为他们仍然不够成熟，"无法抵御犹太人这样一个优势人口群体的攻击"。[27]

1887 年 7 月，继在大学限制犹太学生入学之后，政府又在中学

---

① 哈伊姆·魏茨曼（1874—1952），生于俄罗斯的英国犹太化学家、犹太复国运动政治家，曾任世界锡安主义组织会长，魏茨曼科学研究所的创建人。1948 年以色列建国之后成为以色列第一任总统。

对其实行了人数限制。除了文理中学毕业考试之外，通过能力结业考试的中学生也可以开启进入大学之门。该限制旨在确保"犹太学生与基督教学生的人数比例更加正常"，并将犹太人定居城市中的犹太中学生比例降至10%。需要提醒的是，这些城市的犹太人在总人口中的占比平均为38%，通常为50%，甚至更多。

　　20年后的1907年，思想自由的俄罗斯前邮电部长伊万·托尔斯泰伯爵表达了他的愤慨："这项措施无非就是意味着，人们将犹太人对教育的强烈渴求视为反常现象。"1886年是"支持犹太人进入教育机构的20年"，政府却"对由此取得的辉煌成果感到震惊"。敖德萨中学犹太学生的比例从19.2%飙升至35.2%，维尔纽斯也从10.4%上升到26.7%。但随后，政客们通过暴力方式强行遏制了犹太少年的学习热情。特别是当他们察觉到，这样的法令"在俄国人民中受到普遍的欢迎"，俄国民众也对沙皇亚历山大三世的民族主义和大俄罗斯政策"表示热烈欢迎，并予以道德上的支持"。[28] 学校政策中，国家的反犹主义也被证明是修补已然脆弱的秩序的一种很好的手段，至少起到临时的修补作用。

　　教育部长刚阻止多数犹太学生进入初级中学后不久，高级实科中学和文理中学就出现了同样的限制。这一次的禁止原因，依旧既不在于宗教，也不关乎种族，而仅是因为每一个犹太学生表现出的那种对知识的极度渴望。作为被社会遗弃的低贱群体，他们从教育和智力训练中受益。就像托尔斯泰所指出的那样，"因此，犹太学生通常会努力成为班里最好的学生之一，他们从不挂科，大多数人也从不留级，并且总能在规定学制内顺利毕业"。相反，基督教学生总是更频繁地留级重读，或因成绩不佳而辍学。托尔斯泰由此解释了为什么在低年级入学时被严格控制名额的犹太学生最终总能"以奇怪的高比例"通过高中毕业考试。

这一结果违背了出台限制法令的初衷。为此，哈尔科夫省的教育管理部门进行了调查。省长报告道，"有大量犹太人涌入"，他们散播"唯物主义观点"，对俄国青年"毫无积极影响"。教育部门随后召集了一个委员会，以审查"各教育机构中犹太人过多的问题"。委员会最终得出的结论是，配额制的实施范围应扩大到所有中学。1890年起，私人教育机构或自愿或被国家强制要求，均贯彻了这一规定。1901年，时任教育部长将犹太人定居区的入学配额从10％减少至7％。[29] 1911年，部长会议的与会者们又提出了一项用以减少犹太高中生比例的措施。从那时起，配额的计算不再仅以公立文理中学和初级中学的在校生作为基础，而是还包括了在家中自学或在私立中学读书、然后参加外部高考从而毕业的学生。这一变动"几乎覆盖了从入学到毕业各环节，完全阻碍了渴望受教育的犹太青少年"。

申请大学时为数不多的犹太高中毕业生再次被拒之门外。1912年，全俄申请大学的犹太学生约有3000名，其中只有350人被录取。1913年，这一数字为164人——华沙和圣彼得堡大学的犹太学生录取人数甚至为0。官方给出的理由是：前几年超过了配额，所以必须平衡一下。甚至在1886年至1887年限制法令颁布之前的1882年，国防部就规定军医中犹太医生不得超过5％的配额。并且在进一步通知前，禁止所有犹太人定居区的军队招募犹太医生服役。此外，卫生部命令军事医学院中的犹太学生比例不得超过5％。不久后，又规定这一数字必须降为0。1889年起，犹太人不再被允许管理军乐队，在乐手中的占比也不得超过三分之一。1882年5月22日颁布的一项法令禁止合法合规的犹太家庭教师在定居区以外的地方教学。3月3日，犹太血统的旁听生被禁止到定居区以外的大学听课。而在定居区，只有华沙、基辅和敖德萨三所大学。

1885 年秋，几乎所有申请进入帝国音乐协会下属音乐学院、弗罗贝尔协会课程和（位于定居区之外的）牙科学校的犹太学生都遭到了沙俄政府的拒绝。1885 年 6 月 7 日，沙皇下令将哈尔科夫技术学院的犹太学生比例降至 10％。限制犹太人接受高等教育的法律颁布数周后的 1887 年 1 月 21 日，政府又颁布法令规定，"国外高等教育机构毕业的犹太人不属于可凭文凭有权在帝国全境任意居住的特权阶层，因而不得在犹太人定居区以外居住"。1888 年 8 月 21 日，圣彼得堡和莫斯科的戏剧学院完全禁止犹太人入学。1889 年 2 月 13 日，东布罗瓦的矿业学院也颁布了这一命令。1893 年 10 月 6 日，医疗管理部门开始对犹太血统的药房学徒人数实施 3％或 5％的配额。

根据 1889 年 11 月 8 日颁布的一项法律，犹太人若想开设律师事务所，必须先取得司法部的批准。而在随后的 15 年间，官员们拒绝了每一个这样的申请，他们后来只为个别申请者发放许可证。该法律的发起人之一是圣彼得堡律师协会主席弗拉基米尔·斯帕索维奇，事实上他在政治上支持的是自由主义。但鉴于圣彼得堡司法系统中的初级律师有一半是犹太人，他得出了一个与自己政治理念完全相悖的结论："我们正面临一个巨大的问题——一个无法用自由主义这种陈词滥调解决的问题。"[30] 1894 年 12 月 23 日，出于同样的原因，内政部长宣布不再接受犹太退伍军人担任国家公职。同时，在各个交易中心，犹太股票经纪人的数量被限制不得超过三分之一。1890 年，一项法律限制犹太人参与某些股份制公司。同年，个别地区的省长宣布数百个集镇为村庄，从而使犹太人失去居住权。[31]

尽管为保护基督徒多数派而制定的措施通过教育阻碍着犹太人的进步，但天资聪颖的犹太人却一直偷偷尝试克服困难，绕开现有的、被反复设立的诸多障碍。历史学家西蒙·杜布诺夫在回忆录中，讲述了自己如何在 1880 年的夏天前往圣彼得堡学习——"凭借一份伪造的手工艺者证明，这样可以更容易获得本对犹太人禁止的首都'居住权'"。在"不成文的俄罗斯宪法"——给负责的警察塞几个卢布——的帮助下，这个做法是行得通的，因此，这种景象频频上演。尽管犹太人的生活遭遇了重重障碍，1906 年，阿图尔·鲁平还是满意地总结道，在过去的几十年里，俄国境内的所有民族"在接受高等教育方面，都未取得像犹太人那样的进展"。[32]

早在 1882 年，前文提到的来自梅梅尔的犹太教士杰萨克·吕尔夫就在他穿越俄罗斯的旅行中注意到，"犹太医生和药剂师比他们的俄国同行在能力上更突出，在态度上也更尽职尽责"。吕尔夫在从维尔纽斯到明斯克的火车旅程中，与一位商人谈到前一年发生的大屠杀。当谈及原因时，对方说道："俄国犹太人遭遇的所有不幸，是因为他们比俄国人表现得更好，头脑更清醒，社会贡献更高，生活更努力，也更有道德感。"因此，人们总是说，犹太人试图"取代各地的基督徒，从他们的嘴里抢走面包"。这就是为什么"所谓的受过良好教育的上层阶级"会放任自己陷入对犹太人的恶意与敌对中，并对这一"被羡慕的群体"燃起仇恨的熊熊烈火。[33]

关于沙皇统治的后期，社会历史学家阿卡迪乌斯·科汉认为："实际上，几乎没有哪个经济部门可以成功将犹太企业家排除在外。这种情况不仅发生在定居区的制造业中，也存在于巴库的油井、西伯利亚的金矿、伏尔加河和阿穆尔河沿岸的渔业、第聂伯河上的航运公司、布良斯克的森林、中亚的棉花种植园等境内多地。"俄国最重要的银行是由犹太人创办的，尽管统治者一再试图阻止犹太人担任这些职务。例如，1911 年斯托雷平下令禁止犹太商人从事面包贸易，

1913 年至 1914 年颁布的法律剥夺了犹太人担任房地产经纪人或管理人以及股份公司董事的权利。最终，这些禁令只取得了部分成功。1914 年，主管部门震惊地发现，俄国西北部地区只有 8％的银行和股份公司员工是俄族，其余 35％为犹太人，26％为德裔，19％为波兰裔。[34]

保护主义催生了进一步的保护主义。一个特别有说服力的细节证明了保护思想的开花结果。这一细节乍听似乎很怪诞，但仔细一看，就会发现其实是一些作为多数派的基督徒在无耻地隐藏着自己的无能——这就是反犹主义的核心动机。由于只有少数犹太学生被允许上中学，所以只有他们中的佼佼者得到了这为数不多的名额。然而，以成绩为基础的选拔原则使基督徒学生的劣势更加明显。1913 年，为了缩小这一被视为耻辱的差距，俄国教育管理部门决定不再根据成绩高低录取犹太学生，而是通过抽签的方式分配入学名额。[35]

由于日渐繁复、日益顽固的官僚主义态度，犹太人渴望进步的愿望被越来越多的障碍所阻碍，最终导致了这样一个结果：俄国人的民族自豪感——这被视为一种综合统治手段——并没有因此得到满足，反而因为那些被排除在外者的成功加剧了民族间的仇恨。

罗马尼亚基督徒的保护行动

抛开那些关于罗马尼亚伟大历史的神话传说，现代国家的建立可以追溯到 1861 年 12 月 24 日。当时，拥有各自领土的贵族领主就联合一事达成一致，同意建立一个真正的联盟，并成立了罗马尼亚公国。随后，他们宣布将布加勒斯特作为公国首都，并按人口普查选举权建立起两个议会议院。他们还征用修道院的财产，规定以典型的法国模式管理公国。

3 年后，这个新成立的公国废除了农奴制。但由于大地主阶级仍享有权力，导致农民只在表面上得到解放，而实际仍处于苦难之中。与俄国一样，这些刚解放的农奴面对自由手足无措。对其而言，由于缺少钱财、土地、教育和立身技能，威胁之感多于解放之喜。[36]

根据 1899 年的普查结果，罗马尼亚的人口近 600 万，其中 26.6 万为犹太人（占总数的 4.5%）。罗马尼亚犹太人的主要职业是小商贩和独立经营的手工业者，比如面包师、木匠、屋顶工、制鞍工、钟表匠、裁缝、铁匠或砌砖工。他们中的少部分人推动了罗马尼亚极其缓慢的工业化进程——1900 年前后，犹太人掌握了全国大约一半的玻璃生产公司以及三分之一的家具和纺织品生产工厂。大改革的 1864 年，罗马尼亚政府决定实行义务教育。同时，政府还呼吁犹太社区居民将子女送至公立学校，而不是犹太学校。在同化思想的影响下，政府将这一措施和"使犹太青年与罗马尼亚青年更加密切接触"的愿望联系起来。否则，他们"与国家分离"的情况将继续下去。家长们服从了。然而，由于政府治理能力欠佳，且文盲范围很广，义务教育的普及进展得极其缓慢。因此 1880 年，犹太学生仅占学生总数的 11%，而其人口的城市占比一般为 30%、40%、50% 或 75%。

成功很快就到来了。犹太儿童"完全适应了罗马尼亚人的语言和习俗"。不久后，这些经过同化教育的犹太人中产生了"大量的医生、工程师、文学家、数学家"、律师、财产经理以及铁路和电报业的项目经理。1899 年的人口普查记录了犹太父母、儿童和青少年对教育的渴望程度。当时，即实行义务教育 35 年后，仍有 82.7% 的罗马尼亚人自称文盲。

尽管整合学校的早期尝试看起来效果不错，但犹太群体的法律待遇从一开始就不容乐观。无论祖先在罗马尼亚的土地上生活了多久，犹太人仍被当作"外国人"。根据同样在 1864 年通过的军事法，除罗马尼亚公民以外，"居住在本国且不受他国法律保护的外国人"也被征召服役。官方文件中，犹太人被定义为世界上无人保护的外国人。谈到外国人时，指的就是他们，也只有他们。1866 年，在严重反犹暴力的背景下，议会通过漫长讨论，在宪法第七条规定："只有基督徒才能获得罗马尼亚公民权。"一位住在伦贝格（今乌克兰沃尔夫）的犹太移民以 S. 耶利哥-波洛尼乌斯的笔名描述了这一时期议会外社会各界力量的举动，及其如何向立法机构施压的实况："第七条法规的通过，拉开了反犹主义者狂热行动的序幕——他们拆毁了首都布加勒斯特一座壮观宏伟的新式犹太教堂。国民警卫队如往常一样很晚才到达现场，目的仅仅是执行看守废墟的任务。"[37]

犹太学生成为"外国人"

几乎在犹太学生被允许进入公立学校的同时，记者和议会就先后发声表示"犹太学生被同化得太迅速，求知欲太强"。1883 年，教师协会发言人发现学校里"挤满了犹太人"，这一点很好地解释了罗马尼亚学生为何难以入学。随后，这个所谓的冤情被人用一种冷酷的方式补救，还得到了官方暗地里的支持。法国作家贝尔纳·拉扎尔总结道："尽管有违法律，教师们还是很快就以学生人数超额为借口，将犹太儿童赶出了学校。"此外，他们还在学校里虐待犹太儿童，在其他学生面前指责和贬低犹太学生。比如，老师会说："你迟到了！一定是帮你爸放高利贷去了吧！"

1887 年夏，教育部长明确建议，小学应优先录取罗马尼亚学生。

受此激励，成千上万的犹太儿童被赶出学校。正式法律是在 6 年后出台的，根据该法，外国人（即犹太人）"只有在学校有名额容纳他们的情况下"，才能被录取。一旦有幸被录取，犹太父母还必须支付专门针对外国人的高额学费——城市学校的费用往往是农村的 2 倍。此外，申请书、成绩单和考试的费用也按针对外国人的标准执行。这条满含歧视的法律最终达到了预期效果：1881 年至 1992 年，小学中犹太学生的比例为 15.5％，10 年后为 5.5％。（其中部分差异是由于义务教育执行更连贯了一些。）[38]

犹太学生进入小学愈加困难，但歧视情况并未止步于此。政府官员和立法人员开始研究如何禁止犹太学生进入初高中。议会里，对相关法律的讨论基本达成一致，只有少数议员反对。其中，经济部长彼得·卡普的反对之声尤为强烈。受英国自由保守主义的影响，卡普支持机会主义，总是倾向于妥协。这里是 1893 年 2 月 16 日布加勒斯特众议院的一段会议记录：

　　卡普部长：您如今抱怨，我们像 10 年前一样被犹太人拖累了发展进步的脚步。您说，我们的国家正在遭受威胁。而我要说，如果您不愿意像犹太人那样努力工作，我们的国家才是处于危险。犹太人问题的解决正道应是，给予罗马尼亚人本应得到的一切，然后对其说：你很美丽、高大、强壮，但要知道，如果你不想通过工作维持这一切，那你就将失去这些优势。这就是我们必须告诉罗马尼亚人民的事情。如果我们告诉他们，如果习惯了那些尚未习以为常的工作……（现场抗议声）

　　但您却说，犹太人必须被消灭。我想理解这个逻辑，您说罗马尼亚人民正处于危险之中。好的，那要么就必须拔除掉所有危险因素使其不再构成威胁，要么就必须彻底杀死它。但是，既然您选择把它留在国内而不杀死，那么问题来了：对这个国家来说，怎么做才是最好的？是有 20 万无知的犹太人更好，还是通过学校教育让这个外来族裔更接近我们民族更好呢？您希望这些外国人无法接受教育，那么他们对我们来说就是一个危险因素。或许您希望他们自己创办学校，那么他们将比我们更优秀——因为受压迫者会比其他人更为努力。这样的话，犹太人和我们在其他领域的竞争将更加棘手——因为他们将是拥有外国文化的陌生人，而不是拥有罗马尼亚文化的陌生人……（被插话打断）

哦！所以您是想对犹太人说：'我不允许你拥有学校！'您能做到这一点吗？不！您不能！很好，如果您既不能完全杀死他们，也不能把其赶出罗马尼亚，或让其保持蒙昧，更不能阻止其拥有自己的学校，那么您觉得会有怎么样的结果呢？——您将什么也实现不了！事实上，几十年来我们除了对他们实现限制措施，什么也没做到。而这些措施没有取得任何实际效果。您从这些经验中什么都学不到。您把犹太人淹没在多瑙河中；您对这些人为所欲为……

众人喊声：我们抗议……你在谴责我们的国家……罗马尼亚部长不能说这种话。（一片嘈杂）

卡普：抱歉，这是我的责任。我需要让您明白问题的关键所在。其实我什么也没做呀，只是向您引述了我国法律。我提到了（犹太人）被驱逐出境的事实，也向您指出了我们向其实行的所有限制措施。[39]

卡普部长提出，将犹太人赶出村庄和小镇。这一做法是俄国根据

1892 年 10 月 7 日的市政法律许可而采取的惯用手段。在限制犹太人进入中小学的同时，国家还下令限制或禁止农业和技术学院、贸易和工艺学校、理工高校面向犹太学生招生。自那时起，犹太学生只有在"罗马尼亚人的儿子还有名额"的情况下，才能进入中等教育机构，并且仍然被限人数最多为学生总数的五分之一。如果他们得以突破重重阻碍获得录取名额，就必须额外支付一笔高额的学费（就像在中小学早已实行的那样）。而且，原则上他们无法得到奖学金或其他的资助。

1909 年 2 月 18 日，担任援助组织负责人的德国犹太人保罗·纳坦宣布，罗马尼亚政府继续"在实际中或法律上"，阻止犹太青少年"进入接受纳税人资金的公立学校"。1893 年起，犹太人不得不用私人资金重建自己的学校。之后，这些学校就受到专制政府的严密控制。1899 年，教育部禁止学校在周日上课。同时，政府还决定，向"非国家计划教学的私立学校学生"征收特别税。1900 至 1901 学年，所有公立学校的中学生中只有 0.88％是犹太人。

犹太人可以学习法律，但无法担任国家公职，或成为军人和律师。有一段时间，只要能支付高昂到可怕的学习费用，政府允许其成为医生。因此，许多犹太人选择出国学医，然后再带着医学博士学位归国。罗马尼亚议会对此迅速作出反应。他们对卫生法进行修订，其中明确规定"只有拥有外国博士文凭的罗马尼亚人才可以在罗马尼亚行医"，而犹太人一直被认定为外国人。很快，这种规定的职业范围就扩展到了工程师。

"欧洲最后的奴隶"

商业生活的其他领域亦是如此。犹太人的生活状况没有一处是向好的方向发展，甚至出现了很多越来越糟糕的情况。1867 年至 1875 年间，罗马尼亚政府通过法律手段禁止犹太人从事烈酒和烟草交易，并禁止其从事酒类生产和贸易。不久后，禁止范围从酒类扩展到了火柴和卷烟用纸。根据 1898 年通过的实施条例，如果发现任何律师是"外国人"，就必须将其从持证律师名单中"永久"删除。对药剂师、医生、兽医、卫生用品店店主、股票经纪人、警察以及工商会成员等职业，也有类似规定。1881 年 4 月 6 日通过的《外国人法》规定，危及"公共安宁"或"国家内部安全"的外国人将被指定一个新的居住地或被驱逐至国外。

1878 年的柏林会议上，当时的欧洲强国要求刚获独立且得到国际承认的罗马尼亚，不论公民的民族血统或宗教信仰，均给予充分的公民权利。然而，罗马尼亚政府坚持无视条约规定的这一义务。截至 1913 年，约有 1000 名犹太人入籍罗马尼亚，而其余 55000 余名犹太人仍处在无保护和无国籍的状态。约有 450 名犹太人从事医生的工作，35 名为律师，35 名为记者，还有一些工程师和 2 名教授。禁令要求犹太人不得从事兜售活动，不得租用 4 公顷以上的土地，不得担任政府公职，不得在农贸市场上交易，不得成为手工业者协会理事会的成员。与"罗马尼亚人"不同，这些"外国人"无法享受免费医疗。他们甚至必须为每一天的治疗，提前支付特别税。

为了在东北部城市雅西建设有轨电车，市政当局招募了外国工人。尽管根据判断，这项工作对当地罗马尼亚人似乎过于艰巨，但政府官员不想雇用犹太工人。首都布加勒斯特的城市父母官也采取了类似的行动，他们一致决定不得雇用犹太人修建公路和道路。1899 年，主管部长"命令铁路管理部门赶走了有犹太血统的扳道工、卡车司机、运货员和车间工人，还禁止火车站派给犹太人油漆工作。由于摩尔达维亚地区没有罗马尼亚工人，他们便从瓦拉几亚地区调人"。如果犹太人参与政治或工会活动，就会被当作"外国害虫"而直接驱逐出境。

总之，以上种种措施都旨在保护由手工业者、商人、专业人才和学者组成的中产阶级。他们坚持自己反对犹太竞争者的立场，并希望彻底取代犹太人在各领域的位置。这一政策的策划者激进地谈论着"防止罗马尼亚被犹太人占为己有"。法国作家贝尔纳·拉扎尔如此总结他们软弱的内在动机："上层担心，受过教育的犹太人比罗马尼亚人更优秀。因此，必须贬低和羞辱他们，以减少威胁性。"1897年布加勒斯特爆发犹太人大屠杀之后，内政部长把民众对犹太人的集体迫害行为称作"针对犹太人优越性的一种令人遗憾的反应"。这一声明是由保守党议员亚历山德鲁·马尔吉洛曼的批评问询引发的，马尔吉洛曼想知道为什么警察没有干预民众的暴恐行为。

在国家和社会的共同制约下，犹太人只占全国大学生数的4.2%。1910年，拥有犹太血统的意大利总理路易吉·鲁萨蒂将罗马尼亚犹太人的情况描述为"欧洲尚存的最后一批奴隶"。1913年，记者列夫·托洛茨基到达巴尔干战争的现场。他发现，反犹主义已成为罗马尼亚的国教，成为"维系彻底腐烂的封建社会的最后一块心理黏合剂"。不仅如此，托洛茨基还注意到："手工业者、商店店主、餐馆老板，还有医生和记者，都对犹太人同行的竞争感到愤怒。律师、官员和军官都担心，犹太人一旦拥有平等的权利，就可能会抢走他们的客户或职位。"

1902年，贝尔纳·拉扎尔判断道，"就像在奥地利、德国、法国等地一样"，罗马尼亚的反犹主义者也会借用基督教的反犹形式，来实现自己的计划。但他们只有纯粹的物质目的："实际上，他们并没有把自身的商业和工业利益，与宗教偏见分开，并且还利用前者来维护后者。"拉扎尔痛苦地与罗马尼亚社会主义者划清界限。最初，社会主义者曾为犹太人的权利挺身而出，直到犹太人与民族自由派结成联盟。随后，热情被消磨殆尽，他们也因缺乏原则而陷入困惑："（因为他们）也需要到处求职，希望得到国家补贴来维持生活，所以联盟逐渐瓦解了。剩余的社会党左派成员与自由党合并，成为和他们一样的民族主义者、保护主义者和反犹主义者。"

犹太人的敌人并不局限于议会通过的反犹法律，以及各地在政府帮助下不断上演的破坏、抢劫、谋杀和屠杀等手段，如在 1890 年的巴克乌和博托沙尼、1897 年的布加勒斯特、1898 年和 1899 年的雅西、1900 年的德伦切尼、1907 年的农民动乱，数不胜数。1895 年 11 月 8 日，一些基督教领袖以"献给天使长米迦勒"为口号，参考共济会分会的方式成立了反犹联盟。联盟的第一批成员和策划者中，不乏一些颇具影响力的政治家。其中，包括在多届内阁任部长并最终成为总理的塔凯·约内斯库（1858—1922）和来自雅西的政治学家亚历山德鲁·库扎（1857—1947）。后者也度过了非凡的职业生涯。

这个跨党派"实际经济联盟"的目标是，在任何情况下都致力于"保护罗马尼亚人反对犹太人"，打破犹太人的"财产优势"，并"消灭"他们在其他所有领域的影响。根据联盟的行动章程，除了出版刊物之外，联盟还将"与所有外国反犹主义联盟相联合"，在首都布加勒斯特组织一次反犹主义者年度大会。章程第二条规定，创始人将驱逐犹太人视作反犹计划的一个重点："由于犹太人无法被同化，联盟将为反对犹太人实现政治权利而斗争。利用一切可实行的手段使犹太人在罗马尼亚难以生存，从而迫使其从该国移民出去。"1899 年 5 月 16 日，大学城雅西发生大屠杀，证明了该联盟是如何通过实践达到这一目标。1 年后的 1900 年 5 月 3 日,一个目击者在《维也纳日报》上发文。根据他的描述,雅西大屠杀的过程如下:

> 1 周前,有宣言呼吁基督徒居民站出来教训犹太人,在他们的房子上插上旗帜作为标识。为首闹事者披着斗篷,以官方代理人的身份前往周围的村庄,特别是丘尔奇郊区。众所周知,那里的居民是一群贪婪的乌合之众。为首者号召当地居民于 5 月 16 日手持棍棒,在西多利马戏场参加反犹大会。为了煽动"民众的"情绪,自然少不了钱和酒。……会议开始了。先是煽动性的演讲,然后两位半上流社会的妇女登台喊出"打倒犹太人""犹太人去死"的口号。继而,游行队伍穿过城市。最前面是吉卜赛人的乐队,后面是举着旗子的大学生,上写"打倒犹太人""犹太人去死"的标语,再后面是乘坐马车的行政长官、警察局长、检察官、教授和高级官员。在暴民们被煽动得足够疯狂之后,第一批石块砸向犹太人的住所。游行队伍的两侧各有一排宪兵和警察守卫,前者的武器在劝说施暴者停手时就被夺走了。宪兵队长弗拉比天真地履行着自己维护公共秩序的使命,结果头骨在检察官面前被砸得粉碎。就这样,塔凯·约内斯库先生的政治朋友们在街上游行,拆毁和踏过路上的一切。那些没有迅速逃至安全地带的可怜犹太人惨遭迫害。次日,城市呈现出一幅可怕的景象:瓦砾和废墟散落各地,商店紧闭,吓得要死的人们互相打探消息,商量该如何自救。自这日起,普遍的商业衰退开始了。

由于不受信任,信贷限制使犹太人的经济前景逐渐暗淡,迫使其按照反犹组织的设想"大规模移民"。截至 1900 年 5 月底,仅在数月内就有上万名犹太人离开罗马尼亚。其中，大部分移民至纽约，2500人前往土耳其，2000人到达伦敦和巴黎。还有其他中欧国家和塞浦路斯也各自迎来几百名犹太人。至1914年，罗马尼亚每4个犹太人中，就有一人离开了国家。"外国人"在总人口中的占比从4.5％降至3.3％。反犹联盟庆祝了它的第一次胜利。[40]

法国：德雷福斯及之后的情况

由于为犹太血统军官德雷福斯的冤案辩护，法国著名作家埃米尔·左拉被指控犯有诽谤罪。1898年2月7日至21日，他不得不在巴黎陪审团面前受审。左拉的法律顾问是时任共和派报纸《震旦报》主编的乔治·克莱蒙梭——他后来在1906年至1909年间以及1917年至1920年初担任了法国总理。审判的内容围绕左拉于1898年1月13日以"我控诉！"为首句，在《震旦报》上发表的文章《致共和国总统费利克斯·福尔的信》。

左拉怀着共和党人的愤怒，为法国犹太军官德雷福斯辩护。1894年，德雷福斯蒙冤被军队开除，并被流放至法属圭亚那炎热潮湿的魔鬼岛，生命受到威胁。左拉发文要求宣判这位总参谋部的上尉军官无罪，并对那些伪造文件和宣誓撒谎的"证人"进行判决。他们已经成为共和国、正义和法律的叛徒。他们的行为导致一向忠心耿耿的德雷福斯因被诬控向宿敌德国出卖军事机密而沦为一个蒙羞的囚犯，从而实现了用反犹动机增加反共和动机的目的。左拉指责，天主教和保皇党的法国给德雷福斯贴上间谍标签，只是为了激起民众对所谓潜伏在内部的敌人的愤怒，从而巩固沙文主义教廷的反动政权："毒害老百姓，鼓动反动和不容忍的激烈情绪，并为此目的而利用可耻的反犹主义。如果不加以治疗，法国自由主义的伟大人权将死于这种反犹主义。这是犯罪！”

左拉才发表控诉书，法国的犹太人敌人就在 55 个城市发动了暴力抗议，抗议活动持续了数周，分成了三波进行。"其中，最疯狂的往往是大学生。"示威者摧毁了犹太人的工厂和商店。在示威者头目的鼓动下，他们在巴黎高呼"犹太人去死！"或"让左拉见鬼去吧！"的口号，在房屋的墙壁上涂抹"永远不要买犹太人的东西！"或"法国必须属于法国人！"等标语。在法国的阿尔及尔，还发生了广泛的犹太人大屠杀。[41]

1898 年 2 月 9 日，当左拉离开法院时，"如果没被一支非常强大的警察部队四面保护，且马匹是如此优秀"，他甚至面临被"狂热的人群像狗一样殴打致死"的危险。2 月 21 日，左拉被刑事法庭判处 1 年监禁，3000 法郎罚金。二审确认判决后，左拉逃往国外待了数月。作为一个共和主义者，左拉致力于为遭受不公正迫害的犹太人发声。但作为自然主义小说的先驱，他没有在作品中"抹去令人非常反感的"（西蒙·杜布诺夫）犹太银行家和投机者的文学形象——正如他在小说《娜娜》（1880）和《金钱》（1891）中所展示的那样。

当然，总参谋部军官玛丽-乔治·皮卡尔上校本人所冒的风险远远超过了左拉这位世界闻名的小说家。对德雷福斯进行审判 2 年后，时任情报部门负责人的皮卡尔收到了上级命令，要求他找到针对此人的进一步证据——当时，德雷福斯已被判定犯有叛国罪。最初，皮卡尔认为这样做是为了保障军事审判的合法性。但阅读秘密档案后，他却发现了伪造的文件，从而怀疑"纸条间谍案"真正的罪魁祸首不是德雷福斯，而是一个沉迷享乐、负债累累的官员。这一结果并不符合上级的意图。出于对军队精神的尊重，他们停止了重审，将皮卡尔调离岗位。

　　然而，皮卡尔并未被吓倒。他把发现交到公证处，之后在给法国总理的一封公开信中表明要提供证据，以此证明针对德雷福斯的罪证材料是总参谋部伪造的。在皮卡尔打下的基础上，左拉及其战友得以展开行动，并最终于 1899 年推动了对这一不光彩判决的重审。但最初，德雷福斯只是被总统赦免。又过了 7 年，他才正式恢复名誉，晋升为少校，并被授予法国荣誉军团勋章。

　　1896 年，皮卡尔的上级将这位顽固而坚持真理的军官调至突尼斯。他们以为，阿拉伯土匪可能会在那里枪杀他。1898 年，由于这次算计未获成功，他们把皮卡尔从军队中开除，并将其扔进监狱 11 个月。后来，玛丽-乔治·皮卡尔也得到平反。1906 年，皮卡尔晋升为少将，并于同年成为总理乔治·克莱蒙梭内阁中的作战部长。1899 年，法国作家阿纳托尔·法朗士赞其为共和国"恩赐的礼物"。[42]

　　经过国内长达 12 年的激烈斗争，法国终于摆脱了军方反犹主义阴谋的耻辱。与此同时，国内反自由主义、厌恶现代化的力量以一种全新而持久的方式重新聚集，建立了极右的法兰西行动组织①。其最重要的组织者之一查尔斯·莫拉斯认为，德雷福斯的平反是"犹太财产深刻而普遍的成功"。根据这种解读，1517 年新教改革和 1789 年法国大革命的先驱们都遵循了"犹太思想的合唱"。用知名作家斯坦贺尔的话来说，"莫拉斯把反犹主义变成民族主义的支柱"，变成对人民的一种基于生物学的理解，"把公民身份和民族身份与历史和种族土壤联系在了一起"。[43]法兰西行动组织比墨索里尼和希特勒早 20 多

---

① 法国最古老的极端种族主义组织，创立于 1898 年德雷福斯案件期间，1928 年被教会宣布为"异端"。（来源：术语在线网站）

年提出了一个严密的专制秩序的政治概念。该秩序中，按种族划分的人民应该感到自由和社会安全，自信的民族主义和强有力的治理将与社会主义的优势相结合，盎格鲁-撒克逊的自由主义将遭到打击，技术进步的影响将通过保护主义得到缓冲。"保护主义、社会主义、民族主义！"是其口号。"法兰西行动"的宣传人员猜测他们的对手背后是"犹太人的力量"以及"以色列的金融家"。[44]1906 年，共和主义精神取得胜利——但只是一时的成功，一个"没有未来的胜利"。这只能证明，即使在法国这样的国家，共和主义秩序也是那样脆弱。[45]

少数犹太人和日益增多的反犹主义者

1890 年前后，法国 4000 万总人口中，大约有 7 万犹太人。其中，有 5 万生活在巴黎。他们中的大多数属于经长期同化的塞法迪移民，像德雷福斯一样的一小部分阿什肯纳兹犹太人[①]来自 1871 年以来被德意志帝国吞并的阿尔萨斯-洛林地区。1791 年，法国犹太人获得了公民权利，与其他法国人一起，迎接与英国相比更加温和的工业革命所带来的挑战。与德国不同，犹太人在个别情况下可以担任公务员、省长和军官等职，从而为国效力。与几乎所有其他欧洲国家不同的是，他们偶尔甚至会出任共和党的部长，例如阿道夫·克雷米厄或大卫·雷纳尔。由于上述原因，"法国社会和国家层面都缺乏能导致犹太问题恶化的所有自然先决条件"。与德国和奥地利相比，"被同化的犹太人数量很少，更没有理由谈论他们在经济和文化领域的主导地位"——正如犹太学者西蒙·杜布诺夫所指出的那样。[46] 但是，为什

---

① 源于中世纪德国莱茵兰一带的犹太后裔，阿什肯纳兹在近代指德国。其中，很多人在 10 世纪至 19 世纪间向东欧迁移。从中世纪到 20 世纪中叶，他们普遍采用依地语或者斯拉夫语言作为通用语，在文化和宗教习俗上受到周边国家影响。德国犹太人和东欧犹太人实际上就是这一支犹太后裔。

么反犹主义却能在法国这个爆发了资产阶级革命的伟大国家站稳脚跟？

　　反犹报纸小规模出现又消失后的 1892 年，人们创办了《自由言论报》，报纸标题部分印有"从法国到法国人！"的标语。该报主编是不久前的流行作家爱德华·德吕蒙。他于 1886 年出版的作品《犹太人的法国》成为当时最畅销的书，第一年就卖了几十万本。1892 年起，这篇长篇大论又出版了廉价的插图普及版。至 1945 年，已是第两百多版。即使是该书的德文译本也不曾滞销。1889 年，柏林的奥利斯·多伊纳出版公司交付了德译本的第六版。

　　德吕蒙将自己定位为一个天主教君主主义者。他认为，法国大革命的结果是一场灾难，应该尽快以反革命的方式将其铲除。他把纪念法国大革命 100 周年的 1889 年巴黎世界博览会描述为威胁性的国际主义入侵，把为此专门建造的埃菲尔铁塔视作巴比伦式的罪恶："它毫无精神的高度将摧毁我们父辈的巴黎，我们记忆中拥有老房子、教堂、巴黎圣母院、凯旋门以及虔诚祈祷、荣耀和荣誉的巴黎。"[47] 他戏剧化地描述了来自东方的犹太潮——"来自犹太阴道一样的维尔纽斯周边"——首先淹没德国，然后"越过法国东北部的佛日山脉"，正在席卷法国。

　　也不完全如同洪水，但确实在稳步增长中存在小规模的涌入。由于俄罗斯和罗马尼亚的大屠杀，一战开始时，移民至法国的犹太人数量为 3 万到 4 万，他们中几乎所有人都搬到了巴黎。1914 年，这些移民几乎占据了巴黎犹太居民的一半。因为服饰、语言和习俗，这些犹太人格外引人注目。此外，他们似乎是一个特别不稳定的群体，因为许多移居海外的犹太人在前往美国的途中都会在巴黎停留。[48] 就像德国历史学家海因里希·冯·特赖奇克或阿道夫·施特克尔一样，德吕蒙是在经济和社会动荡以及东欧犹太人移民期间开展煽动工作的。德吕蒙强烈指责这些犹太移民没有创造天赋、自私、冷酷、淫荡、贪婪、无耻、狂妄、剥削、阿谀奉承、傲慢、好争吵、狡猾、阴险、自大、牟取暴利、道德败坏、亵渎神明、背信弃义……他在自己作品的第一页，就把所有这些丑陋的品质归于"闪米特人"——这一具有贬义的新称呼。该作者在其他方面对德国人和新教徒都无好感，却从德国引进了反犹主义一词。

德吕蒙喜欢用"打倒剥削者和盗贼！"的口号为评论文章结尾。在《犹太人的法国》一书中，他以比较隐蔽的提问方式给出这样的建议："为什么一个计划灵活的基督教领袖不仅应看到，而且应直面解决众所周知的社会问题，并为此目标没收犹太人的财产？"德吕蒙估计，法国犹太人的资产为 50 亿法郎。1890 年，他在参加巴黎第七区的市政选举时承诺道："我们将用这 50 亿解决社会问题，无需通过任何社会震荡和暴力行动。"[49]

德吕蒙的思想部分产生于左派阵营的传统。他称继承法国空想社会主义者夏尔·傅立叶思想的阿方斯·图斯内尔为其"精神之父"，而后者很早就把对平民和民主的热爱与对犹太人的仇恨结合起来。1845 年，图斯内尔出版了《高利贷者是现代的国王》。他在书中将犹太人妖魔化为"国中之国"，是"庄稼投机者""寄生虫"和"骗人的商人"。1941 年，与纳粹德国合作的维希法国将图斯内尔尊称为"先锋"和"反犹太的民族社会主义者"。他后来的一个弟子自豪地声称，"当德国人，特别是戈培尔博士"听说"图斯内尔这位来自法国的精神上的兄弟"时，可能会非常惊讶。更重要的是，如果仔细观察，人们可以"从他的思想轨迹中画出一条直线，与希特勒的思想轨迹相吻合"。尽管"兰茨贝格的年轻囚犯"，即希特勒，肯定不知道图斯内尔早他 80 年发展出了怎样的同源思想。1941 年，这本反犹和宣传民族社会的小册子的作者得出结论："德国人和法国人在精神上如此接近，他们也可以在政治上联手。如果发生这种情况，犹太人将不得不离开欧洲，结果是德国人和法国人将共同成为欧洲大陆的主人。"[50]

相当多的法国早期社会主义者热衷于宣传反犹主义——无论是皮埃尔·勒鲁、皮埃尔·蒲鲁东、乔治·迪谢纳，还是奥古斯特·布朗基。古斯塔夫·特里东和阿尔贝·勒尼亚尔以巴黎公社的领导人和反犹主义者的身份而闻名。根据马克思主义专家埃德蒙·西尔伯纳的研究，甚至在 1871 年之后的数年里，"带有反犹倾向的最重要著作都出自社会主义者的笔下"。[51]

德吕蒙将犹太人称为"欧洲人民经济身体上的寄生虫"。当然，并非仅有他一人这样认为。不过具体来说，他关注的是本国经济状况。与德国一样，法国政府在 19 世纪 80 年代结束了自由贸易政策。首先对金属和纺织品征收保护性关税，然后在新的利益方的要求下，拓展至许多其他产品。与其他欧洲国家一样，法国的反犹主义总是针对盎格鲁-撒克逊的经济自由主义。在"工作、家庭、祖国"的口号下，法国的反犹主义者在各个社会阶层都找到了支持者。从跨阶级的保护主义到国家主义并不遥远。这样一来，变化后的社会主义思想不再针对资本本身，而是针对政治对市场和竞争的抑制。特别是在危机时期，焦点迅速转向一般的外国人，尤其是犹太人。可以这样理解：公正的新秩序需要一个强大的国家；有必要的情况下，需要一个强大的人来平衡经济和社会之间的痛苦对比。[52]

德吕蒙于 1889 年参与创立的反犹联盟在此意义上，于章程第三条要求"通过一切必要的手段，捍卫我国的道德以及经济、工业和商业利益"。德吕蒙与"犹太现代文明"作斗争，并解释道，为什么说

"犹太人"是一个危险的竞争者和颠覆者——"在一个只靠大脑生活的时代,他们有必要的胆量"。因此,德吕蒙及其追随者要求所有的犹太人从法国政治中消失,并对其财富进行社会化。[53]

19 世纪 80 年代执行的全体当事人政策加强了农业与已建立的工业间的联盟。然而,多方面的保护主义导致了国内物价高涨。经济停滞,外贸长期存在逆差。因此在很长一段时间内,前现代经济结构和工业低程度集中的问题仍然存在,且在纺织生产方面尤为突出。为了转移人们对内部经济问题和日益落后状况的注意力,政府开始通过殖民扩张转移压力。1881 年,法国宣布突尼斯为被保护国。随后于 1885 年占领印度支那半岛,1890 年占领马达加斯加。

保护主义与由此产生的经济停滞及反犹主义融合为一体的程度,可从德吕蒙在 1898 年组织的一场筹款活动看出。该活动是为了让法院挽救一个德雷福斯冤案伪证证人的荣誉,共有 2.5 万名法国人参与。其中,约 40% 是主要来自纺织业的工人和手工艺人;约 29% 是军队成员,特别是军官。两个群体都认为自己受到了威胁——纺织厂和制造业在衰退,军方则因在 1870 年的对德战争中失利而对共和党人感到恐惧。埃斯特·本巴萨写道:"德吕蒙所推崇的反犹主义……在反对共和国的斗争中,将国家的分裂力量、天主教徒和工人团结起来。而共和国被诋毁为资本主义和犹太教,当然还有反天主教。"[54]

考虑到社会各方队伍的复杂性,法国社会主义者开始与反犹主义者暧昧,称其为"有用的帮手"。由于担心自己的选民,他们非常谨慎地对待德吕蒙及其追随者。他们"对反犹主义报以微笑。因为他们相信,这将有助于与犹太资本主义一起克服资本主义"(克莱蒙梭)。

按照这一思路,法国议会中的社会主义团体对左拉发表于 1898 年 1 月 13 日的"我控诉!"一文作出了反应。其方式对当时的欧洲社会主义者来说并不罕见——当天在场的 32 名代表一致呼吁其追随者和选民完全置身于德雷福斯事件之外。原因有二：一方面，反动派在利用对一个犹太人的谴责来谴责所有犹太人；但另一方面，犹太资本家却试图利用犹太人德雷福斯的平反为己服务，以便"洗净犹太民族的所有污点"。社会主义代表对反犹主义提出警告，同时也表示理解："鉴于犹太商业界卷入了所有的丑闻，许多民众，特别是小资产阶级民众，当然认为自己与犹太势力的斗争主要是为了对抗资本。这些人是未来的社会主义者。"1898 年 1 月 20 日，法国社会主义报刊上发表了这一声明。[55] 与此同时，德吕蒙将社会主义者视为正在酝酿中的反犹主义者："基督教文明为劳动作担保，并使之高贵，用精挑细选的语言为之歌唱。而剥削劳工的犹太文明由犹太资本家领导。"[56]

至 1925 年，约有 10 万名东方犹太移民已在法国定居。老牌本土犹太人并不太喜欢他们。因为他们担心新来者会因举止粗鲁而败坏了他们的名声，从而给犹太人招致更多的怨恨。[57] 尽管如此，从德雷福斯平反到 1929 年大萧条期间的这段时间还算平静。一战和对德胜利使反犹主义暂时淹没在了"一股爱国主义的热情"中。来自波兰、俄国和希腊的犹太移民之间的融合，"主要以晋升为中产阶级的形式而进行"。第二代犹太移民已在自由职业、高级行政管理领域和大学中建立了自己的地位。"一些移民的儿子，比如 1878 年出生于波兰比亚韦斯托克的安德烈·雪铁龙，取得了惊人的社会成就。"[58]

萨洛尼卡：希腊人反对犹太人

公元前 1 世纪起，犹太人就在萨洛尼卡定居。这座港口城市是当时罗马马其顿省的中心。后来，使徒保罗在当地的犹太会堂讲道，让犹豫不决的听众相信基督的到来。1430 年，奥斯曼人征服了这座城市。50 年后 15 世纪和 16 世纪之交的几十年里，成千上万被"天主教徒"费尔南多二世①及其妻子伊莎贝拉一世驱逐出境的塞法迪犹太人从西班牙、葡萄牙、西西里和意大利南部逃往此处。

流亡者带来了他们的语言——犹太化的西班牙语（也叫拉第诺语），以及生产纺织品的现代工艺技术。得益于这些难民，萨洛尼卡的商业贸易和社会变革蓬勃发展。港口的位置和广阔的腹地有利于经济繁荣，种族、语言和宗教的多样性以及土耳其人、保加利亚人、阿尔巴尼亚人、希腊人和犹太人之间的有效分工也有利于社会发展。不过，这种共存和并肩并非一帆风顺，有时也无法幸免于暴力事件和经济挫折。但若以 19 世纪基督教对犹太人的迫害和欧洲反犹主义来衡量，可以说这 400 年基本处于和平时代。

19 世纪下半叶，萨洛尼卡港口成为经济上逐渐开放的东方奥斯曼帝国与资本主义进步的西方社会之间的交流纽带。犹太商人和企业家精通多国语言并具有国际经验。与希腊本土竞争者相比，他们受到奥斯曼帝国当局的另眼相待。他们的生意相当成功。[59] 他们独有的西班牙语成为希腊人、土耳其人、阿尔巴尼亚人和其他外国人之间的"一种世界语"："土耳其电车司机、希腊服务员、吉卜赛擦鞋童，当他们不知道顾客来自哪个国家时，就会立即切换为这些犹太人的西班牙语。"[60]

犹太人主宰了这座城市的港口、货运和工业发展。他们的贸易覆

---

① 1468 年至 1516 年的西西里国王和 1479 年至 1516 年的阿拉贡国王。1469 年，费尔南多与卡斯蒂利亚王位的继承人伊莎贝拉一世联姻，从而奠定了西班牙君主政体的基石。1492 年 3 月，费尔南多夫妇颁布了驱逐犹太人的法令，又称《阿兰布拉诏书》，将所有未皈依基督教的犹太人都驱逐出了卡斯蒂利亚和阿拉贡。

盖了粮食、面粉和烘焙食品、棉花和织物、烟草和香烟、周围矿区的金属和建筑材料，以及农民所需的农产品和工具。1908 年，希腊本土竞争者试图抵制犹太蔬果商的行动失败了。犹太人不只是经济资产阶级的一部分，他们也在经济和社会生活的几乎所有领域都扮演着重要角色，1913 年的统计数据描绘了一幅非常复杂的社会图景：300 名手工业师傅，40 名药剂师，30 名律师，55 名医生和牙医，10 名记者，5 名工程师，1105 名包括银行家在内生意或大或小的个体商人，1200 名杂货商或摊主，2200 名小手艺人，8000 名商业雇员，8000 名烟草业工人，400 名造船业从业者，500 名出租车或卡车司机，600 名搬运工，150 名报关员，还有约 2000 名服务员、仆人或街头小贩。犹太人还经营着 12 家布厂和 9 家纺织厂，3 家织布厂和 1 家黄麻织造厂，6 家工业刺绣厂、制革厂和 1 家生产卷烟纸的工厂。[61]

　　由于意土战争，萨洛尼卡不得不在 1911 年至 1912 年承受沉重的物质负担。这座城市先是被霍乱袭击，紧接着又卷入第一次巴尔干战争和随之爆发的民族主义的漩涡之中。突然间，保加利亚化、希腊化和土耳其化等词汇主导了时局，宣传鼓动和民族觉醒站在了差异和传统的对立面。1912 年 10 月初，自称为基督教国家的黑山、保加利亚、塞尔维亚和希腊等尚未完善的国家推翻了奥斯曼帝国摇摇欲坠的统治，而后者曾多次受到欧洲帝国主义列强的攻击和削弱。受民族主义煽动的战士们对穆斯林和其他民族的基督徒进行了无数次屠杀。1911 年至 1912 年，这些民族主义者把包括犹太人在内的数以万计的人当作不受欢迎的外国人赶出国境。随后，这些被驱逐者在仍属奥斯曼帝国的萨洛尼卡找到避难所。[62]

　　1913 年 2 月，枪声停下。犹太联合会的一个代表团前往马其顿，去帮助生活在那里的犹太同胞。随后，巴尔干同盟国间又爆发了第二次巴尔干战争。犹太代表们发表完关于针对犹太人的暴行的讲话时，战争已打响："由于前巴尔干盟友之间发动的战争造成了新局面"，"新的、也许更严重的"问题可能会加重犹太人"现有的苦难"。

被塞尔维亚和保加利亚征服的马其顿什蒂普有 2.5 万名居民，其中包括 800 名犹太人。而这 800 人中，除了 6 个老人和 2 个年轻人外都逃走了。留下来的老人中，有 2 个被谋杀，所有犹太人的房子都被洗劫一空。保加利亚和塞尔维亚的掠夺者（他们自称为自由战士）放火烧毁了犹太教堂以及 24 间房屋和 6 处仓库。战地记者列夫·托洛茨基报道了 1912 年 11 月 2 日中午"20 名至 25 名塞族武装和流浪汉"是如何砸碎一位犹太老人的头骨的。

从什蒂普逃出来的犹太人中，有 710 人在萨洛尼卡找到庇护所。因为萨洛尼卡仍属奥斯曼帝国，所以还很安全。他们在那里的"悲惨"环境中等待返回家乡的机会。2 年后的 1914 年，德国犹太人援助协会宣布遣返仍无可能："第一次战争中幸免于难或被藏起来的货物和家具，在第二次巴尔干战争中消失了。"被毁坏的房屋和犹太教堂都没被重建。同样的事情也发生在斯特鲁米察（也在今天的马其顿）犹太人的身上。在那里，保加利亚民兵也进行了抢劫和谋杀。最重要的是，新的基督教统治者立即将集市日从周一改为周六，即犹太人的安息日，以此消除犹太人的竞争威胁。很快，"一直境遇良好"的 650 名犹太人遭到了彻底打压，他们也逃往萨洛尼卡。[63]

与邻国罗马尼亚不同，保加利亚政府没有颁布任何反犹法律，也没有在国家层面上挑起仇恨情绪，而是致力于"所有和平公民的福祉"和"造福所有人的文化"，反犹暴行的数量一直被控制在一个有限范围内。[64] 这一局面直到保加利亚输掉征服战争。第二次巴尔干战争释放出保加利亚破坏性的愤怒，以及对杀戮和嗜血的欲望。其针对者主要是穆斯林，其次是所有"外国人"，包括少数手无寸铁的犹太人，因为他们不可能抵抗或报复。在与武装敌人实际进行的战斗中，无论是输还是赢，所有交战方都一再发生针对犹太人的偶然而无风险的暴力行为。在军事和民族革命的斗争中对犹太人进行顺带的恐怖行动，这一做法在 20 世纪的战争和内战中仍然不乏模仿者。

　　1912 年 11 月 9 日，希腊士兵占领了萨洛尼卡，盟军中的塞族人和保加利亚人也进入该市。紧接着，保加利亚对希腊和塞尔维亚发动的第二次巴尔干战争中，希腊军队征服了如今希腊北部的大部分地区。他们在 1830 年前后通过的几项法案中，宣布这个年轻国家的国土面积翻了一番，人口从近 300 万上升至 500 万。由于现代希腊只有少数居民说希腊语，所以从一开始政府就打算使该地区迅速希腊化。然而，效果不甚明显。1919 年促成《色佛尔条约》的巴黎和平会议上，希腊总理埃莱夫塞里奥斯·韦尼泽洛斯还拿出伪造统计数据，伪装希腊人占多数。[65]

　　对现代希腊的城市和经济中心而言，希腊化问题是以特殊方式出现的。1912 年，萨洛尼卡有 15 万居民，其中包括 2.7 万希腊人，3.3 万土耳其人，8.1 万犹太人和 9000 名其他民族的居民。2 年后，约瑟夫·内恰马将萨洛尼卡描述为"一个在种族、语言、信仰、习俗、思想、愿景等各方面的现代巴别塔"，并将其作为连接马其顿和色雷斯的过渡性景观的整体特征。[66]

希腊暴力事件导致犹太人数量下降

　　与希腊的少数族裔不同，犹太人在巴尔干战争中有"充分的理由来支持萨洛尼卡继续接受奥斯曼帝国的统治"。正如玛丽亚·马加罗尼所指出，"无论是希腊同胞的反犹态度，还是经济上的劣势"，与经济薄弱的希腊合并不符合犹太人"在新'祖国'希腊感到舒适"的愿景。[67] 被吞并到这个与所有邻国为敌的民族国家后，萨洛尼卡经济中心和港口的荣光也不得不随之消亡。因与腹地隔绝，萨洛尼卡成为发展死角。一心想要严格隔离的民族主义夺走了这座城市的存在基础——开放的边界。现在，一个迄今为止独特而繁荣的奥斯曼-欧洲、穆斯林-犹太-基督教国际大都市，注定要崩塌了。与萨洛尼卡相似，的里雅斯特、切尔诺维茨、泰梅什堡（即蒂米什瓦拉）、维尔纽斯、格但斯克或罗兹等城市也在一战后因新划定的边界而很快丧失了原有功能。

对于希腊基督徒对犹太人的暴力倾向，萨洛尼卡的犹太居民是有所了解的。1821 年至 1829 年的独立战争期间，希腊人几乎完全消灭了伯罗奔尼撒半岛上的犹太社区，他们像土耳其人一样屠杀犹太人，或将其驱逐出境。英国驻帕特雷领事及其在伊斯坦布尔的同事报告道，成千上万的犹太人饱受蹂躏，成为希腊叛乱分子的受害者。一位逃到科孚岛的犹太人作证说，在伯罗奔尼撒半岛首府的黎波里，有近 5000 名犹太人被杀。这个数字可能被夸大了。但可以肯定的是，希腊革命之后，没有犹太人居住在的黎波里和全国其他解放的城市中。西蒙·杜布诺夫总结道，犹太居民在 1821 年"被愤怒的希腊人大规模屠杀"，"对希腊的犹太人来说，1821 年的革命运动只是导致了一场可怕的血案"。那些幸免于难的犹太人逃到了奥斯曼帝国，即萨洛尼卡、伊斯坦布尔或伊兹密尔（今为土耳其第三大城市）。还有一些人逃到科孚岛和扎金索斯等仍属英国的爱奥尼亚岛屿。

19 世纪末，希腊人在争取独立的战争中再次犯下无数暴行，例如，在 1864 年起就属于希腊的科孚岛，"同时存在对犹太人的民族仇恨和商业嫉妒"（杜布诺夫）。1891 年复活节前后，约有 20 名犹太人在那里成为一场大屠杀的受害者。偶发的恐怖事件一次次地上演，最终迫使许多犹太人离去。虽然 1891 年有超过 5000 名犹太人住在这里，但到 1941 年时，犹太居民人数已减少至 1900 人。在现希腊中部的沃洛斯、拉里萨和特里卡拉等新被征服的城市也发生过规模较小的屠杀暴行。数百名受到迫害的犹太人再次逃往萨洛尼卡和伊兹密尔等奥斯曼帝国城市以及埃及和意大利。

　　1912 年 11 月 8 日，驻扎于萨洛尼卡的土耳其士兵在长时间战斗后缴械投降。希腊正规军与自由战士共同制服了这座城市。他们自认为是解放者，穆斯林和犹太人却害怕他们是入侵者。然而，征服者的所作所为恰恰证实了这件最令人害怕的事。其中，"犹太社区遭受的骚乱最为严重"。希腊士兵洗劫了 400 家商店和 300 多所犹太住宅，强奸了 50 多名犹太妇女，逮捕了一些犹太著名人士，并对其进行敲诈勒索。他们至少屠杀了 2 名犹太男子和 60 名穆斯林平民。[68]《柏林日报》的记者报道说："胜利者刚刚进驻，就制造了一些悲惨场面。瓦尔达街尤为突出，然后还有土耳其和犹太人区。这些场景让人不禁想起三十年战争时期。……无人能列举出所有的暴力行为！因为缺乏宪兵队，施暴变得更加容易。到处都能看到尸体。……眼前的一切都让人想到俄国当年的犹太人大屠杀。"[69]

　　约瑟夫·内恰马描述了大街上立即改变的气氛："我所在地区的希腊人羡慕我们犹太人的商业成功，并希望永久驱逐我们。他们无视仅占少数的土耳其人，将其视作微不足道的商贸竞争者，而直接攻击我们犹太人。"汉堡的商人被担忧地告知："希腊人要求他们的政府伸出援手，以对抗占优势的犹太分子。"[70] 在雅典，他们要求对犹太贸易公司进行合法而隐蔽的攻击——毕竟这些犹太公司因其可靠性而在国际上备受尊重。萨洛尼卡的希腊公民立即将非法措施付诸行动。明显而故意的"普遍缺乏个人保护"、不存在的管辖权和海关当局的腐败，迫使许多犹太及穆斯林商人放弃了生意。[71] 当希腊船只停靠在港口时（这种情况每天都发生，而且很快越来越频繁），船长首先会问，码头工人是希腊人还是犹太人。"他们拒绝雇用犹太工人。犹太搬运工现在只被允许卸载非希腊船只。"[72]

1917 年 8 月，一场大火摧毁了主要居住着犹太人的萨洛尼卡市中心，大约 4.5 万犹太人无家可归。这场灾难的原因从未得到公布。尽管政府支付了少量补偿金，大多数人还是被禁止在这 2 平方公里被烧毁的土地上重建房屋。事实上，这一行为无异于大规模没收，因为 75％的原居民都是犹太人。无家可归者不得不搬至郊区的 8 个新社区，在那里匆忙搭建营房和帐篷。1918 年至 1919 年的严冬，1 个月内有 1569 名犹太人死在那里。那些既没有死亡，也没有移民的人被驱散，然后政府根据现代标准对内城的一片废墟进行了重新设计，并以高价对土地实行私有化。这场大火有利于希腊基督徒的大量涌入，也迫使当地数千名原有的犹太居民加快了移民进程。后者移居到了美国、法国、意大利和埃及的亚历山大城。1941 年德国人占领该城时，萨洛尼卡约有一半的犹太人仍然生活在临时住所中。[73]

第五章　1918—1921：和平、内战、大屠杀

世界大战的正式结束并未给数百万欧洲人带来和平。血腥的革命战争、民族战争和干预战争使俄国遭到严重破坏，人民士气低落。匈牙利和罗马尼亚军队为未来的边界进行激烈的战斗。与此同时，匈牙利苏维埃共和国军队被反革命部队击溃，南斯拉夫士兵入侵奥地利的克恩滕，波兰士兵入侵基辅，新成立的波兰和德国在各边境地区存在争端。在上西里西亚，约有 3000 人在这些战争中丧命。与东欧在民族战争、革命和反革命中高达百万的死亡数字相比，这些并不算什么。但是，1918 年停战及签署和平协议后所爆发的内部暴力事件、边境争端和少数族裔之战，无疑助长了极端化和不宽容。

数十万被宣布为不受欢迎的人从德国、奥地利、保加利亚和匈牙利不得已割让给他国或在久战后失去的领土上迁出，且往往是被强行驱逐。200 万人从俄国逃往西欧。而那里因战争已陷入饥荒，精神和物质上均是一片废墟，还遭到西班牙流感的侵袭。危机、不安和饥饿，以及对法律法规的破坏，使人们对东欧犹太人的仇恨与日俱增。

无论是在欧洲东部、中部还是南部，大战的幸存者都把旧有秩序涤荡得一干二净。在此过程中，他们遵循的是"人民自决"这一动听

的民主口号。该口号很快就被用作助长不宽容的战斗口号。战争之初，俄国革命家列宁和托洛茨基就已普及了这一概念。1915 年 9 月，他们"一致而热情地"与来自 11 个国家的 38 名左派社会主义代表共同发布了民族主义的目标。他们在瑞士的齐美尔瓦尔德秘密集会，通过了以该村庄命名的《齐美尔瓦尔德宣言》①。由托洛茨基措辞的文本指出："民族关系的排序中，人民的自决权必须是不可动摇的原则。"

民族自决

1917 年底，俄国布尔什维克政府在尚未掌权的情况下就声明了自决权。作为回应，美国总统伍德罗·威尔逊采用此概念，作为自己所提十四点停战计划②的政治指导思想。该计划旨在促成持续的公正和平。1918 年 1 月 8 日，前方战场的枪声仍在砰砰作响，威尔逊就向国会解释了自己的计划。他把民族自决理解为一条按照美国榜样定位的道路，认为它可促使民族独立，形成在民主上具有合法性的现代宪法，从而构建内在的法治国家性，在人民和利益间找到合理的平衡

---

① 齐美尔瓦尔德会议，是国际社会党人的第一次代表会议，1915 年 9 月 4 日在瑞士伯尔尼附近的齐美尔瓦尔德村召开。到会者有俄国、波兰、意大利、保加利亚、罗马尼亚、德国、法国、荷兰、瑞典、挪威、瑞士等 11 个国家的 38 名代表。其中，以瑞士社会党人罗·格里姆为首的中派和半中派占多数，以列宁为首的左派占少数。会议讨论了反对帝国主义战争和为和平而斗争的问题，通过了一项宣言，认为战争是帝国主义性质的，指出"保卫祖国"口号的欺骗性和第二国际右派领袖的背叛行为。通过这次会议，形成了由左派、中派、半中派构成的暂时性的齐美尔瓦尔德联盟。（《新编世界社会主义词典》，上海辞书出版社，1996）
② 十四点停战计划，是美国总统威尔逊在一战期间提出的战后世界和平纲领和具体政策目标，目的是抵消 1917 年 11 月苏俄公布的《和平法令》带来的影响。（《美国历史百科辞典》，上海辞书出版社，2004）

点，遏制国家间的暴力行为和自私的侵略意图。

1918 年 11 月，战争结束。随着圣彼得堡（1914 年 8 月至 1924 年名为彼得堡，之后至 1991 年被称为列宁格勒）、维也纳和柏林旧势力的瓦解，政治战略家一直渴望的"人民的春天"却几乎未得到和平女神的眷顾。原因不在威尔逊。他已将长期令旧大陆和全世界陷入思考的重要问题提上议程。其中的一些问题到今天还让人无法喘息：贸易自由，航行自由，彻底和有控制的裁军，"真诚地接纳俄国进入自由国家社会"，建立波兰国，巴尔干各国领土间互不侵犯，将所有国家联合起来组成国际联盟，借助国际保障来确保国家间的和平。最后一点对那些被强大邻国困扰的较小国家尤为重要。

受这种意图的引导，威尔逊于 1918 年 2 月 11 日在美国国会声明："自决权不只是一个动听的词汇，而是一个必须遵守的行动原则。今后，政治家们只有身处危险之境时才能无视它。"不同的是，这位美国总统的英法同行将其理解为是一种战术武器，认为这种武器可以减少布尔什维克俄国、奥斯曼帝国、德国和奥匈帝国的领土面积，并作为权力因素将上述国家圈围起来，从而加强自身利益。因此，他们支持东欧和南欧人民的自决权。但这些自决权并非殖民地人民的权利。

威尔逊的国务卿罗伯特·兰辛很快意识到他的老板从瓶子里放出了什么精灵。1918 年 12 月 30 日，他在日记中写道："我越想威尔逊的自决问题，就越清楚在某些群体的头脑中植入这种想法是多么危险。……整个'自决'一词填满了炸药。它将唤醒那些从未实现过的希望。我担心，这将使成千上万人付出血的代价。……这个词被创造出来会带来多么大的灾难啊！它将给人类带来怎样的不幸！"

作为律师和国家法律的执法者，兰辛估计这个美好的想法会助长故意的谋杀，即与善意的目的相反，被原本并非为之设计的民族采用。"这种套话会对爱尔兰人、印第安人、埃及人和布尔人①中的民族主义者产生什么影响？"兰辛问道，"难道叙利亚和巴勒斯坦的穆罕默德，抑或摩洛哥和的黎波里的穆斯林，不会引用之吗？这一原则如何才能与犹太复国主义相协调？毕竟威尔逊已对后者作出承诺。"在兰辛看来，自决的口号完全不适合"目前建立于民族观念之上的世界政治结构"。[1]

中欧列强发生军事解体后，捷克人、波兰人、罗马尼亚人、乌克兰人和其他民族赶紧"从威尔逊公布的原则中得出自己的结论"。他们"自我解放"。这就是约瑟夫·本多-滕恩鲍姆对 1918 年底发生在波兰和乌克兰民族主义者之间为争夺原奥地利东部的加利西亚而发起的激战所做出的评论。一些人认为伦贝格原属波兰，另一些人却认为该市原属乌克兰。结果导致伦贝格的 7 万名犹太人夹在两个阵营间。1918 年 11 月，这些犹太人看到针对自己的大屠杀一触即发，便向威尔逊总统发出了一份急电求助，但石沉大海。没过数日，打着民族自决的旗帜，发生了谋杀和抢劫。

1924 年，局势有所缓和，对少数族裔的歧视也停了下来。德国犹太作家阿尔弗雷德·德布林动身前往波兰。"今日之国家是民族的坟墓"，他这样总结自己的印象。他把那些或多或少只不过也是偶然形成的新国家描述为"集体主义的猛兽"。这些猛兽没有向大众即"其臣民"传授价值观，而是将其带至民族主义的野蛮状态："不加考虑地把所谓的民族共同体凌驾于所有人之上，这是厚颜无耻的傲慢。民族自由因其宣扬方式，成为其他也很重要的自由的对立面。我不喜

---

① 布尔人，南非的荷兰移民后裔。

欢这么自私的民族。"[2]

对犹太复国主义者来说，"自决权归属人民"的箴言恰逢其时。它唤醒了新的强烈希望。这些希望鼓励兰辛于1918年9月21日为总统起草了一份文件，从而为未来的和平会议做好准备。草案第十八点写道："巴勒斯坦是一个受到一般性国际保护的自治国家，给予它保护的强国受到众列强的委派。"[3]当时，约有70万人生活在那里：56.8万穆斯林，7.4万阿拉伯基督徒和5.8万犹太人。在这样一个被构想出的、却作为被保护国的国家内，犹太人被允许在其他群体的边上自主生活。在犹太人内部的一次激烈辩论中，兰辛向哈伊姆·魏茨曼询问如何定义未来巴勒斯坦的犹太社区。魏茨曼回答道，他的目标是"逐步形成一个犹太国，就像法国人是法国的、英国人是英国的那样"。"如果将来犹太人达到多数，那么自行组建一个促进国家发展并实现理想政府的时机也就成熟了。"

兰辛没有异议。他认识到，作为中期计划，四五百万东欧犹太人将在巴勒斯坦的"空地"上定居。魏茨曼从伦敦凯旋，他宣称美国外长对其十分支持，法英领导人也是如此。威尔逊总统也助推了犹太复国主义之梦。1919年3月2日，他向美国犹太人大会的特使保证："犹太社区将在巴勒斯坦奠基。在这一点上，盟国与我国政府及人民是完全一致的。"战败国德国的代表也支持该计划。[4]因此，在巴勒斯坦建立"犹太民族家园"的想法获得了国际认可。它遵循的是1917年11月十分言简意赅的《贝尔福宣言》①（以时任英国外长的名字命

---

① 《贝尔福宣言》是以英国战时内阁外交大臣贝尔福致书当时英国犹太复国主义者联盟主席罗兹西尔德的形式发表的。书信称，《宣言》已提交内阁并被批准，英国政府赞成在巴勒斯坦为犹太人建立一个民族国家，并将尽最大的努力促成这一目的的实现。但同时需要明确，不得有任何行动使巴勒斯坦现存的非犹太集团的公民权益和宗教权利受到损害，亦不应损害任何其他国家犹太人所享有的权利和政治地位。（《中华法学大辞典·国际法学卷》，中国检察出版社，1996）

名）："国王陛下的政府很关心在巴勒斯坦为犹太人建立一个民族家园，将尽最大努力减小实现这一目标的难度。不过，须明确一点，凡是质疑巴勒斯坦现有非犹太社区公民和其宗教权利，或犹太人在他国权利和政治地位的行为，都不应发生。"

　　除了犹太复国主义团体的成员和领导人，所有国家的反犹主义者都乐见该构想的提出。他们对《贝尔福宣言》中提出的维护犹太人在各国的公民和政治权利的段落加以忽略，而对犹太人在不久的将来移民充满期待。例如，希腊总理韦尼泽洛斯呼吁犹太人建立自己的国家。他的打算只有一个，那就是尽快使萨洛尼卡"去犹太化和希腊化"。《犹太百科全书》在 1927 年对此有简单的批注。[5] 受到对犹太人与日俱增的仇恨的驱动，阿道夫·希特勒很早就粗暴地拒绝了这一方案。在 1926 年出版的《我的奋斗》中，他忿忿不平地表示，"犹太复国主义"是在哄骗世界其他国家。只有如此，犹太人才会心满意足。实际上，他们企图建立一个"具有主权、并远离他国影响的世界级国际性欺骗组织的中心"。[6]

　　1920 年，巴勒斯坦成为英国的托管地，获得了为犹太人建立家园的许可。巴黎的战胜国代表通过这一决定，为后来的以色列打下第一个基础。德国以谋杀 600 万犹太人的方式打下第二个基础。然后才有大卫·本-古里安[①]于 1948 年 5 月 14 日在特拉维夫剧院朗读以色列的建国宣言。该宣言指出："犹太民族在我们这个时代所遭受的灾难，以及欧洲对数百万犹太人的大屠杀，无可辩驳地再次证明，必须通过在以色列的土地上重建国家，解决犹太人无家可归的问题。这个国家的大门向每个犹太人开放，以确保犹太民族在国际大家庭中享有平等

---

① 大卫·本-古里安（1886—1973），以色列政治家，首任总理兼国防部长（1948—1953，1955—1963）。

国家的权力地位。这些在欧洲挨过可怕纳粹屠杀的幸存者以及来自世界各地的犹太人不畏艰辛、障碍和危险，为的就是踏上以色列的土地，从而实现充满创造力、尊严和自由地生活在自己民族家园的权利。"

阿尔萨斯：　1918 年至 1923 年的遴选

以下段落是关于法国政府在 1918 年至 1923 年间如何将 1871 年起移居至阿尔萨斯-洛林地区的德国移民及其子女驱逐出境的内容。此例可说明，受种族驱动的清洗政策在 20 世纪前 40 年是如何形成的。因为毋庸置疑，日益蔓延的民族同质化的国家目标也倾向于将犹太人作为民族结构中的异物加以怀疑。1933 年，汉娜·阿伦特自己也逃离了德国家乡。她认为，出于种族动机的驱逐具有"特殊的现代特征"，即"失去家园、社会性的连根拔起和政治上的无法无天"。在她看来，这种做法在"德国谋杀性的人口政策"中达到顶峰。毫无疑问，这是一个顶峰，却湮没在了本世纪的欧洲历史之中。[7]

自古以来，洛林和阿尔萨斯的文化丰富性都要归功于德国、阿勒曼尼和法国交织互融的影响作用。居民们总是不得不与相互竞争的权力中心打交道。与其他许多欧洲边境和过渡地区的人一样，他们习惯用务实的机会主义面对每个当权者。说得更贴切些，他们圆滑地依靠当地的爱国主义，与那些总是遥不可及且常是好战的统治者们保持距离。1871 年，德意志帝国吞并了阿尔萨斯的大部分地区和洛林北部工业化程度很高的一半地区。1918 年 11 月 21 日，这些时而被称为"帝国州"、时而又被称为"东边部分"的地区落入法国之手，并在1940 年至 1944 年间再次归属德国。

1918 年 11 月，斯特拉斯堡的阿尔萨斯犹太教士埃米尔·利维辞去了职务，以避免不得已去迎接法国军队的进驻。他早就把名字和姓氏中字母 e 上的重音标记去掉了。1919 年，出于对祖国德国的认同，埃米尔·利维自主决定搬至莱茵河对岸，变成柏林-夏洛滕堡的一名犹太教士。1934 年，利维从那儿逃往特拉维夫，并于 1953 年亡于该地。与利维不同，哈利·布雷斯劳离开重归法国的斯特拉斯堡时是极不情愿的。1890 年起，他一直在那里的大学教授中世纪历史。这个任命要归功于普鲁士教育部负责大学事务的主任自由派弗里德里希·西奥多·阿尔托夫。阿尔托夫没能扛住柏林大学教授派系的压力，将这位重要然而是犹太人的学者引至遥远的斯特拉斯堡。时至今日，布雷斯劳的《文献学手册》在中世纪学研究者中还被奉为经典。

1918 年 12 月 2 日，法国警察和士兵将这位 70 多岁的老人作为"好战的泛日耳曼主义者"驱赶至德国。对泛德意志协会或类似的民族主义协会，阿尔伯特·史怀哲[1]的岳父布雷斯劳从未表示过同情。他在写于海德堡的自传随笔中这样记录道："12 月 1 日，周日，上午 11 点，一名宪兵将驱逐令交给我。按照司令的命令，我将于次日下午 3 点到达位于凯尔的莱茵河桥。我只被允许携带手提行李，家具问题将在以后解决。同族的同住人可以陪同我，但不要对能返回抱有希望。我的妻子立即决定同去。下午传来消息，每个旅行者可以携带 40 公斤的行李，法国人会帮忙送至莱茵河桥。次日早上，我带着两个匆忙收拾好的行李箱来到规定的集合点。我担心法国人会审查行

---

[1] 阿尔伯特·史怀哲（1875—1965，或译为阿尔贝特·施韦泽），德国神学家、医生、音乐家、社会活动家，提出了"敬畏生命"的伦理学思想。史怀哲夫妇于 1913 年来到法属非洲殖民地，为当地人民治病长达 30 年。由于人道主义上的杰出成就，史怀哲于1952 年被授予诺贝尔和平奖，并被誉为"非洲圣人"。

李，因此留下了一些想带的文件。"

下午早些时候，第一批被驱逐出斯特拉斯堡的 50 人抵达莱茵河桥。指挥官命令，这些手提箱必须由德国人自己搬运。他禁止手下提供任何帮助。但是，桥中央出现了一些士兵，帮助年迈的布雷斯劳将两个各重 40 公斤的行李箱搬至德国一侧。布雷斯劳讲述这些细节，"是为了表明法国人没有必要采取粗暴的行为"，尽管"除了他的活动也许会使阿尔萨斯的法国宣传领导感到特别不舒服之外，并没什么可指责的，因为他在阿尔萨斯人中也有不少朋友"。数年后，他拿回了自己的家具和收藏，尤其是私人图书馆。[8]

法国的有序驱逐

在随后的数月中，足有 10 万人遭遇了与布雷斯劳夫妇相同的命运。放逐前 24 小时，他们才被告知。之后携带的行李也不许超过 40 公斤，一些地方甚至更少。首先，12 个遴选委员会决定谁将被驱逐。每个委员会由 3 名成员构成，任务是净化和肃清。委员会根据举报以及警察和特工部门的卷宗，对每个案件作出决定。目的是将"嫌疑人""不受欢迎者"和"泛日耳曼主义者"筛选出来，以"使阿尔萨斯不受任何吞并结果的影响"。1919 年 1 月 24 日，法国总理乔治·克莱蒙梭向遴选委员会成员下达命令，鼓励一切专断的行为："德裔的存在影响公众的安宁，这种危险无论何时或以何种方式出现，人们都应毫不迟疑地将其消除。"[9]

克莱蒙梭想到的不仅是戴着尖角头盔的仇法日耳曼人，还包括社会民主党人和工会干部的领导层，以及曾在政权交替前夕积极参与斯特拉斯堡的工人和士兵革命委员会的人。因此，特别要驱逐或拘留工会和社民党的积极分子，包括一些在战前的德皇威廉时代组织过劳工斗争的人。与此相应的是，他从一开始就追求社会政治的目的。他向委员会成员强调，后者有"责任"清除掉德国的过剩劳动力，"这样阿尔萨斯人和洛林人就不会被逼到失业的境地"。

为了支持复员士兵，科尔马①和周边地区的"德国工人也是最先被解雇的一批人"。一个匿名告发者报告道，有几名德国人仍受雇于图尔克海姆发电厂，他要求将"这些不受欢迎的人"驱逐出去。1919年4月12日，警察局长写信给地方行政长官："我可以告诉您，许多德国佬受雇于曼斯特河谷的建筑工地，而阿尔萨斯人正坐在街上寻找生计。"

已经失业的德国人也被列入不受欢迎者的名单，因为他们可能成为法国福利的负担。"为了保护公共卫生"，当局将妓女赶到德国。还有"反社会分子或无人管教者"。这其中包括波兰失业人员毛里斯·费布施，据说他参与了黑市交易。相反，委员会很快就放弃了将绝对必要的专家和短期内无法替代的工人判为"不受欢迎者"。

一切都按类似标准不断重复。但 1939 年起，波兰的德国附属地区、阿尔萨斯、卢森堡、芬兰和俄罗斯边境地区开始采取更为严格的形式。1945 年起，喀尔巴阡-乌克兰、苏台德地区、前波兰东部和东南部、东普鲁士的苏联附属地区、特兰西瓦尼亚或巴纳特②地区也开始变得严苛。同样，实施清洗的主子们对必要的专家和劳力持宽恕态

---

① 科尔马，今法国东北部阿尔萨斯大区的上莱茵省。曾于 1871 年至 1919 年和二战中两次被德国吞并。（《世界历史地名辞典》，吉林文史出版社，1990）
② 巴纳特，在今东欧。公元 5 世纪时，斯拉夫人在此定居。9 世纪时，斯拉夫人被马扎尔人取代，后归匈牙利。14 世纪至 15 世纪，定居者变为塞族人。16 世纪中叶，该地区被奥斯曼帝国征服。1718 年，改归奥地利。1799—1920 年，重归匈牙利。一战后，匈牙利得以保留了该地区的塞格德，东部大片地区为罗马尼亚所得，其余则归属塞尔维亚-克罗地亚-斯洛文尼亚王国（南斯拉夫）。（参见《世界历史地名辞典》，吉林文史出版社，1990）

度。无论在欧洲的何处驱逐"外国人"，只要从社会和经济角度看是合适的，他们就都会根据自己的喜好扩大或缩小"不受欢迎者"的范围。通常情况下，矿工必须留下，知识分子、店主、农民、病人、老人或所谓的非社会人则必须消失。

　　与其他地方的驱逐情况一样，阿尔萨斯德国人社会地位的丧失，可以说是一种惩罚性的报复措施，伴随着幸灾乐祸、恶意、破坏和对受宠的多数人的抢劫。当德国人带着行李箱被驱逐出科尔马时，"沿着人行道"迅速聚集了"仇恨的队伍"，"一个受人尊敬的公民朝一个德国男人的礼服大衣吐口水"。附近的年轻人向这一小群人投掷石块和马粪，还唱着"我必须，我必须去集镇吗……"。不少从德国迁来的家庭都坚信会被驱逐，并为此做好准备。阿尔萨斯的《信使报》上，很快出现了典型的告示。比如出生于莱茵兰的教师威廉·施米茨写道："由于要离开，家中所有物品即刻低价出售。一切都状态良好：卧室、橱柜、厕所、沙发、躺椅、椅子、床、镜子、黑板、羽毛枕头……"邻居们洗劫了被驱逐者不得不完好留下的住所。在未发生这种情况的地方，法国官员后来以"有序"的方式拍卖了财产。这让竞拍者高兴，也让国库受益。[10]

　　到底谁是德国人，谁是法国人？阿尔萨斯-洛林地区的遴选委员会未能解决这个根据敌友模式进行分类的数量上的最重要部分。他们的决定过于缓慢，并于 1919 年底停止了活动。而与此同时，移民登记处负责同一项目的官员们所使用的方法却更为行之有效，所带的个人色彩也更少。他们在登记簿的基础上将近 190 万居民分为 4 组，然后向所有居民发放不同的身份证：完全法国人（A），部分法国人（B），（需要或可容忍的）外国人（C）和德国人（D）。

　　父母或祖父母在 1870 年前出生于阿尔萨斯或法国的阿尔萨斯和

洛林人具有"纯正的血统",可拿到 A 类身份证。不明情况下,涉及者必须提供证据。A 卡的三色与法国国旗相同,它保证了旅行自由、选举权和就业。该国共有 1082650 名儿童成为受益者。

183500 名阿尔萨斯(洛林或法国)-德国"混合婚姻"的后代属于 B 类。该身份证的封面上有两道红色条纹。持有者可以获得正式的公民身份,并逐步证明自己的忠诚度。此前,他们一直是受到驱逐威胁的二等公民。

C 组只涉及父母或祖父母来自中立国或在战争中与法国结盟的国家的 55050 人。藏在这个让人感觉极其特殊的类别背后的,几乎全是在德国时代从波兰或意大利招募来洛林从事采矿和工业区工作的工人。至少在目前,这些人是法国迫切需要的对象,因而享有特权。

占整个人口四分之一的 513800 名德裔被归入 D 组。这个群体包括许多在阿尔萨斯或洛林出生的人,其德国父母是 1870 年后移居此地的。负责遴选的官僚们为该群体发布文件,用清洗的方式让其赎罪。

这一程序在实践中意味着,与阿尔萨斯女人结婚、在阿尔萨斯出生、但父母是德国人的男人被归入 D 组,他的妻子被归入 A 组,他们共同的孩子如果已成年,被归入 B 组,未成年则自动被归入父亲组。除了可能失去工作以及被驱逐之外,D 组成员还要承受相当大的经济劣势。他们是按机械程序进行的国家性抢劫行为的受害者:他们只能以 1.25 的极低汇率将帝国马克现金和资产兑换成法国法郎,而其他三个小组的成员则被允许以 0.74 的公平汇率进行兑换。(1941年,保加利亚政府在被吞并的马其顿和色雷斯领土上推行货币列弗时,也对犹太人做了类似的事情。[11])此外,法国净化者还解雇了许多就职于公共机构、邮局或铁路的人。特别是那些"混血儿",他们将其强制转移至法国的其他地区，限制其旅行自由和投票权，并命令警察对其加以监视。受影响最严重的是那些通过上述程序被驱逐至德国的人：至 1919 年底，大约有 10 万人被波及。至 1923 年，被迫遣返者又增加了 5 万人。此外，至 1926 年，至少有 57.5 万名来自将要割让给波兰地区的德国人离开了波兹南地区以及上西里西亚和西普鲁士的分离部分，其中包括许多德国-犹太家庭。他们面临着移民的强大压力。在主观上，他们觉得自己是被驱逐者。[12]

其他国籍的罪犯在向遴选委员会申辩时，不许查看那些通常以告密为基础的档案，也不允许提供证人和证据。他几乎不可以让法律顾问代理，也没有可能让法院审查程序。控方证人都是匿名和未经宣誓的。[13] 积蓄已久的纠纷、商业竞争、同僚间的嫉妒、名利思想和别有用心，催生了大量诋毁名誉之事，以致斯特拉斯堡的警察局长早在 1918 年 12 月就发现自己无力应付告密者的邮件。

当时，法国暂停了所有它引以为豪的法治国家的宪法原则。根据法国的统计，拥有约 190 万居民、自古以来就受德语影响的地区，有 85％ 的人报告说德语是其母语。1871 年至 1914 年的普鲁士时期，多数人讲法语的地区仍以法语为学校和官方用语。只是在战争期间，法语才成为敌人的一种可疑语言。胜利者随后着手进行严格的罗马化[①]。通过中央集权，边境地区居民的语言和文化特征被改掉，他们的民族归属变得不可逆转。由于许多教师成为清洗的受害者，各部门只能通过高额的工资补贴从法国内地吸引教师和学校督导。这些人通常完全不懂德语，所面对的班级中也只有不到 10％ 的孩子会说法语。[14]

---

① 指以拉丁字母书写文字。

一个例子可以找到各种模仿者

根据父母或祖父母的出生地对整个人口进行系统的、官僚式的大规模遴选，这在西欧是前所未有的。法国并没有将根据民族主义进行精选和驱逐的道路进行到底。签署《凡尔赛条约》之后，温和的实用主义逐渐占据上风。20 世纪 20 年代中期以来，共和国通过多次的单独考试对仍居住于该国的德国人进行了归化，Karl Georg Görke 因而成为 Charles Georges Goerké。学校管理层毫无妥协地从民族主义的角度推行语言的罗马化。

选拔和无情的语言政策都在战时欧洲各地产生了传染效应。宣扬共和主义美德的国家将其作为合法的政治方法加以拔高。很快，新成立的或量身定做的民族国家的政府开始撤销或否认数百万人的公民身份，只因其父母和祖父母不是保加利亚人、希腊人、罗马尼亚人、拉脱维亚人或波兰人，也没有在其子女或孙辈目前的逗留地拥有居住权。

1935 年秋，德国政府通过《纽伦堡种族法》[①] 定义了谁将被视为犹太人。经过一番折腾，最终将标准定为四位祖辈的宗教信仰，因为这个标准易于操作。1940 年 10 月 3 日，当法国维希政府主动与德国占领国同步公布犹太人身份评判标准时，对谁会被视为犹太人最初是持开放态度的。然而没几周后，政府领导层的官员就统一了口径，表示如果有三或四位祖辈是犹太宗教团体的成员，这个人就无论如何都可以贴上"犹太族"的标签。随后，他们在 1941 年 6 月 2 日颁布的

---

① 1935 年 9 月 15 日，"帝国国会"全票通过了《纽伦堡种族法》。这是一项"保护德意志血统和德意志尊严"与"保护德意志人民遗传健康"的法案，目的是推行种族隔离制度，是对犹太人、吉卜赛人、黑人以及混血者直接的歧视。（《海德格尔与犹太世界阴谋的神话》，载于《中国高校社会科学》，2015 年第 01 期）

第二部犹太人身份评判标准中加入了这一条。正如法国犹太人问题总专员格扎维埃·瓦拉所强调的，他们效仿了德国、意大利、匈牙利、罗马尼亚和克罗地亚的"现代立法者"。因为从行政技术的角度看，只有借助父母以及祖父母的宗教信仰，才能毫无困难地确定一个公民"犹太种族"的归属。然而，这一程序比德国更为复杂。因为在法国，宗教在户籍处和人口登记簿中都没有记录。在一点上，1940年法国公布的犹太人身份评判标准超越了《纽伦堡种族法》，即宣布两个结为夫妇的"半犹太人"是"完全的犹太人"。艾希曼的驻法代表海因茨·罗特克曾对这一点感到满意。[15]

1942年5月，希特勒提到法国，来说明"在必要时用蛮力强制推行民众利益"的理由。根据转述的演讲记录，他是这么说的："人们可以从法国人在阿尔萨斯的行动中学到很多。法国人不顾活着的这一代人的痛苦，以粗暴的武力压制德国的影响，并有计划地注入法国民俗和法国文化。如果我们采取同样的方式，冷酷地根除双语，重新安置所有不能被德国化或不想被德国化的民俗，并创造出明确的态势，那么这些地区人口的第二代，最迟第三代将能重获完全和平的生活。

希特勒赞扬了自1940年夏天起采取的"重要措施"——把原住民从阿尔萨斯-洛林地区驱逐至法国。他补充道："还有25万法国人必须从阿尔萨斯消失。"作为对法国人相对有序的做法的补充，他提到了第二个更为激进的模式——以"粗暴武力"强制执行遴选计划。特别是在东部地区，"只有采取像斯大林那样的严酷方法才能达到目的"。[16]

1940年夏的7至12月，德国人还未占领阿尔萨斯-洛林地区，就驱逐了10.5万人。如行动报告所言，"主要是犹太人、吉卜赛人和其他外国族群、罪犯、对社会有害之人和无法医治的精神病患者，此外还有法国人和亲法者"。阿尔萨斯-洛林地区的驱逐行动是一个开始。1940 年 9 月 12 日，海因里希·希姆莱开始整顿被德国吞并的前波兰省份，提出对这块"并入的东部领土"上未来的人口构成进行规划。按其设计，居住在那里的人被分为以下四组：

"A"组是"德意志民族属民"，他们在某种意义上是完全合格的德国人。"B"组拥有"德国血统"，他们必须被重新培养为完全合格的德国人，因此最初只拥有德国国籍，而不享有帝国公民的权利。他们"一般"会被安置在旧帝国所在的地区，以便重新德国化。根据希姆莱的规定，"C"组成员则必须强制执行以上措施，属于该群体的是那些"有价值的异族以及德国国籍尚未被取消的德国叛逃者"。最大的一组"D"，希姆莱分配给了"没有德国国籍"的"异族"。那些"对德意志民族人口增长具有价值"的人，将被从约 800 万的波兰人中筛选出来，人数事先就被限制在了"最多 100 万人"。

在这些类别的基础上，希姆莱在同一法令中引入了第二个从属分类系统："德国国民名单"。他将德国人和那些"值得被德国化的人"（这些人基本被归入了 A、B 和 C 组）分为 4 个类，赋予其不同的公民和社会权利。那些曾积极投身德波"民族斗争"，或至少"明显保留了德意志民族特征的人"将被分配至第一类和第二类。"多年来与波兰人保持联系的德裔……虽然本身具备成为德意志民族共同体正式成员的先决条件，因其行为只能被分配至第三类。这也包括与德国人通婚的"异族"。不过，前提是民俗专家判定德国部分在"混合婚姻"中占据优势。这实际意味着，该家庭符合德国人的秩序观念，且可证明具有意愿获得高于平均水平的业绩。第四类也是最后一个部分是为所谓的民族叛徒保留的。据说，这些人"具有德国血统，但在政治上被收容成波兰族"。

第一和第二类的优质德国人将被"用于东部重建"，第三和第四类的人将"通过旧帝国所在地区的强化教育，逐渐培养成完全合格的德国人，或被重新德国化。第四类成员以及"有种族价值的异族（乌克兰人、大俄罗斯人、白俄罗斯人、捷克人和立陶宛人）"则在被撤销分类标签前允许获得德国国籍，不过会被安全警察监视。

被吞并的波兰各省根据希姆莱提出的 100 万的上限，让德国国籍审查员将 97.7 万人分配至德国国民名单的第一和第二类，并将其提升到可靠公民的地位。有 192.8 万人被分配至第三和第四类。那些被认为不那么可靠的、斯拉夫化的公民被归为这类人，不得不经受粗暴的适应程序。

1942 年，波罗的海东岸三国的德意志人维尔纳·哈塞尔布拉特用受过古典教育的市民阶层词汇解释波罗的海东岸三国成员所用的相同的暴力性遴选行为。作为拉脱维亚德裔的公民代表，哈塞尔布拉特多年来在欧洲少数族裔大会上起到了和解作用。1941 年起，他改变立场，在阿尔弗雷德·罗森堡①负责的帝国东部占领区担任分管德国东部政策的部门领导，负责爱沙尼亚人、拉脱维亚人和立陶宛人的德国化。为此，哈塞尔布拉特研制出一个特殊的术语，亲手交给负责种族事务的部门领导埃哈特·韦策尔。哈塞尔布拉特用一种带有人文主义的高中生的傲慢完善了希姆莱的标准。

根据他的标准，将对以下几类人进行区分："种族及个人层面均合格的人""值得被德国化的人""可被德国化、并必须被德国化的

---

① 阿尔弗雷德·罗森堡（1893—1946），出身于一个侨居沙俄的德裔富商家庭。1918年十月革命后回到德国，1919 年 1 月加入纳粹。曾被视作纳粹党的思想领袖，担任纳粹刊物主编和德国在苏联的东部占领区政府的局长。罗森堡经常对党内成员发表演说，内容包括种族清洗、地缘政治、生存空间和纳粹主义。

人""已被德国化的人"。在"公开进行"、因此"很难"被批准的
"大量射杀犹太人"的事件发生后，这份草案的收件人埃哈特·韦策
尔曾咨询元首办公厅的维克多·布拉克和阿道夫·艾希曼。1941 年
10 月 18 日，他满意地告诉上司，上述两人都同意，今后"如果那些
犹太人无法工作"，就用毒气装置除掉。[17]

英国记者塞夫顿·德尔默生于柏林。1946 年，这个德国问题的杰
出专家和批评家来到重归捷克的马林巴德。在那里，他观察了驱逐苏
台德地区德国人的过程——"男人、女人和孩子都在衣服上别着一个
大大的 N 字"。N 指代捷克语中的 Němec，意为德国人。"他们被迫，"
德尔默说道，"戴上这个身份标签，就像纳粹统治下的犹太人要在外
套上别上黄色的犹太星一样"，而且"每人最多可携带 50 磅的东西"。

捷克民兵把讲德语的波希米亚人赶到巴伐利亚，而不是毒气室。
那些聚集在马林巴德的妇女和儿童哭泣着乞求把作为英国人的德尔默
也赶走。面对这一切，德尔默在同情和眼泪中挣扎。尽管他不断提醒
自己，"这些人"就是几年前"帮助希特勒实施计划'把捷克斯洛伐
克从地图上抹去'变成第五纵队[①]的人，这些人的领导人还打算把捷
克人变成奴隶，使其孩子'德国化'，并在装备有党卫军武器的日耳
曼超人的帮助下将这个国家殖民化"。德尔默不是作为一个对个体而
言相当不公正的人类悲剧的旁观者，而是以其政治思想的每一次触
动，来欢迎"贝奈斯总统以及他的政府所下达的驱逐苏台德地区德国
人的决定"。[18]

国家社会主义的德国以一种迄今为止未知而不可想象的方式，使

---

① 第五纵队是 1936 年至 1939 年西班牙内战期间隐藏在共和国政府内的间谍、叛徒等
内奸的总称，已成为帝国主义在其他国家收买叛徒和派入间谍的通称。（《军事大辞海
（下）》，长城出版社，2000）

人口分类变得激进。德国的官僚和人口政治家们决定了幸福和苦难，决定了数百万人的生与死。这为历史比较设制了限定。然而，不应忘记是法国率先推出的平行遴选方式。虽然这些行为相对无害，之后也因人们的醒悟而被终止。但毕竟是他们使遴选合法化，为实施更为严厉的暴力人口政策项目提供了一个模式——其影响在 1945 年之后余波未尽。

1918 年起，根据种族、宗教、官僚、社会和经济标准对人群分类、并在必要时将部分人驱逐出境的原则在欧洲许多地方盛行。政界领袖和评论家称赞其是一种暴力但可确保和平长期有效的方法。他们真诚地相信，一个民族国家的成员与那些在历史和社会层面尽可能相似的人共同生活时，幸福感最强。

新自由——波兰人的愤怒

1918 年 11 月 11 日，数百万波兰人庆祝重获自由，并在华沙宣告共和国成立。其间，各村落和大小城市都发生了迫害犹太人的行为，其中一些相当严重。在随后的 6 周内，至少爆发了 150 次暴力事件，共夺去远超过 100 人的生命，其中大部分在利沃夫。1919 年 1 月，伊斯雷尔·科恩前往波兰，为伦敦的犹太复国主义组织中央办公室编写一份概要。据其判断，"在欢欣鼓舞庆祝渴望已久的独立中，波兰人点燃了反犹欲念的火焰"。本书将通过几个例子概述之，并详细描述利沃夫大屠杀。

凯尔采犹太社区的 300 名代表也出于对现在共和制的自由波兰的喜悦，组织了一个仪式。在他们看来，这个 1914 年前一直被俄国统治的城市只会越来越好。共和国这个词使其对结束沙皇的特殊法律充满期待。但希望落空，副指挥官带领当地的男民兵冲进了 11 月 11 日举行庆祝活动的市立剧院。他们把聚集在一起的人赶出大厅，赶下楼梯。手持棍棒和刺刀的武装人员在那里左右排开，将被赶者打跑。暴徒们则等在最后，继续殴打这些人。数小时后，犹太社区不得不对至少 3 名被波兰人杀害或刺死的同胞表示哀悼，还有 100 多人受伤。次日晨，周边村庄的农民和凯尔采市民又将犹太人的居住区洗劫一空。6 个小时后，警方实施了干预。

在波兰贝斯基德地区的马斯扎那-多尔纳镇和邻近村庄，波兰人又对所有犹太人的财产抢劫了一番。在长达数天庆祝自由的活动中，他们也照做不误。11 月 12 日，武装的农民冲到西加利西亚的小城布热斯科进行掠夺。为此，他们带着马匹和马车，与波兰军团的士兵一起放火烧掉好几所房子，杀了 8 名犹太人，并将其中一人扔到一辆正在行驶的火车前。然后他们把自己灌得醉醺醺的，把丰盛的战利品装到了车上。

在邻近的新威斯尼茨，反犹的动乱比较温和。11 月 27 日，基督教公众在那里被当时广为流传的一出野蛮剧逗乐。这部戏剧的名字可被称作"记住，犹太人，现在我们是家里的主人！"。在一名波兰军官的指挥下，132 名犹太男子不得不在市场广场上脱光衣服，在到处的嘲笑声中接受鞭打。11 月 5 日、6 日和 18 日，靠近德国边境西里西亚的亚沃日诺镇的基督教居民对犹太邻居进行了恐吓。虽然无功而返，但他们要求 14 天内将这些被跟踪的犹太邻居完全赶走。

11 月 6 日，被旧当权者释放出来的人在波兰南部克拉科夫以西的赫扎努夫杀害了 2 名犹太人，并在之前极尽所能对其抢劫。新成立的地方议会向受折磨者索取保护费，以确保其肉体和生命的安全。在同样位于加利西亚西部的小城图克兹姆佩（靠近今天的波兰东南部边境），地方当局的反应有所不同。11 月 15 日至 16 日，4 名妇女、1名儿童和 1 名犹太军官的候选人被波兰抢劫者所害。之后，犹太人获得允许组建民兵队伍，以保障自己的安全。

11 月 17 日，格罗霍夫村在住的唯一犹太家庭——阿伦·格罗乔尔、妻子及 3 个儿子——被邻居们殴打致死。类似之事也发生在拉西。在那里，当地唯一的犹太家庭——一家杂货店的店主夫妇、女儿及 3 个外孙——在火灾中丧生。农民放火烧了他们的房子。在桑河边的普热梅希尔，独立日恰好是战胜乌克兰军队的日子。波兰的欢庆活动从 11 月 11 日持续至 13 日，有 15 名犹太人在此期间丧生。[19]

利沃夫的自由屠杀

1772 年，在瓜分波兰的第一轮过程中，西里西亚及其首都利沃夫被并入奥地利君主国。1918 年秋，加利西亚结束了极其可怕的战争。奥地利当权者带着战败部队撤退，无声无息地消失在维也纳方向。这时，波兰人和乌克兰人立即互争上风，夺取该国的争议部分。数周后，在利沃夫地区获胜的是波兰。

1918 年，有 22 万人生活在利沃夫，其中 7.5 万为犹太人。1914年，战斗开始，数以万计犹太人在快速推进的俄罗斯军队到来前逃走，倾家荡产。因此，许多人在奥匈帝国的军队收复该城后并未返回，而是留在了维也纳或今捷克东部的摩拉维亚。被俄国士兵烧毁的东加利西亚省级城市的犹太难民搬进了被抢劫一空的公寓取而代之。战争、逃亡和贫困严重削弱了利沃夫的犹太社区。这与由波兰人主导的城市管理部门的情况大相径庭，后者在奥地利的庇护下获得了高度的自治权，其中具有决定性和不太具决定性的职位基本都由波兰官员担任，这些人经常尽其所能利用手中的小权力恶意对待犹太人。[20]

波兰军队攻占利沃夫 1 周后，就发动了准备充分的大屠杀。正如德国犹太人援助协会的观察员所强调的，这个集体迫害符合"俄罗斯模式"，但"更为残酷"。与柏林外交部和一些犹太组织相反，他们抵制了夸大其词的倾向，尽可能仔细检验了被告知的信息。在 1918 年的年度报告中，他们简明扼要地总结道："1918 年 11 月 22 日和 23 日，利沃夫发生了可怕的骚乱。12 月 29 日再次出现骚乱，这在某种程度上可被视为前一次事件的余波。"72 名犹太人被杀，443 人受伤，"28 栋房屋被夷为平地，10 栋被部分摧毁，9 栋被焚毁，四五千个家庭被洗劫一空"。参与其中的波兰士兵、民兵和平民抢劫了近 1100 万奥地利克朗的现金、价值 600 万奥地利克朗的贵重物品、价值 1500 万奥地利克朗的衣物，以及价值 5000 万奥地利克朗的贸易商品。而当时奥地利工人的平均周工资仅为 100 奥地利克朗。受害者的职业与大规模抢劫谋杀的重点相符——36 个商人，11 个手艺人。[21]

最准确的描述是军医约瑟夫·特南鲍姆写下的，他于 1919 年春天用笔名发表了以下这些文字。特南鲍姆是利沃夫的犹太民兵，也是涉事者和目击者。他在报告中使用了大约 800 份大屠杀数周后笔录下来的陈述。基于警方档案和其他今天可获取的最新资料的研究，证实了所有要点。[22]1920 年，特南鲍姆移居美国，并于 1936 年在联合抵制委员会中发挥了领导作用。该委员会是他在美国犹太人大会的倡议下与之共同创立的，目的是对纳粹德国施加经济压力。

1918 年这场大屠杀之前的秋末，乌克兰和波兰民族主义者的战争持续了 3 周之久。犹太人宣布严格保持中立，因为他们知道自己受到来自双方的灾难威胁。然而就在获胜之际，波兰的"自由战士"开始颠倒事实。他们声称，犹太人作为乌克兰人的帮凶和秘密盟友为之服务，并交出了大笔钱财。这样一来，波兰军界领导层、政治家和报界人士都严厉谴责犹太人，宣布其为不受法律保护之人。[23] 例如，一位波兰地方官告诉大家："我们将没收犹太人的一切，而可怜的基督教儿童将拥有这富足的一切。"组织权和主动权掌握在军队和共和国军团手中。大屠杀在 11 月 22 日凌晨 4 点开始——这是由军政领导层决定的，并持续了 48 小时。他们把这场暴力狂欢理解为对"英勇解围"利沃夫的士兵和军团战士的奖励。此外，军队热衷于为仓库补充食物、鞋子、布匹等。信奉民族主义的政客则对编造出一个内部敌人颇有兴趣，他们需要利用这个血腥的群众事件来巩固"刚刚实现自由和自决的波兰"。

"凌晨时分，犹太社区的居民惊愕地听到迎面而来的波兰士兵发出阵阵尖叫和口哨声，伴随而来的是枪声和口琴演奏，以及同样多的针对犹太人的诅咒和谩骂。"人们解除了犹太人自卫队中男人的武装，将其锁起来，并把机枪和坦克运到犹太人住宅区的边缘位置。"这个屏障的目的有两个：一方面是不让待宰的羊群散开，另一方面是让强盗们知道工作区域的边界。"这样，基督徒的店铺和房屋就可幸免于难。

波兰士兵和军团战士对房屋进行了彻底搜索。如果门没开，他们就借助手榴弹。"犹太人，把钱包拿出来！"他们冲着房内吼叫，将能带走之物席卷一空。"正是对金钱的贪婪，使爱国主义广告具有了奇特的性质和最大的魅力。波兰的英雄们让自己的努力得到了丰厚的回报，他们以刽子手身份提供的服务获得了极佳的酬劳。"无法带走之物，他们销毁或分给波兰人。根据军需部长事先制订的计划，这些兵痞炸毁了较大的商店和仓库。官员们把汽车开到门口，装上物品，"特别是皮革、布匹和食品"之类。同时，在较小的商店和作坊里，军团战士和利沃夫基督徒，包括据说是"为医院征用"的红十字会修女，都在大快朵颐。士兵们被严密地组织起来，用汽车把一桶桶石油作为助燃剂运送过来。他们熟练地放火焚烧各个房屋，并有计划地在官员的监督下打开门窗，"以创造更好的通风"。市政自来水厂的官员已做好充分准备，信息灵通地切断了犹太人住宅区的供水。

犹太人在自己的房子里被烧死，因为波兰士兵堵死了房门。"对于所有的请求和恳求，这批雇佣军都回复以刻板的应答：'犹太人可能只是在煎炸食物，会有犹太培根吃。'人们用这些话及其他圆滑之语安慰不幸者。在一些乞求者面前，铁石心肠者被大笔赎金软化，一些士兵被塞满钱包后让犹太家庭偷偷从布满机枪和坦克的小巷溜走。也有其他士兵无法让人接近，忠守刽子手之职，不接受贿赂。于是那些不幸者只能变为焦炭。"

次日早上，轮到了犹太教堂。上午 10 点，国家民主主义分子中那些激动不已、醉醺醺的骚乱者冲进郊区的犹太教堂，偷走了神圣的装备，并摧毁了所有可摧毁之物。"人们看到军团战士和女人裹在圣约柜的帘子里胡闹，把神圣的文字踩在脚下。"然后开始纵火，对城中这座历史最为悠久的犹太教堂进行焚烧。"军团战士将被撕碎的妥拉经卷堆放在犹太教堂的中间，竖起一个自动焚烧炉，在上面浇上石油，然后点火。……名叫大卫·鲁宾菲尔德和伊斯雷尔·费恩鲍姆的两个男孩试图从燃烧的犹太教堂中救出两部妥拉经卷，结果在教堂出口被枪杀。一名学生被发现死亡时，胸前还压着妥拉经卷。"之后，个别小队焚烧了这座哈西德派[①]的犹太教堂。

在这样一种充斥着民愤和恐怖的燥热气氛中，该市的波兰主人在

---

① 哈西德派，是 18 世纪中叶在波兰犹太人中出现的宗教神秘主义团体，后传入俄国南部。19 世纪中叶，其教徒已占东欧犹太人的半数。该派反对《塔木德》，宣传泛神论，强调通过狂热的祈祷与神结合，认为禁欲苦修违背神意，相信弥赛亚即将来临，解救其脱离苦难。（《宗教大辞典》，上海辞书出版社，1998）

1918 年 12 月 29 日又组织了一次大屠杀。刚从华沙来到利沃夫的士兵声称遭到了枪击。于是，他们在一名上尉的带领下强行撬开驻地附近一些犹太人的房门进行抢劫。"1918 年 11 月 22 日，再次发生此类事件。妇女和女孩被侵犯，男人遭到殴打，然后被领走，在查奇学校接受审讯，然后又被殴打。接着，其中一部分人被当作嫌疑人移交给了刑事法庭。"当晚无人死亡，但有更多"在良心泯灭的野蛮制度下的受害者"无家可归。

特南鲍姆在文献的一个专门章节中问道："在犹太人最困难的日子里，波兰社会是如何表现的？"与俄国大屠杀类似，新波兰的整个社会都参与其中，"几乎不分党派、等级和性别"："在那里，骄傲的贵族与无耻下流者融为一体，最阴险的可疑之人与红色的马克思主义者联合起来。在加利西亚分裂的政治土壤上，人们在大屠杀问题上罕见地出现了感情和观点的和谐。"

波兰社会民主党领导人伊格纳齐·达申斯基也厚着脸皮试图挽救国家的荣誉。在没有任何依据的情况下，他散布大屠杀是"奥地利德国人有组织的行为"。然而奇怪的是，达申斯基说不出一个抗议的字眼。公民妇女委员会呼吁和平与秩序，却补充道："犹太人确实采取了挑衅态度。"2005 年被封为圣徒的利沃夫罗马天主教大主教约瑟夫·比尔切夫斯基认为："如果犹太人触犯了什么，天庭和人类法庭将会给予公正的判决。"而这与人类的同情心以及对抢劫谋杀的明确谴责相去甚远。

大屠杀的次日，《利沃夫信使报》已准备好以下自撰的新闻："社会败类中有许多身穿军装的人开店抢劫。军团巡逻队加以干预，但暂时无法阻止。"一天后，同一份报纸刊登了一则简讯，称该市"发生了火灾"。关于原因，编辑们只写道，火焰蔓延得这么快是因为消防队人手不够。但事实上，没有一个消防员曾试图扑灭克拉科夫广场的大火。11 月 28 日，波兰电报代办处颠倒事实，官方散布谣言，称是被乌克兰人从监狱中释放出来的罪犯"与犹太抢劫者"造成了这场破坏。接着，"波兰军方立即对土匪进行干预，并很快镇压了骚乱"。《波兰之声》《波兰论坛报》和《每日信使图片报》等报纸以同样的方式对利沃夫的杀戮和抢劫进行掩盖。[24] 当恐怖的消息传到外国媒体那里时，出现了基于受迫害者证词的文章。波兰报纸立即进行反击。比如，该市波兰军事指挥部的机关报《唤醒的呼喊》在 12 月 5 日威胁道："犹太人不应忘记，他们不是只在利沃夫受到礼遇，他们的任何挑衅都一定会立刻引发不可预见的后果。"

在奥地利报纸总体面向真实事件的新闻报道中，应该强调一篇发生了偏离的社论。它于 11 月 29 日刊登在德奥社会民主工党的中央机关报《维也纳工人报》上，代表了伪装成反资本主义"理论"的左翼反犹主义的流行变体。《工人报》将利沃夫的暴力事件归咎于穷人对"犹太商人和（战争）高利贷者"的"深仇大恨"："就像经常发生的一样，犹太无产者不得不再次为犹太资本家的过错付出代价。……贪婪的犹太资本家知道如何从战争的苦难中榨取丰厚的利润，而贫穷无知的波兰无产者除了对犹太无产者发怒之外，不知还有何法来报复后者对自己犯下的罪行。因为他们和自己一样贫穷而无辜，一样是大人物和富人的牺牲品。"然而，事实驳斥了这种虚伪的解释。被害的利沃夫犹太人主要是商人和自由职业者——众多伤者中有 271 名儿童和妇女，124 名商人，5 名工人。[25]

被沙文主义毒害的社会

1918 年 12 月 12 日，波兰部队驻扎在利沃夫的军需主任在报纸上发表了官方公告："近期有证据表明，犹太复国主义者和在指挥部进行过的庄严宣誓相反，已与敌人建立了非常活跃的联系，并制订了联合攻击的计划。"为使谎言可信，军队在前一天逮捕了5名犹太人质：米歇尔·林格尔博士、亚历山大·豪斯曼博士、莱昂·赖希博士、编辑M. A. 滕恩布拉特、上尉军医威廉·加贝尔。加利西亚的波兰民政部门"提醒"与波兰结盟的伦敦和巴黎中立政府，波兰犹太民族委员会的消息和犹太报纸上有关"所谓的计划中的犹太人大屠杀"的文章是凭空捏造的。这种对波兰公众的挑衅"达到了前所未有的程度"。外国人必须明白，在幕后操纵这种惊悚宣传的，只能是柏林和维也纳的前战争对手——毕竟大部分犹太人与普鲁士人及前奥地利政府的关系是众所周知的，无须知道事件发生是为了谁的利益。

在怀疑的气氛中，犹太人尤其是他们的代表不断受到口头和书面的威胁。一封由波兰军事检查机关盖章后寄往犹太人救援委员会的信称："你应该在新年前收拾行囊，移民至巴勒斯坦，你的所有财产都属于波兰人。但你要设法尽快离开，因为新的大屠杀即将到来，它会更为血腥和严重。"记者马克斯·赖讷从利沃夫发来的报道中谈到天主教波兰居民中普遍存在的情绪："无论我和多少波兰人交谈，都不会有人觉得用词不妥，所有人都觉得犹太人因在反乌之战中采取中立而受罚是理所当然的。"[26]

1918年11月28日，犹太社区安葬了死者。人们已事先将遗体带到了犹太人的墓地，因为"在当时的政治环境下"，公开的送葬队伍是不可想象的。"整个哀悼人群中，4万个灵魂在哭泣，在哀号，几乎悲痛得不能自己。"他们为"一个民族的巨大不幸"痛哭，"这个民族被屠杀，而屠杀者却不受惩罚，不必抵罪"。他们为72名被害者痛苦，为之挖了一个共同的坟墓。受害者名单如下：

约瑟夫·戈尔德贝格（Josef Goldberg），尤利乌斯·戈尔德贝格（Julius Goldberg），米夏埃尔·切万德（Michael Chewander），托尼·拉达（Toni Rad），马库斯·孔特斯（Markus Kontes），门德尔·曼德尔（Mendel Mandel），摩西·斯莫恰克（Moses Smoczak），沙伊宁格（Scheindlinger），卡姆·多内尔（Chaim Donner），戴维·鲁宾菲尔德（Dawid Rubinfeld），亚伯拉罕·布罗德尔（Abraham Broder），齐格蒙特·戈内（Zygmunt Gorne），雅各布·赫尔曼·舍费尔（Jakób Hermann Schäfer），萨洛蒙·施皮格勒（Salomon Spiegler），莱布·艾因申克（Leib Einschenk），齐格蒙特·朗纳斯（Zygmunt Langnas），伊齐多尔·缪兹（Izydor Mesuse），萨洛蒙·朗纳斯（Salomon Langnas），梅舒勒姆·弗劳恩格拉斯（Meschulem Frauenglas），萨穆埃尔·阿克（Samuel Acker），海因里希·达维德（Heinrich Dawid），摩西·阿吉德（Moses Agid），N. 西尔伯施泰因（N. Silberstein），摩西·波斯纳（Moses Posner），哈伊姆·阿本德（Chaim Abend），哈尼亚·内切尔斯（Hania Necheles），扎莱尔·维尔德纳（Zalel Wildner），马耶尔·G. 波尔德斯（Majer G. Pordes），赫尔曼·巴达克（Hermann Bardach），赫尔曼·赫布斯特（Hermann Herbst），阿道夫·格拉布（Adolf Grab），门德尔·霍赫贝格（Mendel Hochberg），鲁宾·希斯（Rubin Hiss），埃利亚斯·塞贝尔（Eliasz Sebel），利昂·艾因沙尔格（Leon Einschlag），雅各布·诺伊尔（Jakób Neuer），尤达·莱布·席普斯（Juda Leib Schnips），纳克曼·阿尔特曼（Nachmann Altmann），莱布·温德曼（Leib Windmann），克拉拉·松塔格（Klara Sonntag），马勒卡·里斯（Małka Rieß），伊兹拉埃尔·法伊根鲍姆（Izrael Feigenbaum），N. 陶贝尔（N. Tauber），赖茨·贝格尔（Reize Berger），N. 赫茨·楚克曼（N. Herz

Zuckermann），马杰姆·埃斯特尔·温德曼（Marjem Ester Windmann），N. 维尔纳（N. Wilner），弗赖德尔·耶勒斯（Freide Jelles），一个不知姓名的人，马勒卡·库普弗斯坦（Małka Kupferstein），吉尼亚·图尔辛斯卡（Genia Turszynska），N. 布鲁默（N. Brumer），伊格纳齐·罗特贝格（Ignacy Rothberg），莫尔德谢勒·茨维克尔·施特恩（Mordche Zwickel recte Stern），伊兹拉埃尔·利斯克（Izrael Lipsker），查恩·门克斯（Chane Menkes），亨里克·莱温（Henryk Lewin），摩西·戈德施奈德（Moses Goldschneider），迈尔·泽利希·普里斯（Meier Selig Peries），舒勒姆·迈尔（Schulem Mayer），达维德·埃诺克（Dawid Ennoch），萨洛蒙·卡茨·森（Salomon Katz Sen.），小萨洛蒙·卡茨（Salomon Katz jun.），奥斯卡·施瓦岑伯特（Oskar Schwarzenbert），罗萨·芬克尔施泰因（Rosa Finkelstein），梅歇尔·阿赫滕图赫（Mechel Achtentuch），贝尔·泰尔泰布（Berl Terteb），劳拉·克拉普（Laura Krapp），梅莱奇·魏斯（Meilech Weiß），约翰·赖特尔（Johann Reiter），本亚明·托特（Benjamin Toth）。

约瑟夫·特南鲍姆以鼓励的口吻结束了他的编年史："犹太民族不能在血泊中窒息而亡，也不能被任何野蛮的暴力征服！无论大屠杀多么残酷，都不能摧毁之。犹太民族幸免于所有的迫害及其教唆者。"说这番话时，约瑟夫·特南鲍姆没想到 21 年后在德国暴政下会发生什么，也想不到人们执行这些行为时的能量是如何令人无法想象。统一和独立的波兰时期以持续数月的大屠杀运动开始，让人想起"中世纪最残酷黑暗的时代"。正如犹太复国主义者莱昂·哈萨诺维奇在 1919 年所表达的那样："沙文主义已经毒害了波兰社会的大脑，使良知萎缩。抢劫和谋杀已成为经济和政治斗争的手段。"[27]

甚至在统计表即将排印时，伊斯雷尔·科恩还不得不写下简短的补遗《最新的大屠杀》。他谈到 1919 年 3 月初向波兰犹太人和遭受波兰统治的犹太人袭来的"新旋风"，并提到了希德洛夫、帕克萨诺夫、斯托普尼茨（斯托布尼卡）、达布罗沃、切梅尔尼克、布斯克、维隆、琴斯托霍瓦、卡利什、平斯克和利达等地。

1919 年 3 月初，波兰军队占领了白俄罗斯的平斯克市，该市之前为布尔什维克俄国的部队把守。几周后的 4 月 5 日晚，波兰士兵突袭了在市指挥官处登记过的犹太人福利委员会所组织的集会，并逮捕了在场者，借口是他们涉嫌布尔什维克的阴谋活动。为了寻找武器，士兵们随后对犹太复国主义人民之家进行了搜查，但并未发现任何东西，于是借机跑到街上逮捕了更多犹太人。他们抢劫了俘虏后，放走了妇女、儿童和一些年长者，然后把剩下的 34 个人赶到俄罗斯东正教教堂的墙前，用一把机关枪扫倒了他们。有 3 个人受伤后幸存下来，又在次日早上被枪决，没留下一丝生命体征。此外，士兵暴徒还监禁了 26 名犹太人，并以制造"骚乱"为由对平斯克的犹太人集体罚款 10 万卢布。负责的少校耶日·纳尔布特-武钦斯基后来"承认犯了一个错误"。但这并没有影响他的军事前途，他于 1924 年被提升为旅长，没受到任何惩罚。[28]

同时，波兰人、立陶宛人、白俄罗斯人和乌克兰人试图获得对维尔纽斯这个重要城市的控制权。最后，波兰士兵于 1919 年 4 月 19 日在那里安营扎寨。他们在大街小巷激战，有 33 人阵亡。交火中，无波兰平民死亡，但约有 65 名犹太人被杀，包括 4 名妇女。在此期间及之后，波兰士兵和当地居民抢劫了 2000 多所犹太人的房屋和店铺。[29]

乌克兰的大规模谋杀

1918 年 11 月战争的结束带来的是恐怖，而不是和平。对乌克兰犹太人而言，尤为如此。这种情况一直持续到 1920 年。在此期间，发生了 1500 多起犹太人大屠杀，受害的不是几十人或几百人，而是数万人。各地的犹太人在家中被烧死，在光天化日下被刺伤、殴打、踢死或射杀。有的被灭门，没有留下任何可以报告他们命运的人。奥列格·布德尼茨基写道："与早期的大屠杀相比，我们必须谈一谈完全不同的暴力等级。"他选择了"在大屠杀的阴影下——1918 年至1920 年的大屠杀"作为书中关于俄乌之战时期犹太人状况的章节标题。[30]

德奥军队在控制乌克兰广阔区域的 1918 年期间，对随意泛滥的暴力是尽力制止的。然而，德国占领者煽动了乌克兰民族主义。因为他们想削弱自 1917 年末起由布尔什维克领导的俄罗斯，获得原材料和小麦。1918 年 4 月，他们在基辅扶持了一个傀儡政府。为了给其披上合法的外衣，他们"从历史深处挖出 17 世纪的盖特曼宪法"。该宪法具有英雄主义的底色，意在让人们回忆起波兰盖特曼（注：元帅之意）鲍格丹·赫梅利尼茨基——此人领导哥萨克人反对波兰-立陶宛联邦的民族起义，建立了相对独立的乌克兰哥萨克酋长国，形成了当今乌克兰国界的雏形。1648 年至 1649 年，赫梅利尼茨基曾领导了针对波兰人和犹太人的充满杀戮气的起义。获德国军方支持而新上台的乌克兰首脑提到了同一故事，并给自己冠以盖特曼之名——其原名是帕夫洛·斯科罗帕德斯基。他的手下"带着哥萨克帽上的毛尾巴"

跑来跑去，用"I"取代俄语的"O"，把哈尔科夫的名字从 Charkow 变成 Charkiw，把利沃夫的写法由 Lwow 变成 Lviv。这样的例子比比皆是。他们推行强调身份的民族主义政治，并在其他方面遵从德国的意愿。[31]

当战败的中欧列强军队由于 1918 年 11 月 11 日的《贡比涅停战条约》①的签署而撤出后，各种内战和干预战争立即爆发。1918 年 12 月，乌克兰社会民族主义者在司令员西蒙·彼得留拉的领导下推翻了时任乌克兰总统萨特拉彭·斯科罗帕德斯基。彼得留拉成为总统，和其副手、成为总理的弗拉基米尔·文尼琴科一起在基辅上台。他们宣布成立乌克兰人民共和国，称政府为执政内阁，并向反俄组织严格看齐。

1905 年，新民族国家的两位领导人按照德奥的社会民主主义共同创建了乌克兰社会民主工人党。该党从一开始就从纲领上将民族目标和社会目标关联在一起。当时，文尼琴科将德国社民党及第二国际的著名理论家卡尔·考茨基和德国早期工人运动活动家斐迪南·拉萨尔这两位具有改革思想的社会主义者的重要著作译成了俄语。1918 年 12 月，彼得留拉和他的同志们强调了革命的社会目标。埃利亚斯·海费茨是第一个将不久后启动的犹太人谋杀记录下来的人。正如他所说的那样，"叛乱与其说是以民族主义之名，不如说是以社会主义之名，至少部分是以布尔什维克主义之名"。在接下来的数月中，民族性在俄波之战中变得越来越突出，但社会性依然是动员群众的重要手段。这两种政治因素都为抢劫和谋杀那些不应属于乌克兰民族的人——特别是犹太人——提供了理由。[32]

---

① 《贡比涅停战条约》，亦称《康边停战协定》，或《协约国对德停战协定》，是法军统帅斐迪南·福煦于 1918 年 11 月 11 日代表协约国与德国代表签订的关于一战停战的协定，签署地在法国东北部贡比涅森林雷道车站的福煦车厢里。该协定的签订标志着一战以同盟国的失败而宣告结束。

在经历了野蛮的突击队行动、失败和收复之后，彼得留拉的部队不得不于 1919 年底撤离该国。有几个月，他们试图与波兰的干预者结盟，重新夺回部分领土，但每次的成功都没持续多久。1921 年 3 月，《里加条约》结束了战争，也结束了许多乌克兰人坚持的国家独立之梦。波兰人和俄罗斯人在费用问题上达成一致。在西部，该国大部分地区落入波兰之手，小部分地区归属罗马尼亚和捷克斯洛伐克。相当多的剩余地区被红军占领，并入俄罗斯以及其继承国苏联。

大屠杀的范围和社会学

从 1918 年底至 1921 年春，乌克兰这个犹太人的主要定居区成为冲突部队和到处抢掠的民兵、离乡背井者和逃兵团伙、义勇军和祖国保护者最重要的作战地和过境地。个别团体获胜后，又仓促撤退，发起新的攻击。乌克兰民族主义者，波兰征服者，红色、白色和无政府主义（黑色）部队相互争斗。而疯狂的武装暴徒则与其并肩猖獗，有时介入一方，有时又介入另一方，或者在政治上漫无目的，只听从对血和战利品的欲望。

犹太人被夹在经常每周更换的混乱前线间，只在例外情况下得到红色专员或波兰军官的保护。所有交战方的成员都把他们当做失去法律保护者。在数以万计的民族和社会"自由斗士"的煽动下，欧洲近代史上最严重的犹太人大屠杀迅速在这个国家蔓延。

人们永远弄不清楚当时到底有多少犹太人被害，有多少人——特别是儿童和妇女——饿死或者冻死。这些人的房子被烧，财产、用品和工具被抢，丈夫和父亲被杀，并因多方发动而不断易帜的内战无法得到外界帮助。估计有 5 万到 20 万人被直接谋杀，或很快死于重伤。1923 年，埃利亚斯·切里科夫谈到了"一场巨大而持续的民众灾难"。[33]

1921 年，埃利亚斯·海费茨根据个人报告交出了第一份仍非常不完整的关于 1919 年的统计表。根据这份报告，大屠杀分子在 12 个月内至少摧毁了 372 个犹太人住宅区。在一些地方，连续发生了四五次乃至上十次大屠杀。在一些小城镇，大屠杀一直持续到全体犹太居民被赶尽杀绝，他们最后的财产也被摧毁或掠夺。仅是乌克兰，海费茨 1919 年就根据经核实的证词算出有 30500 名犹太人被杀。他补充道："这个数字绝不是对实际死亡人数的准确反映。"中立观察员未能到达许多地方和地区，如沃利尼亚和波多利亚的西部地区，以及赫尔松省的南部地区。海费茨认为，在他所研究的地区，1 年内至少有 7万名平民因特别的反犹暴力行为而丧生。

依地语人类学家纳胡姆·格格尔在 1928 年发表了第一份关于杀戮的系统性统计资料。虽然不完整，作者还是借助对 887 起犹太人大屠杀和 349 起过激行为的精确报告，发展出一套有关大规模谋杀的社会学理论。格格尔将个人肇事者实施的暴力行为定义为过度行为，即使这些人夺去了多条生命。这与以大规模肇事为特征的大屠杀形成对比。为了清楚起见，我在下文中把（数量相对较少的）过度行为也归入大屠杀。

在 531 处有可靠记录的 31071 名死亡者中，有一半人在格格尔掌握的名单上，其中有一半人能看出性别，还有近 1 万人能得知年龄。根据这些名单，76％的被害者是男性；3.5％的人不满 8 岁，19％的人在 8—20 岁之间，36.5％的人属于 21—40 岁的年龄段，15％的人在 41—50 岁之间，还有 26％的人大于这个年龄段。

格格尔在大屠杀期间是苏联红十字会难民委员会的顾问，他是从工作中了解到这些情况的。基于主观经验，他非常谨慎地估计数量达到五六万。不过，他对大屠杀的实施和时间的统计并非来自猜想，而是基于数据中具有实证性和可靠性的部分。

乌克兰人民共和国的军队，即民族主义者彼得留拉的部队，以及与乌克兰事务有关的自由武装力量实施了 40.1％的大屠杀，杀死了所有大屠杀中 53.7％的死难者。君主主义的、部分资本主义的白军部队要对 17.2％的大屠杀和 17％的死难者负责。军阀尼基菲尔·格里戈里耶夫没有政治纲领，不断变换阵营。他的手下组织了 4.2％的大屠杀，却杀害了格格尔记录中 11.1％的死难者。红军部队的行为相反。他们造成的死难者占 2.3％，组织的大屠杀占 8.6％，主要是由苏联著名将领谢苗·布琼尼指挥的红军第一骑兵团的士兵实施的。皮乌苏德斯基将军领导的波兰军队发起了 2.6％的大屠杀，死难人数占 0.4％，他们一定被认为是相对遵守纪律的。白俄将军斯坦尼斯拉夫·布拉克-巴拉霍维奇的少数士兵只参与了外围活动，占大屠杀的 0.5％，死难人数的 0.7％。自由流动的帮派、叛乱分子或逃兵协会（在下段中称为"独立分子"）参与的大屠杀占 24.8％，死难犹太人人数占 14.8％。每个犹太社区平均被侵袭 2.3 次，基辅为 2.9 次，切尔尼戈夫、波尔塔瓦和赫尔松为 5 次。哈舍瓦特（波多利亚）的犹太人遭受了 12 次大屠杀，斯塔维谢（基辅）的犹太人遭受了 14 次。

根据这些数据，格格尔将每个团体所实施的大屠杀的绝对数量与每起暴行中被谋杀的平均人数联系起来，计算出一个指数。乌克兰人：439 次大屠杀/平均 38 人被杀；"独立分子"：307/15；白军：213/25；红军：106/7；格里戈里耶夫的非正规军：52/67；犯罪事实不明的大屠杀：33/1；波兰军队：32/4。

格格尔记录的 1236 次大屠杀和过度行为中，有约 80％发生在居住着大多数犹太人的地区：基辅（41.7％）、乌克兰西部与波兰接壤地区的波多利亚（23.7％）和沃利尼亚（16.3％）。在 12％的案件中，大屠杀分子在同一地点就杀害了 100 多人，在特得耶夫、法斯托夫、普罗斯库罗夫和伊利莎维格勒等市则杀害了 1000 多人。记录中缺乏关于强奸的数据，因为幸存者大多对此保持沉默。但毫无疑问，数万名犹太妇女是性暴力的受害者。1919 年 5 月至 9 月间，针对犹太社区的恐怖活动达到顶峰，其数量超过了已知案件总数的一半。随着红军和波兰军队的推进，恐怖活动急剧减少。[34]

格格尔最初是 1928 年在柏林用依地语发表该文的。作者去世 20 年后的 1951 年，未经修改的英文版在纽约出版。编辑部的说明指出，与纳粹对 600 万犹太人的灭绝行为相比，1918 年至 1921 年在乌克兰发生的大屠杀是有限的，但它构成了灭绝东欧犹太人的重要一步（《东欧犹太人解体故事中最重要的一章》）。最近的研究估计，在大约 2000 次的大屠杀和过度行为中，有超过 10 万名犹太人丧生。根据莉迪亚·米利亚科娃领导的、2006 年在莫斯科出版的开创性文件（这里引用的是法文版），至少有 10 万，但可能有 15 万犹太人被杀害；20 万受伤，通常致残；数以万计的妇女被强奸；约有 30 万名儿童成为孤儿。在 20 世纪 20 年代，犹太人口学家雅各布·列斯钦斯基结算出一个类似结果：12.5 万犹太人在乌克兰被杀，2.5 万在白俄罗斯被杀。

从历史角度看，格格尔认为革命和大屠杀之间有明显关联："19世纪 80 年代初的俄罗斯大屠杀与知识分子的革命运动有关联，是由'人民之友''土地与自由'或'人民的意志'等团体组织的。类似的事情发生在 20 世纪初革命前的动乱时期（1903—1905），与俄罗斯南部的大规模罢工有关。革命真正爆发的 1905 年底，第三次大屠杀浪潮也席卷而来。"[35] 随着巨大的、部分成功的民族和社会性颠覆活动，迄今为止最凶残的第四次大屠杀在 1918 年底开始了。[36] 早在 1881 年，"人民之友"的活动家就把大屠杀誉为"社会革命的开端"，指责犹太人在现存的统治性社会秩序中一再滋生"恶习"和"脓肿"。大屠杀被俄罗斯人民革命家粉饰为启动革命之火的"火种"，因此受到高度欢迎。[37]

在此，不考虑关于乌克兰民族政府所谓亲犹政策的"文件"——这些文件是 1920 年和 1927 年被刊登出来的，有很多理由支持应将其作为不现实的洗刷而加以忽略。[38] 彼得留拉领导下的基辅政府是故意鼓励大屠杀，还是仅仅容忍大屠杀，是一些历史学家热衷讨论的问题，对我们来说并不重要。[39] 但可以肯定的是，他的政府没有采取有效措施。但至少有一个动机起到了决定性作用：针对犹太人的烧杀抢掠以及大规模强奸稳定了部队士气，勒索而得的贡品，也使士兵们更易得到报酬，从而减少了逃兵和给养问题。所有这些都符合基辅民族主义政府的利益。彼得留拉总统及其指挥官们"非常清楚，想要让投奔他们的人沆瀣一气，没有比允许'屠杀犹太人'更安全的手段了"。[40]

乌克兰民族对犹太人的嗜血

这足以让人想起暴力事件爆发的一般情况，但似乎也有必要谈谈大屠杀本身及其过程和内在逻辑：发起人邀请基督教邻居和周围村庄的农民参与杀戮，并从中致富。

从随后不久发生的事件来看，一开始是较小规模的大屠杀。例如沃利尼亚的奥夫鲁奇这个日托米尔省拥有 1 万名居民的小镇，虽然三分之二为犹太人，却几乎无人对政治感兴趣。在 1881 年起俄罗斯犹太人所遭受的大屠杀中，奥夫鲁奇一直保持平静。1917 年 12 月，发生了第一次大规模过激行为。由于战争导致的通货膨胀，当地的基督徒摧毁了部分犹太人的商店，并抢劫一空。当时无人攻击私宅，也无人死亡。

然而，1918 年 12 月 25 日彼得留拉的"自由战士"进驻后，情况发生变化。军阀头子科西尔·希尔卡次日就逮捕了犹太教士。"我很清楚，"他断言，"你，还有你所有的亲属都是布尔什维克，实际上所有的犹太人都是布尔什维克。因此，请记住，我将消灭这个城市的所有犹太人。"这一次，彼得留拉的民兵还可以被赶走。但 3 天后，他们又来了，并开始大屠杀。这次暴力使 17 人丧生。这些民兵进行血腥工作的同时，指挥官让人把犹太男子聚拢起来。他提高嗓门："如果我的哥萨克骑兵有一根头发被弄弯，我就有权灭掉所有犹太人。"他要求得到大量敬奉。收到贡品后，恐怖的狂欢中断。

乌克兰人民共和国非正规军实施的大屠杀产生了传染效应。到内战结束时，奥夫鲁奇的基督教居民和民兵共抢劫了 1200 所犹太房屋，杀害了 100 多名犹太人。"虽然官方的口号是'杀死犹太人——他们是布尔什维克！'，但乌克兰群众认为突袭的所有其他理由都合情合理。大屠杀抹平了犹太人之间的财产差异，使他们几乎都变得一贫如洗。"1921 年发表的这篇调查报告以这句话收尾。[41]

1905 年的革命大屠杀期间的 5 月 7 日和 8 日，日托米尔的基督教居民犯下严重的暴力罪行：29 名犹太人和 1 名基督徒死亡。基督徒是学生尼古拉·布利诺夫，因向受威胁的犹太人提供帮助而被害。1919 年 3 月 21 日，内战中的红军撤离了日托米尔。次日早上，彼得留拉的手下进驻，开始了为期 5 天的谋杀和抢劫。此过程中，有 317 名犹太人在市中心被杀，还有更多人死于郊区，其中多为老人、妇女和儿童，因为许多年轻男子已随布尔什维克的部队逃走。乌克兰人民共和国的士兵主要抢劫金钱和制造流血事件，青年、看守人和家政女佣则抢劫住宅和商店。大多数被杀的犹太人都是穷人，较富有的人可以用赎金抵命。与巨大的谋杀欲望相比，死亡人数仍然相对较少。首先，日托米尔相当多的基督教家庭藏匿犹太人。其次，红军在 3 月 25 日晚反击，阻止了大屠杀。

国家元首西蒙·彼得留拉曾在 3 月 23 日大屠杀期间带着一队农民进城，让人印制了鼓励性呼吁："我们保卫所有不想成为犹太人仆人的人。"据说他还拒绝了日托米尔市长，因为后者想告知其手下杀人放火的情况。[42]

普罗斯库罗夫：4 小时内 1600 多名犹太人被杀

1919 年 8 月 22 日，彼得留拉的另一群乌合之众在基辅西南 100 公里处的波格列比谢小镇实施了一场屠杀。那里住有 1800 名犹太人。在军阀泽勒尼的带领下，士兵们杀死了其中 375 人。事后，犹太社区的主席报告道："他们进行一场大屠杀，无恶不作。抢劫、强奸、杀人，不仅想侵吞我们的财产，还想玷污我们的灵魂。他们把人从地窖里拽出来，从阁楼上拖下来，然后杀死。无论老人，还是年轻人，都不放过。死难者中，90 岁的屠夫马兹苏克和 100 岁的宾·乔明·弗伦克尔是因'共产主义罪行'被殴打致死。"

泽勒尼的部队在该地区至少还进行了 14 次大屠杀，至少杀害了 2000 人。地区首府特里波利的犹太人也未能幸免。2009 年，那里竖起泽勒尼的巨大雕像，此人被视为"乌克兰的自由斗士"。附近还曾长期矗立着一个纪念馆，以苏联方式纪念那些在内战中被害的犹太人和共产主义者。但现在，这个场馆变成了乌克兰民俗博物馆。

1919 年 2 月 15 日，乌克兰民族部队还实施了第一次全新规模的大屠杀，这是这一时期最血腥的屠杀之一。事件发生在利沃夫以东 240 公里的普罗斯库罗夫。当时，该镇有 5 万名居民，一半是基督徒，一半是犹太人。与奥夫鲁奇一样，城中情况似乎也是井然有序的：在民主选举所产生的市议会的 50 名成员中，26 名是基督徒，24 名是犹太人。市长是波兰人，市议会主席也是波兰人。

大约在大屠杀发生的 10 天前，乌克兰人民共和国军队的哥萨克人占领了该市，领导人叫伊万·塞莫森科。他们很快镇压了当地驻军中受布尔什维克影响的士兵的起义。然后彼得留拉的哥萨克人军队与第三海达马克军团一起侵袭了犹太人。不过数小时，他们就屠杀了其中的 1650 人，960 名儿童失去双亲。波兰公民得以幸免，乌克兰人更不用说。海费茨将幸存者的陈述总结为 20 页。以下为开头：

"大多数犹太人没有注意到布尔什维克在军营中的叛乱。因为在之前的战争年代，偶尔发生枪击事件已司空见惯，所以他们并没在意那天早上听到的枪声。那个周六，正统信仰的犹太人早早地赶往犹太教堂祈祷，之后回到家中酒足饭饱，还享受了午间小憩。"

中午的晚些时候，几百名哥萨克人以军事队形骑马来到犹太社区，前面有一个音乐军团在演奏当时和今天的国歌："荣耀和自由还没有在乌克兰死去。"下午 2 点整，他们以每组 5—15 人的规模蜂拥而出。"面不改色地闯入房屋，拔出马刀，立即开始屠杀所有犹太人，包括老人、妇女甚至婴儿。他们砍向受害者，用刺刀刺穿了这些人的身体，只有在个别人成功逃到街上时才使用枪支。有关大屠杀即将开始的消息迅速传开。犹太人躲了起来，但哥萨克人把他们从阁楼上拽下来杀死，还把手榴弹扔进地窖。"

正如证人申克曼所述，这些哥萨克人在屋前空地上杀害了他的一个兄弟，然后冲进屋里劈开了他母亲的头颅。家庭的其他成员都藏在床底。申克曼最小的弟弟意识到母亲死了，爬出来亲吻她的尸体。哥萨克人把他揍得只能趴下。老父亲在床下坚持不住了，被射了两枪后，也倒在地上，失去呼吸。刺刀接着刺向那些仍蜷缩在床下的人。证人申克曼只是非常走运才没有受伤。

幸存者马兰茨描述道，他朋友奥尔巴赫的房内有 15 人被谋杀，4 人受重伤。当马兰茨找到基督教邻居请求其帮忙包扎伤员时，只有一位基督教妇女伸出了援手，其他人全部拒绝。

格林菲尔德夫人从公寓的窗户观察到，大约 20 名海达马克哥萨克人停在对面卡舍尔列夫家门前。他们中的 4 个人闯进邻近的希夫曼家，只在那里逗留了片刻，就出来在雪地里擦拭血淋淋的军刀。正如人们后来获悉的，这些人屠杀了 8 个人。

如证人施皮格尔所述，当他听说大屠杀时，正和兄弟拜访波塔莎一家。由于担心母亲，他折返家中，通过秘道护送老太太去投奔波兰的熟人。但后者粗暴地将两人拒之门外，因为他们担心自己的命运。当施皮格尔回到波塔莎的房子时，站在周围的基督徒警告他里面正在进行一场杀戮。对兄弟的担忧笼罩了他。

他发现波塔莎全家都躺在血泊中，中间是他的兄弟，老母亲被肢解，只能通过身形辨认。"她的旁边是儿子的尸体，被军刀砍成了碎片，被刺刀扎得千疮百孔。大女儿同样如此。最小的女儿也死了，而中间的那个受了重伤。一位刚刚拜访过波塔莎家的亲戚也惨遭毒手。布雷斯勒两兄弟和他们的老母亲在院子里躺着、蹲着。兄弟俩中身受重伤的那个仍一息尚存，但很快死在另一个的怀中。"施皮格尔还说道："出于好奇身为基督徒的邻居们向里张望。我让他们帮忙把屋内的伤员放到床上。但只有邻居西科拉给了一些支持。2 名伤员死亡，其他伤员活了下来，但是终身残疾。"

海费茨记录的 1640 人[①]在 3 个半小时内被大规模杀害的叙述就这样继续着。哥萨克人的任务就是谋杀。根据命令，他们不允许抢劫或强奸。这就是为什么他们这么顺利就做成这笔血淋淋生意的原因，也是为什么普罗斯库罗夫基督教公民社会的受益者后来有机会偷窃的原因。可怕的灯塔为其指明了方向。大规模谋杀发生在安息日。当然，所有正统犹太人几乎无一例外都遵守了宗教禁令，不准在安息日点火或开灯。本来他们习惯在周五的日落前开灯。但在这个周六，许多家庭不再有人能去关闭它们。基督教劫掠者按此行事，闯入仍闪着节日灯光的屋子，将其洗劫一空，连死伤者也不放过。在公墓里，乌克兰农民被雇来挖出一个长 64 米、宽 21 米的万人坑。盗尸者也在这里胡作非为：他们搜索死者的衣服，在受难者的嘴里寻找金牙，还切断了妇女戴戒指的手指。周一举行了葬礼。

同日，海达马克人继续前往位于普罗斯库罗夫以西 25 公里的费尔斯廷（今天的华尔迪耶斯克）。3 天后的 1919 年 2 月 18 日，他们在那里实施了下一个重大罪行。与以往不同的是，他们强奸了许多妇女，抢劫并屠杀了 665 名犹太人。其中的 600 人当场或没过几天就离开了人世，这个数字差不多是费尔斯廷犹太居民总数的三分之一。[43]

今天，这一地区几乎已无犹太人。尽管如此，普罗斯库罗夫这个在 1919 年遭受重创、1921 年起属于苏维埃俄国的犹太社区在 20 年后仍有 14518 名犹太人，直到德国士兵于 1941 年 7 月 7 日攻占该市。不久，德国统治者在那里为犹太人建造了一个劳改营，有些来自周边

---

① 前文第 159 页提及海费茨记录人数为 1650 人，与此处有出入。原文如此。——编者注

地区。囚犯们必须从事繁重的道路建设工作。第一批大规模枪击事件发生在 8 月至 11 月之间。在接下来的两年里，德国人又处决了普罗斯库罗夫和周边地区的 17200 名犹太人。[44]

《海达马克》：乌克兰的血腥民谣

"在普罗斯库罗夫大屠杀之后的日子里，周边地区一直有个别犹太人被害。许多人的被害地是在前往邻近城镇的路上、田野里、森林里，或在附近的农庄和村落中。"[45] 这种在路过地和骑马经过地实施的谋杀主要出自第三海达马克军团的成员。对人们该如何想象这种发生在乡间小路上的谋杀案，出生于基辅的作家米哈伊尔·布尔加科夫在写于 1923 年至 1924 年的小说《白卫军》中，给出了比历史文献更为准确的描述：

"2 月 3 日的夜里，在通往第聂伯河的链子桥入口处，两个男孩拖着一个穿着破烂黑色大衣、脸上沾满血迹的男人穿过雪地。一名哥萨克军官在身旁边跑边用推弹杆击打着这名男子。他的头因每一次的击打而抽搐，但这个满身是血的人不再尖叫，只是呻吟着。强有力的击打穿透他破旧的大衣，每次都伴随着一声嘶哑的'哦！'。'你这个犹太鬼！'哥萨克军官愤怒地喊道，'把他带到柴堆射死！我会告诉你如何躲在黑暗的角落里。我展示给你看！你在柴堆后干什么呢，你这个间谍？'但这个浑身带血之人没有回答愤怒的哥萨克军官。军官跑到前面，士兵们跳到一边避开了高高挥舞的金属棒。这一击的计算极其糟糕，推弹杆瞬间嗖的一声砸向头部，致其裂开，不再发出'哦！'的声音。"然后，海达马克支队继续前进。"在桥的入口处，只剩下黑衣犹太人正在冷却的尸体、被践踏的干草和马粪。只有尸体能证明彼得留拉是真实存在的，不是神话。"[46]

海达马克军团的名字是从乌克兰历史的深处，更准确地说，是从乌克兰历史的深渊借用来的。他们这样做是为了纪念那些海达马克人。后者曾于 1648 年参与赫梅利尼茨基起义[①]，之后又于 1768 年针对以波兰人为主的地主实施了另一次血腥的农民和哥萨克起义，并在贵族、耶稣会会士和天主教牧师之外杀害了数千名犹太人。后来，在苏维埃乌克兰和当今乌克兰都广受推崇的民族诗人塔拉斯·舍甫琴科把对波兰人和犹太人的屠杀美化为英雄事迹。这里介绍他于 1841 年发表的血腥民谣中的几段。德文版由共产主义诗人埃里希·魏纳特1940 年至 1941 年改编于莫斯科。文中省略了犹太人一词或改变了内容的地方，我用括号标出直译：

> 富有的犹太人（犹太鬼）/蹲下身子清理柜子，/骂骂咧咧地数着杜卡托金币。……/"把门打开，被诅咒的犹太人！/否则我们把你打得屁滚尿流！/开始了！我们把你的屋子劈碎，/你这只长着脓疮的地狱犬。……/上校，上来吧！门很厚。"/门被撞开了——在一瞬间/鞭子抽着他的腿。/"你好，烂醉的犹太人！/（嘿，你这头猪，你这个犹太人，魔鬼的儿子！）/你不打算弯腰吗？/把鞭子给我！把鞭子给我！/撕碎这只狗的后背！……/打这个无赖的小腿肚！/把它给这个流氓！欢庆吧！/所以，现在去

---

① 赫梅利尼茨基起义，是乌克兰人民反对波兰封建主统治、争取民族独立的起义。1569 年，波兰和立陶宛签订卢布林协定，决定合并两国，乌克兰大部分地区随之转入波兰封建主手中。1648 年，爆发了以鲍格丹·赫梅利尼茨基领导的乌克兰历史上规模最大的民族起义。1648 年 5 月，赫梅利尼茨基的起义队伍两次打败波兰军队。之后双方一度和谈，但未取得结果。1653 年秋，赫梅利尼茨基因在与波兰大军的激战中遭到惨败，请求俄国保护，表示愿意向其称臣。俄国政府最初对起义抱敌视态度，此时见乌克兰与波兰两败俱伤，便改为支持，从而最终基本达到兼并乌克兰的意图。（《军事大辞海（下）》，长城出版社，2000）

把女儿接来！"／他们如何呜咽，如何祈祷，／忏悔他们的罪孽！／但复仇者，不留情面，／像盲人一样乱砍。／所以死亡可以被无辜和美丽所感动。／哭泣是徒劳的，美丽的波兰女郎！／（哭泣是徒劳的，美丽的犹太女郎！）／鲜血从门缝流出。／在瘸子面前，在老叟面前，在年轻的生命面前／他们都没有放下刀。／没有人，／没有人被宽恕。／那里尸骨成堆。／没有一人／（没有一个波兰人，没有一个犹太人）／在利斯扬卡活着。／横梁和柱子／燃烧着，倒塌了，火焰／噼里啪啦地飞向天空。……／"波兰人和富有的犹太人！／（波兰人过来，犹太人过来！）／如果我有一千只手，／我会掐死所有的害虫，／他们的血／我会洒向整个大海。"／现在，在他们厚厚的城墙内／强盗（怪物）们颤抖着。／他们懦弱地偷看，那边怎样／炖着所有的犹太人／由他们的兄弟。[47]

通过这首民谣，舍甫琴科以乌克兰事业之名直白地庆祝了强奸、抢劫和谋杀。反法西斯分子魏纳特在改编这首民谣时表现得感同身受，偶尔采取软化方式。这一点在二手文献中通常被掩盖。时至今日，无论是在前斯大林主义还是现在的民族主义和民主主义的统治下，舍甫琴科都被认为是乌克兰最重要的民族诗人。民主德国按照社会主义标准将《海达马克》作为高质量文学作品加以推广，并且不只在 1951 年、1959 年和 1987 年。第三帝国及之后的时期，乌克兰专家汉斯·科赫是舍甫琴科的主要崇拜者和再创作者之一，同时也是历史学家和二战中串通乌克兰的组织者。[48]

舍甫琴科所赞美的谋杀犹太人 1768 年模式，早在 100 年前就由赫梅利尼茨基设定。1918 年春，德国占领者将其复活为一种乌克兰式的弗洛里安·盖尔①形象。舍甫琴科将其尊为自己所歌颂的海达马克人的精神先驱和实践先驱。在 1648 年至 1653 年的波俄战争中，赫梅利尼茨基的哥萨克也实施了最严重的大屠杀，杀死了数以万计的犹太人。如果你想了解更多，请阅读《对 1648 年至 1653 年期间波兰-哥萨克之战和波兰籍犹太人苦难的描述——一位同时代人的报道》（汉诺威，1863），此书在网上很容易获得。100 多年后，海达马克人以赫梅利尼茨基领导的叛乱分子的谋杀行为为榜样。出于这个原因，西蒙·杜布诺夫将 1918 年至 1921 年的大规模谋杀称作 17 世纪以来的"第三次海达马克"——"海达马克主义的第三次爆发"。[49]

　　1954 年，为了在政治上稳定在二战中受到德军重创的乌克兰，苏联政府做了大量工作，并因此推动了有控制的地区民族主义。当时，苏联党政领导人尼基塔·赫鲁晓夫将克里米亚州"送给"了乌克兰苏维埃社会主义共和国。这发生在条约签署 300 周年之际。1654 年，在赫梅利尼茨基的要求下，受到波兰威胁的乌克兰哥萨克国成为俄罗斯的被保护国。在半乌克兰新民族主义、半俄罗斯帝国主义的庆祝活动中，人们为赫梅利尼茨基这个乌克兰的民族诗人、思想家和英雄发行了一枚特别邮票，为其竖起一座新的纪念碑，还重新命名了包括普罗斯库罗夫在内的几个城市。这个乌克兰哥萨克人在 1918 年杀害了 1600 多名犹太平民的小镇，1954 年起一直以赫梅利尼茨基为名，以纪念这位至今仍被尊为乌克兰自由英雄的犹太人屠夫。

战争中的敌人在犹太人大屠杀中联合起来

　　所有交战方都在不同程度上屠杀和抢劫了犹太人。个别团体暂时

---

① 弗洛里安·盖尔是一位参加 16 世纪德国农民起义的骑士。在天主教改革时期支持基督新教的创始人马丁·路德，后在 1522 年至 1525 年的农民战争中领导农民起义军，最终不幸阵亡。

只能支配较小的领土，因而暴行数量并不显著，但强度却很大。参与其中的人有发誓效忠沙皇的白军士兵和想要摆脱任何形式俄罗斯统治的乌克兰人。此外，还有想要摧毁国家并梦想被压迫者和被剥夺权利者自由联合的无政府主义者。一旦机会变得有利，他们就都开始对犹太人动手。正如莉迪亚·米利亚科娃所写，许多武装暴徒和团伙"永久性地改变了政治阵营"。同样，士兵们也单独或以整个分队的形式叛逃到其他内战方。领导人"不断形成新的、大多是极为短促的联盟，唯一的共同点是反犹大屠杀"。[50]

为农民自决和苏维埃共产主义的自由而战的无政府主义者绝不比乌克兰民族大屠杀分子逊色。他们以阶级斗争之名抢劫了犹太人的一切。其领袖——疯狂的国际主义无政府主义者内斯托尔·马赫诺让手下为所欲为，并给自己的游击队运动取名为"Nachnowschtschina"。马赫诺在政治上遵循狂热的反犹主义者和无政府主义者米哈伊尔·巴枯宁的思想，[51] 并在 1908 年转向信奉民粹主义的恐怖组织。

在马里乌波尔和顿涅茨克地区，马赫诺的手下在不同地方进行了将近 3 年的大屠杀。例如，1919 年 9 月 8 日，他们打着"无政府主义者的黑旗"闯入索菲耶夫斯卡村（叶卡捷琳诺斯拉夫省），抢劫了所有的犹太人，无论穷人还是富人，常常抢到对方只剩最后一件衣服。他们还进行了强奸和谋杀。赫列博达罗夫卡、萨蒂奇耶、纳迪那亚几个城镇传来的消息大同小异。[52]

军阀尼基菲尔·格里戈里耶夫的嗜血部队相对规模较小，但在谋杀中却特别野蛮。此人在战时曾是一名俄国军官。他和手下先于 1918 年 12 月加入了彼得留拉的部队，而后又于 1919 年 2 月以将军身份加入了红军。5 月，他拒绝命令，自行武装了 15000 名主要是由乌克兰南部的农民子弟组成的武器精良的士兵，并宣布了一个支持社会革命、但反布尔什维克和反犹的方案。他呼吁甩掉列宁这个"犹太人的仆人"的束缚，清洗国内的布尔什维克专员和"外国分子"，以便建立乌克兰的民族社会主义。短短数周内，格里戈里耶夫的游击队实施了 148 次大屠杀。仅在 1919 年 5 月 15 日至 17 日的几天中，他们就在伊利莎维格勒地区（后来的基洛沃格勒，赫尔松省）的首府谋杀了 1000 多名犹太人，总数更是远超 5000 名。[53]

　　1919 年底被迫撤退期间，白军由于暂时占据了地理优势，对犹太人实施的暴行尤其多。在 6 月和 7 月的推进过程中，白军哥萨克人只攻击了个别犹太人，在一些小城镇抢劫，偶尔强奸。在 8 月至 10 月期间成功推进的第二阶段，他们对犹太居住区进行常态化掠夺，杀害了许多犹太人。不过，士兵们主要对抢劫感兴趣。因此，人们常能在金钱的帮助下成功地劝其放弃谋杀的意图。11 月和 12 月的第三阶段，白军在占有优势的红军面前撤退时，实施了系统的大规模谋杀。战败者将愤怒发泄在最无助者身上。虽然白军在乌克兰的大屠杀中只占五分之一，但他们是在极短的时间内就实施了这些暴行。据切里科夫说，"他们的大屠杀打破了所有纪录，比其他群体更暴力，死难者也更多。他们的暴力几乎没有界限"。1919 年 8 月，仅在法斯托夫小镇，白军将军安东·邓尼金①的民兵就杀害了 1000 多名犹太人，其中大部分是老人、妇女和儿童。[54]

---

① 安东·邓尼金（1872—1947），俄国步兵中将，是苏俄内战和外国武装干涉时期的白军首领之一。十月革命后任反苏共"志愿军"的总司令，后被红军击溃。定居法国后于 1936 年主办了一份名为《志愿军》的报纸，被视为世界各地 200 万白俄流亡者的精神领袖。邓尼金多次发表演说和文章，谴责希特勒的罪恶行径，称其为"俄国最险恶的敌人"。卫国战争爆发后，又以个人名义呼吁全球的俄罗斯人团结起来，为民族而战。因此，苏联在 20 世纪 80 年代出版的历史教科书中改变了对其的看法，开始使用"爱国将领"的字眼。1947 年，邓尼金于美国病逝。2005 年 10 月，他以爱国将领的身份被重新安葬在莫斯科，俄政府还为此举行了隆重的仪式，此举也被认为是俄罗斯全国和解的一部分。

如前所述，由布琼尼将军指挥的红军第一骑兵军团的士兵也实施了谋杀和大屠杀。作为红军一方的战地记者，苏联犹太作家伊萨克·巴别尔多次记录下他们的行踪。这些文本于1923年首次在莫斯科印刷，让作家很快就招致布琼尼的深深蔑视。他从沃利尼亚的柏斯台奇可出发，讲述了由自己陪同的红色哥萨克部队是如何骑马一路前行的。他们到达后不久，宣传人员就在电报杆上贴出海报，预告师级军官维诺格拉多夫将于当晚发表关于共产国际第二次大会的演讲。在事情发生之前，巴别尔目睹到这一幕："就在我的窗外，一些哥萨克人准备以间谍罪枪杀一名留着银色胡须的犹太老人。老人不停地呜咽，撕扯着自己。就在这时，机枪队的库德里亚抓住老人的头，将其钳至腋下。犹太人没了声响，叉开了双腿。库德里亚用右手拔出匕首，小心翼翼地刺向老人，没有溅到自己，然后敲了敲被堵住的窗户。'如果有人感兴趣，'他说，'可以拿走这颗头颅。免费……'"[55]

1919年9月，红军第一骑兵军第六师的士兵在普罗斯库罗夫区的波伦诺耶犯下这宗谋杀案。根据一份调查报告："第六师在波兰军队面前败退的日子里，这种观点在一些工会中占据了上风：'让我们清除后方前线地区的犹太教徒！''让我们效仿我们的好父亲马赫诺！''击败犹太教徒、政委和共产主义分子！'该师的军事和政治领导人没有对这些口号进行任何干预"。因此，大屠杀走上了正轨。革命军事苏维埃特别调查委员会在对自己士兵所犯战争罪行的报告中，接着说道："次日，切普列夫同志经过波伦诺耶，那里的红军士兵还在抢劫。他赶走抢劫者，认出一名护士和第三十三团的护士玛丽亚·丘马科娃，后者正在处理一名死去的犹太人。因为逃跑，切普列夫射杀了勤务兵，还逮捕了护士。然而，在路上，丘马科娃设法告诉其他士兵，切普列夫刚刚射杀了一名勤务兵。随后，这伙人杀死了切普列夫，并装作若无其事的样子。没有人背叛凶手，尽管他们可能都认识他。"[56]

1914 年，犹太人在波伦诺耶拥有所有企业和商店的 95％。1917 年，沙皇的正规军士兵在这座城市杀死了 98 名犹太人。俄国人撤走后，25 名犹太人被强行征入乌克兰人民共和国的军队，在兵营中被乌克兰士兵杀害。1919 年春，红军部队在那里实施了第一次大屠杀，导致 8 名犹太人死亡。1910 年，有 15257 名犹太人住在波伦诺耶，到 1923 年只剩 5080 人。在一战和内战期间，大多数犹太人逃离了这座始终处于激烈争夺中的城市。

1939 年，有 4171 名犹太人仍生活在波伦诺耶（占人口的 30％）。1941 年 8 月初，德国侵略者将 19 名犹太人作为"共产主义的代理人"枪杀。8 月 23 日，113 人被杀。9 月 2 日，党卫军与乌克兰辅警一起谋杀了 2000 多名男子、妇女和儿童，随后建立了一个犹太社区，包括周边地区在内的 1300 名犹太人被德国人关在一个花岗岩采石场作为奴隶劳工——"个别的谋杀、抢劫和破坏成为普遍现象"。1942 年 6 月 25 日，在一次大规模枪击事件发生后，1270 名犹太人受害。1944 年 1 月 9 日，红军士兵解放了波伦诺耶。有 11 名犹太人经历了这一天。乌克兰家庭把他们藏了起来，有些是为了钱，总之冒着极大的生命危险。[57]

根据对资料的扎实了解，彼得·凯内斯做出了深思熟虑的判断。这位反犹分子对大屠杀动机总结道："无论如何，在犹太社区砍倒'敌人'要比在战场上容易得多。抢劫是驱动力；官方宣传所鼓励的反犹主义则为抢劫提供了理由。"英国记者约翰·霍奇森从白军总部报道说："军官和士兵们宣称希伯来人是造成国家所有痛苦的唯一罪魁祸首。"海费茨以"关于所谓'犹太人财富'的猜测"为由，得出结论——"农民的嫉妒以及对工业品和鞋子的需求，同时谣传犹太人拥有大量这种有用的东西。"

　　与乌克兰和俄罗斯的民族主义者一样，俄罗斯的自由主义者以及军校党内联合起来的立宪民主党人也在偷偷观察民众的情绪。在1919年11月3日至6日哈尔科夫举行的党务会议上，他们通过了一项决议，在当时的情况下，这不得不被理解为对大屠杀的煽动："犹太人的反布尔什维克主义是假装的。他们想借此安身立命，没有别的。"许多俄罗斯东正教牧师同样也谴责犹太人，称其为布尔什维克主义的肇事者，还授权给基督徒，让其不断地违反第五条和第十条诫命——《旧约》的诫命对犹太人的适用性与基督徒相同。其他团体指责犹太人是资产阶级的载体或谄媚者、投机者、剥削者。总之，犹太人被认为是5年世界大战和内战所造成的苦难的罪魁祸首。[58]

第六章　反对少数族裔和移民

移民自由的结束

一战前，欧根·多克托和维尔纳·桑巴特曾将犹太人大规模移民海外的行为视为阀门，认为这至少可以缓解东欧的反犹压力。但他们同时也预测，这个阀门很快会关闭——后果是东欧大量犹太少数族裔将面临更多的压迫。事实果然如此。1919年至1920年《巴黎和约》刚一签署，美国就从根本上削减了移民数量。澳大利亚、加拿大等国也立刻效仿。对大多数犹太人来说，这相当于封锁了此前多次使用的出路。他们再也无法通过移居海外来逃避大屠杀、革命和经济困难，而不得不留在当地。正如所料，新形势在所谓的徒有虚名的民族——波兰人、立陶宛人、匈牙利人、罗马尼亚人和（1933年命名的）德国人——中助长了仇恨和对歧视性行政命令的冷酷恶意。

自世界大战以来，美国的公众情绪已发生变化。对欧洲因动荡和贫穷而产生的民族仇恨的厌恶，与现在必须接受"人类残骸"而不是强壮的移民劳力的恐惧结合在了一起。1920 年 8 月,《纽约时报》引用《犹太日报》发行人莱昂·卡迈基的话,对波兰犹太人的处境和愿望进行了说明:"如果有一艘船可以容纳 300 万人,波兰就有 300 万名犹太人登上逃往美国。"[1] 这样的说辞很快变成议会辩论的话题。没过几年,认为移民会威胁生活水平、输入贫困、增加贫民窟并使美国工人的工资遭受毁灭性削减的观点就占据了上风。同时,美国也正受到战争和复员所带来的经济影响。此外,快速推进的农业机械化使数十万美国农民进城寻觅工作。

美国的转机

《紧急配额法》很快获批,并于 1921 年夏生效。这给移民政策带来了根本变化。根据该法案,欧亚非三洲的国家和澳大利亚只有精确规定的人数允许移民至美国。众议院和参议院曾将此项法律的有效期限定为 3 年。然而随后,绝大多数人投票赞成《1924 年移民法》永久有效。该法案的目标非常明确,就是"限制外国人移民美国"。与1921 年至 1924 年相比,配额大幅削减。这对东欧和南欧人尤为不利,对北欧和西欧人则没那么严厉。此后,不仅非洲人和亚洲人,欧洲人在移民美国的可能性上也受到了种族观念的限制。

1901 年至 1910 年,尚有 976263 名犹太人移居美国,主要来自东欧;1921 年至 1925 年,只剩 280000 名;1926 年至 1930 年,该数字降至 55000 人;1931 年至 1935 年进一步降至 18000 人。如果我们只关注个别年份,那么新规则导致的后果就更为明显:1921 年移居至美国的犹太人尚有 119000 名,1924 年已减至 10000 名,1932 年更只剩 2700 名。(美国的移民总数与此类似:1901 年至 1910 年,有880 万欧洲人移居过去;但到 1931 年至 1938 年,合法迁入的人数只剩 37.5 万人。)

在世界经济危机期间，美、加、澳几乎完全关闭了已十分狭小的最后的避难所。1930 年春，南非颁布了"针对来自东欧和东南欧国家移民的最严格的限制"，危地马拉、秘鲁、阿根廷和巴西紧随其后。1936 年，美国放宽了接纳犹太人的标准，以此对德国的反犹恐怖做出回应。1936 年至 1942 年，约 15.1 万名犹太人获准移民。这些人几乎全部来自西欧和中欧，占这一时期获批移居美国总人数的 40％左右。[2]

一般而言，移居国外的东欧犹太人都要经过德国柏林的西里西亚火车站（今天的火车东站）。因此，德国犹太人援助协会在那里为正在寻找新家和应对各种问题与障碍的途经者保留了一个移民者大厅。1930 年 12 月，一位不愿透露姓名的作者在《晚报》上发表了一篇文章，描述了关于这个大厅的生活和痛苦。该文反映出"一段世界历史"。

"来自俄罗斯和波兰、罗马尼亚以及波罗的海国家的火车都会驶进西里西亚火车站的一个大厅。这里的陈设简单而实用。用依地语、俄语和波兰语写的碑文告知，到访者可以得到任意数量的茶水，必要时还可住宿。更为重要的是，信息和建议也是免费提供的。德国犹太人援助协会的历史就是欧洲东部的历史。"随后，作者列举了俄国的大屠杀，谈到了美国的限制性移民政策及其对欧洲犹太人的影响，并提到柏林移民者大厅现存的问题："要将列车的抵达告知移民，并在火车站提供接待。有很多事情要做。要尽全力提供医疗服务，尤其是必须让有害因素远离移民。西里西亚火车站是盗取熟睡之人财物人员的主要工作区，这并非没有道理。一个移民进入大厅。立即有一位援助协会的官员前来照应，问他从何处而来，又要前往何地，询问他的护照和证件以及愿望和忧虑，并递给他一杯热茶。西里西亚火车站的这个大厅经历了许多人的痛苦，因为离乡背井到外面的世界去寻找不确定运气的都是穷人和被压迫者。但也正是这里提供了许多人道援助，来保护被压迫者。"[3]

在20世纪20年代，滞留在不来梅港和汉堡的移民不在少数。他们要么签证或机票出了问题，要么目标国刚刚收紧了移民程序。"发生了无数个人和整个家庭的悲剧，其可怕程度已无法描述。背井离乡者为了争取家园权，或至少是得到一个逗留权或工作权，而进行着绝望的斗争。分离带来的冲突和移民导致的悲剧令人无望，妇幼老病均无助地纠缠于其中。"在1930年的年度报告中，援助协会的负责人对"僵硬的移民政策"以及愈演愈烈的"对人权和人道主义义务的无视"表示遗憾。他们采取了很多措施来引导这些不幸沦为"战后不幸牺牲品的滞留者，使其有可能自由发展，从而逃脱衰败和毁灭"。

美国的封闭政策令犹太复国主义得到了更多回应。慢慢地，越来越多的受压迫者发现仍旧荒芜的巴勒斯坦是一个值得考虑的目的地。从1924年1月至4月，每月约有500名犹太人从东欧移民至这块英国的托管地。在美国于1924年5月第二次做出减少移民的决定后，这一数字在8月激增至2400人。1925年，维也纳犹太复国主义者沃尔夫冈·韦斯尔欣喜地说道："阿拉伯巴勒斯坦最危险的敌人和犹太巴勒斯坦最好的盟友，变成了欧洲的反犹主义和新世界的移民限制。"

在巴勒斯坦埃雷兹，流离失所者购置土地，并开始重建。由于这些人将在极短时间内让这个国家改头换面，韦斯尔估计会招致阿拉伯人的抵抗。他觉得这种抵抗"在本质上是合理且必要的"，同时意识到谅解是不可能的。因为如此严重的"经济和文化的对立"扎根于深处，"不可能通过妥协或让步达到平衡"。新移民带来的打字机、电话、电影院、电力以及欧美式经营方式，会迫使阿拉伯人放弃他们自亚伯拉罕①时代以来所保留的生活方式。1925 年，韦斯尔高兴地指出，作为"所有战争中最伟大战争"的结果，犹太人民在 1800 多年后正在返回"他们的土地，回到圣地"。这里所指的是第一次世界大战。1919 年起，巴勒斯坦英国托管区的犹太定居者人数翻了一倍多。至 1925 年 6 月底，这个数字已达到 12.8 万。[4]

民族主义的两级法

1914 年前，除了移居海外者，内部移民已缓解了欧洲经济危机和结构变化所带来的后果。在新成立的东欧和东南欧国家，从人口稠密、日益贫困的农业地区向迅速发展的工业中心迁移的可能性从一开始就很低。无论犹太人还是基督徒，他们的居民都发现自己与旧有大都市和经济区的联系被突然切断，因为欧洲内部新形成的数千公里的国界破坏了通过内部移民实现平等的默契路线。

欧洲老牌君主制大国没落后，生活在德国统治下的波兰人不能再在柏林或鲁尔区寻找工作，也不能再在那里找到生计。东加利西亚的贫困犹太人被新的边界切断了通往维也纳或（今乌克兰）切尔诺维茨、匈牙利布达佩斯或（今意大利）的里雅斯特的道路。立陶宛乡村的穷人不能再在罗兹的纺织厂或东布罗瓦的煤矿和炼铁厂谋生，这些沙俄时期的工业中心曾为远至符拉迪沃斯托克的巨大市场生产。破产、失业和贫困接踵而至。现在，人们不再移民至世界或本国的其他

---

① 亚伯拉罕：希伯来人（即今犹太人）的始祖，原名亚伯兰，后由上帝改名，并被立为多国之父。在《圣经·旧约》中，亚伯拉罕并非完人，但由于不管所处之境有何等艰险，他始终保持对上帝的忠诚，因而被树为忠于信仰的楷模。犹太教徒、基督徒与伊斯兰教的信徒都推崇他为信仰上帝或真主的鼻祖。（《圣经文学词典》，四川人民出版社，1997）

地方，而是要求将在其眼中不属于本国民族的整个人口群体驱逐出境，以便为受苦的大多数人腾出空间。迫于这种压力，数十万犹太人试图越过新的边界。但他们并没有被某个国家认同为公民，而是成为了经济难民、不受欢迎者和无国籍人士。1933 年，约有 7 万名生活在德国的犹太人无德国国籍。

"在每个地狱里，还有一个最后的深渊。"英国犹太小说家伊斯雷尔·赞格威尔于 1924 年对现状总结道，"饥饿的奥地利反犹人士欢快地谈论着所谓的'猎虎者'。法西斯分子在罗马尼亚密谋，威胁要灭绝全部犹太人。在不幸的匈牙利，经济似乎终于教会人忍耐，长长的多瑙河已被犹太人的尸体堵塞。在波兰，犹太人进入火车车厢后会有生命危险，这个暴发户国家最新的恶作剧是每个（波兰）股份公司都有权拒绝犹太股东。"[5]

一战前，俄罗斯帝国、奥匈帝国和奥斯曼帝国等多民族国家变得不再稳定，其统治者已考虑赋予不同民族以不同的权利和义务。但是，他们并不打算将这些臣民群体整个驱逐出去。19 世纪和 20 世纪初，随着新的民族国家的出现，这种情况也随之突然改变。在波罗的海和爱琴海之间，存在于所谓国民和其他民族或宗教少数族裔之间的紧张关系一直较为温和，但民族革命的政治家和宣传家却令之加强到无法容忍的程度。

一切都发生在物质和人文遭到破坏的国家。这些国家缺乏内部融合，缺少自信，没有普遍接受的宪法机构，看不到经济前景。1917 年至 1918 年，人们推翻了旧有当权者、等级制度和惯例，这一行为得到欢呼，也为正在四处萌芽的仇恨营造了有利的气氛。专制国家的终结点燃了反犹主义和暴力的火焰，因为新成立的国家比多民族君主制为对民族主义的背信弃义开辟了更大的回旋余地。此外，民主主义、民族主义和社会主义将各种不同的平等概念提升到原则高度，以至不平等现象——无论是种族、语言、社会，还是宗教——更加引人关注。在这四个方面，犹太人都可能受到歧视、被剥夺财产或遭受追捕。

1919 年，犹太复国主义者莱昂·哈萨诺维奇在记录波兰的独立大屠杀时观察到这些关联。他评价道，"骚乱和屠杀"不是"受到推翻威胁的社会阶层"绝望的报复行为，而是"一个被压制了一个半世纪、要求拥有统治权的民族首次使用新获取的自由"，是"具有主子和奴隶双重恶习的民族特点"对胜利快感的表达。哈萨诺维奇的分析沮丧地结束道："我们看到的是屠杀犹太人的波兰，却在徒劳地寻找一个厌恶并拒绝这些谋杀行为的更好的波兰。"[6]

在新建国家世界中，无处不在的经济保护主义不仅针对国内，也针对国外。立法者在各处都创造出一种以民族主义为导向的两级法，行政人员也在实践中推行之。民族国家的政治项目是使各国起中坚力量的主体民族获得社会和经济上的繁荣，从而快速创造出一个忠诚的中产阶级。

民族国家的解放项目影响了所有少数族裔，比如波兰或罗马尼亚的德国人、立陶宛的波兰人、南斯拉夫的匈牙利人和波兰的立陶宛人。1933 年，德国为了雅利安主体民族的利益推行雅利安化，剥夺了犹太人的职业机会和财产。而在此之前，其他欧洲国家已经以牺牲少数族裔为代价实行了波兰化、拉脱维亚化、立陶宛化和希腊化。例如，在 1918 年之前一直归属奥地利的布科维纳，犹太人拥有三分之一的大型土地所有权。于是他们与其他少数族裔一起成为 1921 年罗马尼亚土地的失利者。对许多少数族裔（包括犹太人）的经济歧视，不是基于种族主义计划，而是基于尽可能多地为大多数人谋福利的积极愿景。这一目标在 1918 年至 1919 年起新建的民主国家特别流行。它将具有选举权的大多数人口与新的精英联系在了一起。[7]

"但这是很自然的，"当时还定居在柏林的亚历山大和叶夫根尼·库利舍于 1932 年总结道，"世界大战是完成世界伟大开拓时期的标志，同时也结束了移民的自由：在终止将新国家殖民化和占领新市场这种双重出路时，人们试图在粮食供给方面为自己的人口留有余地。"上述两人是布尔什维克革命后从俄国移民过来的人口学家和社会学家，他们还继续写道："大西洋的大门曾自称是希望之乡的大门，为世界上的穷人和被奴役者提供了庇护所。但这扇大门已砰然落锁，越来越多的地方被严密封锁起来，无数新旧边界也架起关木来限制入境和劳务。而这意味着，群众再次蜂拥至所有全关或半关的出入口。就像过去那样，各个角落和各个尽头都在发展可能引发爆炸的紧张局势。"[8]

鉴于这种预兆，1919 年至 1920 年的和平条约包含了保护少数族裔权利的条款。例如 1918 年 1 月底，在德国统治下成立的波兰政府曾庄严宣布："所有公民不分血统和信仰享有平等的权利……这将是国家的指导原则。"[9] 正如下一场大战前几年所显示的那样，新建国家的政府和人民很快就忘记了这些承诺，支持少数族裔的条约条款几乎在所有地方都是废纸。

然而，也有一些关键的区别。享有"自己"民族国家庇护的少数族裔可以指望得到"自己祖国"的保护。如果情况变得难以忍受，他们就移民到那儿，或被驱逐到那儿。《巴黎和约》的起草者们考虑到这种人口的变化，寄希望于被民族主义压力推动"自愿地"进行种族同质化和同化。不过，引用汉娜·阿伦特的话，犹太人是"优秀的少数群体"。[10] 他们没有任何保护国，也没有军队。对其来说，没有任何领土可以成为避难所或驱逐地。1920 年，这直接影响了约 700 万犹太人：320 万生活在当时的波兰，200 万生活在苏联，78 万生活在罗马尼亚，60 万生活在匈牙利，30 万生活在波罗的海共和国。1933年，50 万在很大程度上已同化的德国犹太人被盖上不受欢迎的印章，变得无家可归。随后在 1938 年至 1939 年，35 万奥地利和捷克斯洛伐克犹太人也被这样定性。

1923 年起的种族同质化

经过一些摇摆，希腊在 1917 年的一战期间站在了协约国一边，与土耳其和保加利亚的世敌并肩作战。[①] 为此，它在巴黎和平会议上得到了慷慨的回报。1919 年，战胜国将阿尔巴尼亚南部的领土并入希腊，但这些领土很快又失去了。以保加利亚利益受损为代价，希腊获得了自 1913 年起一直属于保加利亚的西色雷斯以及永久保留它的权力，其间只在 1941 年至 1944 年有所中断。

此外，巴黎的国家建设者将巴尔干战争后剩下的土耳其在欧洲的大部分，包括埃迪尔内（阿德里安堡）城，都判给了盟友。有那么几年，希腊的疆域远至黑海。土耳其的欧洲部分只保留了达达尼尔海峡和博斯普鲁斯海峡之间的一条狭窄的海岸线。爱琴群岛也归希腊所有，但不包括拥有主岛罗德岛的多德卡尼斯群岛。1912 年，意大利在对奥斯曼帝国之战中征服并吞并了该岛。但战胜国似乎还嫌不够，

---

① 希腊在一战中摇摆的根本原因是国内在对待两大军事集团的态度上存在尖锐对立的两派：一派是以德皇妹夫国王康斯坦丁为首的亲德派，另一派是以政府首相维尼齐罗斯为首的亲协约国派。1917 年 7 月 2 日，希腊才对德意志帝国和奥匈帝国宣战。

又宣布爱琴海小亚细亚一侧的土耳其城市伊兹密尔（士麦那）连同其腹地也归属希腊。在伊兹密尔，穆斯林占了近 60％的多数。但基督教希腊人也有很强的代表性，且在经济上明显更强。

在英国人的鼓励以及武器、金钱和军事顾问的积极支持下，希腊军队造成了既定事实：于 1919 年 5 月 15 日占领该城，并在入侵当天谋杀了至少 1000 名穆斯林平民。希腊侵略之战的目标被描述为伟大的想法，较前者有过之而无不及。与君主制的支持者不同，共和派政治家特别宣扬要建立一个大希腊帝国。这个帝国将跨越伊斯坦布尔，直至黑海的亚洲海岸，将土耳其爱琴海海岸的相当一部分囊括在内。

怀着这样的战争目的，希腊军队在 1920 年几乎推进到了土耳其安卡拉。在此过程中，他们对穆斯林人口进行了无数次屠杀，直到这个"疯狂事业"由于土耳其的抵抗而失败，希腊人不得不在 1921 年 6 月撤退。现在，数以千计的希腊平民成为土耳其渴望复仇和血洗的受害者。后来，希腊的政治家们自知理亏地将这场侵略战争描述为"考虑不周"。而最坚定的英国战争煽动者大卫·劳埃德·乔治首相则于 1922 年 8 月 4 日在英国下议院用热情洋溢的话搪塞道："希腊军队在小亚细亚取得了其他军队无法在那里取得的成绩"。[11]

强制性人口交换

1923 年夏，战争以《洛桑和约》①结束。在 1920 年成立的国际

---

① 《洛桑和约》，全称为《协约国及参战各国对土耳其和约》，由一战中英、法、意、日、希、罗、南等七个协约国与土耳其于 1923 年 7 月 24 日在瑞士洛桑会议签订。洛桑会议是在英国和希腊武装干涉土耳其的"希土战争"失败后召开的，目的是解决中东问题。《洛桑和约》取代了土耳其政府于 1920 年 8 月与协约国签订的《色佛尔和约》，目的是确保对土耳其的控制。（《资本主义大辞典》，人民出版社，1995）

联盟①的坚持下，有关各方在和平会议期间就土耳其和希腊之间的人口交换达成了协议。这一于 1923 年 1 月 30 日缔结的初步条约规定了两个"民族"的"离解"，或者更确切地说，是不同宗教信仰者的"离解"。在国际联盟难民事务专员弗里德乔夫·南森决定性的影响下，聚集在洛桑的外交官们在简直是无休无止的犹豫之后终于下定决心，迅速通过了一项在国际法上全新的"最终和平解决方案"，即对少数族裔进行强制安置。1922 年 12 月 1 日召开的和平会议以南森主张采取这一严厉措施开始，因为这一程序不可否认的困难无论如何都"比什么都不做的难度小"。

和平缔造者认为，"毫无疑问，痛苦与之相连。但两国最终会从更大的人口同质化和消除根深蒂固的旧争端中获益，从而抵消这种痛苦。"当时，希腊有 500 万人口。现在，它不得不接收来自小亚细亚、东色雷斯和不久后来自保加利亚的 150 万难民以及被迫重新安置者。在国际援助到达之前，有 30 万人死于饥饿和瘟疫。10 个逃难者中有 8 个是妇女和儿童，整整一代的男人要么在数年之久的战乱中因冲锋陷阵而牺牲，要么在对平民的屠杀中丧生。

作为回报，35 万土耳其人，特别是来自希腊北部的土耳其人，被转移至那些希腊人生活了数世纪之久的小亚细亚海岸的城镇和村庄。按照宗教标准，2 万名所谓的克里特土耳其人——那些不说一句土耳其语的穆斯林化希腊人，也不得不离开自己的家园。居住在 1912 年被征服并收归希腊北部的数万名阿尔巴尼亚穆斯林受到同样

---

① 国际联盟是一战后成立的国际组织，先后有 63 个国家加入。该组织标榜以"促进国际合作、维持国际和平与安全"为目的，实际上成为了帝国主义国家重新瓜分殖民地、争夺世界霸权的工具。二战爆发后，联盟无形瓦解，到 1946 年正式解散。（参见《现代汉语分类大词典》，上海辞书出版社，2007）

的强迫。土耳其的基督徒也不得不迁往希腊。南森谈到"具有相同信仰的部落成员"。由于土耳其代表团严词拒绝承认欧洲的种族或民族概念是人口转移或保护少数族裔的标准，宗教开始发挥作用。代表团坚持以宗教为标准。伊斯坦布尔的希腊人和希腊西色雷斯的穆斯林倒是幸免于强制交换。但很多人远离他们，因为这些人遭到了很多来自土耳其和希腊的明显刁难。

由于战争和《洛桑和约》，数世纪来根据职业和社区、传统和宗教过着不同生活的人成为民族主义政治的对象。这些人共同创建了村镇、城市和地区最重要的组织，尽管他们之间的相处并不总是那么融洽。监督交换的是一个混合委员会的成员，其中也包括国际联盟的中立特派员。他们试图解决各种纠纷，例如寡妇 W 及其孩子的事情：W 丈夫的家庭在皈依伊斯兰教之前是犹太人，她自己父亲一方是穆罕默德希腊血统，母亲一方是阿尔巴尼亚人。那么，她的迁出合理吗？

南森设法让国际联盟发放了 1400 万英镑国际贷款。雅典政府要用这笔钱为新移民建造定居点，创造就业机会和开垦荒地。最后，南森极其满意地看着自己的工作，向全世界称赞道："一场原本看似是国家不幸的灾难，变成了辉煌的成功。"[12] 土耳其政府不得不接纳的重新安置者要少得多，而不得不重新安置的前希腊人的村镇却很多。因此，它们很快就开始从保加利亚、南斯拉夫、罗马尼亚和苏联"接回"数以万计的穆斯林。对克里米亚鞑靼人等土耳其少数族裔的国有化和重新安置工作一直持续到 20 世纪末。在希腊，负责接纳和安置的国家办公室也成为了一个长期机构。1989 年的政治动荡之后，10 万生活在黑海北部的希腊人被"遣返"回国，而这些人的祖先已在该海域周围生活了数个世纪。

出席洛桑会议的有英、法、意、美和瑞士周边欧洲国家的代表。除了美国之外，其余国家都同意强制性人口交换。只有美国代表强硬地表示拒绝，因为这从根本上是与该国宪法相违背的。思维保守的英国外相乔治·寇松投了支持票，但同时谴责该条约是一个"极其糟糕的无耻的解决方案，因为世界将在未来数百年中为此付出沉重代价"。许多代表赞同这一观点。虽然设想中的强制性人口交换可能并不美妙，也不合法，但在有关政治家看来，这仍是某些情况下可用的一种合理手段。寇松谈到控制"已开始的"大规模出逃，结束平民大规模死亡，以及平息局势的"最快最有效的方法"。1923 年夏，人口交换开始了预安排。同年夏，希腊和土耳其的《洛桑和约》废除了 1920 年签署的《色佛尔和约》，使整个《巴黎和平协约》受到修正主义的影响。[13] 在 20 世纪的进程中，超过 5000 万人因种族、语言、社会和宗教标准在欧洲流离失所，或被迫重新安置。

种族暴力政治被效仿

1927 年，一直力求平衡的德国-拉脱维亚少数族裔代表保罗·希曼警告道，不要借助强制性的人口转移来解决民族争端。他看到了基于排他性的民族自决权会引发什么样的危险：这种自治权将使把整块人口从一国"移植"到另一国的行为变得"暴力而野蛮"，从而导致"所有的恶果"。[14] 欧洲外交官认为，《洛桑和约》是一个在形势所迫下不得不采用的不可违之策。因为只有这样，才能在世界一个相当不文明的地区结束对数十万平民的谋害和屠杀。不过，这种例外也就持续了几年，保留意见很快就消失了。许多政治家和政治顾问逐渐将人口转移升格为在某些局面下创造持久和平的首选方法，将交战的族群"拆散"，并"令其移居"。

在德国，莱比锡东欧历史学家卡尔·塔尔海姆推动了这一做法。1930 年，他在《移民事务档案》杂志上写道，"越洋的欧洲移民"迅速减少，移民政策正经历进一步的结构性变化——"世界的移民经济今天正从自由主义走向国家计划经济。"塔尔海姆宣布，这将是另一篇文章的主题。这项研究显然已有粗略构想，但直到 11 年后的 1941 年才实施。

在塔尔海姆暗示了国家移民经济愿景的杂志上，另一位作者很快对希腊与土耳其之间的人口交换表示了愤慨："150 万人在人道主义时代被赶出家园。除了一些可移动财产，他们失去了一切。"3 年后的 1933 年， "200 万人就因这样一份'和平'议定书被'推来搡去'"，这个数字在不同材料中略有出入。

在 20 世纪 20 年代和 30 年代前半期，德国的知识分子和外交代表在官方层面上严拒洛桑模式。当时由于若干原因，对其而言这么做是不可能的。第一，其他欧洲国家的德国少数族裔有 800 多万人；第二，必须安置领土上按照《凡尔赛条约》分离出的约 80 万名重新定居者，[15] 半自愿或被迫迁出都被列为不公正行为；第三，世界经济危机在 1929 年对德国造成了特别大的冲击；第四，激进的右翼政治家和选民认为德国人是一个"没有空间的民族"，持此观点的还不只他们。因此，希特勒在《我的奋斗》中提出了一个纲领性想法：首先扩大"祖国自身的面积"，然后才是第二步——"以最紧密的方式让新的定居者与之"融为一体。[16]

1935 年，第三帝国刚一巩固，基调就发生了变化。现在人们可以在《移民事务档案》中读到："当今希腊，人口的政治特征是广泛的同质性"。1937 年 1 月，由卡尔·豪斯浩佛领导的《地缘政治报》刊登了一篇社论，该报对外交政策极为敏感："公众很少将希土之战结束后的大交换视作备选项和范例。为了国家利益，这种大交换将数百万人撕扯出故土，然后给其一片新的土壤——这是一个艰难但干净的少数族裔问题解决方案。"[17]

不久，一度被国际接受的少数族裔强制移民，也被推荐用于摆脱犹太人。1933年，罗马尼亚政治家格奥尔基·库扎称赞马达加斯加是实现"解决犹太人问题"的首选之地。他在议会的众多反对者并未表示拒绝，但认为该提议是障眼法，因为法国绝不会同意让它的殖民地马达加斯加用于这一目的。1933年，罗马尼亚前内政部长、后来的总理奥克塔维安·戈加[①]也提出口号来拉取选票——"如果他上台，50万犹太人将不得不离开罗马尼亚"，这个数字是罗马尼亚犹太人总数的三分之二。

维也纳的泛雅利安联盟活动家也喜欢该项目，并于1937年达成一致。他们建议，应该把当时世界上所有的犹太人都运至马达加斯加。根据该建议，岛上的350万当地人将被"毫无困难地重新安置到气候和种族相似的非洲大陆（乌干达、莫桑比克）"，而被剥夺了居民的岛屿则将"以适当的价格"由犹太人获得。维也纳的规划者将马达加斯加描述为一个"充裕的生活繁衍之地"，气候健康，土壤肥沃。在政治上，他们以《洛桑和约》为基础，称赞"两个民族的重新安置是在数月内实施的，没有发生任何特别的摩擦""没人会反对把70万土耳其人和120万希腊人从熟悉的环境连根拔起"。在这一经验的基础上，是可以"最终解决犹太人问题"的。[18]

---

① 奥克塔维安·戈加（1881—1938），罗马尼亚极右翼的政治家、诗人、剧作家、记者和翻译家。1932年，戈加成立了国家农业党。1935年，该党与全国基督教防卫联盟结盟组成了国家基督教党。1937年的选举中，尽管国家基督教党只获得了9.15％的选票，卡罗尔二世国王还是任命戈加为罗马尼亚总理。戈加在短暂的独裁执政期间，通过了第一批反犹法，剥夺了罗马尼亚犹太人的公民身份，目的是争取铁卫队（另一个反犹政党）选民的支持。

1938 年 8 月 15 日，奥地利刚被吞并没几个月，埃维昂难民问题会议也刚刚结束，苏台德地区却在数天后被吞并，军备热潮也导致劳动力短缺。移民档案馆馆长宣布，由于德国现在拥有的训练有素的劳动力太少，必须在可预见的将来对外籍德国人的回归问题作出决断。反犹主义告吹之后，他又说道："自世界大战以来较大规模的人口迁移越来越频繁，但到目前为止，其范围和影响都被低估了。这一点不可否认。我们记得，希腊人、土耳其人、保加利亚人、亚美尼亚人、亚述人的难民迁移是多么可观，而从前那些地方只能进行零星的人口交换。"

之后，出版方刊登了英国下议院自由派议员阿瑟·索尔特的讲话《论犹太移民问题的解决》。讲话中，索尔特主张在英国殖民地"永久安置难民"，理由是"希腊经验是决定性的"。因为该经验"首先证明了大量难民可以在短期内安置在新社区，其次证明了政府的官方参与对成功安置是必不可少的"。[19]

1939 年 8 月 6 日，在德国和意大利就南蒂罗尔州①约 20 万德国人的安置问题进行谈判之际，《新苏黎世报》发表社论专门谈到"现代民族迁移"问题。文中称："南蒂罗尔周围的重新安置措施引起了人们对巴尔干和小亚细亚地区不断提上议事日程的问题的关注。然

---

① 蒂罗尔历史上隶属于奥地利。1805 年，蒂罗尔被巴伐利亚王国夺去。1809 年，蒂罗尔人民起义为争取自由而战，但遭到占领者的镇压而被瓦解：北蒂罗尔归巴伐利亚，南蒂罗尔归属意大利王国，东蒂罗尔归属伊利里亚地区。1814 年，蒂罗尔回归奥地利。一战后的 1919 年，《圣日耳曼昂莱条约》把蒂罗尔分为两部分：北部和东部归属奥地利蒂罗尔州，南部直布伦内罗归属意大利。事实上，一战后，奥、意两国一直在为南蒂罗尔的地位问题争吵。1948 年，意大利通过自治章程，把南蒂罗尔（属博岑州）和特兰提诺合并为一个区。这被奥地利视为违反了 1946 年的《巴黎条约》。1969 年，奥、意两国达成协议，把特兰提诺-南蒂罗尔地区的大部分职权转交给了博岑州（南蒂罗尔人占多数），结束两国关于南蒂罗尔问题的争端。（参见《当代国际知识大辞典》，团结出版社，1995）

而，由于涉及人口的各阶层，而其中的一些阶层或多或少还处于原始水平，因此公众的关注度并不高。"大家几乎没注意到，仅在 1939 年，就有 3100 名和 11290 名土耳其人分别从保加利亚和罗马尼亚"返回"土耳其，亦即执行了安卡拉政府多年来"根据方案"推行的计划。该计划建立在"希腊与土耳其间人口交换经验"的基础上。《新苏黎世报》对这一"痛苦但充满希望的开端"的"有利影响"进行了解释，称"两国在民众团结方面双赢"，相互关系也得以缓和。意大利电台同时评论道，德意间的谅解将解决上阿迪杰（南蒂罗尔）的德国少数族裔问题。"正如希腊和土耳其于 1923 年解决了战后最复杂的少数族裔问题中的一个那样。"希特勒和墨索里尼现在想按照这一模式解决"南蒂罗尔问题，但会带有更多的国务活动家的审慎"。[20]

1923—1943：萨洛尼卡是如何被希腊化的

1919 年，希腊对土耳其肆意挑起的战争以灾难而告终。1921 年，侵略者慢慢明白，他们正在失败，并将不得不以沉重的损失撤退。随着胜负的确定，军队士气瓦解，拿手无寸铁的受害者来撒气的欲望也在不断增加。在这种情绪下，希腊士兵于 1921 年的夏天在萨洛尼卡实施了一场大屠杀。他们焚烧了许多房屋，杀害了 200 名犹太人和穆斯林。在稍后的 1922 年，总理埃莱夫塞里奥斯·韦尼泽洛斯粉饰了这次失败。他明确指示："在大希腊思想崩溃后，只有马其顿和西希腊在政治和种族上都成为希腊人，我们才能确保大希腊目前的边界。"[21]

1923 年 1 月，希腊与土耳其签署了人口交换条约，萨洛尼卡的生活条件随之发生了根本性变化，随后，希腊和保加利亚于 1924 年签订了相关协议。这两项条约的结果是，约 150 万一无所有的重新安置者被迁入希腊。然而事实证明，雅典政府并没有能力为这些主要在北部定居的难民创造可行的生计。在理论上，35 万名被重新安置的穆斯林和保加利亚人的财产可用于此目的。但事实上，三分之二的财产是"分散的"，且在被重新安置者到达前就被老希腊人侵占了。[22]

弗里德乔夫·南森为重新安置至希腊者争取到的 1400 万英镑贷款在当时是一笔巨款，但这笔钱大部分被挪作他用，并未用于既定目的。在雅典政府花掉了大部分钱，并一再强迫提前支付尚未兑现的分期付款后，捐助者判断道："希腊形成了一个庞大而复杂的机构，这个机构每年在工资和一般开支方面的消耗超过了安置带来的好处。""巨大的行政费用"与质量和业绩"遗憾地不成比例"。[23] 大多数难民只能听天由命，承受着逐步的无产阶级化和不满的情绪。在草率和腐败造成的气氛中，对在萨洛尼卡生活了 500 多年的犹太人的嫉妒与敌视肆意蔓延。

对该市来说，大规模的重新安置意味着 10 万名希腊人从小亚细亚、保加利亚和东色雷斯来到此地，同时又要有 2 万名穆斯林和保加利亚人离开这儿。根据 1928 年的人口普查结果，有 25 万人居住在萨洛尼卡，其中 6 万名为犹太人。1912 年，希腊人只占人口的 18%，而现在他们达到 75.5%。1912 年，犹太人占人口的 60%，而 1928 年还不到四分之一。

1923 年至 1924 年的强制重新安置使新希腊的持久希腊化成为可能。10 年前，犹太人是人口群体间的联系部件。但现在，在其他族裔群体消失后，他们成了最后一个有形的异物，一个基本同质化了的、缺乏自信、管理糟糕的民族国家中所谓的唯一破坏性因素。

"犹太人不是希腊人"

虽然犹太人已受到严重压制，但他们仍在相当程度上左右着萨洛

尼卡和希腊马其顿省的经济。[24] 许多基督教希腊人希望迅速改变这种
状况。1919 年，他们将集市日从周日改为周六，以消除来自犹太人
的竞争。1922 年至 1923 年，市政府强迫所有犹太码头的工人放弃祖
传工作，转而雇用希腊人。1923 年，2 名犹太废品商因涉嫌破坏该市
电话网而被判处死刑，在一片抗议声中被处决。1924 年夏，议会通
过了关于周日强制性休息的通用法律，目的是为了在经济上给犹太人
和仍生活在西色雷斯的穆斯林造成损害。

措施给出的理由是："没人想歧视别人，我们打算通过拟议的法
律提高公民的生活质量。"此外，议员们还决定，今后必须用现代希
腊语保存资产负债表、合同、发票和商业文件。但萨洛尼卡的许多犹
太人并不会说这种语言，或说得很糟。同时，该法律还禁止使用希伯
来文字书写商店招牌和信笺。希腊民族利益的保护者一步步地减少犹
太人在经济上的回旋余地，使其日常生活变得索然无味，从而达到既
定目标——被压迫者越发频繁地自问，留下还是移民？[25]

1924 年，时任美国驻萨洛尼卡领事的亨利·摩根索描述了国家
和社会衰退的后果："萨洛尼卡的富裕犹太人一直是犹太社区及其机
构的慷慨捐助者，但现在却要为自己严重的经济问题而担忧。曾经的
富人大批量移民，一方面是由于 1917 年的那场大火，另一方面就是
因为经济境况极其恶劣。"[26] 人们不断审视反犹法，希腊流亡者出现明
显的反犹主义，而世界经济危机最后激起了进一步的移民潮。鉴于美
国的移民壁垒，越来越多的萨洛尼卡犹太人选择移居法国。很快，巴
勒斯坦也成为选择。1932 年至 1938 年，这些人中有 5600 多位选择
了后者。

1927 年起，极右的希腊民族联盟（Ethniki Enosis Ellas，EEE）变
得具有影响力。它的拥趸主要是从那些背井离乡、被国家忽视的被迫

重新安置者中招募的。1931 年 6 月 29 日，这个民族主义运动的 2000
名成员在萨洛尼卡的坎贝尔街区聚众屠杀。该街区是在 1917 年的大
火之后建成的，供犹太人居住。这些人纵火、殴打和伤害了许多犹太
人，抢夺所有能抢之物。最终，2 名犹太人丧生，220 个家庭失去
居所。

很快，当地媒体和政客头目就接受了这种暴力，指责犹太人是无
家可归的世界主义者、叛徒和没有祖国的家伙。韦尼泽洛斯长期担任
希腊总理，刚在新一届选举中失败。1934 年，他对当时普遍存在的
怨恨总结道：“萨洛尼卡的犹太人不是希腊的爱国者，而是犹太爱国
者，他们与土耳其人的关系比与我们的更为紧密。因此，我不会允许
犹太人影响希腊政治。”韦尼泽洛斯通过指责犹太人倾向宿敌土耳其
而不是希腊，把萨洛尼卡的犹太人打成了高级民族叛徒——这比德国
国防军的入侵还要早 7 年。为了避免误解，他重复道：“他们不是希
腊人，也不觉得自己是。”[27]

1933 年 1 月 24 日，韦尼泽洛斯向希腊犹太人提出一个充满疑点
的提议，希望其放弃千辛万苦争取来的选举权。作为回报，他承诺让
其政党停止激烈的反犹运动。早在 1920 年的选举中，韦尼泽洛斯的
执政自由党就已下令将 4 个独立的投票站分配给萨洛尼卡的犹太人，
以“保护”基督教选民。尽管韦尼泽洛斯在其中 2 个“犹太人”投票
站中所获的选票因所谓的违规行为被宣布无效，他还是在选举中败
北。在 1923 年、1926 年和 1928 年的议会选举中，针对犹太人的大
规模操纵行为再次出现，只是形式略有不同。[28]

亲韦尼泽洛斯及其政党的报纸指责被排除者让国家所有的努力化
为乌有。他们印制了“打倒犹太人！”这样的标语，将萨洛尼卡近 6
万名犹太人谩骂为“城市中央的 6 万名阴谋家”以及“危险和阴险

的分子"。《马其顿报》认为，"我们长期以来对犹太人太宽容了"。此外，还倾泻了大量阴险的诽谤，称"犹太人是希腊的敌人。他们已向吾等宣战，我们应接受这种无耻的挑战，并最终给这些卑鄙的外国人一个合适的回应。这些犹太人真是令人作呕，他们的行为真是阴险狡猾、令人气愤。我们已经击败过他们一次，这一次应彻底消灭之。"[29] "我们已经击败过他们"是什么意思？不好说，但似乎也不排除是指1917年的大火。那场大火仿佛是意外地主要袭击了犹太社区。

1913年至1940年，希腊不停加快将萨洛尼卡希腊化的进程。政治上的驱动力不是从君主主义者和1935年至1936年上台的独裁统治者扬尼斯·梅塔克萨斯[①]的圈子招募来的。种族清洗和剥夺种族权利的政策是亲英的民族进步共和自由党所提方案的一部分。该党由埃莱夫塞里奥斯·韦尼泽洛斯领导，此人多次当选总理和反对派的临时领导人。尽管如此，留在萨洛尼卡的犹太人在1941年前一直保持着令人敬佩的经济地位。[30] 但大多数希腊人追赶上来，而这只会令其摆脱最后那些犹太人的意愿越发强烈。

犹太人逃往法国

自从美国永久关闭了港口，许多被驱逐出境的欧洲人梦想前往法国。20世纪20年代，约有7万名来自东欧的犹太人在巴黎定居，还

---

① 扬尼斯·梅塔克萨斯，希腊将军，1935年王政复辟后，出任希腊首相，在希腊国王乔治二世的支持下采取各种法西斯手段实行独裁统治。二战中，领导希腊人民抵抗意大利的进犯。（《英汉百科知识词典》，南京大学出版社，1992）

有 1.5 万名犹太人来自希腊和法国殖民地马格里布①。如果加上 1914 年之前的移民，新增人数远远超过法国原有犹太人的数量。

与欧洲其他国家相比，法国对贫困者和被驱逐者表现得很友好。在 1933 年逃离纳粹德国的 6 万多人中，法国接收了 2.5 万人，其中超过 2 万人是犹太人。在接下来的数年中，更多的难民纷至沓来：1935 年来自萨尔地区；1938 年至 1939 年来自被第三帝国占领的奥地利和捷克斯洛伐克；1940 年，数千名比利时犹太人逃往邻国，以逃避不断推进的德国军队。到 1940 年夏开始被德国占领时，约有 5.5 万名来自被德国控制或威胁的中欧的犹太难民越过了法国边境，很多人从那儿移民至其他国家。同期，约有 2 万名来自波兰、立陶宛、罗马尼亚和匈牙利的犹太人抵达该国。

他们都只是战时在法国找到庇护的众多难民中的一小部分。最初，数万人来自奥斯曼帝国（即亚美尼亚人），数十万人来自苏维埃俄国。随后，数十万人从法西斯意大利逃难而来。后来，还有从纳粹德国和法属西班牙过来的。加上来自伊比利亚半岛、东南欧和波兰的劳工移民，总人数超过了 200 万。在 1919 年至 1940 年，有 65 万名外国人入籍，其他大部分人都进行了登记，并被容忍。数以万计的人非法居住在该国。

跟其他人相比，东欧犹太人显得更像是外国人。他们住在维护不善的街区，贫穷且大多虔诚地坚持着自己的习俗，仍说着一口依地语

---

① 马格里布地区，指非洲北部西起大西洋岸、东至锡尔特湾和加贝斯湾、北起地中海、南至撒哈拉沙漠之间的地区，阿拉伯语意为"阿拉伯的西方"。公元 682 年，阿拉伯人到达摩洛哥海岸，被大西洋所阻不能继续前进，以为到达最西的土地，故名。罗马时代，该地区被统称为柏柏尔地区，马格里布随之被用作专有地理名词，成为包括摩洛哥、阿尔及利亚和突尼斯三国在内的地区总称。公元 7 世纪后，迁入该地区的阿拉伯人曾和当地的柏柏尔人组成马格里布国家。（《世界历史地名辞典》，长春，吉林文史出版社，1990）

或西班牙语。当然，无人知道这涉及多少人，有哪些人消失无踪却设法到了美国，又有哪些人刚来此处。但有一点毋庸置疑，至 1940 年，约有 5 万名来自国外、通常是无国籍的犹太人利用 1927 年创造的机会，以一种按照欧洲标准且并不复杂的方式获得了国籍。[31]

认为上述群体具有威胁性的当地人不在少数，因为他们渴望提高生活水平。尤其在大萧条期间，巴黎明显存在这样一批人，导致反犹主义强化。法国直至 1931 年才察觉到该主义，但直至 1940 年都无法克服它。1936 年，反犹主义者亨利·罗伯特·珀蒂在人群中散发传单《犹太人的入侵》。多数法国人并不将其视为典型，但它表明了情绪的变化："你们瞧，他们在我们的林荫大道上摇来晃去，这些长着鹰钩鼻子、突嘴唇的蓬头垢面的人，用行话说，就是犹太佬。你们仔细看看这些从欧洲犹太人聚居区逃出来的闪米特标本，他们来抢夺你们的房子和工作，卷走你们的金钱和破坏你们的未来啦！这些犹太人是土地的主人，他们统治着法国。"[32]

这种抵触情绪通常表现得不是那么有进攻性，却越来越果断。对此，政府用限制性法律加以应对。自 1934 年起，外国人管理局将寻求庇护者的居留证与明确的工作禁令相挂钩。这主要来自社会主义和共产主义工会联合会的压力。更严重的是，工匠、小商贩和自由职业者普遍抵制难民，特别是犹太难民。1933 年 6 月，科尔马和梅斯的商会代表将后者描述为"我们国民经济躯体上名副其实的疖子"。1934 年 11 月，从左翼共和党阵营向右偏移的议员莱昂内尔·德·塔斯特斯要求对"在法国从事贸易的众多外国人"进行更严格的审查。因为其中为数不少的人与其说是诚实的商人，还不如说是骗子。各行各业的恐惧感让反犹主义高涨。

1937 年，法国对所有没有德国护照的犹太难民（以及长期居住在德国的波兰犹太人）关闭了边境。1938 年 5 月 2 日，该国还补充了相应法律，使将所有非法移民驱逐至原籍国具有可能性。同年的 11 月 12 日，在德国发生 11 月大屠杀的 3 天后，政府宣布将为无国籍难民设立拘留营。[33] 法国感到，夹在纳粹德国、法西斯意大利和在西班牙获胜的法西斯主义之间，不得不采取这样的措施。

1936 年 4 月，当社会主义者莱昂·布鲁姆当选为人民阵线政府总理时，公开和潜在的反犹情绪一起找到了使政治状况两极分化的第二个结晶点。布鲁姆是法国有史以来的第一位担任内阁首脑的犹太人，他来自一个富裕的家庭，至 1938 年 4 月共领导了两届政府，任命过好几位犹太部长。在共产党的宽容下，布鲁姆放宽了一些针对难民的限制，赦免了非法入境的德国犹太难民，还帮其获得居留证。尽管经济危机持续不断，布鲁姆政府还是废除了当时常见的 48 小时工作制，将周工时限制在 40 小时，并给工薪族提供了带薪假期和更高的养老金。

右翼民族主义势力将布鲁姆组建的两个短命内阁塑造成奸诈的犹太布尔什维克。作为一个富裕的左翼社会主义者，布鲁姆并不厌恶奢华。他提供了反犹主义的理想形象，即犹太布尔什维克财阀。《法国行动报》称布鲁姆是柏林、莫斯科、伦敦犹太人或纽约犹太人的代理人，而后者将使法国陷入灾难，把国家交给"那些从事国际金融的犹太人"，进而推向希特勒所希望和迫切需要的战争——一场非犹太裔法国士兵必须以法国为代价而发动的战争，其目的是为布鲁姆受纳粹德国迫害的犹太同胞报仇。据《法国行动报》报道，有着骆驼之称的布鲁姆正在遵循他的"种族本能，作为帮凶和巫师的学徒将法国推向毁灭"。

1936 年 6 月 4 日，激进的右翼巴黎市议员路易斯·达基尔·

德·佩勒波瓦在墙上画下一幅即将到来的"法国大甩卖"图。他抱怨"犹太人无处不在",告诫人们要对那些无根而四处游荡的犹太人及其在国际上活跃的代理人保持警惕。因为这些人将在政治上使国家陷入无政府状态,迫使它处于四处游荡的金融资本的控制之下,"被其奴役并变得愚蠢"。1942 年,达基尔·德·佩勒波瓦接替了法国犹太专员泽维尔·瓦拉特。1936 年 6 月 6 日,他在法国议会向布鲁姆致意道,"总统先生,您的出现无疑是一个历史转折点。这个古老的高卢·罗马国家将第一次由一位犹太人统治",由一位"严苛的《塔木德》信徒"统治。[34]

1942 年 2 月 17 日,艾希曼的代表特奥多尔·丹内克尔和犹太专员瓦拉特在巴黎发生了一场重要的对峙。后者自称是年长得多的反犹分子,记录了这次谈话:"我提醒他(丹内克尔),我在年龄上可能是他的父辈,因此比他的反犹分子身份久得多。如果他对法国被入侵前的政治历史有些许了解(这句话引起了他短暂的防卫反应),那么就该知道,无论对错,我都被认为是唯一一个一贯反犹的议员。"[35]

保护主义者剥夺犹太移民的权利

就法国而言,其自世纪之交以来缓慢增加的保留意见与其说是旧有偏见的结果,不如说是对那些失控移民的担忧,而世界经济危机和法国的保护主义倾向加速了这种担忧。法国医学和法律专业学生、医生及律师的抗议就是例证。长期以来,他们的矛头一直且越来越多地指向在法学习或想获得资格认可和入籍的外籍犹太人。医生们的行动即是一例。律师们同样激烈的抗议活动则可忽略不计。但值得一提的是,法律专业学生弗朗索瓦·密特朗曾在 1935 年参加过此类行动,他是反犹主义协会的成员。[36](作为法国后来的社会党总统，密特朗对法国与德占国的部分合作避而不谈，对由法国政府颁布、被那么多法国官员遵守的反犹法律也缄口不言。他对档案始终持封锁态度。直至其继任者、保守派雅克·希拉克上任，这种沉默才被打破。）

自 1892 年起，法国的一项法律详细规定了允许外国候选人参加国家医学考试或获得博士学位的条件。起初，医学界的代表和学生对官方的高要求表示欢迎，因为他们预计外国人很少能满足这些要求。但情况恰恰相反。虽然在接下来的数年里，非法籍学生的招收工作不出所料地越来越难，但 1900 年至 1935 年期间，他们在医学院的比例却从 9％上升至近 19％。

20 世纪 20 年代，匈牙利、罗马尼亚和波兰高校对犹太人的人数限制，把当地的被拒者赶到法国，德奥大学生的反犹活动也促成了这一点。此外，1927 年的入籍法中也有一项条款颇具吸引力。它使能够出示法国大学文凭的移民只需 1 年就能获得公民身份，然后毫无障碍地从事职业。特别是在 1930 年后的危机时期，人们喊着"法国，为了法国人！"的口号，对这项条款提出抗议。因此，政府和议员们在 20 世纪 30 年代分阶段对该法案进行了修订。最后，他们将最新入籍者降级为拥有较少权利的公民，在法律上委婉地冠以"被归化者"之名，并根据古希腊人对获定居权外国人的叫法称之为"外国佬"。

1934 年，法国立法机构决定对新入籍者实施 10 年禁期。在此期间，他们不得担任公职或律师。医生们感到遭受了歧视。尽管 1 年前他们已成功地使个别医学领域对新法国人关闭 5 年，现在却感到在律师成功获得保护后受到了极不公平的对待。1935 年，总理皮埃尔·赖伐尔的政府为 207 名在国外出生的工匠和商人设立了法定配额。

（一战前赖伐尔以社会主义者的身份开始了政治生涯。其间，他一点点地向右倾斜，直到进入国家社会主义的领域）。1940 年，赖伐尔担任了维希政府首脑，与德国合作了数月；1942 年至 1944 年，他再一次担任该职。

与其他国家一样，政治家、大学生和职业说客在 20 世纪 20 年代发现了"学术无产阶级"——潜在的失业大学毕业生大军的膨胀。为了尊重世俗的国家利益至上原则，他们只在例外情况下才会谈论犹太人。不过，1931 年 3 月巴黎医学院院长维克多·巴尔塔扎在发出的警告中，针对的正是犹太人："5 年内将有 500 名罗马尼亚医生在我国，特别是在我国的城市执业。如果我们不迅速排除这个险情，10 年后又将会有多少人？"

巴尔塔扎曾让人调查他的罗马尼亚学生的宗教关系：436 人中有 377 人是"以色列人"。他选择罗马尼亚作为例子并非偶然。早在 74 年前，法国就出于联盟政治和语言相似性的原因对这个新生国家的属民予以特权，邀请其赴法学习。这段历史引发了国民的疑虑："法国政府在 1857 年和 1866 年给予罗马尼亚人特权时，是否针对的是大批犹太人？"正如巴尔塔扎所暗示的，这些都是授予罗马尼亚人的，"而非犹太人，他们今天都是罗马尼亚公民，至少假装是"。巴尔塔扎的一位同事在一份医学杂志上写道："人们最终必须直言不讳，宣布限制罗马尼亚的人数条款是针对犹太人的。罗马尼亚将大学留给罗马尼亚学生，其他人必须让路。他们昨天是罗马尼亚人，今天是犹太人，明天是法国人（法国的医生），后天则都是布尔什维克分子。"1933 年 4 月 21 日，法国议会决定今后每年只优先确保 208 名非洲马格里布地区或罗马尼亚的候选人学医。所有其他外国医学生则只有通过了法国的中学毕业会考，才能参加国家考试。

这些措施并没有满足保护的普遍需要。相反，加强保护的呼声更大了。1935 年，医学界的说客们成功地做到禁止外国医生前往阿尔及利亚以及法属殖民地、被保护国和托管地工作，尽管那里明显缺少医生。此外，他们还赢得了进一步的排他性措施，并通过这种方式，成功地在 20 世纪 30 年代后半期将外国犹太医学生的数量减至一半。此外，医疗行业的干部要求限制向外国人授予法国公民身份。理由是："作为法国家庭的朋友和顾问，法国医生必须有法国人的名字，有法国人的移情能力和法国人的心地。"[37]

1919 年，约有 15 万犹太人生活在法国。1940 年，估计为 32 万。其中，只有三分之一来自 1870 年前已在法国扎根的家庭。与东方的犹太移民不同，1933 年起抵达的中欧寻求庇护者大都适应了本土民族文化，而与久居法国的犹太人或东欧和黎凡特地区[①]的移民没有任何联系。当德国国防军 1940 年 6 月 14 日开进巴黎时，法国的犹太人按地理来源、社会地位和政治信念，生活在相互分离的不同群体之中。[38]

法国犹太人的数量在 1890 年至 1940 年间翻了 5 倍，而德国犹太人的数量则自 1900 年起相当稳定，在 20 世纪 20 年代末还缓慢地有所下降，尽管仍有犹太人从东欧移民而来。从此角度看，可以将反犹主义在共和时期的法国迅速崛起理解为其他国家歧视和驱逐犹太人的产物。德国、波兰、立陶宛、罗马尼亚和匈牙利不仅在宣传上，而且在现实中以迫使数十万贫穷移民离开这些国家的形式输出了反犹主义。海外国家普遍停止移民，这也进一步滋长了对犹太难民的排斥。

----

① 黎凡特地区，指地中海东部的沿海地区，源于拉丁语，意为"东方"。广义概念包括从希腊经土耳其、叙利亚、黎巴嫩、巴勒斯坦到埃及的地中海沿岸地区，狭义概念则只包括上述地区的亚洲部分。一战后，由法国委任统治的叙利亚与黎巴嫩被称为黎凡特国家。（《世界历史地名辞典》，长春，吉林文史出版社，1990）

在经济困难时期，特别是在战时，东欧和东南欧本地人对犹太人的仇恨以及对其逃亡数量越来越多的恐惧很容易被激活。

德国政府满意地观察到这一发展。1939 年 1 月，外交部在给所有德国驻外使团的一份关于"犹太人问题是德国外交政策的一个因素"的通函中高兴地表示："对移民国来说，移民的犹太人越穷，所带负担越重，东道国的反应就越强烈。对德国的宣传利益来说，效果也就越发理想。"因为这将"激起久居人口的抵抗"，让其他国家的公民知道"犹太人的危险"是怎么回事，从而形成"反犹浪潮"。柏林官员认为，仍存在于许多政府的对德国"消灭犹太人"的批评是一种"过渡性现象"和"虚假的怜悯"。他们指出，德国的外交和犹太政策是为了在世界的某个地方（但不是在巴勒斯坦）"建立一个犹太保留地"。[39]

苏联被禁止的仇恨

在俄罗斯内战期间，信奉民族主义的乌克兰人和其他团体为其对犹太人的大规模谋杀辩护，声称那些被杀者都是共产主义分子或他们的党羽。虽然红军士兵当时也有暴行，但显然少得多。多数情况下，他们对犹太人不闻不问。因此，几十万犹太人迫不得已地站在苏维埃政权一边，目的是逃避"无所不在的肉体灭绝"。他们听任自己陷入兹维·吉尔特曼所说的"两难境地"。马蒂亚斯·费特尔也有过类似描述："在作为所谓的布尔什维克被杀掉以前，人们更愿意成为真正的布尔什维克。"伊萨克·巴贝尔在遗作片段中还考虑到一种特别能使犹太青年站到红军一边的心理需求："对友谊和战友关系的渴望"

"战友关系中的保护和忠诚"感令人愉快，这是"人类所有品质中最好的一种"，而犹太人"长期被剥夺了"这种品质。[40]

与内战时期带民族或君主思想倾向或单纯反犹的掠夺性政党者相比，苏维埃政权虽然没有保证财产安全，却确保了犹太人的人身安全和法律平等。1917 年孟什维克的二月革命，取消了所有针对这些人居住、职业和学习的限制。随十月革命而诞生的苏维埃政权保持了这种进步。

由于犹太人只在例外情况下属于所谓的革命（因此在政治上是高贵的）工人和农民阶级，所以布尔什维克认为有必要使其职业结构"正常化"：从个体手工业者到产业工人，从商人到农民，从崛起的市民到可靠的国家雇员。伴随该观点以及社会和谐化过程中同化者与被同化者的阶级斗争的结束，对犹太人的仇恨将自动消失，然后在马克思主义者中被丢弃在人人皆知的历史粪堆上。这就是"理论"。列宁就是如此。他把反犹主义说成是令人厌恶的"农奴制旧时代的残余"和"漆黑的无知"，还有所保留地指出："犹太人中也有富农、剥削者、资本家；正如俄国人和所有民族中有这些人一样"。[41]

官方禁止反犹主义，也密切关注着该主义，却未能战胜之。反犹主义仍适度隐藏在以前的定居区，即苏联在 1941 年突袭中被德军占领的乌克兰和白俄罗斯部分。因为犹太人出现时的形象是克里姆林宫大大小小的革命领袖和执行者，所以苏联西部有可能用当时的偏见去充实过时的偏见。现在，对俄国中央政权的旧有不满首次指向犹太人，并与对共产主义的敌意联系在了一起，而共产主义对许多人来说是具有破坏性的。于是，犹太布尔什维克的仇恨形象诞生了——这个形象在民间符合从沙皇时代继承下来的反犹画面。

"犹太人过于成功的问题"

在新的政治条件下，犹太人的社会地位迅速改变，但并不是以理想的"正常化"方式。社会主义的财产制度、不久后空前臃肿的国家机器以及对被视为落后的人民的教育政策动员，迅速改变了国家结构。此外，苏维埃当权者将旧的精英成员赶下台，驱逐或杀死了不少人，并将许多人赶走。这为数百万人创造了任务。与要求无产阶级用拳头说话相比，这些任务对大脑的要求更高。新生国家迫切需要有能力之人来建立、指导并用有效的理性填补法律体系、学校、企业、行政机构、报社和工厂。非犹太血统的无产者、水手和农民对这一切的控制程度很低，尽管他们对共产主义所设想的未来有很大热情。

据1922年的党内统计，犹太人占列宁派的5.2%，没超过平均比例。如果能提供城市党员的情况，估计比例会更低。然而，看一下领导机构，就会呈现出不同的结果。工人委员会和士兵委员会（起初确实是被选举出的）以及中央委员会成员中，犹太人高达30%，中央委员会中尤为明显。例如在共青团彼得格勒（1924年起改名为列宁格勒）市会议上，只有犹太人发言。正如历史学家米哈伊尔·贝泽对1920年1月5日会议的报道所言："季诺维也夫就当前形势发表了讲话。斯洛斯曼宣读了市共青团委员会的报告，卡甘就政治和组织问题发言，伊特金娜代表女工向代表们致意，萨克斯则代表共青团中央委员会。"列宁的亲信格里戈里·季诺维也夫出生的名字是奥夫塞-格申·阿罗诺维奇·拉多梅斯基。[42]

与基督徒同胞相比，犹太人能更好地利用新机会。据尤里·斯廖兹金所言，在旧社会仍在冒烟的废墟上，开启了"世界上任何地方都没有过的进步机会"。虽然不是永久的，但苏联领导层统治初期确实需要犹太人，因为正如 1926 年的一本抵制反犹主义的小册子所说，犹太人"勤劳、灵活、机智、娴熟和聪明"。此前，列宁也曾对"犹太分子"表示过类似的感谢，称之为"明智的、有文化的劳动力储备"，有了他们的帮助，才有可能"在困难时期拯救革命"。[43]

1918 年起，数十万人逃离了什特尔定居点，尤其是犹太青年。1939 年，他们中有 130 万人居住在 1917 年以前禁止其入内的城市。刚一开始的 1918 年至 1923 年间，有 72000 名犹太移民蜂拥至彼得格勒和莫斯科。基督教人口的城市化进程缓慢，而 1939 年居住在城市的犹太人却占比 87%。1921 年至 1927 年底仍由列宁发起了新的经济政策，不少人在这个短暂的半自由经济活动阶段不过须臾便获得了成功。1924 年，刚被打破枷锁的犹太人在莫斯科拥有 75.4% 的药店和香水店、48% 的珠宝店和 54% 的手工制品商店。[44] 尤里·斯廖兹金在《犹太人的世纪》一书中，用许多不同的统计数据描绘了这些仅占苏联总人口 1.8% 的少数人是如何觉醒的。在这里，我们想指出他描绘的社会历史全景中几个突出的地方。

苏维埃政权很快也颁布了一些限制。虽然这些限制并未有力阻碍犹太人的上升，但确实起到了抑制作用。实际上也应该抑制。其中包括 20 世纪 20 年代犹太人普遍被排除在工人学院的预科课程之外——"政府将其作为提高社会地位的重要杠杆"。在高校招生中采取有利于"本地"民族的配额也是如此。1923 年至 1924 年，乌克兰所有大学中有 47.4% 为犹太学生，这个比例在 1929 年至 1930 年降到 23.3%（部分原因是普通教育资源的迅速扩张）。然而，犹太学生的表现是"无与伦比的"。在接下来的 10 年，即 1929 年至 1939 年间，其人数"从 22518 人增至 98216 人，增长到了 4 倍"。不过，他们现在只占学生总数的 11.1%。一个非犹太血统的新精英阶层正在成长。

1939 年，莫斯科所有学生中，17.1％是犹太人，列宁格勒 19％，哈尔科夫 24.6％，基辅 35.6％。所有犹太人中，有 6％的人成功获得高校毕业文凭，而总人口中只有 0.6％的人能做到这点。犹太人占苏联公民受过高等教育总人数的 15.5％（1939 年）；在绝对数量上，他们排在俄罗斯人之后，乌克兰人之前。当时，19 至 24 岁的苏联犹太人中有 33％接受了高等教育，但相应的比例在同一年龄段的全部苏联公民中只有 4.5％。

至 1939 年，在职犹太人的文职工作者比例在莫斯科升至 82.5％，在列宁格勒升到 63.2％。所有苏联护士中只有 3％来自犹太家庭，但医生的比例却达 19.6％。在列宁格勒，犹太人在零售业雇员中的占比为 14.4％，但在商店经理中的占比却达 30％以上，还有 70％的牙医、58.6％的药剂师、45％的辩护律师、38％以上的医生、31.3％的作家和记者与出版商，以及 24.6％的音乐家是犹太人。1939 年，俄罗斯苏维埃共和国教师中有 1.8％是犹太人，但在研究人员和大学教授中的占比达 14.1％。在犹太人曾居住过的苏联共和国，同样的统计调查得出以下结果：在乌克兰，12.3％的教师和 32.7％的教授为犹太人，这两者在白俄罗斯的比例分别为 8％和 28.6％。正如斯廖兹金所记载的那样，"1935 年至 1940 年，作家联盟莫斯科分部的新成员中有 34.8％是犹太人（244 人中有 85 人）"。[45]

高度的社会流动性与所期望的同化过程如影随形。数十万苏联犹太人放弃了宗教传统和影响其日常生活的传统。早在 1926 年，每 3 名犹太男子中就有一个与非犹太妇女结婚。新的犹太农民甚至养猪，以显示他们与传统戒律的彻底决裂。[46] 1939 年的人口普查中，300 万犹太人中有 54.6％的母语是俄语而不是依地语，但 1926 年只有 26％。1937 年，不到 15％的犹太人（但占总人口的 47％）宣布自己是宗教信徒。这样的统计数字当然包含着机会主义的（或美其名曰是富有生活智慧的）错误陈述，但它们还是显示出了犹太人适应大环境的趋势。[47] 1917 年起，离开前定居区的年轻人比那些留下来和后来陷入德国暴政的年轻人，更强烈地顺应着这一趋势。

从口头流传的反犹主义到社会主义反犹主义

当然，大多数犹太人并不属于苏联的统治阶级。其中多数人还遭受了战争、内战、革命和大规模没收财产的灾难性后果。但这并不能改变一个事实，即无论是国家机器的民事部门，还是秘密警察和其他镇压机构，其中的文化精英和国家干部有很大一部分招募自他们。[48] 一般来说，这些新贵不再把自己看作是犹太人，而是视自己为苏联公民。如果有的话，也是以第三人称谈论"犹太人"，仿佛他们自己并不属于这个群体。

无数非犹太血统的农民、雇员、农场工人和工厂工人对此持异议。文件中的列宁格勒线人所记录的反犹言论并不具有代表性，但可看出这一情绪："犹太人拥有无限的优势地位"（1924 年 10 月）；"整个新闻界都被犹太人掌控着"（1925 年 6 月）；"犹太人在大多数情况下做得非常好，从贸易到公务都在其手中"（1925 年 9 月）；"每个孩子都知道，苏维埃政府是一个犹太政府"（1925 年 9 月）。在 1924 年的日记中，米哈伊尔·布尔加科夫把被其视为自吹自擂型作家的一群人讽刺为"绷着脸的、奴性的、带有浓厚犹太色彩的苏联破烂货"。

1926 年 8 月，一个宣传鼓动部门向共产党中央委员会秘书处报告道："很多人感觉苏维埃政权支持犹太人，它是一个新的'犹太人政府'。犹太人造成失业、住房短缺、大学入学问题、物价上涨和商业投机，而这种感觉是由所有敌对分子灌输给工人的。……如果反犹主义的浪潮没有遇到阻力，那么它在不久的将来会成为一个严重的政治问题。"[49]

1917 年起，阿纳托利·卢那察尔斯基一直以一种非正统的方式领导着教育人民委员会。1929 年，斯大林解除了他的职务，让其担任驻国际联盟的大使。1933 年卢那察尔斯基（自然）去世后，名字被从布尔什维克党史中抹去。1929 年，卢那察尔斯基发表了抨击性文章《论反犹主义》，这是他最后的政治行为。就我的理解，这位受过老式欧洲教育的人民委员用各种隐喻、平行故事和充满马克思主义论调的句子，只为以一种适度的编码方式说一件事，那就是在斯大林的统治下，反犹主义在不断增加！

卢那察尔斯基探讨了为什么反犹主义在苏联境内找到了"如此巨大的共鸣"——但正如他那安抚性的前言所写，这只是在"反革命势力中"。他对西欧的反犹主义过于乐观，这也许是故意的。因为他的文字所针对的是苏联不同民族共存得越来越和谐和人性化的虚假自我形象。他用引人注目的诊断来反驳斯大林粉饰性的政党教条主义：除了"几个傻瓜"之外，"反犹主义在今天的欧洲并未发挥重要作用，但在俄罗斯却不同"。

卢那察尔斯基强调的"商业技能"，让犹太人成功地在"文化水平较低、受限的农民国家"传播了"资本主义种子"。这个人民委员非但没有谴责其为反社会主义的弥天大罪，反而继续说道："正如最聪明的人类发展调查者所言，犹太人对进步的贡献因此达到了非凡的程度。"他们在"城市文化"的发展中发挥了"关键作用"，推倒了"落后的自然经济和自给自足经济"，促进了手工业、商业和货币经济。但也因此惹祸上身，导致农民、由农民阶层进化而成的民族小资产阶级以及公民爆发出"可怕的愤怒"。后者继而一再煽动群众"消灭外国人"，因为他们视其为"恶意的竞争者"。

按照这种历史唯物主义进行分析，"俄罗斯知识分子羡慕"犹太人，是因为后者以优异的成绩通过考试，"虽然障碍最大，但不断"前进，以至上升为"犹太牙医、助产士和律师"。作者避免了任何关于问题已被克服的暗示，谈到"原始而笨拙、没有受过教育的富农不与国外产生联系，不会处理金钱"。可以猜测的是，他略为掩饰所指的是整个农民人口。接着，他以平行故事的形式处理了"高加索地区的土耳其、库尔德或格鲁吉亚血统的农民"中的"野蛮分子"。这些人并不羡慕非当地犹太商人的成功，尽管后者在其他地方"以更大的规模"活跃着，而是妒忌在当地以商人身份活跃着的亚美尼亚人。即便在当时的苏联，鼓动者也会规劝农民："你们为什么贫穷？农民，你为什么要受苦？因为你被亚美尼亚人，一个外国人剥削。魔鬼知道他来自哪里，他有不同的信仰、不同的语言、不同的性格。打败他！"斯大林是一个来自格鲁吉亚的平民百姓。他的母亲是农奴，父亲是个有暴力倾向的鞋匠，曾试图作为一个有 10 个工人的小生产者出人头地，却在商业计算中遭遇滑铁卢，于是沉溺于酒精。

最后，卢那察尔斯基大声疾呼，反对简单地同化犹太教。相反，该教的独特性应以"俄罗斯-犹太'婚姻'"的形式得到保留和巩固。他在那本博人眼球的小册子的结尾引用了列宁和马克西姆·高尔基的观点，他称亲耳听到了这些观点："我们非常高兴地看到俄罗斯与犹太人的婚姻显著增加。这是一条正确之路。我们的斯拉夫血统仍有很多农民的基因；它厚重而丰富，但流动缓慢，我们的整个生物节奏有点像农村。另一方面，我们的犹太同志的血却流得相当快。因此，让我们将血液混合起来，在这种由不同类型人构成的肥沃混合体中，找到那种如甘饴的千年陈酒般带有犹太民族血液之人。"[50]

尽管宣言和启蒙之作很多，那些将被"有意识的"政治先锋队教育成新人的人却并未丢掉反犹主义。恰恰相反。他们越来越强大，并于 20 世纪 30 年代进至国家领导层。1926 年，负责犹太人问题的最高官员尤里·拉林清醒地认识到，"反犹主义已经抓住了广大劳动人民的心"。1929 年，他得出结论："苏维埃反犹主义与革命前反犹主义的区别在于，革命前工人中几乎没有反犹主义。"[51] 旧的敌意从新的社会关系中汲取了新的力量。

拉林（旧名为米哈伊尔·卢金）来自辛菲罗波尔，是那些好像一直表现得很正常的俄罗斯干部中的一员。他的工作之一就是鼓励犹太人建立农业殖民地。起初，他在乌克兰南部和克里米亚尝试这样做，但由于俄罗斯、乌克兰和鞑靼当地人的抵抗，很快就失败了。这些民族群体虽有各种分歧，但还是团结一致地共同抵抗犹太人的涌入。在让被臆想为革命主体的本土农民定居于乌克兰的尝试失败后，苏维埃政府决定在荒凉的比罗比詹地区建立一个犹太苏维埃共和国。这块领土位于俄罗斯远东地区，在符拉迪沃斯托克以外靠近中国边境的地方。1932 年去世的拉林曾对这一观点持反对态度："由于永冻的底土、沼泽、虫害、洪水、长期零下 40 摄氏度的霜冻以及文化上的偏远"，这一地区"很难成为完全适合人类的地方"，"尤其是第一次从事农业的城市居民"。[52]

在比罗比詹有几千名犹太定居者，它在历史上只算是不太重要的小规模定居地。不过该计划本身相当了不起。它类似于西方国家讨论的那些项目——将生活在本地的犹太人尽可能地分配至周边地区，无论是巴勒斯坦，还是马达加斯加。[53]

最初的想法是重新安置 10 万个犹太家庭，大约 50 万人，以便至少将犹太人中的一部分知识分子和商人"重塑"为肌肉发达的农民和汗流浃背的拖拉机司机。1926 年的宏伟目标是将所有在职犹太人中的 20％转至农业。事实上，1939 年他们中只有 5.8％的人是集体农民，但已几乎是剩余人口的一半。只有一件事成功实现了，那就是随着私人贸易的广泛废除，犹太商人消失了，目的是作为国家雇员、分公司经理和国家供应机构的主管的身份重新出现。在相当大的程度上，他们现在是以管理者的面目出现的，也就被认为是资源匮乏的社会主义经济和因工业化而被遏制了的私人消费的罪魁祸首。1931 年，白俄罗斯共产党人抱怨道，犹太人只是因为是糟糕的工人而被训练成专家。在克里米亚，工厂里的犹太新人先是因为口音被取笑，而后又因为想"到处往上爬"而受到大规模骚扰。

如果说，工人们是因为犹太同事在智力上更加出色而攻击之，那么学生们就更为过分，尤其是在乌克兰。1926 年夏，《切尔沃尼阶报》发表的一封读者来信写道："谁在高校学习？尽是些犹太人。他们想出入学考试，所以没有农民进得来。你所看到的每处地方，尽是些犹太人。如果我们有乌克兰人民共和国，就不会如此了。"显然，作者认为彼得留拉那短命而嗜血的乌克兰人民共和国是苏维埃政权的替代品。

摩西·拉菲斯在革命前是犹太-社会主义工人组织联盟的杰出代表，时任共产党负责犹太事务的干部。1926 年，拉菲斯对决定反犹态度的观点进行了总结："犹太人比俄国人更有文化，并在任何地方都排挤后者。……他们不愿做低级工作，渴望获得指挥一职和更高的薪水。"1928 年 8 月，尤里·拉林向莫斯科工人讲述了有传染性的反犹主义。他想讨论后者的论点。除了少量现代化之前的控诉（比如"被选中的民族""古怪的习俗"），那里也能听到相同的声音："（犹太人）不肯从事困难的工作""要追求飞黄腾达""伪造高校大学证书""立即获得住处""永远不用排队""犹太血统的资产阶级在莫斯科蔓延"。

这种反犹主义并不是原则性批评的伴随物，而可被理解为"认同苏维埃政权"的一种特殊形式。这与德国驻基辅领馆 1926 年向柏林报告的意见不谋而合："'我们想对苏维埃采取容忍态度'，现在经常听到人们说，'但是有苏维埃就没有犹太人'"。正如马蒂亚斯·费特尔所阐述的那样，犹太人在苏联也是"现代化的赢家、拥有特权的民族、精英、成功的商人、野心家或干部"。在社会主义平等的面纱后，民众的反犹主义继续生机勃勃地存在着。一方面，它继承了沙皇时代的反犹情绪；另一方面，它可以被理解为是对动荡的革命、"现代化对俄国历史的大举入侵"以及与之相关的生存危机的反应。劳动人民受到官方对平均主义的鼓励，也形成了一种社会主义的反犹主义，助其衍生出"集体的自卑感"和对革命希望的失望。[54] 许多人每天都在遭受因资源匮乏的社会主义经济和建立工业而导致的消费受限，他们寻找并发现了罪魁祸首。这对 20 世纪 30 年代的苏联领导人来说恰逢其时。

社会主义十月革命极其严酷地重新分配了生活机会。数十万犹太人抓住了这个机会。因此，苏联也出现了"成功者太多的'犹太人问题'"。[55] 和非专政国家一样，这里也有类似问题：如果多数人口的成员（这里指苏联的其他民族，特别是俄罗斯人）由于学校政策很快得到更好的教育并要平步青云，该怎么办？

如果共产主义干部想把显然无法根除、但能促进普遍社会凝聚力的反犹主义纳入其中，那么按列宁的说法，这就正是一个契机，可以提一提犹太血统的资产阶级或小资产阶级的偏离，也可谨慎地指出大多数犹太人既没无产阶级也无农民根基的事实。另一方面，伴随着发明一个不久会由俄罗斯人主导的全新民族主义的想法，斯大林形成了在一个国家里建设社会主义的"理论"。作为所谓的苏维埃民族，犹太人并不像其他人那样拥有一个疆域较为明确的领土。相反，他们被认为是少数族裔，是跨越国界与西方世界犹太人联系的"世界主义者"和"犹太复国主义者"。

1930 年，斯大林宣布十月革命"使俄国工人的心中充满了革命的民族自豪感"。这本身可能听起来并无危险。但斯大林很快就缩小了国家的概念，使其不再是不同民族在苏维埃联盟中的联合，而是逐渐变成只有俄罗斯人民。最迟从 1936 年开始，封建的、基督教-东正教的、好战的和有教养的前史将成为自信的爱国表现的来源。它的范围从彼得大帝到约瑟夫·斯大林，从乌克兰亲俄自由英雄兼犹太人的杀戮者鲍格丹·赫梅尔尼茨基到布琼尼的红色骑兵，从莫迪斯特·穆索尔斯基浮夸的民族歌剧到民间的社会主义现实主义。

1931 年 2 月 1 日，《真理报》宣布联盟中的所有民族都是"同样的苏维埃爱国者"，但"俄罗斯人民因其卓著的（历史）作用是平等者中的一等人"。犹太人在俄罗斯的崇拜中不再占有一席之地，针对他们的不公正行为、暴力和大屠杀被民族救赎史的光亮所掩盖。最后，在 1943 年底的"伟大卫国战争"期间，政府用新国歌取代了此前一直是苏联国歌的《国际歌》。新国歌以这样的诗句开始："牢不可破的自由共和国联盟/永远被伟大的俄罗斯焊接在一起。"瓦西里·格罗斯曼将这一转变解释为苏联在斯大林格勒获胜的结果——胜利为"斯大林提供了公开宣布国家民族主义意识形态的机会"。[56]

1932 年 12 月，苏联政府为每个人推出了身份证，上有对持有人国籍的说明，有相同数据的索引卡片和安全机关的护照照片也包括在内。无论最初的意图是什么，从长远来看，这种登记允许了对曾经的不同民族进行差异处理。从那时起，可以一目了然地辨识出俄罗斯人和非俄罗斯人。辨识因属于其他国家民族而被视为可疑的苏联国民也变得很容易。这些人自 20 世纪 30 年代末期起一直被系统地强制重新安置，包括波兰裔、德裔、鞑靼人、希腊裔和朝鲜族人。在镇压性的国有化同时，不懈的俄罗斯化也开始了。数千所非俄族学校和文化机构消失在短短数月内。以前使用拉丁文、阿拉伯文或希伯来文字母的苏联公民不得不用西里尔文书写。这其中展现出的不仅是压制，还有对现代化的意愿。

起初，口语和自己的陈述足以使一个人的国籍为身份证和档案材料所用。然而 1938 年 4 月 2 日，一项只对内宣布的核查程序生效。从那时起，标准不再是自己的陈述，而是父母的民族："不管某人的父母在哪里出生、在苏联生活了多久，或是否更改过国籍，如果他们是德国人、波兰人等，那么登记者就不能被归为俄罗斯人、白俄罗斯人等。"该法令明确规定，一个人的姓氏可作为确定其实际国籍的线索。[57] 这特别适用于艾森斯塔特、古贝尔曼和沙皮罗这几个姓氏，但不仅限于此。

至 1938 年，几乎所有用依地语出版的报纸和图书出版商都不得不被关停，大多数乌克兰、白俄罗斯或鞑靼的报纸也不见了。[58] 捆绑主义（源自犹太-社会主义政党联盟）、犹太民族主义和犹太复国主义等术语成为标准的时代开始了，苏联当局的恐怖机构根据这些标准来决定被宣布为不受欢迎者的生死。可以注意到的是，来自犹太家庭的干部也是恐怖机构的成员。恐怖不仅涉及到犹太人，而是越来越关系到几乎所有人。不过，最不可能受到波及的是土生土长的俄罗斯人。如果再加上显著的共产主义敌友思维，那么 20 世纪 30 年代的民族主义转向即便没有得到相应宣传，也会激发反犹主义。虽然随着时间的推移，西欧的民族-极权主义运动将越来越多的社会主义元素纳入至政治构想，但苏联的情况却完全相反。斯大林越来越多地用民族主义和泛斯拉夫主义的黏合剂来稳定摇摇欲坠的社会主义大厦。约尔格·巴贝罗夫斯基将 1937 年描述为"社会清洗年"，将 1938 年描述为"种族清洗年"。[59] 从以上两个角度看，犹太人都成为了清洗的受害者。

1936：大恐怖和精英的变化

20 世纪 20 年代末，斯大林集团与列夫·托洛茨基、列夫·加米涅夫和格里戈里·季诺维也夫周围的左派反对派之间已发生对抗——这三人都来自犹太家庭。宣传中并未直接将其诋毁为"阴险的犹太人"或"犹太下等人"，但在大审判和 1936 年至 1938 年间所用的全部陈词滥调都是反犹的。在最重要的报纸《真理报》和《消息报》上，人们谈论着托洛茨基身边"卑鄙的犹大"，谈论着"出卖人民鲜血之人""法西斯主义卑鄙的雇工""盖世太保的好色之徒"以及"首席间谍犹大托洛茨基"的手下，认为这些人要"让我们幸福而自由的人民生活在奴役之下"。[60]

1904 年，威廉·西格蒙德·施拉姆在加利西亚出生。20 世纪 30 年代，他与曾热心支持了 15 年之久的共产主义思想决裂，最后的原因是 1936 年莫斯科对格里戈里·季诺维也夫等人的审判示众。不久之后，他出版了小册子《谎言的专制》。该书的重点即为这一审判。对此，他从远处观察并进行了分析。

"此外，这是一场大屠杀。一些被告那令人讨厌的犹太名字，比如'莫伊塞斯·卢耶和纳森·卢耶'，在俄罗斯内部的普及程度已远非被现实胁迫。这种现象多以安逸的方式出现，这太引人注目了，却被人忽略。欧洲的犹太血统的社会主义者也不应对此抱有幻想。在街道上以及俄罗斯的村庄里，仍有或已再次出现足够醒目的反犹主义。约瑟夫·斯大林对这种来自最底层的冲动非常熟悉。他对托洛茨基发动的粗暴的私人战争从一开始就是反犹的——起初是隐秘地悄悄进行，后来变得越来越粗暴，到最后已很明确。……高高在上的法院官员和编辑部无须一言，就可以在下面产生巨大而明确的效果：'犹太人！'不，斯大林身边的人没有在口头上攻击犹太人。但他们的'启蒙工作'有明确的指向。他们非常清楚为了达到既定效果，必须触动俄罗斯人民身上哪些敏感神经。他们似乎完全是在学术上与托洛茨基及其朋友的'永久革命'理论作斗争。但是，农民们自然会听到一些完全不同的东西，虽然这些东西更为简单，比如由国外传入的套话——'这些犹太人一再想要动乱，永远在匆忙和不安中！'正是这些犹太人。不过我们终于受够了，我们想要和平。我们不是无根的空气人。如我们所知，他们只有在无休止的争吵和争论以及犹太教的辩论中才能感到安心！我们是俄罗斯人，斯大林是我们中的一员。"[61]

当代人对施拉姆的描述与后来尼基塔·赫鲁晓夫同期对斯大林的评价是一致的。作为地铁建设和其他重大项目的负责人，赫鲁晓夫很快成为共产党中央委员会成员，并在20世纪30年代频繁与斯大林接触。第三十飞机制造厂明目张胆地聘用犹太经理或工程师，斯大林得知后表示："应该给厂里表现好的工人发放警棍，让他们在下班后把这些犹太人狠狠揍个痛快。"当时的苏联干部将这样的意见视为命令。然而按照赫鲁晓夫的指示，人们变得极其谨慎，不许任何人公开提及斯大林，因为"作为领导人和理论家，赫鲁晓夫很注意地从不在著作和演讲中透出反犹主义"。但是赫鲁晓夫在非公开场合的谈话中却表现得完全不同："他经常用一种众所周知的夸张语气模仿犹太人的说话方式。这和那些鄙视犹太人并对其特点幸灾乐祸的愚蠢守旧之人完全一样。斯大林也喜欢以此为乐，而且做得并不差。"[62]

在 1936 年至 1938 年的大恐怖时期，驱逐出境和大规模处决并非专门针对犹太人，但对他们的打击却比其他民族更大。这一方面是由于遴选受害者所用的标准：非无产阶级的社会出身，以前是非布尔什维克党的成员，以及在某种程度上被划归为敌对的国籍。人们不是在个别情况下才使用上述标准，而是普遍如此。总的来说，与俄罗斯人相比，这些规定被更频繁地用于属于国家精英的犹太人。当时，大约有 150 万人在苏联被捕，其中一半人左右因莫须有的罪名被枪决，其余人几乎都被驱逐到了集中营，有 20 万人死在那里。所谓的清洗波及了数十万老布尔什维克卫队成员和"社会有害分子"，特别是富农和某些少数族裔。恐怖还针对内务人民委员会的雇员，也就是中央迫害机关本身。1936 年，近三分之一的内务部官员来自犹太家庭。1938 年，占比仍为 4％。

1934 年至 1939 年，"主体为年轻人的 50 余万人"进入苏维埃国家的领导岗位，党在武力的作用下重焕活力。正如卡尔·施洛格尔所写，1939 年 "80.5％的成员是在 1923 年之后才加入的，其中四分之一是在 1938 年之后"。他们中约有半数来自工人和农民阶层，"许多人直接从高校走向领导岗位"。奥列格·赫列夫纽克用一句话概括了1992 年大恐怖的结果："党的青年在大规模的镇压下取得了令人眼花缭乱的业绩，这巩固了他们对领袖的忠诚以及对镇压守旧派的支持。"新上任的几十万人"表示服从，因为他们的一切都归功于旧精英的死亡"，巴贝罗夫斯基总结道。

1937 年初，共产党中央委员会全会为此定下基调。斯大林在开场白中谈到要将旧的党内精英根除掉。他在闭幕词中指出，1927 年，党内只有 9600 名受过高等教育的党员；1937 年的现在，已有 105000

名。[63] 理智地说，历时数月的苏联大恐怖可以被解释为十月革命后的第二次精英更替。在加速教育政策的 20 年后，这种更替成为可能，它也是针对那些初期在苏维埃国家迅速地大量达到高位之人——犹太人——的。

伴随苏联所强调的俄罗斯民族化进程而来的，是职能型精英的更替。两者都必须让反犹主义重现生机，而后者充其量只是受到了抑制。即使是在内部矛盾应该消退的时期，比如对德国侵略者进行防御性战争的年代，这一点也能令人印象深刻地被明确展现出来。

1942 年 12 月 29 日，一个名叫 I. 列夫的人从位于乌拉尔西南边缘的工业城市斯特里塔玛克写信给苏联犹太人作家伊利亚·爱伦堡："反犹主义在苏联许多地方的巨大崛起令我担忧。无论是在有轨电车、火车上，还是在商店外排队的人群中，到处都能听到流溢出的反犹对话：'犹太人在转移金钱''因为他们，食品价格在上涨''他们躲避奔赴前线''他们压迫我们俄罗斯人'。"在一次火车之行中，列夫曾被与其同行的一家军工厂的工程师不问青红皂白地训斥过，后者说犹太人"毫无例外都是投机者和国家身体上的寄生性脓疮"。

同样在 1942 年，一个不知名的犹太士兵"B. I."向爱伦堡求助道："为什么每个人都讨厌犹太人？每个人，每个地方！"这个人有一段特殊经历。作为忠诚不二的苏联人，他多年来一直反对犹太人资历较老的说法，他认为"一个异教徒永远都不是犹太人"。在红军中，他的战友们将其视为俄罗斯人。因此，他所经历的反犹主义是不带滤镜的"最卑鄙的形式"。此人发现，老资格犹太人所做的显然是对的。如果他在听到反犹口号时表明自己是犹太人，会得到以下被认为是恭维的回答："你不是一个犹太人。犹太人都是阴险的恶棍。"这名士兵无可奈何地问道：在这片怨恨和仇恨的海洋中，"我应该在自己身上钉一个标牌，写上'犹太人'吗?"[64]

斯大林的继任者尼基塔·赫鲁晓夫在去世前的几年，讲到 12 岁时曾目睹的一场大屠杀。该事件于 1906 年 10 月发生在尤索夫卡矿区（1924 年起为斯塔利诺市的一个区，现为顿涅茨克市）。在突然传出"你可以在 3 天内对犹太人为所欲为"的谣言后，数千名矿工开始斗殴、抢劫和谋杀。赫鲁晓夫回忆"工人们的原始心态"，描述了当时与一位朋友是怎样一起去的工厂病区。那里积聚了犹太死难者："一个可怕的景象出现在眼前，地板上一排排的都是被殴打致死的犹太人尸体。"

回顾时，赫鲁晓夫安抚道，他家乡的工人"后来恢复了理智"。不过，作为一个后来在 20 世纪 60 年代被剥夺了权力的人，他指出："不幸的是，反犹主义的种子仍然存在于我们的制度中，显然还没有对其进行必要的威慑和抵抗。"[65]

第七章 1918—1939：欧洲各国对犹太人权利的剥夺

"唤醒立陶宛人！"项目

19 世纪时，讲立陶宛语的地区主要包括属于俄罗斯的科夫诺和维尔纽斯两个省，该地区的西部几乎延伸至以波兰和普鲁士为主的地区。多数讲立陶宛语的教育程度较低的贫穷居民住在村庄，在俄罗斯人、波兰人、德国人和拉脱维亚人的夹缝中生存。然而，城里"民族复兴"的呼声却越来越高。

和其他地方一样，一些思想自由的知识分子、天主教牧师、政论家和政治家从西方引进了民族主义的理念。自 19 世纪 80 年代起，这些人规范了立陶宛语，记录了立陶宛主义的非凡历史，写下了反对俄罗斯和波兰文化管辖和统治野心的文章。据称，犹太人是"唤醒立陶宛人！"项目的一个特殊障碍。民族思想家们很早就将其视作阻碍那些人少且常受压迫的民族获得经济和社会解放的主要障碍。1884 年，作为理念提出者之一的乔纳斯·斯利什帕斯医生在民族自由主义杂志《曙光》上警告道："犹太人是水蛭；他们把瞌睡的人吸出来，直到嗑干。"作为对策，作者鼓励昏昏欲睡的同胞们"进入制造业"。因为只有这样，他们才能从农民那麻木的原始贫困中解脱出来，从而获得一个全新的更好生活。（今天，在帕兰加有一个专门纪念斯利什帕斯医生的国家纪念馆。）在同一份刊物上，其他同样持自由思想的人民朋友劝告同胞要克服自己的"懒惰和不安全感"，竭力效仿犹太人的经济精神。而且一旦受到动员，就应该站出来抵制那些像虱子一样"没完没了地叮咬我们"的犹太异族，并如一些民族自由主义的鼓动者所预言的那样，"将其赶出集镇和城市"。

就犹太人的问题而言，保守的天主教报纸完全能接受来自世俗的竞争。已有的体制结构和神职人员使天主教的代言人对简单的人心产生了强烈影响。1891 年，一位主编对所有牧师提出要求，要让农民明白"没有犹太人这个瘟疫，我们也能活下去"，同时要普及"谁爱上帝，谁就能把我们从犹太人手中拯救出来"的思想。1904 年，与自由主义者观点一致的牧师普拉纳斯·图劳斯卡斯指出了经济解放之路："如果我们立陶宛人更多地参与贸易，创办个人和集体企业，只从自己的企业购买一切，那么犹太人很快就会离开。"

和其他国家一样，他们企图通过贸易和消费合作社使犹太人成为釜底之鱼。如果这还不够，就采取暴力，否则犹太人将"把立陶宛变成波兰的新巴勒斯坦省"。1905 年，在俄罗斯帝国的革命和嗜血动乱中，基督教民主党人安塔纳斯·斯陶盖蒂斯宣扬了其绝不妥协的态度：谁想要立陶宛群众取得民族与社会进步，就必须说出最重要的封锁名称，并"公开指责犹太人"。

一战即将结束时，立陶宛这个被邻国轻视的民族国家诞生了。

1930 年，该国约有 230 万居民，包括 16.8 万犹太人（占 7%）。科夫诺迫不得已成为首都。1795 年前，维尔纽斯曾是立陶宛大公国的文化和政治中心（但从未做过民族中心）。1919 年，该市被波兰军队占领，同时被并入新成立的波兰。当时，在为数不多的几个城市中，没有一个立陶宛人能占到居民中的多数。犹太人掌控了贸易额的 75%，另外 21% 的商人说波兰语，只有 4% 的人用立陶宛语。这也反映在城市的财产所有权上：45.8% 的房地产属于犹太人，33.8% 属于波兰人，7.5% 属于俄罗斯人，6.5% 属于立陶宛人，剩余属于其他少数族裔。

立陶宛人和犹太人都认为结束俄罗斯的桎梏是有益的，他们也团结一致地抵抗波兰人的统治要求。与波兰和罗马尼亚相比，这里只发生过几起反犹主义暴力事件。然而，和谐共处半途而废，并未持续多久。1924 年，犹太事务部长一职被废除。1 年后，犹太社区的文化自主权被压制。与其他新生民族国家一样，立陶宛的政治领导人也认为自己的任务是在物质和社会层面解放国家的人民，但这伤害了其他民族的富裕群体。随着 1922 年的土改，38700 名无地者分得田地，26000 名小农得到额外的土地。所分土地以前属于波兰、俄罗斯和一些德国地主。这样一来，村里赤贫者的土地饥渴得到了满足。

立陶宛为立陶宛人服务

犹太人并未受到没收的影响。他们不得不以其他方式为自己的生存而担忧。从民族主义的角度来看，却恰恰是这些人阻止了基督教立陶宛人进入那些面向未来并与城市相联的职业。这就是为什么国家几乎把所有公共服务的工作都给了多数族裔。1934 年，35200 名国家雇员中只有 477 名犹太人。首都科夫诺的犹太人占人口的三分之一，纳税比重为二分之一，但该市 1936 年的 800 名雇员中只有 11 名犹太人。

与匈牙利、罗马尼亚或波兰相比，立陶宛教育政策导致的排斥情况较弱。但在这里，犹太学生的比例也在 1922 年至 1938 年间从 30％降至 15％。这一方面是由于立陶宛的教育事业得到了可观的投资，另一方面是由于针对犹太人的弱项，当局使用新引进的立陶宛国家语言举行了考试。犹太人往往波兰语、俄语或德语说得极好，但几乎不会在城市生活中很少使用的立陶宛语。

信奉民族主义的学生坚决地煽动人们反对他们的犹太同学，阻止其入学。举一个极端例子，1933 年，考纳斯医学院犹太学生的比例比犹太少数族裔在总人口中的比例高 56 倍。1934 年，学生活动家们愤怒地宣称："由于我们的宽容，有些院系今天看起来像特拉维夫的一个区，而不像考纳斯的维陶塔斯·马格纳斯大学。"新立陶宛学生协会呼吁，国家和社会应该支持"本土"知识分子，因为"与非立陶宛知识分子的竞争仍是不确定的"。

在世界经济危机期间，政府迫使民众发动以打击犹太人为目的的生态和社会斗争。1934 年，政府将犹太人排除在木材业、运输业以及烟草、火柴、煤炭和糖的贸易之外，并很快波及亚麻贸易。国家的合同总是交给基督教公司。成立于 1930 年的贸易、工业和手工业协会提出"立陶宛为立陶宛人服务"的目标。但犹太人不允许加入，因为他们与协会的宗旨相抵触——在 5 年内实现所有工业的立陶宛化，而贸易应更快。虽然政府没有如愿以偿地通过该方案，但以多种方式推进了它。1923 年，约有 75％的贸易公司属于犹太人。但该比例在匀速下降，至 20 世纪 30 年代末，43％的国内贸易和 66％的对外贸易已落入立陶宛人之手。1937 年起，立陶宛青年组织一直在为"立陶宛人在生活的各领域发挥主导作用"而奋斗。此外，政府还提倡"经济独立"。上进的年轻人应该成为有能力的企业家，而不是"没有生产力的学术无产阶级"的一部分。作为对策，立陶宛民族主义的政治家们希望确保有足够的发展空间。国家射击协会贴近人民，致力于传播反犹主义。协会发言人抨击"破坏性的犹太行为"，却极力主张"将犹太人赶出经济领域，以支持立陶宛人的地位"。此人还高呼："让我们在生活的各个领域与自己人并肩站立！"

立陶宛人的经济进步和知识进步以及城市化将以牺牲犹太人为代价而加速。雅各布·莱斯特辛斯基把基督教立陶宛人反对犹太人的经济斗争描述成是一个蜗牛爬动般的、"被别有用心地组织起来的破坏过程"，他在分析中强调了社会和经济的推动力："反犹主义的社会基础越广泛，不同社会阶层的立陶宛人就会愈加坚定地为自己争取犹太人的经济地位，立陶宛的店主和手工艺人尤为明显。"立陶宛学生的情况亦是如此，他们的人数在 1922 年至 1932 年间翻至 4 倍。

在立陶宛的例子中，似乎有两件事值得强调。首先，现代人对犹太人的敌意在纲领上是与落后群众的经济和社会解放相联系的，而这些人显然缺乏正规教育。其次，反犹主义在 1904 年至 1905 年"自由的日子"里得到加强，因为在革命动乱期间，俄罗斯的审查制度和警察权力放松了数月。圣彼得堡政府刚刚恢复对局势的控制，反犹暴力就有所下降。俄罗斯的统治结束后，反犹主义随着国家独立突然重新猛烈燃烧起来——先是在共和党的主持下，然后是在民众支持的专制政府的统治之下。但现在目的明确，就是要让犹太人退出现有的经济地位。[1]

罗马尼亚：对犹太人的仇恨和民众的意愿

　　1919 年至 1920 年在巴黎谈判和平条约的政治家们将罗马尼亚的面积扩大了 1 倍多，使其成为一个反苏和反匈牙利的缓冲国。他们吞并了（曾属匈牙利的）特兰西瓦尼亚和巴纳特的大部分地区，以及（曾属俄罗斯的）摩尔达维亚（比萨拉比亚）和（曾属奥地利的）布科维纳。根据 1930 年的人口普查，罗马尼亚当时全国有 72.8 万犹太人，约占 1600 万总人口的 4.5%。迄今为止，该国总人数都没有变化，之前为 650 万。在经济和社会方面，新拼凑而成的大罗马尼亚的软弱且经常更替的政府任务艰巨。

　　虽然反犹主义依然猖獗，但犹太人在 1919 年还是获得了跨越般改善的教育机会。这要归功于新的自由民主秩序和《巴黎-特里亚农和约》要求有义务保护少数族裔的国家规定。无论新条件有多么不完美，都与战前有了本质区别。从 1921 年至 1922 年到 1935 年至 1936 年，犹太学生在雅西大学的占比突然达到 23%，在法律、医学和药学方向的占比分别为 20%、40% 和 80%。布加勒斯特、克卢日和切尔诺维茨大学的情况类似，尽管程度略低。

　　这种情况没有持续很久。早在 1920 年，在罗马尼亚的新城市基希讷乌（曾是俄罗斯的基希讷夫市）建立一所"教育罗马尼亚精英"的特殊大学的想法就得到了学生和部委官员的支持。因为在已有大学中，俄罗斯人和犹太人是多数。同样在 1920 年，雅西的罗马尼亚大学生烧毁了《卢米纳》的编辑部，该杂志由犹太人出版。1922 年，他们摧毁了（马克斯·）H. 戈德纳出版社的印刷机，该出版社是

《观点报》的发行者。进一步的过激行为接踵而至。总体而言，罗马尼亚的民族活动家和安全警察局的特工怀疑犹太人在从事共产主义或共济会活动。

在切尔诺维茨，大学领导层于 1920 年批准了一个希伯来语课程，但要求根据旧模式加倍收费。1922 年底，克卢日大学的学生阻止犹太同学选修医学课程。1 年后，基督教学生强行将犹太学生从雅西的解剖学研究所赶走。他们要求：第一，只允许犹太学生解剖"自己种族的尸体"；第二，禁止警方踏入大学校园；第三，将因暴力犯罪而服刑的同学从监狱释放。当时，特别是在雅西，罗马尼亚警方和司法部门经常对右翼民族主义的暴力实施者进行干预，虽然他们并不总这样做。反犹煽动者也不时被逮捕，或被开除出大学。这些人的追随者便立即抱怨"警方的野蛮干预"，并再次进行暴力示威，要求马上撤销"国家的镇压措施"。

1923 年 4 月 23 日，这些团体占领了雅西大学，逼迫其执行针对犹太人的人数限制条款。大学管理层中断了常规课程，并在一个机会主义的活动中提出公投的希望。同时，克卢日的激进学生针对大学校长雅各布·雅各波维奇举行了示威，谩骂其为犹太人。12 月，由于持续的学生袭击，雅西大学的校长请求军队援助。一些教授表达了对学生反叛者声援，例如前文已介绍过的亚历山德鲁·库扎，而其他教授则强烈抗议反犹袭击行为。例如，奥拉迪亚市的法学家杜米特鲁·莫托托列斯库随即被谴责为"犹太人的朋友"。1925 年，布加勒斯特大学的个别研讨会因反犹骚乱而不得不被取消。1926 年，雅西大学因同样的原因暂停了教学。总而言之，这些行动变得越来越无情，却越来越受到追捧。在民族主义和基督教的煽动下，年轻学者聚众亵渎犹太教堂，践踏妥拉经卷，并在城市公园、铁路上或大学里攻击犹太同学。

杀害犹太人的凶手成为人民英雄

　　1924年10月，科内利乌·泽莱亚·科德雷亚努枪杀了1923年任职雅西市警察局长的康斯坦丁·曼丘。原因只有一个，那就是曼丘曾多次指示属下持续镇压反犹暴力行为。科德雷亚努已成为广为人知的学生领袖，对其的审判于1925年3月17日在福克沙尼市开始。数百名同情者前往现场声援被告。这些人在街上把谋杀案当作英雄事迹来庆祝，并发动了"一场名副其实的煽动，与热爱和平的犹太人为敌"。在警察和士兵的注视下，他们摧毁了犹太商人的商店，把存货扔到大街上，并在犹太教堂里胡作非为。不久之后，犹太参议员斯利赫维奇要求政府成员解释他们是如何站在"恶棍的野蛮行径"一边的，但并未得到答复。

　　一审法官对科德雷亚努进行了判决，而二审法官却认为他是自卫，宣告其无罪。第二次审判是于1925年5月底在特努-塞弗林进行的。刚从法庭释放的科德雷亚努就"像一个胜利者一样"回家了。"在路上，特别是铁路的列车中，有犹太乘客遭到侮辱和殴打。"在库扎教授的倡议下，雅西举行了声援科德雷亚努的行动。之后，几个大学生和中学生将两名犹太女孩曼尼亚·温格和马尔卡·里默扔下了行驶的火车。两个女孩都身负重伤。暴力实施者到达雅西时，还吹嘘着自己的暴行，开着敞篷车穿过城市，兴高采烈地高呼："科德雷亚努万岁！""打倒犹太人！"1926年，特意从雅西赶来的尼古拉·托图在切尔诺维茨枪杀了犹太学生大卫·法利克。1927年2月，主管法院迫于反犹学生的抗议压力，宣告这名凶手无罪。1930年，上诉法院也给出了相同的处理。

与科德雷亚努一样，这名凶手也被同谋当作民间英雄来赞美。库扎是他的辩护人之一，当时的内政部长、后来成为短命总理的奥克塔维安·戈加则称赞此次谋杀是对"荣誉受到侵犯的罗马尼亚人的捍卫"。他指责犹太人对待"斯蒂芬大帝（斯蒂芬三世，约 1433—1504）土地上"的罗马尼亚人，就像英国人对待殖民地人民。在数以万计的犹太人在切尔诺维茨向被谋杀的大卫·法利克致以最后的敬意后，戈加认为议会的葬礼游行是"反罗马尼亚的集会"。1933 年 9 月，他拜见了阿道夫·希特勒。[2]

1925 年夏，犹太议员阿道夫·斯特恩、耶胡达·莱布·齐雷尔松和内森·勒纳就局势的总体变化撰文道："对两个懦弱女孩的攻击野蛮而卑鄙，但这只不过是对两年多来整个帝国发生的各种不计其数的攻击的重复，以及这些攻击所造成的致命后果的再现。同时发生的，还有一系列的暗杀、破坏、对犹太大学生的虐待以及将其赶出大学的恶劣行径。"在科德雷亚努被无罪释放后，"纳粹骑士"认为自己才是土地的主人。他们向犹太居民散布恐怖言论，"使犹太人的人身和生命安全都受到威胁"。[3]1927 年，齐雷尔松对塞纳河畔针对犹太人的暴行进行了谴责，议长却命令不要将发言记录在会议摘要中。为此，齐雷尔松辞去了议会职务。

1938 年，科德雷亚努暴毙。此前，他一直领导着右翼激进的大天使米歇尔军团。该军团在 20 世纪 30 年代上升为罗马尼亚的第三大政党。除了杀人犯科德雷亚努之外，杀人犯尼古拉·托图也进入了政党高层。绝大多数反犹学生都出身贫寒，往往来自农民家庭。这使其缺乏安全感，所以他们把自己的弱点变成了好战。出于同样的动机，他们把自己想象为高贵民族的成员，即不可逾越的罗马尼亚人。然而，在尚武的外表下，人们很容易辨认他们的自卑感和智力上的无能。例如，1924 年 11 月 28 日基督教大学生协会散布的公告显示：
"12 月 10 日是罗马尼亚学生为保卫本国民族不受外部侵入而发起的
'为了人数限制而战'的 3 周年纪念日。异族被较好的物质条件和其
他良好条件眷顾，于是就努力摧毁我们，以便主宰罗马尼亚民
族。……我们，觉醒的学生，要保家卫国，不惜辛勤劳动和个人牺
牲，把国家从异族的魔掌中解放出来，护佑其不受未来入侵者的
破坏。"[4]

2012 年，在克卢日大学任教的历史学家卢西安·纳斯塔萨总结
道："大学里的反犹团体不断壮大。制造出一种气氛，不断进行好战
的鼓动和恐吓，这种气氛继而酿成暴力，并被以下组织或政党推波助
澜：基督教社会联盟、罗马尼亚行动协会、国家-罗马尼亚法西斯主
义分子、基督教民族防御联盟、大天使米歇尔军团、一切为国协会、
铁卫队等。"在这样的协会中，政治化了的学生和持同情态度的教授
在 1919 年至 1930 年间培养出新生力量，后者在 20 世纪 30 年代夺取
了国家权力的首脑机关。关于为什么有组织的反犹主义在两次世界大
战之间的 20 年里让人如此向往的问题，纳斯塔萨写道："主要或至少
是由经济和社会动机引发的。罗马尼亚的犹太人早已显示出他们在经
济领域以及对现代社会极为重要的职业领域是多么出色。这使罗马尼
亚的基督徒感到痛苦，进而引发了他们对失败的恐惧。……战后，罗
马尼亚给予犹太人正式的平等法律地位，但是这是缘于国际组织的压
力。最后，1923 年颁布的宪法确保了他们享有完整的公民权利。由
于有了还说得过去的权利，长期以来被挡在大学门外的大量犹太人抓
住了新的机会。"

大学事件影响了学校政策。政府对犹太人和德国人的公立学校在
内容和财务方面进行了严格的规定。1926 年，布科维纳的高中毕业

生中只有 8.2％是罗马尼亚族。在人数占比方面，犹太学生也遥遥领先。因此在 1926 年 10 月，切尔诺维茨成立了一个委员会，成员大多是激进的民族主义分子。他们的任务是对已通过笔试的毕业生进行口试复试。结果可想而知："罗马尼亚文法学校的所有学生都通过了考试，犹太文法学校的 68 名考生中则有 51 人没有通过，乌克兰文法学校的 29 名考生中有 26 人没有通过，德国文法学校的 14 名考生中也有 10 人没有通过。"[5]

与法律规定不同，人们只在战时作为例外容忍犹太人担任国家公职，这就在罗马尼亚造成了与 1870 年至 1918 年间德意志帝国类似的后果。之前一直在大学接受良好教育的犹太人不可避免地要从经济生活和自由职业的缺口寻找出路，以便为自己提供富足的生活。在为数不多的几年内，不少犹太人在报社、图书出版社和电影公司的高层工作，并作为医生、药剂师和律师获得良好的声誉。与此相反，他们那些规避风险的基督教同学却在薪酬微薄的公务员岗位上自得其乐。如果后者敢于冒险进入自由经济的领域，显然会比他们的前犹太同学摔的跟头多。

1919 年至 1920 年勇敢引入的大学自治，使罗马尼亚族教授成为具有决定性的中坚团体。这些人更愿意任命自己的同族担任新的空缺职位，而不是自以为是、具世界性倾向的犹太人。学生中有影响力的民族思想活动家要求以民主化和机会平等的名义排挤强大的犹太少数族裔，这背后暴露出真正的问题。自 1919 年起，罗马尼亚也开始改进整个学校体系，唤醒了人们对教育的普遍兴趣。但同时，经济上的不进步、任人唯亲和世界经济危机导致了其停滞。这促使追求专业前景、目前尚无工作的"知识无产阶级"出现。在经济和社会的严峻形势下，罗马尼亚的高校毕业生也越来越向往自由职业。他们很快就试图摆脱犹太竞争对手。在政治上，他们追随那一代宣扬"对社会进行道德更新"的政党领袖，认为听命于"在黑暗中起作用"、统治罗马尼亚"金融系统"的"犹太阴谋集团"的政党终将消亡。

225222 名犹太人成为无国籍者

库扎教授于 1937 年成为反犹诗人奥克塔维安·戈加的政府成员。戈加在短暂的任期内持续推进反犹立法，禁止了所有犹太出版商的报纸，促进了学校、公共管理部门和企业以及私有经济的罗马尼亚化。不过最重要的是，他借助法律让人对犹太人的公民身份进行检验。至 1939 年 11 月，超过 30％的罗马尼亚犹太人在这些诉讼中失去了权利。[6]

当时，作家兼记者米哈伊尔·塞巴斯蒂安（1907 年出生时名为约瑟夫·赫克特）在日记中指出，政府成员现在首次使用了激进的无赖右翼词汇："犹太猪""犹太人""犹大占据了上风"等。次日，即 1937 年 12 月 30 日，塞巴斯蒂安接着写道："犹太人被禁止从事记者职业。"1938 年 1 月 2 日，他又写道："我的职业执照已被吊销。我们的名字出现在所有报纸上，仿佛是罪犯。"1 月 7 日，塞巴斯蒂安的朋友银行家阿里斯蒂德·布兰克称："我们犹太人所能希望的就是维持戈加政府。之后的事情将没完没了地更为糟糕。"事实上，政府于 2 月 10 日被推翻。不过，其制定的措施仍得以保留。显然，正确的要维护。

1938 年 3 月 17 日，《词汇报》的标题是《伪学者弗洛伊德在维也纳被纳粹逮捕》。对在布加勒斯特法院前被殴打的犹太律师，该报称"他们互相殴打"。塞巴斯蒂安经过一段时间的政治沉默后，再次批判反犹主义。8 月 22 日，他见了女友玛丽埃塔，写到"她对反犹主义极为狂热"。尽管她的犹太男友在场，玛丽埃塔还是大声斥责"大腹便便的犹太人和戴着珠宝的犹太女人"。不过，她将"大约 10 万个'讲道理的'犹太人"排除在外，其中可能就包括日记作者。1938 年 10 月 1 日，塞巴斯蒂安在谈到将捷克苏台德地区交给德意志帝国的《慕尼黑协定》时，写道："德意志帝国为我们准备了一个残酷的时代。现在，我们才知道希特勒的压力意味着什么。"[7]

国家社会主义对当时罗马尼亚局势的看法被简单提及。一篇于 1938 年 9 月在莱比锡大学完成的关于国家科学的博士论文《罗马尼亚的犹太人问题》可被视作一个合适的出处。作者称赞库扎教授是一个"几十年来为解决犹太人问题而廉洁工作"的人，但有些草率地表示"戈加、库扎政府设计的反犹措施只停留在了纸面上"。这位德国博士生没有选择库扎，而是对激进的、准军事组织的铁卫队以及大天使米歇尔军团的领导人、杀人犯科德雷亚努颇感兴趣。因为后者想"创造一个新的罗马尼亚人作为所有措施和方案的承担者"，还巧妙地将"农民问题和犹太人问题"结合起来——"在卫队看来，所有其他问题都可归至作为民族问题的犹太人问题，比如经济领域的贸易和工业问题，以及社会领域的中产阶级问题"。这与作者汉斯·舒斯特尔的主要论点不谋而合，舒斯特尔形容"罗马尼亚民族是一个没有中产阶级的民族"。直到现在，外来的犹太少数族裔都在阻碍罗马尼亚民族重建社会和经济。1938 年，舒斯特尔在鼓励罗马尼亚政治家的同时总结道："时至今日，尽管罗马尼亚做出了种种努力，但犹太人问题仍是一个未被解决的问题。它在未来将继续成为罗马尼亚国家生活的焦点，并将继续有权要求有兴趣解决国际问题的国外人士的关注。"[8]

舒斯特尔的博士论文由德国研究协会赞助（"只有通过他们，我才能进行这项工作"）。舒斯特尔自 1960 年起担任《南德意志报》的国内政治部主任，1970 年升为总编，直到 1976 年因年龄退休。舒斯特尔经常被誉为重要的自由派记者，这个角色是在 1945 年后逐渐定位的。另外，舒斯特尔是我 1967 年至 1968 年在德国新闻学院的老师和支持者之一。

1919 年或 1925 年的罗马尼亚大学生的愿望与他们这代人后来的主张是一致的。这一政策不只得到了舒斯特尔一人的称赞。按照该政策，罗马尼亚族的中产阶级将被创造出来，目的是削弱犹太人的利益。1940 年 7 月 26 日，罗马尼亚总理扬·吉古图在与希特勒的谈话中说，虽然罗马尼亚已经开始"解决犹太人问题"，但"如果没有元首的帮助，就不可能最终解决之，因为元首正在为整个欧洲实施全面的解决方案"。[9]

在德国元首的鼓励下，罗马尼亚的胁迫性措施迅速取得了进展。1940 年 8 月 8 日，为数不多的犹太公务员被剥夺了国家公职。1940 年 10 月 4 日，政府颁布了一项法令，没收犹太人所有的财产和企业。同日，经济部长被授权任命大型公司和股份公司的专员，以实施罗马尼亚化。10 月 9 日，禁止犹太人和非犹太人通婚的禁令随之出台。10 月 14 日，又一项法令生效。根据该法令，犹太人不再被允许在该国的大学学习、在公立学校就读或任教。那些母亲是基督徒、父亲是犹太人的后代也被视为犹太人。

1940 年 11 月 12 日，政府颁布法令解雇了公共行政部门和私营经济部门的犹太工人和雇员。12 月 4 日，犹太人被排除在兵役之外，而取代以征收特别税和劳役。1940 年 6 月法国动用武力后，塞巴斯蒂安曾记录道："理智停止了，心脏没有了感觉。"1941 年 1 月 1 日，他写道："如果今年能幸免于难，那么 1 年后我们可能已经接近隧道的终点。"

这一年将在黑暗中结束，这一点在 3 周后变得显而易见。在 1941 年 1 月 20 日至 24 日的这些日子里，那些由大天使米歇尔军团组织的法西斯分子试图发动针对罗马尼亚军队的政变，这些人曾是政府成员，并得到过德国的赞助。军队得以镇压暴动，死者的数量有限。然而，"大灾难"并没有发生在冲突中的罗马尼亚人之间，而是发生在了布加勒斯特的犹太居民区。塞巴斯蒂安在 1941 年 1 月 27 日的周一对"战场"进行第一次视察后报告道："没有一扇窗户没被打碎，房子不管多小，无一不被洗劫和焚烧。"他继续说道："想象一下周三那晚燃烧的街区，成群结队的罪犯直截了当地枪击了惊恐的人群。所有这些都发生在一个贫民窟——一个贫民聚居区。卑微的工匠、小商贩、恭顺而辛勤工作的人勉强可以赚取他们每天的面包。废墟中有一个老妪，一个正在哭泣的浑身赤裸的孩子似乎在等待着什么。在等什么呢？在等谁呢？停尸房前，有数百人在等待入内。这么多的人下落不明，这么多的尸体尚未被确认。《世界报》今天有很多犹太人的死讯。坟地里满是新墓穴。而犹太死难者的数量仍不得而知。"至 1 月 27 日，布加勒斯特的犹太人已经掩埋了 121 名被谋杀者。[10]

3 月 18 日，一项要求犹太租户增加租金支付的法律随之出台。塞巴斯蒂安认为"'合法'的反犹措施比通常的殴打和砸窗更具压迫性和侮辱性"。根据 1941 年 3 月 27 日的法令，所有既未在一战中服役，也未在 1916 年 8 月 15 日之前获得罗马尼亚公民身份的犹太人，市内房地产都可被国有化，即被没收。犹太人的房子将被分给教师、官员和公务员。同日，塞巴斯蒂安自问道："没收后会发生什么？也许是建立一个犹太人居住区。但是后来呢？只剩集体迫害。"次日一早，报纸对没收进行庆祝。在罗马尼亚的公共生活中，只有一个主题控制了这一天："犹太人的房子被夺走。其他都无关紧要！" 4月20日，当局突然开始收缴犹太人的收音机。塞巴斯蒂安在首日就失去了他那联系世界的最重要的动脉。他看到对苏之战即将到来，还看到"一个对我们犹太人尤为艰难的夏天"即将到来，"根本不可能发生别的事"。这里罗列出的不完整措施要求成立一个新机构：国家罗马尼亚化中心。根据1941年5月2日的法令，该中心立即开始了活动。

1919年起，为了预防性地抑制可疑的民愤，或转移对社会问题的注意力，罗马尼亚不再由国家实施反犹限制。相反，民众以集会和示威自由为手段要求采取这些措施。与其他国家一样，非犹太血统的大学生和学者领导了抗议活动。这些人是国家崛起意愿的先锋，赋予政治抗议以形态。他们成立了民族主义的集权组织，而这受到民主宪法的保护。

1941年6月21日，国家领导人扬·安东内斯库宣布，罗马尼亚从凌晨起将开始"为解放比萨拉比亚和布科维纳以及消灭布尔什维克主义而进行神圣之战"。同日，政府颁布法令，迫使5万多名犹太人放弃财产，从农村迁往城市。在街上，警察贴出两种海报。其中一张标识斯大林为"红场的屠夫"；另一张海报上，一个留着鬓角鬈发、戴着无檐便帽、留着胡须的"犹太猪"穿着红色长袍，一手持镰刀，一手持锤，上写"这些是布尔什维克主义的领袖"。6月27日，布加勒斯特的日报出现了"犹太猪被送往劳改营"的大标题。7月，官员们搜查了犹太人的房屋，寻找用于装备战地医院的被褥和睡衣。9月初，他们命令布加勒斯特的犹太社区在两天内收缴并交付4000张床、枕头和被子，外加两倍数量的床罩和床单。

8月，布加勒斯特所有18至60岁的男性犹太人都必须向警察报到，登记参加强迫性劳动。几乎无人被征召，但政府要求"无一例外，而且"必须支付 100 亿列伊的赎金。对反犹措施至少有点羞愧的人不在少数。面对犹太熟人，这些人努力表达出遗憾："请相信我，我与此无关。"对这样的托词，塞巴斯蒂安认为："糟糕的是，无人与之有关。整个世界都认为这应该受到谴责，并感到愤怒。然而每个人都是反犹工厂的一个小齿轮，这个工厂就是罗马尼亚国家的办公室、当局、报纸、机构、法律和措施。……至于群众，他们表现得欢呼雀跃。对其而言，犹太人的流血身亡以及对其的嘲弄一直都是转移注意力的最好方式。"[11]

波兰民族主义者在行动

1815 年，维也纳会议与会的外交官们创建了所谓的国会式的波兰。他们将其作为俄国保护下的附属国，指定华沙为首都，并让俄国沙皇兼任波兰国王。这项决议旨在阻挡波兰人的自由意愿，但却给了城市和市政当局有限的自治权。在这个框架内，尽管俄国人偶尔会提出严厉的批评，但波兰人对自由和民族主义的渴望仍在蓬勃发展。

1806 年起，德国的民族民主主义一直针对法国的统治，而波兰的民族主义则主要针对俄国的统治以及奥地利和普鲁士的占领国。无论前者还是后者，自由的理念很早就与仇外心理以及对犹太人的敌意联系在了一起。几乎在德国民族民主主义者恩斯特·莫里茨·阿恩特的反犹主义爆发的同时，波兰民族革命家瓦莱里安·卢卡辛斯基于 1818 年发表了关于犹太人问题的论文。他在书中指责生活在波兰的犹太人"性格完全堕落"，憎恨所有的基督教事物，并有伪装欺骗和令事情模棱两可的倾向。[12]

　　波兰反对俄国枷锁的起义在 1830 年至 1831 年和 1863 年被血腥镇压后，民族民主运动在 20 世纪初崛起，成为最强大的政治力量，它的目标追求是建立一个统一的、种族"纯正"的人民国家。这股力量成功地开展了"反对所有外国事物卫士"的运动，特别是反对所有犹太人。国家民主党在 1912 年故意将公开的反犹主义置于方案的中心。为了纪念这一事件，他们组织了第一次全国性抵制犹太商业和企业的活动。在小册子里，他们有时诽谤犹太人是具有威胁性的现代化者，有时谩骂其为波兰通往繁荣经济未来道路上的障碍，或者是无法同化的坚韧的"僵化"力量。总的来说，他们被蔑视为自愿充当波兰贵族剥削者的工具，特别是沙皇政府的工具，因为沙皇政府想在犹太走狗的帮助下使波兰永久俄罗斯化。

　　作为思想的源泉，罗曼·德莫夫斯基登上了国家民主党的领导地位。1917 年至 1921 年间，他在建立波兰共和国的过程中发挥了突出作用，规定将德国领土割让给波兰的《凡尔赛条约》也必须由其签名。德莫夫斯基将犹太人描述为"巨大的内部危险"，是基督教基本价值观的潜在破坏者。他不断地警告他的天主教同胞，无情和狡猾是"犹太人心理类型的本能和倾向"。他谴责"类似的外国分子"，因为这些人"很容易把他们对社会、政治甚至艺术文学的观点强加给波兰人"，且能"在精神上，但部分也在身体上同化我们的大多数"。基于这种思想，他向国家民主党承诺，纲领要点为"领导社会解放的斗争，以摆脱犹太人的影响"。德莫夫斯基认为社会阶层之间的鲜明对比是可以克服的，但"文化、经济和政治上的差异"却无计可施。[13]

　　在 1903 年的文章《现代波兰的思考》中，德莫夫斯基解释了不喜欢犹太人（和德国人）的原因。他抱怨道，波兰人民没有赶上现代化和工业发展的步伐，没有能够利用远在东方的开放市场。因此，一方面，有些人通过"主动、企业家精神和个人精力"获得了财富，另一方面，成千上万的人"则由于社会地位的下降而被迫减少需求"。因此，生产跃进和货物流动的好处主要由犹太人获得，但不是因为他们有欺诈行为或属于阴险的种族，而是因为"他们摆脱了波兰传统的被动性"。早期，德莫夫斯基提倡抵制犹太企业。但他并未把该计划理解为反犹主义的目的本身。相反，他想发起一场社会运动，来帮助波兰人民"唤醒健康的社会需求"，并"通过自己的努力控制最重要的社会功能中的一个"——尚未建立的波兰民族资产阶级的经济地位。而一旦启动，这样的过程就会自我推动。这要归功于"中产阶级中越来越多的积极分子正在努力征服由外国元素主导的功绩领域"。[14]

德莫夫斯基以使领导地位（共同）发展的国家民主的民族政治为主旨，塑造了波兰共和国战时的政治。据此，人们认为，将新赢得的国家作为一个尽可能维护多数人利益的机构是合法的，而这对所有民族和宗教少数团体则都是不利的。[15] 在 1903 年的纲领中，该党已经呼吁"在全国大部分地区对犹太人进行统治"。1934 年，罗曼·德莫夫斯基从他的政治休眠中走出来，以《动荡》一书再次发声。他的论调充满反犹的鼓动，把波兰的所有失败和屈辱都归咎于犹太人："如果波兰没有这么多犹太人，就不会有波兰的分治，普鲁士政府也就不会在东方庆祝胜利。"同样，他称英国前首相劳埃德·乔治为"犹太特工"。此人在 1919 年听从犹太内部人士的意见，未将但泽市以及西里西亚、东普鲁士和西普鲁士的一小部分授予波兰。[16]

罗曼·德莫夫斯基是 1918 年重建的现代波兰国家的创始人之一，也是波兰咄咄逼人的反犹主义的创始人之一。这种反犹主义与当前的危机和问题相关，因此是现代的。今天，德莫夫斯基在祖国被尊称为民族复兴的英雄。

　　与国家民主党人一样，具有相同影响力的天主教保守派反犹主义的主谋并未遵循旧有的基督教模板"把我们的救世主钉在十字架上"，而是在于 1912 年出现的宣言"了解犹太人！"中采用了基于社会经济的新口号。该宣言直到今天还被多次重印。在《认识犹太人！》一书中，受人尊敬的作家特奥多尔·杰斯克乔因斯基将犹太人问题与天主教的社会教义交织在一起，以鲜明的色彩描绘了经济生活的犹太化是如何导致"可怕而无情的生存斗争"，从而使诚实努力的个人沦为自私的工业主义、资本主义和投机主义的玩物的。他将这种放纵的魔鬼行为与所谓的和谐经营方式进行了对比，认为后者受"基督教伦理"的约束，"保护人类"，且"不以牺牲其他生产者和销售者为代价进行竞争"。

　　基于这种描述，杰斯克乔因斯基呼吁人们以自卫的方式教导被指控有罪的不道德行为："犹太人将收获自己播撒之得。幻想在生存斗争中获得任何爱情和生命的权利，都是陈腐的。如果犹太人在经济上成功地保护了自己，就会首先嘲笑这一点。[17] 事实上，尽管有波兰和俄国的种种限制，19 世纪 70 年代起，仍有许多犹太人在学术界或作为企业家和银行家取得了明显的成功。1929 年，犹太人依旧占医生总数的一半，作家、艺术家、记者、建筑师、教师、律师和工程师总数的几乎一半，以及化学家、数学家和物理学家总数的一半以上。[18]

为了波兰人的利益而歧视犹太人

　　波兰共和国摆脱作为被瓜分国的枷锁，于 1918 年底成立。国家元首约瑟夫·毕苏斯基及其部队利用军事手段，将直到 1921 年仍有争议的外部边界向东大大延伸至立陶宛、白俄罗斯和乌克兰领土，远远超过了所谓的寇松线。这条边界是英国外交大臣乔治·寇松在

1919 年的巴黎和平会议上提出的，依据是东部边境和过渡国家非常模糊的语言和文化上的多数条件。今天，波兰的东部边界沿用了寇松线。除了比亚韦斯托克区，该边界还与希特勒和斯大林在 1939 年 9 月划分的波兰边界相对应。1918 年至 1921 年重组的波兰第二共和国有 3000 万居民，按照民族主义的定义，只有三分之二是波兰人。此外，还有 500 万乌克兰人、300 万犹太人、200 万德国人、120 万白俄罗斯人，以及立陶宛人、捷克人、匈牙利人、鲁塞尼亚人和卡舒比与斯隆扎克等混合民族的边境人口。

作为一名将军，毕苏斯基在一战后的 3 年里大大扩展了波兰。作为一名政治家，他自 1893 年起一直是波兰社会民主党的领导人之一。1926 年，他在军队的帮助下推翻了符合宪政但混乱无比的政府。之后，直到 1935 年去世，他都以独裁方式左右着国家的命运，并得到了其本人所创立的集会运动"复兴"的支持。该组织的成员部分倾向于左派，部分倾向于右派。

犹太人对新成立的共和国没有什么期待。他们的大多数天主教同胞都视其为麻烦制造者，认为应为了自身利益削减其自由度。[19] 在这个意义上，新的、民主合法的国家权力使犹太学校、技术学校和希伯来文法学校枯竭，并在各种借口下限制了犹太工匠培训学徒的权利。因为它清楚地知道，"基督教工匠一般不接受犹太学徒"。该禁令的目的是阻断数十万年轻犹太人进入其父亲的职业道路，从而迫使其移民。当时，犹太人约占人口的 10％，在城市中占 22％。在波兰，世界经济危机始于 1929 年，直到 1939 年才得以克服，但导致了当地的反犹活动增加，从而对犹太居民产生了"可怕的影响"。事实上，犹太工人被排除在大工业的职业之外。遍地开花的纺织业对犹太人的工作和生活特别重要；在危机期间，该行业的失业率高达 80％。1938

年，华沙劳动局将一大早就在门口等候的犹太妇女安排在下午 2 点以后，前提是事先征得所有基督教求职者的同意。[20]

高额的销售税"以其所有的严重性"，给人们带来了负担。犹太人主要靠贸易、手工业和小企业为生，或以表面自立者的身份为大公司做事。在 1927 年至 1931 年期间，波兰将这一税种的收入增加了80％，免除了所有农业的销售税，农民的土地税也一直很低。

除了这种形式的反犹税收政策，德国犹太人援助协会还记录了其他的官方歧视措施：基督教波兰人的工厂和企业"越来越多地被纳入公共经济领域"；为了消除犹太贸易，他们还提倡建立同业联盟。此外，波兰基督教商人、制造商和合作社获得了"国家机构的廉价贷款"，而犹太人却被剥夺了这些权利。同时，国家剥夺了所有的特许权，特别是烟草、盐和酒的销售，并将其给予"战争残废者、前公务员和军事人员"。木材贸易掌握在国家手中，并在官方的帮助下形成了"无犹太人"的垄断。政府还通过分配外汇、出口和进口许可证，将犹太人排除在越来越多的贸易之外。

虽然政府一再承诺，却并未放松周日的强制休息："犹太人每周要庆祝两天，冬季甚至两天半。与非犹太商人和手艺人相比，这自然大大降低了他们的竞争力。"犹太人被冷落在所有国家机关之外——"从部长一直到邮递员和铁路售票员"。所有这些运动和立法程序均由波兰的民族主义、社会民族主义和天主教势力领导，且几乎总是共同行动。每当讨论"经济型犹太人"时——这种情况经常发生，左翼社会主义者也很乐意加入进来，一起宣扬战友情谊以及"与投机者斗争"的理念。[21]

社会统计学家雅各布·莱斯特辛斯基在 1936 年观察到，因为不断有人从农村涌入城市以及周围村庄的合并，犹太人在城市人口中的比例正在下降。此外，他还预测这将对犹太人产生"非常糟糕"的后果："附属于城市的郊区人口正在非常迅速地接近城市的文化条件，短期内成为在贸易和商业方面具有强烈竞争性的干部，这将进一步增加依靠城市就业机会的人数。"由于波兰的乡村人口"以自然的力量"大量涌入城市，同时又无法获得工业工作，因此在有组织的老式手工业、小型和微型行业中，人们"几乎采取了肉搏形式"来争夺职位的斗争。

莱斯特辛斯基在 1936 年谈到"经济大屠杀"，"在今天的波兰，它与肉体紧密相连，人们很难将二者分开"。但是由于政府致力于"经济大屠杀"，故意扼杀犹太人的生存机会，因此莱斯特辛斯基判断，它"不可能在一定程度上禁止肉体大屠杀，即使它在理论上对此是持反对态度的"。[22]

在波兰终止了 1934 年在巴黎勉强签署的少数族裔保护条约后，天主教神职人员和记者、波兰议员和政府继续推进针对犹太人的法律和法外措施：卫兵站在犹太人的商店前，国家名单谴责在犹太人处购物的基督教波兰人，同时还公布了波兰公司和商店的名单和地址，要求人们在那里购买或预订商品。

科尼利厄斯·格罗舍尔总结道，"争取使两国犹太人经济边缘化的努力是波兰共和国"民族现代化的一部分，"是为了动员农民、从事自由职业的中产阶级和公务员。总之，经济和社会动机居于首要位置"。[23]

犹太学生的"犹太区长椅"

波兰第二共和国刚成立，基督教学生就强烈要求"将大学从最后的犹太化中拯救出来"。1922 年 10 月 2 日，人们在《华沙报》上可

以看到，克拉科夫大学"在人员和精神上已经犹太化"。1923 年 4 月
21 日，信奉民族主义的学生炸毁了克拉科夫物理学教授瓦迪斯瓦
夫·纳坦森的房子。不过，这位享有国际声望的学者毫发无损。

　　当时，犹太人仍占学生人数的四分之一，而到 1938 年至 1939 年
仅剩 8.2%。即便如此，许多学生还是觉得远远不够。他们要求将数
字清零。而这并非全部。就像在旧俄罗斯和当代的罗马尼亚那样，很
快出现了所谓的怀旧呼声——不承认在国外获得的学位。"禁止在波
兰学习的波兰犹太人做哪些事情？"波兰学生领袖提出这个问题，还
补充了一句副歌，"他们大量出国，期待着美好的职业前景。"这背后
是对立法者的呼吁："拿掉犹太人的这个避难所！"不要承认外国文
凭，这样我们这些有志于基督教的年轻波兰人才能不辜负这场
竞争。[24]

　　很快，在波兰的大学里，对国家团体的归属取代成绩成为最重要
的事。1927 年，出现了以下情况：在华沙理工学院，9% 的学生是犹
太人；在兽医学院，5% 的学生是犹太人；华沙法学院 25%；利沃夫
理工学院 15%；克拉科夫医学院 8.3%；制药学院 10%。卢布林大
学被宣布为天主教大学；在以前的德国波森，波兰民族民主党人没有
任何借口地拒绝所有犹太人入学，克拉科夫农业大学也是如此；在克
拉科夫矿业学院，只有少数犹太人可以入学。[25] 他们担心，不这么做
的话，犹太妇女也可以进入波兰的大学。1919 年，波兰杰出的语言
学家、宣称反对一切狭隘民族主义的扬·涅奇斯瓦夫·博杜安·德·
考特尼对这一做法进行了批评。他在布拉格、莱比锡、克拉科夫和圣
彼得堡担任了学术职务后，在华沙大学教书。在该大学任教期间，考
特尼公开宣称："今天，我们不以理性和对共同利益的关注为指导，
而以动物性的厌恶和对'种族'的偏见为指导。今天，我们希望波兰

社会彻底'去犹太化',波兰科学彻底'去犹太化'。在重建国,人们认为这证明了最严格意义上的'爱国主义'。我却反感和讨厌,认为其愚蠢而有害。"

相反,考特尼敦促犹太复国主义者的领导人和坚持在波兰境内让犹太人生活得有法律保障的民俗主义者采取节制。他认为,这些人对"民族、个人和文化自治"的要求太过分了——"将自治机构和对其他人口的行政管理分离"。相反,他们必须接受宪法机关、共和国的民事和刑事法律以及国家具有征税的唯一权力。应该允许他们在国家支持和监督下经营自己的学校。"本地的天主信徒和犹太人必须接受这个事实",考特尼总结了他关于自由主义、宽容以及对国家忠诚的清晰而尖锐的教训,"他们生活在同一片土地上,这片土地在相同的国界内"。[26] 当时,这样的声音仍很罕见。

按照俄罗斯、罗马尼亚和匈牙利的模式,波兰政府于1923年出台了一项法律,按照种族划分来规范该国大学的招生工作。该草案规定,宗教和语言少数群体的学生只能在"与各自的少数群体在国家总人口中的比例相一致"的范围内被录取。因为巴黎的犹太人委员会发起了一场反击运动,国家民主政府在最后一刻没有通过这一法律,但它却故意违反1919年6月28日在凡尔赛签署的《保护民族和宗教少数群体条约》,以冷酷的方式强加"人数限制"。

1923年,华沙医学院将200个一年级学生名额中的9个分配给犹太人。利沃夫法学院实行非正式确定、最初相对宽松的人数限制:基督教波兰人占60%的名额,犹太人和乌克兰人占40%。1925年至1926年冬季学期,该学院有600个名额。由于只有220名波兰人申请,院长减少名额,只录取了其他两个民族的145名学生。克拉科夫的医学系从1922年起就开始实行限制。1925年秋,那里分配得到

100 个名额，400 名犹太申请者中仅有 13 人被录取。但院长声称，这
与限额没有丝毫关系。

　　其他院长则使用了一种特别巧妙的方式来禁止犹太人学习医学。
他们规定，录取取决于是否有"足够数量的犹太尸体"用于基础解剖
课程。[27] 仿佛受洗过的尸体由未受洗过的学生解剖是不合理的。当然，
众所周知，犹太人出于宗教原因，要交出尸体以供练习比基督教徒要
困难得多。波兰教授们从罗马尼亚同事那里复制了他们大学的排斥方
式，于 1925 年发起了由参议院通过的以下法律："如果犹太医院没有
送来足够的尸体，犹太学生就不能在基督徒尸体上练习。"[28]

　　20 世纪 30 年代，针对犹太人的恐怖活动普遍增加，也包括大
学。"犹太学生在大学校园内受到攻击，"《加拿大犹太纪事报》在
1935 年报道说，"犹太商店的窗户被砸碎。此外，犹太店主还受到迅
速蔓延的抵制。在当局拒绝了反犹者提出的将华沙理工学院的犹太学
生分开的要求后，信奉民族主义的学生变得十分暴力，他们将犹太学
生从窗户扔出去。当局也逮捕了一些反犹人士。"相当多的教授对抗
议的学生抱有同情的态度，选择既不冒犯暴力也不冒犯目标。大学校
长和院长为犹太学生分配了专门的长椅，并为一些实践课程分配了单
独的房间。1938/1939 年的冬季学期，利沃夫的两所大学发生了几起
严重的暴力行为。其中，犹太学生卡罗尔·泽勒迈尔、塞缪尔·普罗
韦勒和马库斯·兰茨贝格被刺死。

　　在基督教教授中，有些人公开反对日益严重的反犹暴力，如华沙
的哲学和逻辑学教授塔德乌什·科塔宾斯基。他抱怨道，天主教神职
人员向年轻人灌输仇恨犹太人的程度，可从每年 11 月针对犹太人的
暴力行为，即所谓的犹太人节日"通常在年底"的事实中看出。[29] 后
来成为著名作家的卡济米尔·布兰迪斯讲述了他在 1935 年至 1939 年

期间在华沙学习法律时经历了怎样的时光。布兰迪斯来自一个富有的、与波兰人同化的犹太家庭，已经远离了犹太教。起初，他属于青年军团，该军团是在毕苏斯基的专制政治标志下成立的。布兰迪斯谈及自己的辞职时写道："在军团华沙圈内的会议上，人们的发言内容与法西斯分子法兰加的口号并无二致。一位发言者表示反对该组织中的反犹情绪，说'我的母亲是犹太后裔'。此时，他听到了嘲弄的笑声。我自问道：'我在这里做什么？'于是，次日就把会员卡退了回去。"

布兰迪斯描述了"波兰律师和医生协会如何将针对雅利安人的条款列入他们的章程"，以及教育部如何授权大学在讲堂上为犹太人设立特殊座位，即所谓的犹太人长椅。天主教徒被安排在"偶数位"，犹太人被安排在"奇数位"，并在学生证上盖上相应的印章。布兰迪斯被认为是基督徒。他与其他左派同学一起，"靠墙站立，抗议银行的贫民窟"。但那些试图进行有组织抵抗的人"始终是少数"，且"每次都被暴徒袭击"。华沙法学院院长罗曼·雷巴斯基"拒绝为参加抗议活动的学生颁发证书"。布兰迪斯说道："这发生在100万雅利安德国人进入波兰的3个月前，在华沙犹太社区被围起来的1年半前。"1942年，德国人在奥斯威辛集中营杀害了作为波兰民族主义知识分子代表的雷巴斯基教授。

天主教国家的反犹主义

1933年4月，凯尔采教区的周报以自己的方式向柏林的新政府致意："希特勒是波兰的敌人，但在反对道德腐朽的斗争中我们必须赞同他的观点。"两天后，克拉科夫教区的周日报纸附言："25名教授（几乎全是犹太人）在德国失去了教授一职，而且他们不是最后的人。直到现在，我们才意识到德国科学是多么犹太化。而且我们知道，波兰的情况要糟糕得多！"当时，国家民主党的德国问题专家斯坦尼斯瓦夫·科齐茨基和《华沙报》驻柏林记者耶日·德罗布尼克"一致强调，德国与犹太人的冲突是帝国的内部事务"。科齐茨基还用热情的语言赞美德国政府向犹太人宣战。[30]

前文中的多恩·尼德茨利在1936年肆意夸张地声称，犹太人拥有75％的城市房地产，他们占有的80％的工业厂房进行着85％的贸易，获得了90％的私人贷款。尼德茨利还蛊惑人心地问："我们必须接受这个事实吗？"对此，该报那些将自己视作民族主义前线战士的教会记者和评论员的判断是"绝不"。他们把去犹太化的措施当作自卫行为来宣传，并用彻底的世俗论调极尽煽动之能："此外，犹太人在大多数自由职业中占据了主导地位，是各行各业的高手。现在，他们也开始从事农业。"

1938年，塔尔努夫小教区的报纸激起了人们对许多犹太人的嫉妒和仇恨，这些犹太人以自营裁缝为生，只是例外地实现了繁荣。在凯尔采这个拥有5.8万居民的城市，有4470家裁缝作坊，其中只有四分之一属于波兰人。因此，天主教舆论界认为，在"犹太人主导的贸易和手工业"以及同样由其主导的工业中，"成千上万的犹太人过着舒适的繁荣生活"。琴斯托霍瓦教区的情况类似，该区周报在1936年曾出现以下内容："犹太人在波兰蔓延"，但却忘了自己"并非'本地人'，而是不受欢迎的客人"。

正如维克托利亚·波尔曼的研究结果，对教会和国家媒体而言，"经济去犹太化"的政治纲领"完全没有争议"。1938年的"工业、贸易和手工业发展周"以在华沙大教堂举行的大弥撒开始。来自凯尔采的教会记者在报上用奇妙的句子介绍了这一事件："犹太城镇的波兰化令人难以置信，但这却是我们生活中最紧迫的问题之一，'各为其主，各得其所'的口号是我国的原则之一。……只有这样，数以百万计的波兰人才能在自己的祖国找到面包，只有这样，国家才会更加繁荣，由犹太人带来的把我们的村庄拖向毁灭的瘟疫才会消失。也只有这样，我们才能战胜最危险的敌人——内部的敌人。"为了加快这一进程，主教对信徒劝告道："一个好的波兰人不会在犹太商店里留下一个兹罗提！"

波兰大主教暨红衣主教奥古斯特·赫隆虽然更加低调，但恳切的态度毫不落人后。他选择在牧函中用不露声色的形式建议所有天主教徒抵制犹太店主："路过犹太商店和市场摊位时，先考虑自己再顾及别人，从经济角度来看是不错的。"1936 年 2 月，这位红衣主教让人在所有的讲坛上宣读他的精神讲义，还将基督教博爱的一个特殊变体体现方式给予数百万的教会信徒，并让其带回："允许对自己的人民爱得更多一些"。虽然，红衣主教谴责直接的暴力，并强调有许多"忠实、诚信、公正、慈善和仁慈"的犹太人，但他也肯定地表示存在一个严重问题："犹太人与天主教间的对抗，使自由思想蓬勃发展，进而形成无神论、布尔什维克主义和所有颠覆性运动的先锋思想。犹太人对风俗习惯有负面影响，他们的出版社销售色情制品，也是不争的事实。犹太人确实存在欺诈、放高利贷和贩卖人口的行为。"

1938 年秋，《周报》的一位作家问道："国家如何才能除掉犹太人？"红衣主教回答道："犹太人必须在无人居住或几乎无人居住的空旷地区定居。他们可以自行决定在那里创建自己的国家，并永不糟蹋、打击或剥削任何人。以其影响力和财富，犹太人将很容易找到这样一个定居区，必要时还可买下它。"数日后，1936 年起在克拉科夫大主教辖区发行的日报对德国 1938 年的 11 月大屠杀进行了批评。该报认为，根据基督教的标准，这是一种有问题的过度行为。但同时，该报也表示理解："第三帝国即将打破由犹太人造成的国家经济和文化生活的枷锁"，犹太人现在必须永远离开德国，同时意识到"自己的历史时刻已经来临"。[31]

方济各会的马克西米利安·玛丽亚·科尔贝生于罗兹，于1982年被封为圣徒。1917年，他在罗马学习茶学，与志同道合的兄弟一起成立了基本天主教协会。该协会致力于反时代的世俗精神，以及反自由思想家和社会主义者的斗争。由其自定的章程把以下自我承诺放在了首位："努力使罪人、异端、分裂主义者、犹太人等群体皈依，特别是共济会员。在无瑕圣母的保护和调解下，使所有人成为圣人。"

1927年，科尔贝回到家乡，在华沙附近的特雷辛建立了尼波卡兰努修道院。他与数百名教友一起，在那里创建了波兰最大的天主教新闻集团。1936年，他在日本传教5年后回国，再次接管了修道院和出版社的管理工作，并从那时起负责在当地制作日报的文本。该报于1935年推出，按现代小报的风格设计，以吸引犹太人、共济会员和自由派。

1936年，人们可以读到有关无神论医生雅努什·科尔扎克的报道："科尔扎克医生是一位自由思想家、无神论者，是天主教的敌人。"由于为犹太和基督教儿童开办了一家孤儿院，报纸指责他偏袒犹太学生，因为与基督教学生不同，除了正常的课程外，这些学生还会得到犹太成年人的帮助。日报的方济各会记者认为，将儿童"交给我们的敌人照顾"是"耻辱"。他们要求政府结束这场围猎运动，因为戈兹密特（即科尔扎克）属于"波兰人民"。[32]

1938年11月9日，德国公使馆秘书恩斯特·冯·拉斯在巴黎被一名波兰犹太人枪杀而亡。同日，日报写道，他成了"犹太人暴行的受害者"，并加上小标题——"疯狂的犹太人不满足于一个三等官员的血"。对德国的大屠杀，该报只字不提，仅以一种中立的口吻报道说："希特勒总理现在有望对犹太人实施所谓的'联邦'政策。"[33] 教士斯坦尼斯瓦夫·特泽切克是无数反犹教士中的一个，他在 1939 年的同一份报纸上为德国的犹太政策找到了下述理由："希特勒从教皇的通谕中吸收法律……，他的效仿对象是大名鼎鼎的教皇。"[34]

科尔贝于 1922 年创办了一份高发行量的月刊，他不仅喜欢自己发文，还担任了主编。1938 年，刊物发表了一篇特别的颂文："教会在与共济会员的正面交锋中，赢得了一个盟友：法西斯主义。……如果有人对犹太人说三道四，认为他们具有破坏性，打击了士气，在从事反国家和反民族的活动，那么肯定受到了共济会的影响。首当其冲的原因是共济会源自犹太教，是为该教的政治目的而服务的。1939 年，同一份报纸称，犹太教"像癌症一样侵蚀着人民的身体"。[35]

这些例子已经足够。它们描述了偏见和仇恨的日常程度。然而，这份天主教报纸的激进程度还是被国家民主党的年轻发言人超越了——其中包括律师米哈尔·霍沃卡。霍沃卡于 1934 年出版了《为新波兰而战》一书。在书中，他呼吁要让对该国造成压迫感的犹太人移民。同时，他补充道："不过，他们首先必须破产，然后才能移民。我们必须让其拄着乞讨之杖离开。对此，我们决不能怀有恻隐之心。我们必须不遗余力地努力打败这样的对手，无视财产权、个人权利及生命，必须摧毁我们身边的这撮犹太人。"[36]

德国人占领波兰后，于 1941 年 8 月 14 日谋杀了马克西米利安·科尔贝，又于 1942 年 3 月 10 日在奥斯威辛集中营谋杀了米哈尔·霍沃卡，因为此二人都是具民族意识的波兰知识分子。1942 年 8 月 7 日，德国人因雅努什·科尔扎克是犹太人，在特雷布林卡谋杀了他。科尔扎克曾拒绝基督教波兰人助其逃离华沙犹太人区的提议，因为他想在黄泉之路上陪伴那些受托需照顾的孤儿。马克西米利安·科尔贝让人在奥斯威辛集中营将自己与一名身为人父的波兰囚犯对换，后者原本将在"复仇"中被杀害。被科尔贝救下的弗朗西斯切克·加约尼切克得以幸存，于 1995 年去世，享年 94 岁。

被羞辱的、傲慢的匈牙利人

1920 年 6 月 4 日，凡尔赛大特里亚农宫签署和平条约，将匈牙利肢解为一个残破的国家，令其失去了三分之二的领土和几乎 60％ 的人口。被分领土上的定居区以马扎尔人为主，但也包括其他民族，是混居的。这些领土不得不被割让给新成立的捷克斯洛伐克和南斯拉夫国家以及大幅扩大的罗马尼亚，布尔根兰州则被割让给奥地利。在分离地区的大约 1000 万人中，有 330 万人按语言、血统和文化认为自己是马扎尔人。绝大多数匈牙利人认为自己是一战中受羞辱最重的失败民族，这不无道理。

随着 1919 年贝拉·昆短暂的匈牙利苏维埃共和国失败，民族主义者普遍将匈牙利犹太人诋毁为祖国的叛徒和布尔什维克。在胜利进军中，反革命分子杀害了大约 5000 人，其中 3000 人是犹太人。不过，在政治、社会和宗教分歧之外，几乎所有匈牙利人都团结在了"不，不，绝不！"的口号下。这也就意味着要打倒特里亚农的和平指令。作家以法莲·基申 1924 年生于布达佩斯的费伦茨·霍夫曼，他在回忆录中描述了当时的情绪。作为学生，他渴望地唱道："哦，我可爱的特兰西瓦尼亚，我们准备为你而死！"这是一首关于匈牙利统一的歌曲。1942 年，基申结束了在布达佩斯商业学院的学习，并完

成了书面考试,主题是"匈牙利这个基督教和欧洲文化的堡垒,英勇抵抗着布尔什维克一伙的冲击".[37]

民族主义和反共产主义的空想钳制住严重分裂的匈牙利社会,为其在 20 世纪 30 年代与德国结盟铺平了道路。柏林做出了布达佩斯想要的行为——对《巴黎和约》进行暴力修改。1938 年至 1941 年期间,希特勒牺牲罗马尼亚、南斯拉夫以及 1939 年 3 月 14 日在其恩典下建立的斯洛伐克,帮助匈牙利获得了大量领土。在意大利的援助下,希特勒将该国的面积从 9.3 万平方公里增至 17.2 万平方公里,人口从 900 万增至近 1500 万。从 1941 年起,匈牙利军队与德国士兵并肩作战对抗苏联。犹太血统的匈牙利人不准携带武器,却被征召去修建阵地或清除地雷。在此过程中,约有 4.2 万名犹太建筑士兵死亡。1941 年 7 月中旬,匈牙利驱逐了 1.5 万名"外国"犹太人,即波兰、斯洛伐克或无国籍的犹太人。1941 年 8 月底,德国警察部队在卡梅涅茨-波多利斯克附近逮捕了这些人。[38]

打破强制性的《特里亚农和约》的意愿"不可逆转地将匈牙利卷入德国的战争政策之网"。1944 年 3 月 21 日,《新苏黎世报》这样评论 2 天前德国国防军的入侵。从那时起,德国才不得不施以温和的胁迫,来确保匈牙利的保守民族势力与其进一步合作。

此前,匈牙利仍是个等级森严的保守国家,特点是有很多家长式的大地主以及存在社会不平衡的怪异现象。尽管自 1919 年 8 月 1 日匈牙利苏维埃共和国血腥结束以来,共产党人一直遭到迫害,其重要的议会权利也被削减,但与纳粹德国不同,不同政见的报纸和政党继续存在,从温和的社会民主党人到反对派,从自由民主的小农党和国家民主党到偶尔被禁的右翼革命箭十字党。右翼保守的复兴党在 20 世纪 30 年代变得更有分量,越来越多地决定了社会气候,但其内部仍存分歧。频繁更换的政府由民族自由的保守名流俱乐部组成，这些俱乐部偶尔会派系化和重组。正如安德烈亚斯·希尔格鲁伯在 1959 年所强调的那样，"在一个以民主主义、法西斯主义和社会主义-共产主义思想间的对抗为特征的时代中，匈牙利是一个特殊的案例"。[39]

这一特殊案例于 1920 年开始，于 1944 年 10 月 15 日结束。巴亚马雷的总统米克洛什·维特斯·霍尔蒂是一位君主主义者，曾任奥匈帝国的海军将领。他让人称自己为"殿下"，决定是战还是和，有权召集议会或令其休会，并可将已通过的法律推迟两次重新审议。不过也只有在那时，他才必须签署这些法律。与希特勒的德国相比，匈牙利有两个特点：内部的自由程度高得多，而社会的平等程度却低得多。匈牙利上层阶级那薄如蝉翼的古老欧洲传统，与希特勒成功打造的由社会下层阶级、新兴知识分子和旧精英组成的联盟相对立。箭十字党与德国的国家社会主义者有关，但由于该国的前现代宪法，推行的社会方案却要激进得多。箭十字党在 1939 年 5 月的选举中赢得了 29 个席位，约占议会席位的六分之一，并在布达佩斯赢得了超过三分之一的选票。他们为"国家社会主义的工人国家"而战，为"人、土地、劳动和人民的解放"而战，为反对"犹太-马克思主义财阀"的"枷锁"而激动。他们为同时克服封建主义和资本主义而战，为把被嘲笑为"散发着臭气的无产者"的工人解放为"对工人充满爱的国家"的平等成员而战。箭十字党威胁的主要是封建秩序，因为它使被压迫的、贫穷文盲下层阶级有了不容忽视的声音。

不少被禁的共产党支持者找到了进入这个强调反犹的政党的途径。该党的成员结构、纲领和影响解释了三件事：首先，匈牙利反犹措施的社会主旨不容忽视；其次，前箭十字党成员在 1945 年后容易成为新生的人民民主共产党的可靠支柱；最后，二战后对谋杀犹太人的缄默，有其社会原因。

马扎尔人的反犹平等之争

在匈牙利苏维埃共和国因暴力而结束后不久，新政府对犹太学生实行了"人数限制"。该项法令于 1920 年 9 月 26 日生效，在议会中以压倒性多数获得通过，并由总理保罗·泰勒基和总统霍尔蒂共同签署。此前，具有民族主义思想的学生曾通过示威对该措施表示支持。由于该法最初只涉及新生，于是引发了进一步的抗议。最后，他们导致关注种族透明度的"真正的马扎尔人"学生要求具有共同决定的平等权。从那时起，他们向招生委员会派出代表作为平等机会的专员，以确保拨给犹太人的"公平配额"不出偏差。

法律通过时，犹太人约占人口的 6％，律师的 51％，工程师和化学家的 39％，记者的 34％，医生的约 50％。这并不奇怪，因为在 1910 年至 1930 年期间，20 岁左右的人高中毕业生的比例从 18.2％ 上升到 22.1％，而非犹太人的这一比例却从 4.3％ 下降至 4.1％。此外，犹太高中生的学习速度更快，获得的学位也更好。到 1866 年为止，没有一个犹太律师获准在匈牙利提供服务。获准是从 1867 年的《解放法》颁布后开始的。30 年后，犹太小商人和手工业者的儿孙在匈牙利现代化、"受过教育的'新中产阶级'中占到 30％—50％"。自然，他们的收入相对较高，且关注子女的教育。

统计学家阿拉霍斯·科瓦奇带着反犹意图计算了 1922 年的情况：犹太人拥有国民收入和财富的 20％—25％，而不是"按比例"有权获得的 5.9％。这种"可怕的"不相称必须得到纠正。但对谁有利呢？正如彼得·蒂博尔·纳吉所证明的那样，根据社会统计数据显示，匈牙利人口的整体利益并未受到威胁："相反，人数限制保证了

21 万个基督教中产阶级家庭的利益，而牺牲了 6 万个处于类似情况的犹太家庭。"大多数已立稳脚跟的基督徒害怕与看似毫不费力就能飞黄腾达的犹太少数族裔竞争。[40]

1920 年的法律有一个看似无害的尴尬标题：《布达佩斯的大学、技术大学、经济学院和法律学院的招生条例》。在决定性的段落中，人们徒劳地寻找着犹太人这个字眼。条例指出："生活在该国的不同种族和民族的入学率应达到有关宗教和民族的比例，或至少是它们的十分之九。"

"种族"一词不应被误解为是对所谓的反犹种族主义的表达，它所针对的并非匈牙利资产阶级中通常皈依天主教的犹太人。除了地方性的专横行为，他们的学习仍是不受限制的。"种族"一词之所以进入法律，目的并不是要在基督教宗教团体间建立一个比例代表制，而是要把宗教上的犹太人逐渐挤出中产阶级的位置。布达佩斯有五分之一的人信奉犹太教，市政府采取相应措施实现上述意图。1920 年至 1921 年，160 名犹太教师被解雇，大量犹太校长被降为学科教师，商业学校的犹太教授也被调至中产阶级学校。[41]

国际联盟以及英国和法国的犹太组织认为人数限制违反了《特里亚农和约》中规定的少数族裔权利。匈牙利政府对他们的抗议作出回应，称要"减少知识无产阶级"，以确保"未来公务员的爱国忠诚"，以及在不同民族间"按比例"实现机会平等。在人数限制生效前，犹太学生的平均比例是"不可接受的"34％，例如佩克大学为 45.2％。到 1921 年底，该比例已降至 11.3％，即以前的三分之一，到 1935 年至 1936 年的冬季学期更是降至 8％。在 20 世纪的 20 年代和 30 年代，成千上万的犹太学生因此转至奥地利、意大利、捷克、法国和德国上大学（至 1933 年）。正如预期的那样，人数限制法改善了非犹太人在劳动力市场上的机会：1928年，犹太人在受过良好教育的劳动力中约占19％；而在被称为"知识无产阶级"的社会阶层中，30％的失业者为犹太人，在布达佩斯更是达到38％。[42]

经过最初的冲击，大学在外交政策的压力下对犹太学生的限制有所放松。事实上，根据有信仰的犹太人在人口中的百分比，配额本应是6％，但这个比例直到1940年才达到。1921年至1931年间任总理一职的民族自由主义者伊斯特万·贝特伦回顾往昔，宣称一直渴望"废除数字条款"，但只有在"匈牙利的社会形势得到巩固"时，才会这样做。与此相反，"在灰烬下冒烟的种族保护运动被认为是无能的"，反犹人士伊斯特万·巴尔塔感叹无比。犹太社区的策略与此相对，其社区名流的干预极其谨慎。事实上，这些限制1928年在官方层面上就已放宽。[43]

1932年10月，公开反对犹太人的久拉·贡博斯接管了政府。这位新总理来自中下层阶级，军衔已升至上尉，曾于1924年共同创立了种族保护党。他当时散布反自由主义的谣言，要求皈依基督教的犹太人也接受人数限制条款的约束。1925年，作为布达佩斯国际反犹大会的协办者，贡博斯表现得很出色。早在1921年1月，他就在《觉醒报》上提出了一些想法，但这些想法直到1938年才得到公众的强烈共鸣："我认为匈牙利政府有必要与犹太复国主义总部联系，以便重新安置匈牙利几十万多余的犹太人。这个民族分散在世界各地的命运，必须从如何保证其他民族安宁的角度来考虑。"在一本用德语写的小册子中，贡博斯强调："无论在哪个地区，犹太人的发言权只能与其人数成正比。"

尽管如此，贡博斯在4年任期内并未收紧现有的反犹法律。相反，他在就职演说中宣布："我重新考虑了对犹太人问题的想法。"这可能受到了霍尔蒂的唆使。而且贡博斯表示愿意把那些"觉得自己属于匈牙利民族命运共同体的犹太人视为兄弟，如同是自己的匈牙利兄弟"。伦道夫·布拉曼认为这纯粹是一种策略，而当代反犹人士则认为是"犹太人的金钱力量"在起作用，迫使总理不得不低头。也许吧。政府悄悄地对犹太少数族裔不利，直到1936年10月贡博斯早逝。在1932年至1933年到1936年至1937年间，犹太学生的比例从12.5％降至7.4％。同时，贡博斯用来自各种社会背景的年轻公务员填补了行政部门、军队和政府机构中的高级职位。通过这种方式，他减少了保守派精英的影响，表现出对"年轻匈牙利"的偏好。对犹太人而言，贡博斯向上述机构进军并不是好兆头。箭十字党的领导人费伦茨·萨拉西也是新晋者之一。其父作为一名职业军人曾获下级军官的军衔，其子则是指挥部将军。[44]

贡博斯的继任者总理卡尔曼·达拉尼在一次重要的双重行动中激化了反犹政策。1938年3月5日，达拉尼暂时禁止了右翼激进和专注社会革命的箭十字党。但同日，他又把后者的部分纲领提升为国家目标。达拉尼并未在议会中宣布这一点，而是在对工业城市杰尔的工人发表纲领性讲话时说道："我们的政府纲领服务于下层人民的福利、健康和文化。在这个纲领中，我看到了种族保护和民族团结思想的体现。……大量犹太人在那些更容易更便利找到工作的部门找到了活儿干。……因此，合法而有计划地解决犹太人问题的基本条件是创造一个公平的局面。"[45]

歧视犹太人是一种"公正"的社会行为

在公正的名义下，达拉尼及其追随者以及大多数听众都理解了该计划，即剥夺犹太人选择职业的权利，并将其在某些职业群体中的份额限制在最初的 20%。1 个月后，即 1938 年 4 月 8 日，政府在议会提出相应的法律，名为《更有效地保护社会和经济平衡的法律》。在人数限制法颁布 18 年后，尽管社会和经济停滞不前，匈牙利国会议员还是开始协助马扎尔人大学毕业生找到好薪资的合适工作。这显然对犹太人不利。

在匈牙利议会上下院的辩论中，许多议员的话都证实了这种理解。反对派兼小农党领袖蒂博尔·埃克哈特为自己的投票辩护如下："在提交犹太人法案很久之前，我就强调根本问题是如何正确分配收入和财产。"另一位议员以阶级斗争的勇气鼓动道，人们终于可以每天看到"所有扫街之人都是基督徒，而坐在车内之人是犹太人"。国家农民党的马蒂亚斯·马托尔奇因该法案"太宽松"，而表示拒绝。他要求"将犹太人的份额减至 5%""将关键行业国有化"。另外，"除了只解决城市问题的《犹太法》（即反犹法）之外，还要有全面且有针对性的社会改革政策，即彻底的土地改革"。

上议院议员佐尔坦·比罗认为，该法"不仅针对犹太资本，还针对从东方移民过来的犹太无产阶级，这些人已超过并剥削了匈牙利东部的既定人口"。比罗的同事维克多·卡罗伊和亚诺斯·特列斯基认为，"为了维护社会和平"，该项法律"势在必行"。在通盘考虑之后，议员们于 1938 年 5 月 29 日以绝大多数票通过了该法。

由于匈牙利的犹太人比例最多只有 6%，因此许多人认为，现在颁布的 20% 的配额还是过于慷慨了。这一点令受影响者的损失相当大，比如新闻界、电影界或教育界人士，还有那些曾经或想要成为医生、律师或工程师的人。特别是议员们还提出了一些条款，来抵制"不公正的犹太人拥有过多的代表权"。例如，在 20% 的雇员配额之外，媒体公司的工资总额只允许将其中的 20% 给犹太人。在拥有 10

名以上雇员的公司中，"在知识领域"工作的犹太人不许超过 20％的比例。这意味着作为报社的工作人员，编辑将被算作雇员，而不是簿记员、秘书、门房、排字工、排版工等。[46]

1938 年的 5 月出台了反犹法之后，同年又提出了另一项以"反对犹太人对国家精神领袖影响过度"为主旨的法律。该项法律于 1939 年 5 月 5 日生效，旨在为"新基础上信奉基督教且不断劳作的匈牙利建立一个美丽的大厦"。在此期间被任命为总理的贝拉·伊姆雷迪在 1939 年 2 月 3 日表达了上述观点。伊姆雷迪很不走运。他大力推进的反犹主义因他自己有一位犹太曾祖母而自食其果，数周后就不得不辞去职务。不过，伊姆雷迪仍是一位活跃的政治家。1942 年，他呼吁"解决犹太人问题"，并认为必须将其与土改以及工人福利的改善更为紧密地结合起来。[47]1946 年，布达佩斯人民法院对伊姆雷迪判处了死刑。

随着第二部反犹法的出台，从 1939 年起，上述职业的配额从 20％降至 12％。无论数量还是工资，皆是如此。自此，总编、部门主管和出版商等领导职位必须由信仰基督教的人担任。自此，公务员队伍不得再聘用任何犹太公务员或雇员。仍然在职的犹太法官和检察官必须在 7 个月内强制退休；教师和公证员的期限则是 2 年。所有高教机构以及中等学校都严格适用 6％的数字条款。不过，由于招收的犹太学生还是比规定的人数略多，所以很快就得到弥补，1939 年至 1940 年冬季学期新招收的犹太学生的比例被降低到 1.4％。[48] 该做法接近于零招收。这也适用于与犹太人拥有的公司签订的公共合同，这些公司受到 6％的限制。为了防止外国的抱怨不被重视，匈牙利于 1939 年 4 月终止了自己在国际联盟的成员资格。

一个新成立、拥有 600 名员工的办公室负责监督法律的实施。德国外交官将其简称为犹太人委员会。[49] 雇主必须每 6 个月向该办公室报告雇用了多少名犹太脑力劳动者。然后，委员会告知其在未来 6 个月内应将人数减至什么程度。除了侵犯了职业自由，该法还剥夺了大多数犹太人的选举权和被选举权。由于多数犹太人投票给自由派，所以该措施其实间接地有利于民族主义右派和右翼激进分子。此外，内政部长获得授权，可以撤销犹太人 1914 年 7 月 1 日后获得的匈牙利公民身份。最具威胁性的一段在最后——授权政府"促进犹太人的移民，并制定有关的犹太人资产出口的法令，否则就得要获得法律的支持"。根据这段由民选机构通过的规定，匈牙利政府于 1944 年毫不犹豫地没收了该国 72.5 万犹太公民的资产，鼓励其"移民"到奥斯威辛。

第三部反犹法于 1941 年 8 月生效。作为匈牙利法律中的一个新事物，它定义了"半犹太人"。根据 1935 年德国（纽伦堡）的血统法，每一个来自所谓基督教-犹太教混合婚姻的孩子都被认作（完全）犹太人，前提是他或她是某个以色列宗教团体的成员。议会的辩论围绕两个问题展开：一方面，完善隔离政策，如议员伊姆雷迪所说，促进"犹太人在未来出走"；另一方面，将具一半犹太血统的人纳入其中应令国家无偿划拨土地的可能性得以扩展。在激烈的气氛中，小农党的反对党议员贝拉·瓦尔加主张强制驱逐一半的犹太人。最后，贝特伦伯爵总结道："在众议院，除了强迫犹太人移居到一个犹太民族国家之外，没有发言人会提出其他解决办法。"[50]

在日益加强驱逐法力度的同时，国家开始推动"无疑充满基督教精神的"贸易运动。为上进青年提供的支持方案包括：优先其就读贸易学校并提供奖学金，为其创业提供优惠贷款及非全日制夜校课程。波及面从簿记到海关，从铁路和航运关税到橱窗装饰和对广告的巧妙利用。事实上，这些年轻人在学校已受到资助的刺激，试图"适当地利用《青年法》为其提供的机会"。到 1941 年中期，布达佩斯市政府已废止了 700 个犹太市场的商人摊位；当时在整个匈牙利，有 4500名谷物商人失去了许可证，农贸部门的情况皆是如此。霍尔蒂总统在强调这些措施的同时，鼓励马扎尔青年："我们必须在孩子和青年的身上植入对经济生活的兴趣，以及对自由职业的倾向性。……我相信，我们这个有天赋的种族，适合做任何事情，也可以实现这一切。"[51]

1940 年 8 月 30 日，第二次维也纳仲裁后，罗马尼亚刚将北特兰西瓦尼亚归还匈牙利，匈牙利政府就剥夺了那里的犹太人的权利——撤销其贸易许可证，并发布哪里允许犹太企业经营而哪里不允许的规定。此外，犹太人被打上了合作者以及已被征服的在罗马尼亚横行了20 年的暴发户的标签。1942 年 5 月 9 日，《匈牙利人民报》上的一段文字证明了这一论调。该报策划将犹太商人从科洛兹瓦尔（克卢日）市的主要广场上强行赶出："到目前为止，格林和科恩家族统治着主要广场。罗马尼亚的新贵以及占领者的上层阶级是商店的最佳顾客。来自罗马尼亚本土的尊贵女士们来到这儿，购买丝绸和精美的英国鞋垫、毛皮大衣、珠宝、蛇皮鞋，总之是最好和最时尚的一切。当匈牙利群众饿着肚子、两手空空的时候，他们却在掂量着丝绸和黄金。"[52]

至 1945 年，工业化程度不高的匈牙利农业基本是建立在封建庄园耕作、身材矮短的庄园主、农夫、女仆和只受季节性雇用的日工之上。在 1900 年至 1914 年期间，由于土地贫困和工业化不足，他们中有 140 万人移民至美国。1937 年，应国际联盟要求而写的一份报告的作者对匈牙利农村人口与欧洲其他地区相比呈现出的明显贫困感到悲哀。他们所依靠的除了"面包和辣椒粉"就是"辣椒粉和面包"，

"如果最坏的情况发生，还有一点熏肉"。地主实施体罚、发放或拒绝发放结婚证的权利仍存在，这决定了当时匈牙利农村穷人的生活。根据 1930 年的人口普查结果，有 230 万人生活在这种条件下，这几乎占据了整个人口的三分之一。[53]

鉴于烤箱般的苦难，议会两院反复辩论土改的必要性。然而，依然强大的贵族设法阻止这个举措。1938 年，许多主要政治家同时提出了"为土改目的要求获得犹太人土地所有权"的想法。即便缺少确切的数字，也可以合理地假定，犹太业主及其租户拥有 10% 的农林用地。这是 1939 年第二部《犹太法》第 15 和 16 条的目的。该法规定"将犹太人从所有农村财产中排除"，即没收其财产，以便"为土改提供新动力"，从而"加强马扎尔人的力量"。[54]

土改遵循的逻辑是"对茅屋和巴勒斯坦人来说是和平，对犹太人来说则是战争！"1939 年 2 月 22 日，泰勒基说道："任何政府都不会怀疑，土地应落入匈牙利人之手，而且应该落入那些与土地没有家族传统关系的人手中，这会更安全"。1942 年 3 月 19 日，泰勒基后来的继任者米克洛什·卡洛伊在议会重申了他"完全没收犹太人财产"的意愿。被热烈的掌声打断后，他继续说道："根据《种族保护法》，我将对这些土地财产进行查封。……我还将没收犹太人手中的所有森林。……我们会很好地利用被没收的森林财产，用于我们未来的定居政策。"除房地产外，没收的物品还包括生活用品。[55]

在这一切中，卡洛伊不能被认为是德国政府意志的执行者。恰恰是他试图使匈牙利脱离与德国的威胁性联盟。从这个角度理解，卡洛伊把他的反犹政策视为自己"独立行动方式"的"证明"——他声称是在遵循自己的社会政治目标。那些想要获得和耕种被没收的新土地的人，不允许超过一定的低收入限制，必须至少有 3 个孩子，或者登记为战争英雄或战争受害者。

1942 年 9 月 6 日，面对暴风雨般的要求，议会还将没收范围扩大至前一年被合法剥夺资金的半犹太人的森林和田地。州土地信贷局开始负责重新分配被掠夺的土地和建筑。1943 年，该局公布了一份"出色的资产负债表"，基本都是"由需要转让的犹太人财产构成的"。1944 年，《匈牙利国民经济》杂志盛赞该机构道："这个具有利他主义性质的领先农业机构（能够）发挥出超乎寻常的盈利效果。"这指的是从犹太业主手中夺走超过 30 万公顷的土地。

"有利可图"的社会政策要求更多。因此，出现以下事态就并不令人惊讶了：1942 年 10 月，总理卡洛伊将一般的愿望导向新的对象，并宣布了一个特别的"犹太人的战争费用贡献"——该词用于描述对财产的强征。接着，他还立刻切换至下一个项目，一个从马扎尔人的角度来看充满关爱的项目："社会问题还包括住房，其特点也是对社会不利，但对犹太人有利。我还不能详细描述该程序，但想通过这种方式解决住房问题。"

卡洛伊在 1942 年 4 月的一次公开演讲中，已经设想了马扎尔人未来没有犹太人的幸福生活："这个问题只有通过白纸黑字的方式才能解决。犹太人必须被赶走，必须剥夺其对匈牙利土地的所有权和使用权"。他最后感叹道："除了将 80 万犹太人驱逐出匈牙利以外，没有任何其他解决办法。"这时，报纸报道指出："掌声在巨大的大厅里激荡了几分钟。"根据另一个消息来源，他补充道，"经济生活的正式去犹太化"是不够的；"犹太精神也必须被消除"。他指出，犹太人必须"被逐渐从匈牙利的生活事务中消除掉，不是以较慢的速度，而是以较快的速度""除了迁移 80 多万犹太人，没有其他最终的解决办法"。在柏林，有人在这个演讲后说道："匈牙利犹太人问题的解决也在一步步取得进展。"[56] 然而，在柏林人看来，匈牙利的犹太政策走得还不够远。众多文件证明了这一点，这里只引用了一个。1943 年 4 月 16 日，米克洛什·霍尔蒂在与希特勒的谈话中宣称："他已经做了一切，以体面地应对犹太人的事情。但犹太人绝不能被谋杀，或以任何其他方式被杀死。"[57]

与霍尔蒂一样，1920 年至 1943 年间相对独立的匈牙利犹太人政策的倡导者只在特殊情况下才想到大规模谋杀。他们制定了积极的目标，希望创建一个全国性的统一而强大的国家。德国人在 1944 年 3 月占领该国后，立刻对这种自 1920 年起慢慢形成、而后加快速度的公共氛围加以利用。越来越严厉的反犹法助长了人们的普遍贪婪，满足于被逐者的丰富遗产。最主要的是，犹太人消失了。在此基础上，匈牙利内政部的官员和警察部队开始与艾希曼的小分队紧密合作。

关于反犹法和法律本身的长期辩论使"匈牙利社会习惯于'合法'的排斥形式"。针对犹太人学习和职业的禁令越来越多，随后的部分没收使许多人"无需个人努力，就能获得非常有利的上升，这要感谢国家以及对其他生计的牺牲"。这使措施具有"社会改革的外观"，并为大多数人接受。在现实中，反犹法支持早已崩溃的过时秩序。因此，该国犹太人"在人身安全方面越来越多地受到无情的威胁"，最终被驱逐出境。在社会上对此起决定性作用的是众多积极的反犹者，那些助长小规模怨恨的人，以及众多最后在战争后半期用犹太人的遗产来充实自己的人。这种决定性作用不是在政治上。犹太人，难道他们不是一直"如此无礼和苛刻"吗？难道他们不是一直惦记着自己的"私利"吗？左翼自由派政治家伊什特万·比博观察到了这一切，并于 1948 年在《论犹太人问题》一文中写下这一点。在进行总结的最后一节，他所用的标题为"我们对犹太人的责任"。[58]

第八章　1938—1945：驱逐和流放

埃维昂会议[①]：把犹太人安置在哪里？

在美国总统富兰克林·罗斯福的召集下，讨论犹太难民的国际会议于 1938 年 7 月 6 日至 15 日在法国边境小镇埃维昂莱班举行，英美两国外交官负责筹备。会议召开的目的是讨论如何使来自德国和奥地利大约 50 万犹太人的移民成为可能的问题，是纳粹德国的国家恐怖主义强迫他们移民的。然而预期并不乐观。在这几个月里，面对奥地利犹太人在德国吞并奥地利后大规模逃往德国，以及德国当局正在把这些身无分文的不受欢迎者赶过边界或赶上移民船的情况，32 个参与国中的许多国家都采取措施以减少或阻止受种族迫害的犹太人的涌入，比如荷兰、瑞士、南非和几乎所有拉丁美洲国家。

与 1938 年开始的驱逐政策相比，至 1937 年底，德国犹太人面临的强制移民仍然是相对可预测的。在 50 万犹太人中，约有 13.5 万人当时已经屈服于越来越大的压力而逃亡或定期向外移民了。其中，3 万人逃往其他欧洲国家，1.5 万人逃往北美，2.1 万人逃往南美，4000 人逃往南非，4.3 万人逃往巴勒斯坦，2000 人逃往其他地区。此外，还有约 2 万名犹太人回到了他们的东欧原籍国，其中大部分人回到了波兰。[1]

下文并没有评估在埃维昂莱班暴露出的动摇不定的态度，由于希特勒的阴险狡诈，罗斯福明智而人道的意图失败了。在这里，会前、会中和会后的保留意见和特别要求将说明人们如何看待当时大德意志帝国（注：苏联之外）大约 400 万中东欧犹太人的处境和未来。

受委托负责筹备工作的英国外交部高级官员担心，这次会议将加强其他国家也要摆脱本国犹太人的愿望。1938 年 5 月提交给外交大臣哈利法克斯勋爵的一份文件里如此写道，不管埃维昂会议能取得多少成果，"中欧犹太人问题迟早会被提出来，只有通过全面的，也许是激进的行动才能解决"。这次会议可能会激起波兰、罗马尼亚和匈牙利对各自国家的犹太少数族裔施加更大的压力和更严厉的措施，并引发"可能几百万人的人口流动"。[2]

当美国正式邀请罗马尼亚参会时，罗马尼亚外长尼古拉·佩特雷斯库-科姆嫩欣然答应。他告诉美国特使，他非常希望该倡议"能够扩展到罗马尼亚"。戈加-库扎政府的最后发声是 1938 年 2 月 9 日发表于《民族观察报》的采访。在采访中，库扎解释了他设想中与希特勒领导的德国如何进行战略联盟："我们必须让西方民主国家做出选择，要么为犹太移民开辟新的地区，要么接受暴力解决方案。我们正在艰难地让人民免受大屠杀的影响。但法国和英国要明白，我们不能

---

[1] 1938 年 7 月 6 日至 15 日，来自 32 个国家和救济组织的代表在法国温泉度假胜地埃维昂莱班举行会议，讨论德国的犹太难民问题。美国呼吁各国找到该问题的长期解决办法，然而，多数国家都因害怕难民增加会导致经济进一步恶化，而不愿放松对移民的限制政策。会议于 1 周后结束，除多米尼加共和国外，没有其他国家愿意接受更多难民入境。会议的成果之一是建立了政府间难民委员会，该委员会将继续处理难民问题。（摘自 https://encyclopedia.ushmm.org/）

一直像现在这样做，他们必须迅速做出决定。"10 个月后，下一届罗马尼亚政府以更温和的口吻起草了一份备忘录，但仍在致力于实现同一目标。1938 年 12 月 5 日，备忘录被递交给伦敦。其中，罗马尼亚方要求在西方列强"果断行动"的帮助下，与犹太组织合作建立一个犹太国，"以便迅速自上而下地解决犹太人问题"。[3]

1938 年 9 月 20 日，波兰驻德大使约瑟夫·利普斯基和阿道夫·希特勒在柏林进行了一次非常友好的对话。希特勒兴高采烈地建议"在与波兰、匈牙利以及可能还有罗马尼亚达成协议的基础上，通过向殖民地移民来解决犹太人问题"。正如利普斯基所回答的那样，他向波兰外长约瑟夫·贝克转达道："关于这一点，我宣布，如果他（希特勒）找到这样的解决方案，我们将在华沙为他树立一座宏伟的纪念碑。"[4] 在那几周里，波兰与德国保持着友好的联系，因为希特勒想要并且正在考虑在即将吞并苏台德地区的过程中给波兰一块领土——对运输很重要的捷克边境城镇特申以及周围的奥尔扎河地区。温斯顿·丘吉尔评论道，波兰也像秃鹫一样在捷克的尸体上盘旋。[5]

不久后，柏林和华沙的关系转冷，希特勒准备对波兰发动战争。这就是为什么波兰外长贝克于 1939 年 4 月 5 日至 6 日在伦敦进行谈判。与此同时，德国政府将居住在德国的 1.7 万名波兰犹太人经过东部边境驱逐回他们的"故乡"，并于 11 月对犹太人进行大屠杀，德国军队还占领并瓜分了捷克斯洛伐克全部领土，迫使立陶宛归还梅梅尔（今立陶宛的克莱佩达），并将斯洛伐克的相当一部分领土作为战利品送给匈牙利。英国政府在贝克外长访问的公报中宣布，将尽快与波兰签署互助条约。虽然目前不是优先事项，但英国方面在公开声明中加入了贝克的建议，即"解决犹太人问题的所有国际努力都应该包括在波兰的犹太人"。考虑到罗马尼亚的请求，贝克在访英时指出"罗马尼亚也存在这样类似的问题"，英国方面向他们保证，英方完全认识到这一问题的困难，并将"随时与波兰和罗马尼亚政府讨论"。[6]

在德国和奥地利的 11 月大屠杀发生后不久，尽管英国方面一再提出请求，美国外交官还是拒绝考虑。波兰驻美大使耶日·波托茨基迅速进行了干预。他认为，"美国只关注在德国遭受可怕迫害的犹太难民"，而波兰 300 多万犹太人的问题却被简单地忽略了，这是不公平的："波兰政府希望摆脱这些犹太人，但他们并没有受到虐待。"一天后，波托茨基再次与美国务院负责欧洲事务的官员通话，他威胁道，如果在犹太人移民问题上不把波兰放在与德国平等的位置上，"可能会爆发许多反犹主义的暴力事件"。[7]

1938 年春，英国方面仍然在寻找可以谈判的最低限度。他们意识到波兰、罗马尼亚和匈牙利的强烈意图，不得不把他们排除在会议之外。这不是一件容易的事。此外，他们对于英国王室各州和殖民地国家以建设性的方式参与埃维昂莱班的会议进程的呼吁也落空。殖民地的反应是不屑一顾或者根本不予回应。最初，只有澳大利亚政府愿意派遣一名代表到埃维昂，并事先同意每年接收 500 名犹太难民。新西兰、加拿大和南非则予以拒绝。加拿大总理表示，"通过制造内部问题来解决国际问题"毫无意义，并以美国为反例，认为美国方面应该保护同属美洲大陆的加拿大"免于动荡和过度移民而带来的混乱"。南非政府告诉英国，"南非的犹太人已经够多了"，特别是他们不想在即将到来的竞选时期做任何促进移民的事情。

会议期间，只有澳大利亚代表商务部长托马斯·怀特谈到了可能引起许多人共鸣的特别考量。"由于我们澳大利亚不存在种族问题，每个人都会理解我们不想急于制造这样一个问题。"当英国内阁后来讨论埃维昂最终决议可能给英国带来的义务时，内政大臣塞缪尔·霍尔表示一定会尽力而为，但"国内对接纳犹太人感到相当不安"。[8]

犹太人有序移民的前提是德国当局有一定的合作意愿。实际上，英国外交部门承认他们对大规模移民的兴趣有限，因为他们追求的是两个对立的目标：一方面是将身无分文的犹太人驱逐出境，另一方面是将他们作为谈判的筹码，敲诈西方民主国家。1938 年 4 月 26 日，纳粹德国领导人赫尔曼·戈林强迫帝国中的非雅利安人向税务局申报他们的资产。英国方面非常明白其动机，这项措施将帮助德国政府"占有犹太人的财产"，即使被剥夺者仍留在德国国内。在变得毫无同情心之后，这个政府现在准备"让德国的犹太人受苦、挨饿和死亡"；人道主义的反对意见在柏林毫无作用。[9]

除了眼前的困难外，世界政治局势也限制了犹太人问题的解决前景。1936 年起，在英属巴勒斯坦托管地上多次爆发了反对犹太难民涌入的阿拉伯人起义。为了防止局势进一步混乱，英国方面做出了温和的反应并限制了移民。（1920 年起，有 30 万犹太人在巴勒斯坦定居，其中包括自 1933 年起来自德国的约 4 万名犹太人。）在德国、意大利和苏联的军事推动下，西班牙内战愈演愈烈，这可能会危及到英国商船和军舰在直布罗陀海峡的自由通行。意大利拥有殖民地厄立特里亚和索马里兰，并自 1935 年起在对埃塞俄比亚的战争中不断扩大其领土。1937 年，墨索里尼开始征服利比亚；日本军队在中国登陆。

为了确保在经济和战略上都对英国非常重要的苏伊士运河的安全，必须与阿拉伯国家和伊斯兰世界一起找到一种勉强可维持的和睦相处方式，正如弗里茨·基弗所解释的那样，"必须用金钱和放弃在巴勒斯坦建立一个犹太国来收买他们的忠诚"。英国军官和许多负责任的殖民地官员认为地缘战略的考虑是最重要的。在他们看来，在任何情况下都不能为了"在德国、奥地利或其他地方对犹太人的迫害"

而可能产生的"外部考虑"而牺牲本国利益。当时，大英帝国境内生活着几十万犹太人，但穆斯林却有 8000 万。

埃维昂会议——一个没有终点的起点

美国主要外交政策的制定者对完全扭曲和不可预测的欧洲国家（"一个颠覆性的世界"）感到恼火。西班牙内战、少数族裔的争吵、专制政府的趋势使他们感到困惑："欧洲之锅又沸腾了"；"危机正以令人振奋的节奏接踵而来"；"斯大林将通过别人的战斗而获益，而不是通过自己的战斗"。法国空军的状况令人担忧，而英国的飞机工业水平也远远落后于德国。英国同事敦促他们的美国伙伴建造大型军舰。美国驻科隆总领事阿尔弗雷德·克利福斯从德国发回报告称，普通民众团结在希特勒身后，因为他提供了食物、工作和民族自信心。克利福斯称，他从未在任何国家见过这种情况，德国工人被要求每周工作 58—60 个小时，但是他们却很高兴。那些特别充满干劲的人可以登上前往挪威或加那利群岛的游船，"显然，德国人最渴望的就是有机会进行这样的旅行"。这位美国外交官由此得出结论："以这种方式贿赂工人是纳粹最有效的武器之一。"[10]

面对这种困境，罗斯福总统告诉他的亲信，是时候"对犹太人问题采取'拿破仑式'的解决办法了"。正如他的难民事务顾问詹姆斯·麦克唐纳在伦敦的一次初步谈话中所说的那样，他正在考虑"一项对犹太人在半经济基础上资助的伟大定居计划"。总统的决心源于他对国际联盟犹豫不决、毫无效果的逃避的蔑视。一旦受到大规模思维的启发，他主张"将埃维昂会议的议程扩展到中欧国家"。他表明自己准备好接受波兰、罗马尼亚、立陶宛和匈牙利政府的反犹愿望和计划，并将其作为合理关切。这种未经深思熟虑的言论在伦敦和巴黎引起了纯粹的恐惧——以及成功的抵抗。[11]

　　除了总统的远见卓识，麦克唐纳向他的英国同事提出的建议目前仍然是务实的。美国同意每年接收 2.7 万犹太难民。确切地说，这种限制已经存在，但对于整个德国移民群体而言，迁入美国的机会现已完全让给德奥的犹太人群体，他们甚至取代德国移民而越来越多。麦克唐纳期望大英帝国的各州和殖民地也能提供同样的配额。他并没有指望法国政府，因为他们可能会利用这次会议"摆脱一些难民"。会议没有在原则上讨论有限移民的成本。对外，英美两国的会议代表不得不提出要求，德国犹太人应该"被允许携带他们自己的一些财产"。对内，他们现实地假设德意志帝国政府关心的是"掠夺犹太人并把他们当作一个奴隶阶层来对待"。[12]

　　1938 年 3 月 19 日，罗斯福总统公开宣布将召开此次会议。1 周后的 3 月 27 日，希特勒通过电台广播以及在《民族观察报》上刊登的一篇演讲中迅速以自己的方式回答了他："我只能希望并期待另一个世界，在那里，这些国家对这些罪犯（犹太人）抱有如此深切的同情，他们至少会慷慨地把这种情感上的同情转化为实际帮助。我们准备主动将这些罪犯放在豪华轮船上供这些国家处置。"从那时开始，德国领导人以其特有的卑鄙手段，试图扰乱和利用会议。在接下来的几周里，数百名被当局抢劫一空的德国犹太人在逃离过程中又遭到追捕，纳粹越过停火分界线，甚至越过多瑙河向捷克斯洛伐克和匈牙利进发。不久之后，根据"纳粹斩首官"海德里希的命令，4000 名年轻的犹太男子在维也纳被捕并受到严重的虐待，其中 2000 人被关押在德国巴伐利亚的达豪集中营。

　　这场恐怖行动旨在激怒世界公众舆论。作为一场引人注目的人道主义灾难，羞辱、酷刑、集中营监禁和死亡的言论四处流传，迫使犹太组织尽可能持续地向所在各国政府施加压力。犹太人援助组织和外国政府要迅速将大量外汇转入德国账户,以支付犹太人的移民费用。随着 1938 年 11 月 9 至 10 日的大屠杀和紧随其后的 2.5 万犹太男子被极其暴力地驱逐到集中营,希特勒政府再次使用了同样的手段,不过这一次是大规模的,且以"消灭犹太民族"的坚定意图为指导。出于同样的意图,党卫军报纸《黑色军团》于 11 月 24 日报道称,如果犹太人不尽快消失,他们就将"像罪犯一样被灭绝"。[13]

没收犹太人的资产当然也在继续,这一举措符合德国的国家利益,这个国家已经负债累累,甚至在国内也不再享有信誉。犹太人财产的价值约为 80 亿帝国马克,与 1938 年通过常规税收、征收税款和关税流入帝国财政部的 170 亿帝国马克相比,这是一个相当大的数额。[14] 考虑到这一点,在埃维昂会议的次日,联邦外交部指示负责处理难民问题的德国驻外使团:"关于德国是否能帮助犹太人手中的资本转移的问题",回答肯定是否定的,"因为犹太人积累的资本——尤其是在一战后——不能指望德国允许他们转移";另外,这是一个"不容置喙的德国内部问题"。[15]

匈牙利没有派代表前往埃维昂;罗马尼亚、波兰和希腊派出了观察员;意大利则拒绝出席。由于瑞士不想进一步加剧本国与德国的不稳定关系,会议无法在位于瑞士的国际联盟城市日内瓦举行,邻近的法国小镇埃维昂成为替代地点。瑞士没有派外交官作为代表,而是派出了联邦外侨警察局长海因里希·罗特蒙德。同时,日内瓦《万国公报》也以这样的标题报道了此次会议——"这是一个未生先死的会议",一个死胎。

1938 年 7 月 8 日,担任会议主席的美国特派大使迈伦·泰勒庄严宣布会议开幕。他提到了目前正在发生的"大规模强迫移民",坚持要求未来几天的会谈取得"快速、有效"的成果，并起草一份"长期和全面的方案"，如何做到这一点尚未清楚。英国代表不得不避免使用"巴勒斯坦"这个词，并尽可能与到场的众多犹太组织代表保持距离。对美国代表来说，甚至讨论是否可以从埃维昂所在州的公共资金中筹集移民财政援助都是一个禁忌。法国和英国代表敦促他们天真的美国同事，不要向"波兰人、罗马尼亚人和其他中欧国家的人"暗示他们会帮助这些国家的难民。这将诱使这些国家的政府"立即"增加对本国少数族裔的压力，并使西方国家面临"不可估量的风险"。

在公开发言中，代表们列举了自己国家已经接收了多少难民，并表示他们已经尽了最大努力。德国的《犹太评论报》冷静地记录道："也许各国代表无法讲出其他话，正如一个会议期间广为流传的笑话所说的那样，任何期待发生一些别的事的人都过于天真。"不乏非犹太报纸对会议的困难进行更多的同情性评论。7月11日的《洛桑公报》是这样说的，不少人认为犹太人拥有"对自身这样一个少数族群来说过于强大的地位"，因此"在一些地方，对他们的反对已经发展成全面攻击"。天主教资产阶级报纸《自由比利时报》在7月7日会议刚刚开始时就指出："他们在一战前不是说世界上十分之一的黄金属于犹太人吗？"相比之下，法国同类报纸《十字架报》在7月14日发表评论道，人们必须听到求救的呼声："我们绝对不能参与灭绝行动，绝对不能通过彻底消灭整个民族来解决犹太人问题。"[16]

正如对这样一次会议所期望的那样，埃维昂的代表们就最低限度达成了一致。毕竟，他们决定成立拥有一定权力的政府间委员会。该委员会将与德意志帝国和犹太组织谈判任何可行的事情。至于被迫移民的财产问题，代表们很难事先决定，仍有一部分要求尚待与德国谈判。代表们在内部一再提到15％至20％的财富份额是给流离失所者的。

资产转移问题涉及一个严肃的话题。随着针对犹太人的恐怖活动不断增加，德国政府希望如果他们同意在谈判中作出轻微的人道主义让步，西方国家可以放弃对德国商品和服务进行抵制。德国严重缺乏外汇，进口原材料和重整军备的机会非常有限。由于纳粹政府的债务政策，外国市场不再接受帝国马克。出于这个原因，想要从德国合法移民他国的犹太人很早之前就不得不把珠宝、宝石、艺术品、黄金、外币和外国证券留在德国。仍然生活在德国和奥地利的犹太人则被迫在 1938 年夏天 "以最快的速度" ——按照赫尔曼·戈林的原话，将这些贵重物品卖给帝国银行，作为回报，他们收到了几乎毫无价值的帝国国库债券。[17]

因此，正如约瑟夫·特南鲍姆于 1938 年 8 月 17 日警告的那样，任何出于人道主义原因想用外汇赎买犹太人自由或者想帮助德国商品出口的人，都在 "帮助希特勒建立战争机器"。他把这封令人震惊的信寄给了自 1936 年起担任世界犹太人大会创始主席的拉比斯蒂芬·怀斯。怀斯向他的导师路易斯·布兰代斯寻求建议，布兰代斯赞同了特南鲍姆的观点，并警告强调道，这样的经济安排 "对犹太人来说是一个致命的错误，当然对全世界也是如此"。3 年半之后，纳粹高官赖因哈德·海德里希在为讨论 "犹太人问题最终解决方案" 的万湖会议致开幕词时谈到，当时 "保护德国的外汇库" 是多么重要——至 1941 年，外国的犹太组织已经 "通过捐款" 为德国提供了 950 万美元的资金。[18]

德国的强权者们想通过一切手段获得用于重整军备的外汇，当局尽可能彻底地征收犹太人的财产，迫使他们身无分文地穿过边界。1938 年 12 月 6 日，即 11 月大屠杀 "水晶之夜" 发生约 4 周后，在与埃维昂成立的政府间委员会进行初步谈判时，赫尔曼·戈林向纳粹各省党部头目、州长和帝国议会发表了关于《犹太人问题》的演讲。有鉴于此，戈林赞扬了"最近发生事件的好的一面，即移民问题变得尖锐，人们发现犹太人不能继续在德国生活了"。至于财政部分，他表示"非负数"——我们不能也不会为犹太人的离开花费任何外汇，他告诉犹太组织的代表："我说过，只有一种办法可以允许你的犹太同胞，在支持你们的政府——这里主要是指美国和英国——的帮助下，筹集外币贷款。"戈林要求他们停止对德国的抵制，这涉及"非常可观"的金额，他还得意洋洋地强调："我如何使用这些钱是我的事。"[19] 显然，德国当局计划用这些外汇购买军工厂急需的原材料。

埃维昂会议提出了有序强制移民的要求，其中包含了一个务实和人性化的计划。这一计划几乎完全是由美国政府倡导的。如果他们每年收留大约 3 万名犹太难民，那么相对于美国的总人口来说也只是千分之二；如果拥有 6 亿人口的大英帝国也收留 3 万人，那么每千人的比率会更低。最后，如果像埃维昂一样的州共同同意一个不太可能引起国内冲突的类似适度配额，那么每年就可以"轻松"容纳来自德国和奥地利的 10 万犹太人。如此，会议涉及的 50 万犹太人将在 5 年的时间内被分配完——5 年对于重大国际项目来说当然是短暂的。美国政府的目的是引导疯狂的强制移民进入有序的方向，并以一种规范的方式进行。尽管困难重重，坚持不懈的美国外交官还是说服了与会者就进一步谈判的程序达成一致。同时，美国确实信守承诺：1939 年接收了 4.35 万受到威胁的欧洲犹太人，1940 年又接收了 3.7 万人。[20]

该计划的顺利实行以美国代表兼会议主席迈伦·泰勒的希望为前

提，即德方能够"恢复理智的心态"。但希特勒政府想要的是战争，这粉碎了外交手段的可能性。这场会议充其量只能再多拖延对方几个月。应该为会议失败负责的是德国，而不是其他国家。[21] 如今我们对此有了更多的了解。埃维昂会议的替代方案是对纳粹德国率先发动预防性战争。但是，受宪法和选举约束的民主国家政治家应该如何对这种做法负责和执行呢？

战争、民族政策和大屠杀

二战初期，德国政府将关于犹太政策的煽动和掠夺意图与一个总体计划相结合，即对数百万人进行"种族分离"，并向东"扩大德国的生活空间"。为此，帝国总理希特勒于1939年10月6日在国会发表了相关的纲领性演讲。他宣布将数量众多的德裔外国人群体进行转移，特别是那些由于1939年8月24日签订的《德苏互不侵犯条约》和1939年9月28日签订的《德苏边界和友好条约》而已经或即将落入斯大林权力范围的人。此外，还包括大约20万意大利南蒂罗尔人——总计50万人。希特勒随口提到，东南欧也"充满了不可持续的德意志民族的碎片"。他指的是匈牙利、罗马尼亚、南斯拉夫、斯洛伐克和保加利亚的约200万德国人。

希特勒把他的计划说成是"有远见的欧洲生活秩序"，说成是通过新形成的"人种关系"来实现普遍的"欧洲安全感"的开始。他的意思是将"民族的重新安置"与纠正国家边界结合起来，以便在各个民族之间建立"更好的分界线"。不仅在中东欧，而且在"几乎所有南欧和东南欧国家"。根据他总是虚伪的和平承诺，这些措施是为了

"至少消除欧洲冲突的一部分素材"，其中包括特别困扰东欧和东南欧政府的问题。而德国却一直在为其推波助澜："在这方面"，将进行"整理和解决犹太人问题的尝试"。[22] 帝国总理是这样描述大规模驱逐出境计划的。

希特勒把自己的真实意图隐藏在半遮半掩的话语背后，从第一天起就淡化了德国在波兰的野蛮统治做法。然而，任何局外人都能从一个具体细节中立即认识到，柏林指示的欧洲重新安置工作是通过什么方式和出于什么目的来进行的。1939 年 10 月 7 日——就在前一天，希特勒为了庆祝战胜波兰而发表了一场具有里程碑意义的演讲，他任命盖世太保首脑、党卫队帝国长官海因里希·希姆莱为"清除人民中间残渣余孽"行动的执行者。为了这项额外的任务，这位党卫军帝国长官和德国警察总监又给自己戴上了第三个同样崇高的头衔：德意志民族性强化国家专员部长。

分配计划立即揭示了驱逐和重新安置项目与德国统治下的国家对犹太人的恐怖活动之间的密切关系。为了执行新任务，希姆莱设立了两个新的办公室。二者都在他的知己国家安全总局长赖因哈德·海德里希的控制之下，后者已经控制了盖世太保、安全警察和安全局。移民中心办公室负责重新安置，即德国人在国外的家庭安置。另一个办公室则负责对所有不受欢迎的人进行大规模驱逐和隔离。这两个办公室携手合作，同步安置和驱逐数十万人，可以说是齐头并进。他们的工作人员都是经验丰富的党卫军官员。因此，阿道夫·艾希曼的立场也发生了变化。在 1939 年的秋天前，他一直负责维也纳、柏林和布拉格的"犹太人移民"工作，现在回到柏林，领导新成立的"移民和驱逐事务"部门，编号为 IVD4（即后来的 IVB4）。他在波森或罗兹等前哨的雇员属于第二个办公室。艾希曼一直作为上级领导居住在柏林的帝国中央安全局，负责指挥驱逐波兰人的工作一直到 1941 年的夏天，之后是驱逐塞族人、克罗地亚人、斯洛文尼亚人和犹太人。

对于任何有警觉的观察者来说，这些都是透明的，正如下例所示。根据 1939 年秋德国与意大利缔结的重新安置协议，讲德语的南蒂罗尔人将被重新安置。他们不必听从"帝国的召唤"，但面临着另一种选择：接受重新安置或无情的意大利化。只有极少数自称拒绝搬离的"钉子户"反对重新安置或强迫意大利化的选择。"同胞们，" 1939 年底，他们在南蒂罗尔分发呼吁书称，"这是你们的自由决定，在你们的祖国和波兰的加利西亚之间做出选择。……你们要住在波兰居民被赶出的小屋里，在农场里工作，而农场主和他们的妻子和孩子都被赶了出来。夹在敌对民族之间，被斯洛伐克人、捷克人和波兰人包围，俄国布尔什维克就在附近，你们要在与波兰人的民族斗争中被'利用'，被他们当作侵略者而不受欢迎和憎恨，直到你们被赶出这个国家，因为风水轮流转，在不远的将来，波兰人将从你们那里夺回从他们那里夺来的房子和田地。你们将不得不再一次去流浪，没有财产。然后去哪里？没有人知道，尤其是那些今天用他们不择手段的宣传引诱你们离开祖国的人。"[23]

尽管每个报纸的读者都可以获得这样的见解，但德国的民族政治意图并没有引起完全的负面反应。自 1923 年希腊与土耳其签订重新安置的条约起，强迫重新安置的主谋们获得了支持。希特勒在 10 月 6 日的讲话中所使用的语气符合一个已经被认可的政治学派。在二战之前，意大利已经与南斯拉夫签订了一个小型的重新安置条约，并准备了一个关于南蒂罗尔人的影响深远的条约。在条约的支持下，南斯拉夫、罗马尼亚和保加利亚多年来一直在将其穆斯林少数族裔成员

"重新安置"到土耳其。1938 年 9 月 29 日的《慕尼黑协定》① 中也有一段关于这种"遣返"的内容。根据这项协议，捷克斯洛伐克必须割让主要由德国人居住的苏台德地区。它是由德国元首和意大利元首与法国总理和英国首相共同签署的。根据第 7 条，该条约为交换在边界剧变后仍居住在对方领土上的少数族裔提供了可能性。[24]（该条款没有生效，因为数月后，德国军事占领并拆散了捷克斯洛伐克的其他地区。）

然而，英国政府界人士于 1939 年再次提出了一个人口交换计划，以在德国和波兰之间进行调停。在战争开始前不到 2 周的 8 月 18 日，伦敦外交部想从英国驻卡托维兹领事那里了解他是否认为有可能在人口交换的帮助下克服当前的危机。领事的回答是否定的，因为上西里西亚的不同语言人群过于混杂。尽管如此，几天后，英国大使内维尔·亨德森爵士访问了波兰驻德大使，并建议与德国外交部长讨论人口交换的想法。亨德森建议"将其作为结束少数族裔冲突的唯一方法——与南蒂罗尔的条件相同，但在这里要简单得多"。8 月 27 日，亨德森向伦敦报告道，"希特勒先生"向他表示，他想"解决东部边境马其顿的问题"。亨德森表示了同意，并说"在国籍观念如此强烈的今天，人口交换是一个非常有用的解决方案"。[25] 在这次谈话中，希特勒也只是释放了一些谎言，例如，他援引了德国所谓的"永不再与俄国发生冲突的坚定决心"。[26]

尽管英国人寻求妥协的过程可能会是把双刃剑，但与美国在埃维

---

① 1938 年 9 月 29 日，在慕尼黑召开了由希特勒、墨索里尼、张伯伦、达拉第参加的德意英法四国首脑会议。为了"祸水东引"，把希特勒的法西斯引向苏联，作为一种交换条件，英法两国首脑决定把捷克斯洛伐克的苏台德区"转让"给德国，这就是臭名昭著的《慕尼黑协定》。（参见《皇家啤酒馆：专制独裁领袖的酿造场》，载《社会科学论坛》，2014 年第 8 期）

昂的努力相似，所有的外交努力被希特勒不惜一切代价开战的决心所粉碎。在与亨德森会面的 5 天后，他把波兰压垮了，使其变成了民族政治的对象，从第一天起就与大规模谋杀联系在一起。对于被占领的波兰中部，德国总督汉斯·弗兰克于 1939 年 11 月宣布："这个冬天将是一个艰难的冬天。如果没有波兰人的面包，就不应该来抱怨。……关于犹太人没有什么大惊小怪的。……死得越多越好。"[27]

东南欧盟国

与匈牙利、奥地利和德国一样，保加利亚也是一战的失败者之一，因而遭受了领土的损失。1918 年，罗马尼亚站在胜利者的一边，但在 1940 年却成了匈牙利、保加利亚和苏联边界修正的受害者。斯洛伐克和克罗地亚的出现只是由于德国的暴力政策。所有这些盟国都有一个共同点——拥有大量的少数族裔，并且它们都想摆脱这些少数族裔，无论是以有组织的人口交换方式还是以驱逐到敌对邻国的形式。

梦想没有任何外国人存在的大保加利亚

直到二战爆发，600 万保加利亚公民中的 5 万犹太人基本没有受到骚扰。该国与希腊进行了人口交换，并与土耳其就每年重新安置的穆斯林人数达成共识，其中有几十万穆斯林当时仍然生活在保加利亚。1940 年，保加利亚与罗马尼亚就划分有争议的多布罗加地区和迅速实施人口交换达成了协议。

在德国的影响下，但在没有胁迫的情况下，政府在 1940 年宣布反犹主义是国家的一个目标，并向议会提出了"保护民族法"。该法案在议员们讨论后获得通过，并于 1941 年 1 月 23 日生效，在由保加利亚沙皇鲍里斯三世签署后一举剥夺了保加利亚犹太人几乎所有权利。其主要规定为：禁止与基督徒结婚、以劳役代替兵役、经警察批准方可改变住所、剥夺选举权和被选举权、登记财产、禁止土地所有权和限制职业。

1941 年 4 月，在德国击败希腊和南斯拉夫后，保加利亚这位盟友收到了德国承诺的领土礼物：南斯拉夫的马其顿（瓦尔达马其顿）、皮罗特市周围的南斯拉夫地区、希腊西色雷斯和希腊东马其顿的部分地区（卡瓦拉马其顿）。4 月 21 日，保加利亚军队进驻上述地区。保加利亚总理波格丹·菲洛夫是一位在德国弗赖堡接受过教育的古典语言学家和考古学家，他通过电报向希特勒表达了"对德国军队解放马其顿和色雷斯最深切的感谢"。

为了在财务上更容易应对许多新的任务，早在 1941 年的夏天，保加利亚政府就没收了本国犹太人在前一年申报的资产的四分之一。1942 年 5 月，它征用了 4612 家大小犹太企业。除此之外，从那时开始，犹太人必须在公路和铁路建设中从事强制劳动并佩戴特殊的臂章。同时，政府颁布了将被吞并的色雷斯和马其顿领土上的希腊人的财产国有化的条例。至 1942 年 3 月，当局已没收 1761 家希腊企业，包括纺织厂、造船厂以及塞尔维亚被驱逐者的遗产，然后他们把所有的物质战利品卖给了保加利亚人。

政府希望迅速将"被收回的领土"保加利亚化。在入侵期间，它已经宣布它"主要任务"是"清除他们中的外国人口，包括被称为殖民者的希腊人和塞族人以及犹太人、土耳其人、吉卜赛人和亚美尼亚人"。黑山人和达尔马提亚人也受到这些计划的影响。

保加利亚政府首先驱逐了被称为殖民者的希腊人和塞族人。他们在 1913 年和 1919 年的和平协议后移居到现在的保加利亚领土，或者作为种族统治战略的一部分在那里定居。因此，政府下令："必须强迫塞族殖民者返回塞尔维亚。"就希腊人而言，保加利亚政府预见到了更大的困难，因为他们最初是从小亚细亚重新安置而来的。尽管如此，它还是下令："种族原则不仅适用于所有犹太人，而且也适用于希腊人和所有其他非雅利安人。"

因此，26450 名塞族人被从马其顿的斯科普里区驱逐到塞尔维亚，而在色雷斯至少有 3 万名希腊人被驱逐回希腊。1941 年 6 月，在保加利亚议会通过了"重新解放区"的公民权法后，那里的所有非保加利亚居民都失去了公民权。他们不得不支付额外的税收并会在不久的将来被驱逐出境。至 1943 年，这种命运又降临到 10 万塞族人和大约相同数量的希腊人身上，2.5 万希腊人不得不迁往保加利亚腹地。[28]

德国方面，特别是其军事部门多次施加压力，要求放慢或停止驱逐，因为它们威胁到塞尔维亚和希腊的占领秩序，并且这也是游击队的支持来源。德国还担心这会造成其与中立国土耳其的关系趋于紧张。正是在这种背景下，保加利亚政府暂时不将穆斯林驱逐到土耳其的命令可以理解。"鉴于对一个种族纯正的国家提出如此要求，显而易见，土耳其问题的最终解决方案不可能是在双边协议的基础上将土耳其人驱逐到土耳其。然而，这样的最终解决方案是未来才需考虑的问题，这一点在目前无法实现。"[29] 犹太人的情况则不同。在这里，德国盟友提供了一项似乎不会导致任何副作用的措施。

1943 年 2 月 22 日，保加利亚犹太事务专员亚历山大·别列夫和艾希曼的代理人特奥多尔·丹内克尔做出最后的决定，将超过 1.1 万犹太人"从色雷斯和马其顿的新省份运送到东德地区"，这一点已经得到保加利亚政府的确认。[30] 事实上，1 个月后，他们被驱逐至波兰的特雷布林卡集中营并惨遭杀害。保加利亚政府主动围捕这些注定丧命的人，将他们锁进铁路货车并运到多瑙河港口洛姆。然后，保加利亚人搬进了犹太人的空置公寓，以使土地永久地保加利亚化。稍后，马其顿比托拉的犹太事务委员会专员格奥尔基·扎姆巴佐夫报告了他如何出售近 800 个被驱逐家庭的房屋："随着犹太人的离开，根据关于清理被带出国的犹太人的财产的第 8655 号法令，我开始出售他们的遗物。事实证明，最快速和最可行的方法是当场出售。"[31]

正如延斯·霍普所解释的那样，保加利亚对犹太人的行动"必须置于整个少数族裔政策的大框架中"。这涉及"通过强制同化、驱逐（如驱逐被占领土上的希腊人）或在某些情况下谋杀（如谋杀被占领土上的犹太人）来实现人口的同质化"。[32] 德国特使和驻保加利亚的警察专员对此不抱幻想。他们愤愤不平地向柏林报告道，由于缺乏意识形态和种族政治洞察力，保加利亚政府不认为犹太人问题"需要在原则上解决"。通过种种措施，该国政府只是在吞并的土地上追求"主要的物质利益"，"包括将被驱逐的犹太人的财产分配给可靠的保加利亚人"，"从而满足他们的要求"。[33]

在 1.1 万犹太人从新征服的领土上被驱逐出去后，保加利亚犹太事务委员会的官员也努力将保加利亚的老犹太人脱手给德国人。但在 1943 年，经过一些抗议和该国世俗和精神精英的讨论，政府拒绝将这些主要居住在首都的犹太人立即转移到德国的权力范围内。这其中的原因具有实用性。1942 年至 1943 年冬，德国国防军在斯大林格勒战役中失利，在北非正蹒跚地走向投降。这改变了索非亚的基本政治态度。现在必须考虑进一步驱逐犹太人会对国家造成多大的永久性损害。从这个角度来看，5 万名保加利亚中部的犹太人获救，主要是因为盟军对希特勒的作战渐入佳境。当时，与德国结盟的罗马尼亚政府和斯洛伐克政府也持类似看法。

匈牙利的种族政策

匈牙利摄政总统米克洛什·霍尔蒂长期倡导种族暴力，并将其美化为维持和平的工具。他赞许地祝贺希特勒在 1939 年 10 月 6 日的主旨演讲："你将德国少数族裔重新安置在其原来的家园的意图解决了很多问题，防止了摩擦，应该将这个优秀的想法应用于其他少数族裔"。霍尔蒂想到的是德国人、罗马尼亚人、斯洛伐克人、乌克兰人、塞族人、鲁塞尼亚人和自己国家的犹太人。不管希特勒如何推进，他早就认为激进的人口交换是可取的。1934 年，他曾对他的波兰同事约瑟夫·毕苏斯基说过，在宿敌苏联解体后会发生什么："为了创造永恒的和平和满足，可以交换不同地区和民族的人口。"[34]

在德国和意大利的支持下，匈牙利于 1940 年从罗马尼亚重新获得了北特兰西瓦尼亚①地区，1941 年从新征服的南斯拉夫获得伏伊伏丁那、巴奇卡和现在的斯洛文尼亚于伯穆尔地区。随着每一次的吞并，不仅外国马扎尔人如愿回到了圣斯蒂芬的神圣王冠的领域，与之同来的还有几百万属于不受欢迎的民族的人。这样，在 1938 年 11 月至 1941 年 4 月期间，匈牙利犹太人的数量从 40 万人增加到 72.5 万人。此外，边界变换导致 22 万罗马尼亚人离开特兰西瓦尼亚北部并迁往罗马尼亚，从而增加了那里住房和工作压力。许多罗马尼亚人也留在大匈牙利境内，并且被视作讨厌的人。[35]

---

① 该地在今欧洲东南部，相当于今罗马尼亚西北和中部地区。1867 年成为奥匈帝国的属领。一战后，奥匈帝国瓦解，该地区根据《凡尔赛条约》划归罗马尼亚。二战期间，部分地区被匈牙利占领，1947 年复归罗马尼亚。（参见《世界历史地名辞典》，吉林文史出版社，1990）

1943 年，当霍尔蒂在与希特勒的会议上抱怨纳粹领导层对当时
70 万匈牙利德国人的煽动时，两人很快达成了协议，会议记录证明：
"元首在这里插话道，在这种情况下，最好的解决办法就是直接把德
国人从匈牙利带走。霍尔蒂非常同意这一建议，并指出塞族人和匈牙
利人之间已经进行了交流。"毕竟，德国也需要人，匈牙利需要为自
己的人民提供更多的生活空间。因此，霍尔蒂认为，如果"匈牙利的
德国人被交换"会更好。[36]（在战争期间，匈牙利在较小的范围内组
织了克罗地亚、波斯尼亚和塞尔维亚的人口转移。[37]）

　　早在霍尔蒂和希特勒的谈话之前，匈牙利的代表就曾多次向德国
盟友提出重新安置犹太人的问题。1940 年底，当时的总理泰勒基在
与希特勒的谈话中表示，"在缔结和平时，犹太人必须被带出欧
洲"。[38]1942 年初，约瑟夫·赫斯雷尼少将向德国特使克洛迪乌斯提出
驱逐约"10 万名无国籍犹太人"的提议。7 月，匈牙利驻柏林武官桑
多尔·霍姆洛克以一种可以理解为恳求的形式重复了同样的请求。阿
道夫·艾希曼拒绝了。这种"部分行动"需要付出不合理的努力，
"而对解决匈牙利的犹太人问题不会有任何帮助"。在接受匈牙利自由
派《佩斯特·劳埃德报》主编的采谈时，匈牙利驻德特使斯托尧伊·
德迈主张驱逐 30 万匈牙利犹太人"到俄罗斯"——在记者的要求下
改为 10 万。他的对话者急切地询问了后果，斯托尧伊承认这将意味
着被驱逐者的死亡。

　　1942 年 10 月 6 日，以卡雷总理为首的外交部高级官员拉斯洛·
韦伊男爵在布达佩斯接待了艾希曼的合作者迪特尔·维斯切尼，并告
诉他匈牙利准备首先将喀尔巴阡山脉乌克兰和特兰西瓦尼亚北部的
10 万名犹太人安置到德国，在第二阶段，"平坦的国家和最后的首都
布达佩斯跟上"。1942 年 11 月 25 日，特兰西瓦尼亚党总书记贝拉·

泰勒基在议会中建议，居住在北特兰西瓦尼亚的东正教犹太人应该得到重新安置，因为那里同时还居住着匈牙利人。与此同时，大约 15 万真正的马扎尔人（即匈牙利人）将在那里得到一个新的家园。[39]

上述建议预计了 1944 年的驱逐顺序，并同意在安排其他所有人之前首先运送信东正教、讲依地语的犹太人。这些人主要居住在有民族争议的地区，如喀尔巴阡山脉乌克兰和特兰西瓦尼亚北部。政府想把他们赶走，以便在国家的新地区，特别是在城市里让匈牙利人居住，为他们提供职业机会和更好的生活，而牺牲被驱逐者的利益。正如希特勒于 1943 年 4 月 16 日在萨尔茨堡附近的一次会议上[①]向其盟友霍尔蒂建议的那样，根据会议记录，他说匈牙利和斯洛伐克一样，也可以"把犹太人关进集中营"，这样做的好处是"通过解放被犹太人占据的职位，为本国人的子女开辟许多机会，并为人民有才能的孩子提供截至当前被犹太人垄断的职业"。[40]

基督教匈牙利人的社会动员速度加快而损害了犹太人利益的这种观点，自 1920 年的数字条款法以及 1938 年起，一直主导着国家的公共舆论。在匈牙利政治家和基督教公民看来，不是奥斯威辛的毒气室实现了他们的犹太政治愿景，而是目的地不明的征用和驱逐。这里是匈牙利和德国的利益交汇，因此这不是一个简单的合作问题；相反，必须谈及利益的一致性。这并没有排除不同的愿望和意图，但确实导致了这样一个事实，即在 1944 年，42.3 万匈牙利犹太人经双方同意被驱逐到奥斯威辛，其中约 37 万人在那里或其他集中营被杀害。匈牙利官员完全征收了该国犹太人的财产，将他们的动产拍卖给匈牙利

① 1943 年初，希特勒眼中的匈牙利更像是个中立国家，而不是德国的同盟国。因此于 1943 年 4 月，在萨尔茨堡附近的克拉斯海姆堡总部召见了霍尔蒂，就匈牙利对德国的责任、清除匈牙利境内的犹太人以及卡拉伊的政策等问题进行责备。（参见《希特勒统治下中欧和北欧犹太人的命运》，载《民族译丛》，1992 年第 1 期）

人，所得款项一律缴入国库。他们没收了犹太人的银行存款、保险单和证券，将房地产和企业转为公有以便日后出售。所有这一切都顺利进行，并与德国占领军达成了良好的协议。

在1945年5月8日至9日德意志帝国无条件投降之前的数月里，匈牙利同步发生了一起对欧洲民族政治连续性具特殊意义的事件。3月，匈牙利东部已经被苏联红军攻克。3月15日，匈牙利将军贝拉·米克洛什在临时首都德布勒森签署了没收德国匈牙利人财产的法令。1944年7月21日，又是他在"狼穴"中试图暗杀希特勒。在前一天的暗杀企图之后，他宣布对匈牙利保持忠诚，并毫无异议地听取了独裁者关于谋杀犹太人的散漫解释。与米克洛什一起签署该法令的还有农业部长伊姆雷·纳吉这位1956年反斯大林主义叛乱政府的领导人和烈士。该法令名为"消除大型土地所有权法"，它也针对贵族，但根据第4和第5段，专门针对（《特里亚农和约》中）匈牙利德国人联盟的20万德裔成员，或者"重新获得德国发音的姓氏"的人。[41] 1945年春，匈牙利官员用他们刚刚对犹太人使用的同样方法征用了该国东部的匈牙利德国人。不是为了奥斯威辛，而是为了熟悉的目的——种族同质化、安置来自现在再次成为罗马尼亚北部特兰西瓦尼亚的匈牙利难民、启动土地改革、给国家财政创造收入。与此同时，他们在仍被德国国防军控制的匈牙利西部的同事们继续进行征用犹太人财产的工作。不久之后，他们也改变了自己的活动目标，没收了那里的匈牙利德国人的财产。

战后匈牙利的第一个文职政府由自由民主派政治家佐尔坦·蒂尔迪领导。他首先成为总理，然后是共和国总统。1948年，共产党人迫使他辞职；1956年，他成为叛乱政府的一名部长。他的政党是面向西方自由民主的小农党，1944年3月前一直在议会中驻有代表，并且曾在 1938 年批准了匈牙利第一部关于对犹太公民的物质歧视的法律，理由是"收入和财产的适当分配是根本问题"。[42]

种族清洗政策在不同的政府和政府形式之间形成了一种纽带。在 1944 年至 1950 年间，摄政王米克洛什·霍尔蒂在 1944 年 5 月——即开始驱逐犹太人时——所希望的事情在一个再次缩小领土的匈牙利实现了："战后，"一份外交报告写道，"每个外国种族者，无论是犹太人、罗马尼亚人、塞族人还是德国人，都必须离开这个国家，匈牙利人则必须再次成为这个国家的主人，他们自己也希望如此。"[43] 在德国人被驱逐和一些人口向邻国转移之后，匈牙利的种族比以前任何时候都更纯洁了。

罗马尼亚的种族政策

1939 年至 1940 年的冬天，对来自爱沙尼亚、拉脱维亚和波兰东部的属于少数的德裔的重新安置影响了大约 20 万人。这些人来自中东欧的苏联附属地区，由于 1939 年 9 月秘密缔结的德苏重新安置协议，而不得不放弃自己的家园。对相当一部分罗马尼亚德国人的重新安置是基于一些不同的动机。这可以解释为德国希望在东南欧进行种族、政府和经济重组的结果。

1940 年 6 月 28 日，苏联在德国的认可下完成了对罗马尼亚北布科维纳和比萨拉比亚省的吞并。1940 年 8 月 30 日，罗马尼亚将北特兰西瓦尼亚割让给了匈牙利，1 周后的 1940 年 9 月 7 日，南多布罗加①割让

---

① 多布罗加，在今欧洲巴尔干半岛的东北部，位于多瑙河下游和黑海之间。于公元 14 世纪末归属奥斯曼帝国，18 世纪至 19 世纪为俄土战争的战场之一。1877 年，罗马尼亚独立。之后，占领了多布罗加北部的大部分土地，1913 年第二次巴尔干战争后又获得了该地区南部的部分土地。今天，多布罗加的中部和北部属于罗马尼亚，南部属于保加利亚。（参见《世界历史地名辞典》，吉林文史出版社，1990）

给了保加利亚。为了满足其盟友匈牙利和保加利亚及其条约伙伴苏联的需要，德国政府连续三次严重侵犯了罗马尼亚的利益。但它迫切需要这个国家，因为它的石油储藏和小麦盈余对战争经济极为重要。为了缓解局面，希特勒答应罗马尼亚政府重新安置部分讲德语的少数族裔。这个想法是为了在这些地区重新安置德裔。在这些地区，由于边界的巨大改变，大多数在罗马尼亚出生的被迫重新安置者和难民预计将来自现在分配给匈牙利、保加利亚和苏联的地区。在很短的时间内，帝国政府不仅将德国人从当时的苏联地区带回了德国，还将罗马尼亚南部布科维纳和多布罗加北部的人带回了德国——总计 21.5 万。几乎所有的人都将被重新安置在被德国占领的波兰，并在那里引起了对波兰人和犹太人更严厉的镇压。[44]

在布加勒斯特，人口学家萨宾·曼努伊拉领导了以实践为目的的人口学家队伍。1932 年，他提交了一份研究报告，建议建立一个国家机构，"与南斯拉夫、匈牙利、捷克斯洛伐克、俄罗斯、保加利亚和希腊开展人口交换"，以解决罗马尼亚的少数族裔问题。[45]1937 年至1947 年，他担任中央统计局长，可以直接接触当权者，并在他的书面报告中强烈主张强制人口转移。1940 年夏，他逐字逐句引用希特勒于 1939 年 10 月 6 日向德国国会提出的委婉说法为这种计划辩护。与后者一样，他暗示，数百万人的"移植"将结束那些"在目前不断导致国家间紧张关系的摩擦"。1941 年 4 月，曼努伊拉庆幸自己能够帮助塑造一个罗马尼亚人口问题将得到永久解决的时代。[46]

1941 年 6 月和 7 月，罗马尼亚 12 个师与德国国防军一起入侵苏联，夺回了比萨拉比亚（摩尔达维亚）和布科维纳北部。在这样的基础上，曼努伊拉在 10 月提出了"全面和强制性的人口交换"的计划。[47]罗马尼亚国家元首扬·安东内斯库元帅在 8 月 15 日关于"政治人口项目"的个人谈话中鼓励他这样做。他要求他的人口学家"对比萨拉比亚和布科维纳的人口和财产进行清点"。按照要求，曼努伊拉立即提供了数据。这些数据主要限制在 1939 年的边界中，基本上是大罗马尼亚地区，除了比萨拉比亚和布科维纳之外，还包括北特兰西瓦尼亚，该地区在 1940 年被重新划归匈牙利。罗马尼亚领导人希望大面积获得归还这部分土地，因为希特勒和戈林现在不时地佯装愿意在东部胜利后仁慈地审查与德国结盟的两个国家之间的这一争端，以利于罗马尼亚，并以其他方式补偿匈牙利。[48]

曼努伊拉提议将特兰西瓦尼亚和巴纳特的一些严重城市化的边缘地区割让给匈牙利，然后进行彻底的人口转移。"在政治上，现在是时候了，"他兴奋地说道，"建立一个彻底的种族同质化的罗马尼亚。"本着所有爱国主义的最纯粹和谐的精神，在所有爱国者的心目中，他预计"所有具有离心力的少数群体都有越界的离心倾向"。随后，未来的国家领土将被来自邻国的有血缘关系的罗马尼亚人填满，绘制"永恒的罗马尼亚"的（实际上并非永恒，而是所谓的）外部边界，以便"政治和民族方面的举措完全重合"。罗马尼亚"将以这样一种方式建构，即政治和民族路线将完全一致"，一劳永逸。根据该计划，第一步是用许多塞族人与南斯拉夫交换相当少的罗马尼亚人。当时，同样的情况也会发生在匈牙利、保加利亚、德国保护国波兰、乌克兰和俄罗斯与罗马尼亚之间。

根据这一设想，在这一阶段完成后，仍将有 8000 名特兰西瓦尼亚的萨克森人和巴纳特的施瓦本人留在该国，以及 20 万鞑靼人和土耳其人，他们的"移植"只有在预期的胜利和平之后才会开始。据此，根据曼努伊拉的说法，一切都赞成将萨克森人和施瓦本人遣返到一个更大的"未来德国"，而正如 1936 年以来的条约中所规定的那样，土耳其政府对其进行管理。总之，穆斯林少数族裔一步一步地走向土耳其安纳托利亚。1931 年 1 月 1 日至 1938 年 7 月 1 日期间，有 5.2 万土耳其穆斯林居民已经从罗马尼亚多布罗加转移到土耳其。1937 年 4 月 1 日，根据 1936 年土耳其和罗马尼亚之间的谈判达成的移民安置条约开始正式生效。该条约规定，在 5 年内将有另外 3.5 万个家庭离开罗马尼亚，从而为罗马尼亚基督教农民腾出另外 10 万公顷土地。[49]

曼努伊拉在计算好这一切并确定了时间后，开始谈论大罗马尼亚地区 76 万犹太人的问题。他的方案中最后一个非常简短的观点，标为"第七步"，涉及犹太人和罗姆人（也称吉卜赛人），但没有关于他们的数字："犹太人和吉卜赛人的问题将在人口交换的背景下解决，并且是单方面的交换。"将所有项目加起来，540 万非罗马尼亚人将从罗马尼亚消失，再加上数量尚不清楚的罗姆人——约占人口的 28%。作为回报，海外的 160 万罗马尼亚人将被"吸纳"进来。

与第一至第六步的情况不同，曼努伊拉没有为第七步指定一个目的地。在"单方面的交换"这一本质上无意义的词汇选择背后隐藏着什么？1941 年夏末，当明面上的肇事者还在微调他们的民族政治总计划时，以驱逐出境、犹太区化和致命恐怖的形式"单方面的交换"犹太人的行为已经发生了——不是作为第七步，而是作为第一步，已经事先计划的直接措施。曼努伊拉知道这一点，这就是为什么他的表态如此简短。对于将犹太人驱逐到虚无的地方，他没有给出种族或宗教的理由，而是给出了物质的理由。根据他的统计结果，犹太人中的大多数人从事贸易、工业和自由职业，"这一事实确保他们的生活水平远远高于国家的中位数标准"。这位首席人口学家热衷于打破这一"经济霸权"。据他说，犹太人以他们的商店和银行"主宰"了主要街道，而人数比其多出许多倍的罗马尼亚人却在勉强维持着悲惨的生活："他们住在街道旁，分散在田野里，他们是政府官员、仆人，等等。"[50]

1941 年 1 月，希特勒曾向他的罗马尼亚盟友暗示，对苏联的战争可能到来。在这一背景下，国家元首扬·安东内斯库于 2 月 7 日向部长会议提交了他打算对犹太人实施的计划：首先，他们必须被隔离，然后在时机成熟时被驱逐到"在国际层面上分配给他们的"地区，这与德国在对苏战争前几个月的犹太政策相吻合，即尽可能多地隔离犹太人，在东方取得胜利后，将他们驱逐到苏联最荒凉的地区。这也是曼努伊拉所说的"单方面的交换"的意思。[51]

1941 年 6 月 22 日，德国和罗马尼亚军队开始对苏联的战争。同日，扬·安东内斯库向农民党领袖尤利乌·马纽解释道，只要犹太人消失，国家的巨大结构性问题就能在其"整个广度和复杂性"中得到解决。他们的征用将有可能为罗马尼亚化企业和农民提供贷款，使他们的企业现代化，取代犹太人的人员，从而减少失业。所有这些都将"直接惠及"罗马尼亚国民，并导致"关系到我国人民重大利益的改革"。

2 周后的 1941 年 7 月 3 日，扬·安东内斯库的副手米哈伊·安东内斯库向部署在被重新征服的比萨拉比亚和北布科维纳的宪兵军官灌输道，你正面临着一个"历史时刻"，即把国家的"种族清洗"提上日程。目前，犹太人不得不被关进劳改营，然后（像其他"外来分子"一样）被"强制移民"。[52]关于布科维纳和比萨拉比亚，米哈伊·安东内斯库 5 天后在内阁中毫不客气地发表了明确的声明，其中也包括了罗马尼亚南部的布科维纳：

"所有犹太人必须从村庄中消失，并立即交出他们的财产。……

让我们利用有利的机会获得更多的农场，然后我们可以重新分配这些农场，而不与 1940 年分配的财产的所有者产生社会冲突。"后者指的是苏维埃当局自 1940 年夏天起在被吞并不到 1 年的布科维纳和比萨拉比亚地区进行的农业用地重新分配，以便在政治上整合土地贫民。在这里，必须在新老业主之间找到一种平衡。政府打算以牺牲犹太人为代价来维持国家的心理、社会和经济平衡，这涉及犹太人的房地产、企业、存货和个人物品。

在同一次会议上，安东内斯库毫不含糊地回答了如何处理被征用者的问题："即使你们中的一些传统主义者不理解我，我也赞成强制重新安置来自比萨拉比亚和布科维纳的所有犹太分子；必须把他们赶到边界以外。同样，我也赞成强制重新安置乌克兰人，他们在这里已经没有任何业务。……在我们的历史上从未出现过如此有利的机会——全面地、彻底地、自由地、一劳永逸地摆脱所有民族的束缚，在全国范围内清洗和更新我们的人民。"[53]

安东内斯库恳请他的部长同事，包括军方和警方："一定要坚定不移。甜蜜的、模糊的、哲学性的人道主义在这里没有地位。""如果有必要，就开动机枪！""从一开始就尽量少搞形式主义！"安东内斯库用这样的措辞抨击"一个种族"，他声称，"他们想成为各地的统治者"。那时他指的可能不是老罗马尼亚人，而是在罗马尼亚占领区的 30 万犹太人。毋庸置疑，副总理米哈伊·安东内斯库代表国家元首扬·安东内斯库发表了充满杀气的演讲。战争开始的前几天，后者曾指示宪兵队在新征服的领土上"当场"杀死村里的犹太人。[54]

在战争的第一年，罗马尼亚宪兵和军队成员杀害了 15 万至 18 万名各年龄段的犹太人，这些人主要是来自被重新征服的领土和德涅斯特河地区。许多生活在布科维纳南部和位于东部、靠近边境的罗马尼亚老城雅西的犹太人也成为种族灭绝的受害者。1941 年 6 月 29 日，那里发生了一场大屠杀，造成 1.3 万名犹太人死亡。[55] 戈培尔发现，罗马尼亚盟友的血腥事件堪称典范。1941 年 8 月 19 日，他在日记中指出："就犹太人问题而言，今天人们无论如何可以看到，例如像安东内斯库这样的人，其所作所为比我们迄今所做的更加彻底。"2 天后在布加勒斯特，一位罗马尼亚骑兵军官在私人早餐会上讲述了德涅斯特河这边和另一边的犹太人被灭绝的情况，"几十个、几百个、几千个犹太人被射杀"。作为一个"普通的中尉"，他能够"通过命令或亲手杀死任何他想杀的犹太人；仅开车送他去雅西的司机就射杀了 4 个犹太人"。1941 年至 1944 年间，罗马尼亚士兵和宪兵总共谋杀了至少 25 万名犹太人。[56]

1941 年 9 月 5 日，对犹太人的大屠杀已经开始。国家元首扬·安东内斯库在部长会议上就布科维纳和比萨拉比亚未来的人口政策发出指示："彻底疏散犹太人和所有其他渗入的人，乌克兰人、希腊人、加告兹人和犹太人，他们必须被全部撤走。"1942 年 2 月 26 日，也是在部长会议上，他表示打算将"那里的所有外国人"从被征服和吞并的德涅斯特河地区赶走。在那里的 230 万居民中，只有 8.3％以罗马尼亚语为母语。

所谓安置工作所需的权力已经存在。1940 年 9 月，后来的罗马尼亚化、殖民化和库存办公室的雏形已经出现，用以组织 8 月决定的与保加利亚的小规模人口交换。当时，11 万罗马尼亚人不得不离开南多布罗加，大约一半的保加利亚人不得不离开北多布罗加。北特兰西瓦尼亚回归匈牙利后，约有 20 万讲罗马尼亚语的难民从那里抵达该国。[57] 在这种情况下，罗马尼亚政府加强了反犹措施和法律：回顾 1943 年的《法兰克福汇报》可以看到这样的话，"针对犹太人的经济地位的措施接踵而至。1940 年 10 月 5 日，宣布国家为犹太人所有农村财产的合法所有人和受益人；被征用的财产将主要移交给（1940年在大规模胁迫下割让给匈牙利和苏联的）领土的难民。……第二年3 月，城市财产随之而来"。[58]

罗马尼亚将新来者安置在那里，作为人口战略的一部分，它征用了犹太人的财产，帝国巩固德国国籍专员从罗马尼亚的中心地带重新安置了总共 8000 名德国人。在一份关于"安置工作"的简短报告中，曼努伊拉的一名雇员后来向德国专家听众解释道："就目前而言，物质要素包括 26 万公顷的可耕地，通过重新安置德国人和征用犹太人，这些土地已经转归国家所有。"[59]

1941 年 12 月 4 日，提图斯·德拉戈什接任国务卿，着手内阁罗马尼亚化、殖民化和库存办公室的工作。在此之前，他曾在财政部担任秘书长。在这一权限范围内，难民和重新安置者管理局负责征用犹太人和安置罗马尼亚人的工作。扬·安东内斯库指示他的内政部长和德拉戈什一起制订一个有限的计划，最迟在 1942 年 5 月，从比萨拉比亚南部"疏散"所有非罗马尼亚人，并在这块土地上填充"罗马尼亚元素"。1942 年 11 月 6 日，安东内斯库要求加快人口转移的"初步理论工作"，包括整个比萨拉比亚和布科维纳，特别是外涅斯特里亚。[60]

但没有什么结果。1942 年底，重新安置计划被大幅缩减，也被严重推迟。与保加利亚政府一样，罗马尼亚政府及其人口政策顾问并没有因为更好的洞察力而得到帮助，而完全是由于反希特勒联盟的战争成就，特别是 1942 年至 1943 年冬季德国和罗马尼亚军队在苏联前线的惨败而转危为安。从这时起，罗马尼亚政府缓和了推行的恐怖政策，拒绝了德国希望从罗马尼亚中心地带引渡 30 万犹太人的愿望；

更重要的是，罗马尼亚也开始欢迎来自波兰或匈牙利的犹太难民。[61]

赶出斯洛伐克，在克罗地亚大规模谋杀

1939 年，斯洛伐克作为受德国恩典建立的独立国家仍对柏林有所依赖。德政府不断干涉该国的内部事务。然而，具明确针对性的"协商"一再触碰边界。这表现为，斯洛伐克和保加利亚一样（后来是匈牙利），也先将犹太人引渡至德国，然后擅自结束驱逐，并像罗马尼亚那样，保护了在 1944 年夏逃离匈牙利的犹太人。1940 年，斯洛伐克的 270 万人口中有 8.9 万名犹太人。

1942 年春，斯洛伐克的执政者决定将 6 万名犹太人驱逐至德国的劳改营。此事发生后的 1942 年底，布拉迪斯拉发临时政府"终止了与德意志帝国的这部分合作"。正如塔佳娜·滕斯迈尔所写，原因有二：各位主教和教廷大使朱塞佩·布尔齐奥这些天主教的著名代表干预了犹太人的利益；德国的军事成功并未实现，导致民众情绪发生了倾斜。尽管斯洛伐克剩余的 2.9 万名犹太人被剥夺了财产，但他们一直相对不受干扰。这一局面一直维持到 1944 年底德国国防军占领该国数周。

滕斯迈尔认为，1940 年迅速剥夺斯洛伐克犹太人权利和财产的依据，以及将至今都一贫如洗的少数族裔赶出该国的迫切愿望，其动机与导致如此多的国家接受德国所提问题解决方案是一样的。与其他东南欧国家一样，"一些社会既无能力应对现代化问题，也不知道如何处理由其引发的恐惧。而在斯洛伐克，对犹太人的敌意正作为这些社会的共同点在发挥作用"。"本着这种精神"，雅利安化的措施是"自主实施的"，目的是"作为一项社会政策，剥夺'犹太富人'的财富，给予'斯洛伐克的穷人'"。[62]布拉迪斯拉发的犹太教堂在战争中

未受损害，而东正教的犹太教堂则于 1961 年被拆毁。位于圣马丁大教堂附近的新路德派大型犹太教堂，不得不在 1968 年和前犹太人区一起为一个高速公路项目让路。这一切都发生在斯洛伐克改革派政治家亚历山大·杜布切克的当权期。

1941 年 4 月，德国国防军开进贝尔格莱德。6 个月前，此前并不反犹的南斯拉夫政府强加了一项影响深远的数字条款：关于在大学、学院、中学、教师培训机构、中等学校和职业学校招收犹太学生的法令。该法生效没几天，全南斯拉夫的犹太中小学生和大学生均被驱逐出高等教育机构。[63]

德国政府于 1938 年至 1939 年摧毁了捷克斯洛伐克，又于 1941 年在意大利的外围参与下摧毁了南斯拉夫的国家结构。大大缩小了的塞尔维亚及其傀儡政府一起接受了军事管理。德国、意大利、保加利亚和匈牙利这些国家的邻国在各自的边缘吞并了大片领土。克罗地亚成为一个"独立"的附庸国，扩充了斯拉沃尼亚和波斯尼亚-黑塞哥维那两个部分，并由该国自己的法西斯乌斯塔沙统治。早在最初数周内，乌斯塔沙就以德国为例颁布了犹太法，6 个月后又拆除了萨格勒布的主要犹太教堂。

所谓的民族国家收容了 650 万总人口中的 330 万天主教克罗地亚人，190 万塞族人和 80 万波斯尼亚穆斯林，以及德国、匈牙利、捷克、斯洛伐克和意大利的少数族裔。此外，还有 4 万犹太人和 2.5 万罗姆人。在克罗地亚乌斯塔沙独立犯下的大规模杀戮中，出现了"可怕"这个暴力种族清洗的决定性动机。正如亚历山大·科布所写，"超过 31 万名塞族人，约 2.6 万名犹太人和约 2 万名罗姆人"成为这种灭绝行为的牺牲者。克罗地亚民兵在 1944 年之前驱逐了 24 万名塞族人，这些人虽然性命无忧，但完全被剥夺了财产。而在此前与此后，已有 2.6 万名犹太人被克罗地亚人杀害。1942 年至 1943 年，艾希曼的代理人与萨格勒布政府达成协议，将另外的 6650 名犹太人驱逐至德国灭绝营。

正如科布所指出的，克罗地亚的大屠杀刽子手"绝不是德国的傀儡"，而是"自信而固执地"行事。他们所追求的目标是在其主要人口政策的项目背景下实施灭绝犹太人和罗姆人的行动，这"与国家社会主义者完全不同"。无论是犹太人还是塞族人的遗产，都由国家经济复兴局重新分配："从少数族裔处抢来之物是为了加强克罗地亚的中产阶级"，从塞尔维亚农民手中夺取的田地则使农业的形式更为合理。菲利普·特尔这样描述其政治意图。此外，克罗地亚的许多村民还对外族邻居实施了极端恐怖主义行为，以"改善乡镇的社会和经济状况"。在此过程中，政治忠诚或长期形成的种族主义思想几乎未起到任何作用。[64]

在保加利亚、匈牙利、罗马尼亚、克罗地亚和斯洛伐克这几个与德国结盟的国家，谋杀犹太人的政策始终是更大规模的种族"清洗"项目的一个组成部分。这些清洗项目被各国精英当作民族构建的一个重要部件。他们沿用了自 1912 年至 1913 年巴尔干战争起普遍存在的驱逐、强迫重新安置和谋杀的做法。1923 年的《洛桑和约》暂停了进一步的大规模屠杀和难民悲剧，但从长远来看，却产生了严重的副作用：使人口交换和种族同质化的政策合法化。1941 年，克罗地亚政府将该条约提升为其"在巴尔干地区实施种族隔离的主题"。克罗地亚案例意味着大规模谋杀，这是在国家元首安特·帕韦利奇 1943 年初给予德国特使埃德蒙·维森迈尔的回答中所记录的。后者想对其施加温和的影响："灭绝奥斯曼帝国的亚美尼亚人以及令其流离失所，使土耳其后来的重建工作变得容易多了。"[65]

在与战争有关的大规模暴力氛围中，德国政府为如何对待犹太人提供了反面教材，提供了将其驱逐出境的可能性，并如在罗马尼亚或克罗地亚那样，促进了对犹太人的直接谋杀。除了罗姆人，这些犹太人是唯一不能被"遣返"、"疏散"、驱逐或追捕至另一国的少数族裔。在萨格勒布、布拉迪斯拉发、布加勒斯特、布达佩斯以及索非亚这些国家的首都城市中，下述意见不仅在精英层占据上风，即战争提供了独特的机会，将长期以来的民族政治激进行动付诸了实践。正如罗马尼亚的国家元首扬·安东内斯库于 1941 年的秋天所说的那样："我们现在正处在战争之中，这是一次彻底解决犹太人问题的好机会。"[66]

敌人解决了犹太人问题

罗马尼亚作为德国的盟友，出于自身利益直接参与了杀戮，克罗地亚亦是如此。在德国大使馆所谓的犹太顾问的催促下，保加利亚和斯洛伐克自愿交出一些犹太人，以便让德国运至死亡集中营。如果考虑到整个犹太人政策，匈牙利在此问题上更应被算作盟友，而非被占国。西方被占国的情况则不同。在法国、挪威、卢森堡、荷兰、捷克共和国（当时被称为波希米亚和摩拉维亚保护国），德国征服者注意实施相对温和、有助合作的管理。在这种前提下，他们找到了不同程度支持"驱逐犹太人"项目的官方帮手。

立陶宛、拉脱维亚和乌克兰的帮凶

与西欧相比，德占者以纯粹的恐怖统治着波兰和暂时征服的苏联部分地区。除了市政管理部门和市长之外，他们粉碎了那里的整个行政和政治结构。在有 400 多万犹太人被杀害的这些地方，德国的迫害者不能，也不愿依靠国家中央机关。然而，他们利用了被提升为辅警的年轻人、当地民兵和市长，这些人对谋杀表示出积极的支持。迪特·波尔在详细研究的基础上，认为约有 3 万至 4 万名当地人直接参与了对犹太人的谋杀。其中，沃利尼亚-波多利亚西部总委员会的人数远超于乌克兰东部和东南部地区的人数。[67]

在立陶宛，当地警察和志愿者在与犹太人为敌方面，也与 1941 年 6 月进入的德占者保持密切的合作关系。杀害犹太人成了一项集体行动。有一个极端的例子可作为证据，而类似情况在乌克兰发生了数百次。1941 年 8 月 15 日和 16 日，3000 多名犹太人在罗基什基斯小镇附近被哈曼滚动突击队的成员枪杀。该部队的负责人是约阿希姆·哈曼（1913—1945），此人早期吸毒，1933 年失业，却雄心勃勃。哈曼在第三帝国晋升为武装党卫军的刑警专员和高级突击队的中队长，并在职业生涯结束时升为武装党卫军的突击队大队长，这相当于少校军衔。哈曼的滚动指挥部的核心由立陶宛辅警和一些随机招募的德国警察构成，后者曾是反苏游击队队员。

关于在德国人指挥下进行的大规模枪击事件，总结性报告指出："在罗基什基斯，3208 人不得不被运至 4.5 公里以外的地方才能被处理掉。为了管理这项工作，在现有的 80 名立陶宛游击队员（辅警）中，有 60 多人必须被分配进行运输或封锁工作。其余人则一次次地被更替，不得不和我的手下一起做工作。"——实施大规模枪击。在 1941 年 7 月 7 日至 10 月 2 日期间，这支突击队在 45 天内共执行了 62 次处决，所谋杀的 52922 人几乎都是犹太人。[68] 突击队由一名党卫军男子领导，得到了几个党卫军士兵或警察的支持，但立陶宛人中也有 80 人参与了屠杀，共有大约 6000 名立陶宛人参与了"犹太人问题的最终解决方案"。[69] 在拉脱维亚，约有 1200 名拉脱维亚人直接参与了对犹太人的谋杀。此外，该国还成立安全小队，参与了在俄罗斯和白俄罗斯的大规模谋杀活动。[70]

比利时"不了解犹太人问题"

有两个重要的例外值得一提。一是丹麦。众所周知，该国毗邻持中立立场的瑞典，拥有原则性强的王室，德占军的力量十分微弱，还有一名决心援助的德国外交官。得益于此，7500 名犹太人于 1943 年几乎全部获救。[①] 比利时的情况则不同。在这个面积狭小而人口稠密的国家，军事行政部门的管理要依赖国务秘书委员会。该委员会负责组织德占军统治下的比利时平民生活，而民选政府则在伦敦流亡。由于比利时邻近英伦列岛，德国国防军在该国部署了大量士兵。

占领国成功驱逐的比利时犹太人不到登记在册的 5.6 万总人数的一半。与法国不同，德国人不得不亲自进行大部分的逮捕工作。看管账户、负责土地登记和公司登记的比利时银行雇员、公证人和法官与其法国同事不同，拒绝为抢劫受迫害者提供辅助性服务。[71] 正如第一章所述，警方偶尔也给予了支持，尤其在安特卫普，即该国的弗拉芒地区。因萨·梅宁在《比利时的大屠杀》一书中详细阐述了与法、荷两国的显著差异。总体而言，比利时国家权力机构和人民的行为极其克制。德国军政局长、党卫军律师兼名誉将军埃格特·里德再三遗憾地告知柏林，与法国不同，比利时的军事管理部门不得不强迫或自行"采取政治措施，比如针对犹太人……"。此外，里德抱怨"比利时

① 丹麦曾生活着大约 7500 名犹太人。1943 年秋，德国上层命令纳粹在丹麦的全权代表维尔纳·贝斯特采取行动，于 1943 年 10 月 1 日晚将其拘留并驱逐出境。就在行动前，贝斯特通过中间人德国海军武官格奥尔格·杜克维茨，把将要发生之事透露给了丹麦的犹太人。结果因为抵制，行动基本以失败告终，最后只有不到 500 人被逐。

人"不理解犹太人措施的正当性，或给希姆莱发电报称："在这里，对犹太问题的理解还不是很普及。"

1942 年 5 月，德国军管部下令，所有犹太人必须佩戴大卫之星。根据里德的意愿，比利时市政当局将负责采购和发放污名化车牌。1 周后，布鲁塞尔市长、天主教保守派政治家儒勒·科尔斯特断然拒绝了这一要求。他作为布鲁塞尔大都会区所有 19 位市长的代表，根据大家的一致决定，写信给占领区司令部的主管部门负责人："我们不与您讨论对犹太人采取的措施是否合适，但有义务告知您不能要求我们参与此行动。许多犹太人是比利时人。无论是谁下令，我们都不能强迫自己执行一个如此明显侵犯人类尊严的命令。"[72]

在比利时，大约 20％被驱逐的犹太人是在当地机构和人员的助纣为虐下被捕的，法国警察则自行逮捕了绝大部分被驱逐者。占领者还在荷兰也找到了为虎作伥的人，特别是在国家官僚机构中。1941 年上半年，荷兰人口登记官员编制了"犹太人和犹太混血儿的中央登记册"。德方赞其是"忠诚的，甚至是非常勤奋的"。最终，该登记册收录了 160820 个带有公民身份数据的名字和地址。此外，荷兰当局还发放了特殊的犹太人身份证，上有护照照片、指纹和居民办公室签发的文本复印件。对于正式的犹太人，荷兰官员在身份证上盖上一个大写的 J，对于一半犹太血统的人盖上 BI，对于四分之一犹太血统的人则盖上 BII。其中，B 的意思是混蛋。1941 年 9 月 24 日，负责荷兰党卫军和警察的高级领导人汉斯·劳特给上司海因里希·希姆莱发来电报称："新成立的、由数百人构成的荷兰警察部队在犹太人问题上表现出色，他们正在日夜不停地逮捕犹太人。"[73]

德占者在国家间有合作也有对抗的迥异情况下，在灭绝营中杀害了来自西欧国家的数量不同的犹太人：其中，75％以上的犹太人来自

荷兰。另外，挪威的犹太人中有 50％被害（2000 名）；比利时的犹太
人中有 45％被害；卢森堡的犹太人中有 34％被害；法国的犹太人中
有 25％被害；丹麦的犹太人中有 2％被害。差异表明，犹太人被驱逐
出境的程度并不能单独由柏林来确定。

法国犹太人所面临的巨大风险

在停战的谈判过程中，德、法代表于 1940 年 7 月就未来如何管
理国家达成了协议。已由贝当元帅领导的持续政府只负责法国的非占
领区——大致为该国的南部地区，并在 1942 年底之前拥有相当大的
自主权。该政府还指导法国在占领区的管理。相对宽松的占领制度意
味着，许多法国公务员（尤其是财政管理部门和警方）至少在接下来
的 2 年里与占领国的行动一致。德国的军事指挥官和大使居住在巴
黎，法国政府的高层官员居住在维希的温泉镇。后者不再称其国家为
法兰西共和国，而是称法兰西国。领导人物来自右翼民族主义阵营。
他们中的许多人长期以来一直倡导专制形式的政府，钦佩墨索里尼在
民族融合方面的成就，对希特勒的一些成就也赞赏有加。剥夺犹太人
权利的法律是由维希政府与占领国合作通过的，但却是自愿推出
的——1941 年 6 月 2 日，维希政府命令所有犹太人进行登记；7 月 22
日，没收其资产。6 个月后，法国官员大范围剥夺了本国犹太人的
财产。[74]

1 年前的 1940 年 7 月 17 日，维希政府颁布法令，规定只有那些
能够证明父亲是法籍的法国人才能进入公务员队伍。根据 1940 年 8
月 16 日和 9 月 10 日的法律，这一要求扩大至医学界和法律界人士。
因此，只是那些父亲在国外出生的法国犹太公民被排除在这些活动之
外，而非所有人。考虑到各专业协会长期以来反对接纳犹太律师和医

生的抗议——该抗议在 20 世纪 30 年代特别激烈，法兰西国的摄政者推动了早在战前就在法兰西共和国提出、从要求者的角度看并未充分实现的要求。

此后的 1940 年 7 月 22 日，维希政府成立了一个委员会负责审查，以及在必要时盘点自 1927 年起进行的大约 65 万项归化工作。这也令人想起 1919 年至 1920 年在阿尔萨斯-洛林地区工作的审判委员会。取消国籍行动的主要目的是从 1927 年以来的众多新入籍者中筛选出大约 1 万名犹太人。至 1943 年，数以千计的犹太移民丧失了公民身份。事实上，他们是被维希政府移交给德国的，用来运送至奥斯威辛。迈克尔·梅耶尔就法国政府的遴选愿望进行了详细的讨论：在司法部和负责犹太人的警局投票之后，法国国家元首贝当于 1942 年 2 月 10 日签署了《姓名变更法》。根据该协议，"今后禁止犹太人改名"。同时，成立了一个委员会，审查自 1870 年 10 月 24 日起对典型犹太名称的所有更改。

1940 年 10 月 4 日通过的一项法律使以下行为成为可能，即在未说明理由的情况下，将外国犹太人监禁在集中营中。维希政府估计这个人数约为 20 万。数月后，2 万名犹太人被拘留。该法的真正效果是促进其在德国的帮助下做好驱逐犹太人的准备。考虑到这一点，维希政府的犹太事务专员泽维尔·瓦拉特于 1942 年初宣布："在正常情况下，第一个部分解决的方案是将所有外国出生的犹太人逐回原籍国。"但瓦拉特遗憾地认为这在战时是不可能的，尤其是需要有关国家自己"走上反犹政策的道路"。[75] 正如反常时还是可找到解决之法那样，德国向维希政府提出了要求。当帝国安全总局想开始驱逐时，德国驻巴黎大使奥托·阿贝茨于 1942 年 7 月 2 日向其在柏林的上级报告道：在他看来，"对从法国驱逐 4 万名犹太人至奥斯威辛集中营的工作，根本无需顾虑"。不过他建议，大规模逮捕的方式应是"不断增强近来上升的反犹情绪"。他说："法国反犹主义的上升在很大程度上与德国一样，是由于近年外籍犹太人的移民。"因此，如果疏散措施首先包括这些外国犹太人，将"在广大法国人民的心中产生影响"。[76] 于是，他们真这么做了。

在法国官员和警察大规模的帮助下，德占者得以将 7.6 万犹太人从法国转移至死亡集中营。其中有 5 万多人没有法国公民身份，或不再拥有这个身份。只有少数人返回了家园。正如后来的匈牙利一样，法国当局认为自己有责任逮捕犹太人，将其安置于集体营，以及陪同和确保死亡运输车前往法德边境。只要主要目标是驱逐外国犹太人，这种合作就能进行得非常顺利。[77]

不过，当时居住在法国的大约 30 万名犹太人，有 22.5 万人得救。与其他被德国征服或听命于德国的国家相比，这是一个非常高的比率。许多正义的法国人，包括天主教神职人员、修女和修道士，以及共产党人、普通民众和个别官员，都努力保护受威胁者免受德法迫害者的控制。鉴于军事形势，法国公务员和维希政府的合作意愿自斯大林格勒战役起迅速减弱。但反犹主义和竞争嫉妒可能导致局势变得有威胁性。这里有两个例子。

维也纳律师艾伯特·德拉奇用严重伪造的证件蒙混过关。他用夸张的口音描述了 1943 年秋在靠近意大利边境的滨海阿尔卑斯山脉所经历的事情。当时，他坐在一辆挤满人的公共汽车上，"几个热血的年轻人用话侮辱他"。在行程中，他们"以一种全国性方式"骂他是个"可笑的女人"，是个陌生人。突然，一支德国警察巡逻队拦住公共汽车，并控制住了它。"我们的车被从外面打开。"德拉奇接着说道。"'还好吗？'一个戴着手套的胖普鲁士人问道。'不，'男孩们从背后大叫道，'这里有一个犹太人。'普鲁士人显然把这当作笑话，咧嘴一乐，然后关上车门，发出继续行驶的信号。'停下，停下。'男孩们喊道。"但公共汽车开走了，而年轻人继续谩骂。他们大声地让同伴知道，在社区和其他地方，"一些犹太人仍要被逮捕"并被移交。[78]

另一个故事的主人公是贝努瓦·曼德布罗特。他来自立陶宛的一个犹太家庭，于 1924 年在华沙出生。1936 年，曼德布罗特与父母及兄弟一起移民至巴黎。1940 年，曼德布罗特一家逃往法国南部。这位后来闻名全世界的数学家在回忆录中是这样讲述的。医生吉娜·莫汉格是这个家庭的朋友，同样移民自波兰。莫汉格被驱逐到奥斯威辛集中营，是因为同事告发"以此摆脱这个竞争对手"。不过，这个女人幸存了下来。相反，曼德布罗特一家则由于两个原因而没受到阻碍。"幸运的是，我们不是竞争对手，长得也不像外国人。我父母系统的文化同化努力奏效了，我和哥哥的外貌和口音都像当地人。"[79]

1945 年后，大多数法国人也像其他欧洲国家的民众和精英一样，对德占者的反犹共谋保持了长达数十年的沉默。那些据称在几年前因犹太人的遗产而发家致富的法国人在德占军于 1944 年秋被逐出法国后，立即形成了几个利益集团。协会成员组织示威活动，高呼着"法国归法国"，绞尽脑汁地不把他们的企业、商店、公寓和其他财产归还给回国的犹太人。罗伯特·博伯在当代历史小说《战争有什么新鲜事》中说道，少数从集中营返回的人要返回旧居是很困难的。虽然他们手持地产证明，并有法警和警察的陪同，却不得不因匆忙召集起来的、"被其惊动的有组织的团伙"而无功而返。[80]

德占期法国所有的档案，特别是征用当局和财政部的那些，在二战后的半个世纪中被完全封锁，之后，才慢慢放开。至 2016 年，这一过程都尚未完成。[81]

有"卢森堡血统"的公民

一些国家即使长期放弃反犹法和反犹的措施，也都在德军入侵前各自仿制了反犹法。就像在法国一样，这些法规是参照被驱逐至他处的犹太人被认为过于强大的合法和非法的移民行为而制定的。比利时和荷兰在德国入侵前的数月，为这些难民设立了拘留营。

卢森堡的反犹主义与在法国一样，只是适度存在。但在 20 世纪 30 年代，该主义由于大量的移民和难民愈演愈烈。1935 年生活在这个小国的 3144 名犹太人中，有 870 人拥有公民身份。对过多受到外来影响的恐惧导致人们废除了自由主义的法国公民法，引入了德国的血统法。德国 5 月入侵前的不久，即 1940 年 3 月 9 日，保守派和社会派议员共同通过了《卢森堡移民法》。根据该法，"只有那些拥有卢森堡血统的人才能成为卢森堡人"。

明显反犹的主旨基于的不是种族意识形态，而是对与犹太人竞争的恐惧。在一份受卢森堡政府委托于 2015 年完成的报告中，对这些动机的描述是："在许多警察档案以及激进的右翼、天主教甚至自由派媒体的文章中，犹太人被普遍指控为在极力收购卢森堡的整个经济。凭着世界主义的精明，他们并不回避在买办的帮助下实现目标"。民政部即委员会的行政部门在这种恐慌的背景下，自 1940 年 5 月起一直与德占者合作。公务员不是被侵略者强迫，而是"受邀"合作迫害犹太人。他们往往满腔热忱地听从这一提议。[82]

德国人和希腊人把犹太人关进犹太区

德国国防军于 1941 年 4 月 9 日进入萨洛尼卡后，反犹措施得到了多数希腊居民的赞同。萨洛尼卡及其腹地作为具有战略意义的港口，仍由德国管理。而希腊的大部分地区则被意大利军队占领，直至意大利在 1943 年的夏末解除了与德国的联盟。德国军事首长一到，就允许重建此前一直被禁的右翼希腊民族联盟，该联盟很快改名为希腊民族社会主义联盟。德国人为了自己的目的，并未没收萨洛尼卡希腊人的房屋，而是收缴了犹太人的房屋。

在接下来的数月里，有 4.8 万名难民从被保加利亚吞并的希腊北部地区抵达该市。对其而言，重新起用犹太人居住的房屋也是个不错的机会。希腊官员开始朝这个方向推动，自由派媒体则诽谤犹太人为"寄生虫"。在通敌倾向的报纸上，有影响力的记者写了一系列文章，描述"地狱般的堕落和有毒的阴险"，称"犹太人正在马其顿希腊王国的尸体上建立金融和种族帝国"。1942 年 7 月 11 日，塞萨洛尼基的德占者命令约 8000 名犹太男子在自由广场上排队。然后在烈日下，当着所有人的面羞辱了他们一整天，并让其登记参与在希腊警察的看守下的强迫劳动。据一些消息来源称，该行动是在马其顿省希腊总督瓦西里斯·西蒙尼蒂斯的要求下进行的。不少希腊居民目睹了这一惨剧，要么无动于衷，要么幸灾乐祸。[83]

1942 年 12 月，萨洛尼卡市长实现了前辈自 1917 年起一直试图做的事情。现在，他终于能够迫使犹太人将大型古墓园交给城市，为将这块面积为 35 公顷的市内区域改造成建筑用地开辟了道路。1930 年 8 月 4 日和 1934 年 3 月 21 日，希腊政府发布法令将没收和销毁这些墓地。然而，由于业主的宗教顽固性，尝试均以失败告终。只有在德国的帮助而非命令下，城市规划者才能完成项目。今天矗立在那里的亚里士多德大学也是于 1917 年就开始计划，但直到二战后才建成的。

德国军管部的负责人马克斯·默顿知道，拆除公墓会使其获得希腊基督教大多数人的同情。雷纳·莫洛写道，在他们眼中，"毁灭为萨洛尼卡的进一步希腊化创造了一个可供随意书写的白板；对犹太人来说，它预示着即将发生的大屠杀"。基督教多数派用所有人都能看到公墓的尽头，向犹太人发出信号：你们的丧钟敲响了。[84]

500 名市政工人开始清理墓地的大约 50 万座坟墓。不久后的 1943 年 3 月 15 日，第一列开往奥斯威辛的火车就启程出发。在接下来的 5 个月里，共有 43850 名犹太人被驱逐出萨洛尼卡，另有 2134 名犹太人被驱逐出周围的德占区。希腊警察、当地政府官员和马其顿省省长均提供了积极的帮助。[85] 在死亡列车离开的同时，希腊商人和竞争者接管了被逐者的生意和企业。雅克·斯特鲁姆萨于 1913 年出生于萨洛尼卡，并在那里长大。他曾向萨洛尼卡的基督教家庭寻求庇护，但那"绝对是无稽之谈"。除了极少数例外，这些家庭都拒人于千里之外。[86]

1944 年春，德占者开始追捕在 1943 年 9 月之前一直接受意大利军事管理的希腊城市中的犹太人。1944 年 3 月 25 日，帕特雷的犹太人被捕，护送者是"德国士兵和希腊警察"。阿斯特罗·阿尔巴拉通过更换公寓采取预防措施，他从藏身处观察到典型的场景："在街上，你可以看到人们从犹太人的公寓里搬走能搬之物。"

在帕特雷的犹太人被捕同日，1850 名犹太人在约阿尼纳被捕，并在不久后被逐出境。1944 年 5 月 27 日，当地报纸以《犹太人的财产》为题，发表了以下内容："2 个多月前，犹太人被迫搬走。从那时起，不同委员会一次次地开会。人们听到或这或那的传闻，讨论了各种可能的计划。与此同时，犹太人的财产却在不断缩水。我们不知道，这种不稳定的状态会持续多久。但有一点是肯定的，那就是如果事情像这样发展下去，可能很快就会没什么可分配的了。"

约书亚·马萨斯是少数逃过德军突袭的人之一。和阿斯特罗·阿尔巴拉一样，他也曾加入游击队，并在占领结束后立即返回。1944年 10 月，当居民们还在兴高采烈地庆祝时，回归者却感到自己是个不受欢迎的陌生人。"我们很难在自己的房子里找到住所。到处都有人居住，他们对是否让我们拥有一个房间非常反感。"一些从犹太人的商店里偷来的货物仍留在仓库里。穆斯林游击队组织的领导人交出了 1‰ 的赃物："他们给当时在城里的每个犹太人价值 30 金币的衣服和家庭用品。"共产党官员将大部分战利品带到阿尔巴尼亚，作为即将开始的希腊内战的财政储备。[87]

不久之后，英国士兵抵达该市。他们在关于失踪犹太人的周报告中指出："在约阿尼纳，这些犹太人的财产在辛布里斯总督的指导下，被分配给希腊人。从中受益的希腊人可能不会容忍放弃所获得的一切，而且目前没有任何措施帮助犹太人摆脱被驱逐出境的命运。在（邻近的）普雷韦扎镇，犹太人的遗物已被放置在储藏室里。在阿莱塔斯的领导下，成立了一个委员会，把没收的物品一件件地卖掉，用它们做了一笔笔好生意。这已是公开的秘密。"[88]

1944 年 6 月 14 日，德国人将 1795 名犹太人从希腊西部的旅游胜地科孚岛驱逐至奥斯威辛，这些人是在 5 天前德、希两国的联合行动中被围捕的。省长、科孚岛市长和警察局长在一份公告中宣布："与希腊其他地区一样，科孚岛的犹太人已被聚集起来，等待着被送去工作。这一措施受到科孚岛当地正义民众的欢迎，将有利于我们心爱而美丽的岛屿。现在，贸易将在我们的掌握中！现在，我们将收获自己的劳动成果！现在，粮食供应和经济形势将转而对我们有利！所有犹太人的财产都属于希腊国家，因此也属于我们所有人。官员府邸将接管并管理它。"科拉斯在市议会上宣布："我们伟大的朋友德国人已把岛上的犹太人清洗干净了。"[89]

意大利和西班牙的外交官直言不讳

对那些被逐出萨洛尼卡的犹太人来说，会发生什么是很清楚的。在首次驱逐次日意大利领事盖尔福·赞博尼和德国战时行政长官默顿的谈话之后，意大利联络官兼翻译卢西洛·梅尔西指出："基本上大家都知道，萨洛尼卡的犹太人将被驱逐至波兰。在那里，身体健康者将被安排工作，其他人则被消灭。最后，有能力工作者也会被消灭。"面对这样的报告，意大利外交部下令，"慷慨地"承认生活在希腊的犹太人为意大利公民，并将处于危险中的犹太人护送至意大利在希腊的占领区。

2 周后的 1943 年 4 月 6 日，梅尔西写道："与此同时，德国人从萨洛尼卡向波兰运送了约 2 万名犹太人。"用牛车运送，每次 2400 人，由德国和希腊警察看守并装载。"希腊人闯入被逐者的房子，抢夺能收集到的一切物品。"希腊东正教复活节期间的 4 月 5 日，白塔这个该市地标的旁边悬挂了一个带有黄色犹太六角星的大玩偶。这是希腊人放置的，"以表明基督教谋杀者已有所转变。"梅尔西解释道。[90]

西班牙外交官的信件也表明，人们在萨洛尼卡公开讨论对犹太人的大规模屠杀。很晚之后的 1943 年 6 月，西班牙驻柏林大使馆的一等秘书费德里科·迪埃斯·德·伊萨西就居住在希腊的西班牙犹太人的问题与外交部进行了接触。根据德国人的谈话记录，伊萨西对拘禁表示理解，但拒绝驱逐犹太人出境，理由是西班牙人会被杀死在波兰的营地。[91] 此后不久，西班牙驻柏林的大使吉内斯·维达尔向他的外交部长指出，如果将西班牙犹太人从希腊送往波兰，预计会产生"悲惨而明确的"后果。与此同时，大使馆的下属官员费德里科·奥利文致函马德里外交部政策司司长何塞·玛丽亚·杜西纳格，提醒他任何不作为都会"自动导致"被逐者的死亡："这是可悲的现实，我们不该视而不见。"他本能地警告道，西班牙在战后可能面临指控，"如果我们袖手旁观地让这些人听天由命，就会像彼拉多一样，知道接下来会产生什么后果"。柏林外交官们的坚持使西班牙政府采取拖延战术。尽管后者只是慢吞吞地才决定有目的地进行干预，但最终还是以一种复杂的迂回方式，将500多名来自萨洛尼卡的西班牙犹太人从死亡线上救了回来。

真正的救人英雄是西班牙驻萨洛尼卡和雅典的领事塞巴斯蒂安·罗梅罗·拉迪加莱斯。起初，拉迪加莱斯的马德里上级指责他"过分热心"。然而，这个被责骂者没有理会要求其与德国当局合作的指示。除官方渠道之外，他将带受威胁者姓名的名单直接寄给西班牙大使馆的柏林同事，并在那里找到同盟者。2014年，亚德瓦谢姆纪念馆追授塞巴斯蒂安·罗梅罗·拉迪加莱斯为"万民之义人"。[92]

波兰和苏联：德国对犹太人的恐怖和谋杀

在被德国占领、1939年前属于波兰和苏联的领土上，占领的恐怖比西欧和希腊要严酷得多。日常生活的艰辛，饥寒交迫，焦土政策，日复一日的逮捕和处决、驱逐，对神职人员、律师、教授、波兰企业家和苏联公务员的系统性谋杀，以及在市场或电影院门口大规模逮捕数十万青年男女，以便将其驱逐至德国从事强迫性劳动……总之，占领国的无情专断和对生命无处不在的危险破坏了道德和人性。

那些在被占波兰和苏联的被征服地区藏匿犹太人的人，无一例外都冒着生命危险。例如，1942年10月30日，警官伯恩哈德·考普报告了他所在的党卫军警察连是如何与 39 名乌克兰辅警一起对萨马里村进行"去犹太化"的："共有 74 名犹太人被抓获并被处决。一个乌克兰家庭也被枪杀，这家有一个男人、两个女人和三个孩子，有一个犹太女人和他们住在一起。"[93]

1942 年 3 月，驻扎在基辅的负责人马克斯·托马斯博士报告道："与乌克兰当局及民兵的合作普遍良好""就情绪而言，对犹太人和前党内共产主义者施加严厉措施的活动，普遍取得了良好效果"。不过，报告还称，托马斯的手下处决了克雷门丘克市长西尼卡·韦尔索夫斯基，"因为他破坏了命令"。事实上，托马斯曾授权为自己指定的犹太人洗礼，给其取基督徒或俄罗斯人的名字，然后办理户籍，并转入居民登记簿。[94]

无论个别来源是多么令人沮丧，在记录波兰人、乌克兰人、俄罗斯人和白俄罗斯人在战争期间的行为时，都必须始终考虑到过度的恐怖。因此，应该记住本节开篇的那些波兰人、乌克兰人、白俄罗斯人和俄罗斯人。他们在一个人性被德国人剥夺了的世界里，找到了为受害者提供保护的内在力量。如果救援者幸存下来，那么对其而言，战后似乎最好不要向邻居透露他们曾帮助过犹太人。

图书馆和教育中心之间的前院被称为家庭广场。在那里，一个由坚固的生铁制成的雕塑描绘了纳库姆·弗雷多维奇与三个非常年轻的孩子（其中两个是他的孙子）一起走过的最后一条路。故事发生在 1943 年 1 月。当时，吉尼亚和亚伦·赞德曼得知德国人次日将在犹太区开展"大规模行动"，于是不得不躲藏起来。他们与另一个家庭一起，面临着揪心的决定，因为要留下三个心爱的、完全没有抵抗力的幼子。孩子们的哭泣会立即出卖所有躲在会堂金库夹缝中的人。后来，吉尼亚·赞德曼的父亲纳库姆·弗雷多维奇在他妻子特马的鼓励下，决定留下来。他把孩子们抱在怀里，走向他们共同的死亡。

作为纳库姆和特马唯一的孙子，菲利克斯·赞德曼在犹太人被谋杀时幸存了下来。扬和安娜·普卡尔斯基与其他 4 名很快加入他们的犹太区难民一起，将他藏在了格罗德诺附近。这两个人一贫如洗，自己挨饿受冻，还要照顾 5 个孩子。这个天主教的波兰家庭以冷静的头脑在德军的袭击中幸存下来，坚持到 1944 年夏红军让他们重获自由。他们为什么要这样做？为什么要冒生命危险？"上帝把你交给我们，"普卡尔斯基夫人回答菲利克斯·赞德曼道，"我不会让你死亡。要死，我们就一起死。但毫无疑问，你会活下来。你将留在这里。"这就是包括德国人在内的数千名欧洲人的表现。这个人数对数百万受到致命威胁的人来说，实在太少了。毫无疑问，波兰和苏联的帮助者承受了最大的风险。1986 年，扬和安娜·普卡尔斯基及其女儿伊雷娜（尼·巴金斯卡）、克里斯蒂娜（马切耶夫斯卡）和萨比娜（卡齐米尔奇克）被公认为"万民之义人"。[95]

在波兰，对犹太人的仇恨并未在战争期间消失

在天主教会的支持下，伦敦波兰流亡政府于 1940 年迅速在波兰建立了一个密集的知情人网络，分发了大量非法出版物。这些文本及其他非德文资料提供了一个很好的视角，让我们了解人们在德占条件下是如何谈论和思考战前波兰如此激烈的犹太人问题的。

1940 年 6 月 16 日，国家民主党的地下报纸发表了一篇题为《总政府》的文章。该文称，"犹太人显然被反犹的德国种族主义者赋予了特权"，他们作为监视波兰人的线人为德国人服务，"无理由抱怨占领"。1940 年 12 月，流亡波兰议会的犹太人代表伊格纳西·施瓦茨巴特让工程师约瑟夫·波多斯基通报了犹太人的情况。这位举报人在

9月底前一直住在华沙，并从那里到了伦敦。他称："许多来自知识界、资产阶级，甚至工人阶层的波兰人已接替了犹太人的经济地位。……这样一来，尽管波兰人憎恨纳粹主义和作为占领者的德国人，波兰政策的目标还是实现了，即'加强波兰的资产阶级'。"记者总结道："不知不觉中，有关人员对这一事件的转变感到满意。"波多斯基预计，如果犹太人后面要求取回财产，会发生严重的冲突。那么即使是左翼政党，也无法避免反犹主义的爆发。施瓦茨巴特沮丧地记录了波多斯基的报告。他曾希望得到其他东西，却发现"就与犹太人的关系而言，波兰人的灵魂几乎没有改变"。[96]

1941年7月31日，面向农民读者的报纸《观察》写道："今天的犹太人很弱，没有影响力。但当波兰解放后，他们会立即想拆掉犹太区的墙，把通过剥削获得的工厂和房屋偷回来。"同时，寄给伦敦波兰流亡政府的"1942年6月至7月中旬波兰教会的报告"在谈到总体情况时称："就犹太人问题而言……德国人开了个好头。此外，他们已对我国做了这么多的错事，而且还将继续做。德国人为我们指明了将波兰人从犹太瘟疫中解放出来的方法，并为我们指明了前进之路。这条路不那么残酷，也不那么粗暴，但始终如一。占领者把解决这一紧迫问题的办法掌握在自己手中。这无疑是上帝的旨意，因为波兰人民太软弱、太没系统性，永远不会决定要在该问题上必须采取有力措施。"[97]

1942年1月，当德国人投入使用第一批毒气室时，以天主教为导向的报纸《人民》宣布："我们坚持认为，犹太人不能拿回他们的政治权利及其所失去的财产。此外，他们将来都必须离开我们的国家。"该报由基督教民主工党出版。该党属于伦敦波兰流亡政府，主张建立斯拉夫国家的联盟。由此可见，对于未来"非常尖锐的犹太人问题"，"我们必须清除整个中欧和南欧的相关因素。而这相当于清除大约 800 万至 900 万犹太人"。[98]

不同的声音并存。其中，以天主教为导向的《真理报》发出的绝望呼声不仅间接证明了波兰的暴力程度，也证明了该国参与谋杀的程度。以下这段文字出现在 1942 年 5 月 5 日："我们中的犹太人被屠杀，造成了士气低落和野蛮行为。这已成为一个紧迫的问题。在许多地方（科尔诺、斯塔维斯基、雅戈德内、舒穆夫、德勒布林），当地人成为屠杀的参与者。必须使用一切手段来干预这种耻辱；必须让这些人明白，他们正在成为希律王[①]的心腹；必须在地下刊物上谴责他们，呼吁其抵制刽子手；必须威胁他们，让他们知道将在自由的波兰共和国面临严厉的司法惩罚。"[99]

1942 年 8 月 8 日，波兰东部小镇什切布热申的 4000 名犹太人中，约有 2000 人被捕。在火车站，一列载有 50 辆马车的火车已准备好前往贝乌热茨集中营的短暂旅程。然而，这些被判刑的犹太人并未遵守命令，而是聚集在了市场大厅。镇上的人对所谓的乌克兰人的安置目的地都持怀疑态度，所以大都躲了起来。正如主任医师齐格蒙特·克鲁科夫斯基所观察到的那样，德国、波兰和犹太警察以及市政雇员、犹太委员会成员和犹太贫民区警察，对全城进行了梳理。同时，市政工人已在清理空荡荡的公寓，将家庭用品和衣物运到市政厅附近的仓

---

① 希律王是《新约》中人物，因游刃于罗马的总督和官宪间而取得信任。公元前 43 年，希律用现款贿赂罗马统帅安东尼，而被任命为犹太太守。公元前 40 年，希律反对大祭司希卡诺斯的叛乱，兵败后逃往罗马，后率罗马军回到巴勒斯坦。公元前 37 年，希律被任命为犹太国王，并通过与希卡诺斯的孙女联姻巩固了王位。公元前 31 年，安东尼在对奥古斯都之战中兵败自杀，希律转降于奥古斯都。晚年时，希律曾派博士消灭耶稣于襁褓之中。当得知耶稣全家逃往埃及、自己被博士愚弄后，希律大怒，差人将伯利恒城内及四周所有 2 岁以内的男孩全部赶尽杀绝。（参见《圣经词典》，陕西人民出版社，1989）

库。此外，"相当多的波兰人，特别是年轻男子，热心地参与到帮助寻找犹太人的队伍中"。[100]

在德国人以残酷的一致性所设定的生活框架中，克鲁科夫斯基保留了无偏见的观点和人性。下面，我将引用他的日记来反映恐怖主义占领军是如何带来普遍的残暴行为并利用之的。1941 年 2 月 23 日，克鲁科夫斯基记下："公证人亨利克·罗辛斯基在达豪集中营丧生。"他不得不数十次记下这些来自什切布热申和周边地区的波兰同事、朋友和熟人的暴力死亡。在同一日期下，克鲁科夫斯基记录了一个日常悲剧："数天前，另一辆运输车运来了被逐者（来自被德国吞并省份的波兰人），这次是 200 人。这个群体中的病人比以往任何时候都多。我在医院收治了 20 人，大部分是小孩和岁数非常大的老人。已有 3 人死亡。"晚上，数百名来自什切布热申的年轻人进入树林。这样，他们就不会在占领者的夜袭中被捕，然后被运往德国从事强迫性劳动。"我们像被猎杀的动物一样生活"，"人们失去了所有的反抗能量"，"他们在身体和精神上都很疲惫"。

在对苏作战的前一天，医院因为必须准备接收"大量的伤员"，因而被命令要在 30 分钟内将所有患病犹太人赶到两个特殊、偏远的房中。克鲁科夫斯基看到，波兰警察塔图林斯基是如何"最热心地"参与这一行动的。1942 年 4 月，满载犹太人的火车开往贝乌热茨。一开始是 20 个车厢，后来变成 50 个车厢。人们都知道，到达那里的人会被"用毒气杀死，然后尸体被焚烧"。每隔一段时间，这些列车就会因为运行原因在什切布热申站停靠："在火车上，一位年轻妇女用金戒指换了一杯水，给她垂死的孩子喝。在卢布林，目击者看到小孩子被从行驶的火车上扔了下来。许多被逐者在抵达贝乌热茨之前就被枪杀了。"

1942 年 5 月 8 日，在什切布热申，"一切都乱套了"。从扎莫希奇来的盖世太保官员和当地的德国宪兵冲进犹太区，波兰警察给予了协助："他们不分青红皂白地杀人。不管是在街上，还是在家里，也不管是男人，还是女人和孩子。"负责地区医疗管理部门的德国当局严禁波兰医生帮助受伤的犹太人。如果后者坚持这样做，盖世太保小队就会闯入医院去搜。"顺便说一句，"克鲁科夫斯基在每日报告的结尾说道，"一些波兰人完全失去了理智。在大屠杀期间，有的人甚至大笑，从后门溜进犹太人的房子，搜查战利品。还有，盖世太保命令犹太议会支付 2000 兹罗提和 3 磅咖啡，作为射击所用弹药的费用。"正当他们感到高兴时，马赫特人进行了规模不一的谋杀行为。例如，他们在光天化日之下，在城市中央的一个建筑地块上，射杀了 20 名犹太老年男子。几天前，坟墓就已挖好。接着，又有 6 名犹太人被枪杀。稍后，又发现 1 名没有黄星的年轻女子被害。就这样，没完没了。

同时，前教师利奥波德·里特科向已被谋杀的牙医内森·布朗斯泰因的遗孀勒索钱财。他告诉她，如果不交出钱财，就会被处决。然而 3 周后，里特科被人发现死在他的房子里。"众所周知，他是盖世太保的内应。"波兰地下军盖棺论定道。盖世太保的人立即开始搜寻复仇者。在此过程中，他们射杀了拜克夫人、卡罗尔·图罗夫斯基和其他 9 名波兰男子，还逮捕了另外 20 名男子，并将其运至比乌戈拉伊。"将如何处置他们？无人知道。"正如克鲁科夫斯基所记录的那样，这种恐怖产生了期望中的抑制作用。"如果人们碰巧在街上相遇，会用这样的问题互相问候：谁被捕了？昨天晚上有多少犹太人被杀？谁被抢劫了？这种暴行极其普遍，以致似乎不再让人感到震惊。慢慢地，人们会习惯一切。"

1942 年 10 月 22 日，最后一次伟大的"去犹太化"行动启动。仍住在什切布热申的犹太人被围剿，从藏身处被拖出来，手榴弹被扔进地窖。同日，他们中的 400 多人在犹太人墓地被枪杀。主要是老人、妇女和儿童，年轻男子还躲在森林中。镇上挂着的海报称，帮助犹太人的波兰人将被枪毙，告发他们的人则将得到奖励。这一次，除了德国警察和蓝色制服的波兰警察之外，黑色制服的波兰卫兵也参与其中。这些人手持棍子，殴打他们，把毫无防备的人赶到墓地。所有 15 岁以上的波兰男子都必须参与集体坟墓的挖掘。当犹太人被带走时，"许多观众聚拢大笑，甚至动手殴打。其他人则在房内寻找更多的受害者"。在大屠杀发生的同时，其他犹太人也被关进了一辆等候的火车，其中包括一群来自邻近城镇兹沃切涅茨的犹太人。在什切布热申发生的对犹太人的谋杀在数百个波兰城镇和小城市复现。在为期 5 天的大屠杀结束后，波兰抢劫者突击检查了遗体。在第一个地狱般的恐怖的日子结束时，克鲁科夫斯基震惊地写道："德国人的野蛮行为令人无法想象。我受到了极大的打击，完全陷入了困境。"[101]

在波兰，犹太人的处境在解放期间，甚至解放之后都是岌岌可危的。华沙起义的领导人之一准将塔德乌什·佩乌琴斯基在 1944 年 8 月 4 日对德之战所发布的一项命令中，记录了波兰犹太人的处境。在起义军解放了华沙营地的数百名犹太囚犯之后，佩乌琴斯基下令："准备一个临时营地，以便安置所有被解放的犹太人和其他不良分子。各部队要接受指令，避免可能针对犹太人的过度行为。"[102] 佩乌琴斯基将军一方面认为犹太人是不受欢迎者，另一方面又认为有必要保护其免受天主教同胞的影响和冲击。

在苏联也不受欢迎

自 1943 年起，苏联军队解放了本国的德占区。许多红军士兵回到以前的居住地，并讲述了那里的经历，幸存的犹太人也证明了他们所面临的排斥程度。共有约 50 万犹太人在红军中服役，其中 20 万人在战斗中死亡，或在被俘期间被德国人按照"脱裤子"的遴选原则惨遭淘汰和杀害。

1944 年 5 月 28 日，士兵鲍里斯·费维利斯向所罗门·米乔尔斯报告了躲藏在克里米亚辛菲罗波尔地区的犹太人的情况。当这些犹太人解放后回到家园时，"遇到了许多敌人"。原因是前邻居"掠夺了他们大部分的财产"。费维利斯举了奇迹般获救的多拉和罗莎·阿森伯格的家人们是如何返回的事为例。他们的邻居，包括警察格里高利·伊万诺夫，把牛和其他东西都偷走了。这名警察与妻子安朱塔·伊万诺娃一起，"将隐藏的犹太儿童出卖给德国人"。鲍里斯联系了各种苏联机构，以便为阿森伯格姐妹及其已陷入半饥饿状态的孩子拿回奶牛，但无济于事。克里米亚的苏维埃社会主义自治共和国当局和司法机关明确拒绝帮助阿森伯格获得应得的权利。他们对强盗和告发行为都遮遮掩掩。

1944 年 7 月 22 日，医生伊斯拉伊尔·阿德斯曼从敖德萨给伊利亚·埃伦堡写信道："在德国和罗马尼亚的文化食人者被赶出敖德萨后，我很想纯粹为了快乐，而让太阳停下来。但事实上，在这里，因法西斯宣传而中毒变异的气氛令我几乎喘不过气来。我所有从犹太区回到敖德萨的熟人都证实，罗马尼亚与德国制造的瘟疫已渗透到所有的苏维埃机体。推行反犹主义，但并无犹太人的组合似乎特别奇怪。以前，有 20 多万犹太人住在敖德萨；今天却不到 200 人。"阿德斯曼得到的印象是，由于少数"重返家园之人……的存在，破坏了俄罗斯大多数人的心情"，因为后者担心公寓和家具被抢。

1944 年夏，布柳马·布朗芬在乌克兰的赫梅利尼克镇向亲人报告。在信的开头，她问道："我能告诉你什么呢？里瓦，你问你的妹妹苏拉在哪里。她就在我的米苏尼亚、贝巴、伊斯琼尼亚和我们所有其他亲戚所在的地方。他们于 1942 年 1 月 9 日被杀，那天被害的犹太人有 6000 名。"布朗芬夫人躲过了德国杀人犯，逃至罗马尼亚。在那里，她与其他 300 名来自赫梅利尼克的犹太人一起在强迫劳动营中生存"在难以描述的情况下"。当她回来时，还能搬进她那部分被毁的房子。布朗芬夫人和一位在德占期买下这所房子的俄罗斯妇女一起住在那里。这位回国者写下了目前的处境："那些帮助德国人摧毁我们的人仍然赖在他们的岗位上。……城市管理部门丝毫不关心我们。迄今为止，他们还没有提供给我们任何工作，而我们的敌人却无论在哪里都能找到工作。我们还活着，这让他们很恼火。你看，亲爱的里瓦，我们在这里做得多'好'。……请原谅我在经历了那么多事情后，写下如此混乱的东西。我不能再写信或说话，也不能再向你报告。我的手在颤抖，我的眼睛喷出鲜血。"[103]

1945：波兰的恐惧和恐怖

根据不同的估计，在返回波兰或从藏身处重新露面的犹太人中，有 600 至 3000 人在战后不久被杀害。我想叙述其中的一个悲剧。哈尼亚·皮勒曾被囚禁在奥斯威辛，1945 年 2 月在下西里西亚获得解放。在回家的路上，她遇到了以前的狱友贝格尔夫人。贝格尔夫人带着儿子从奥斯威辛集中营幸存下来，也正在返回布热什切社区的路上。该社区距奥斯威辛西南仅 9 公里。对接下来发生的事情，哈尼亚·皮勒报告如下："这是一次快乐的重聚。一段时间后，我听到了一些可怕的事情。贝格尔夫人及其儿子在自家房中被波兰邻居杀害。时至今日，我仍无法忘怀这场悲剧。她在战争中遭受了那么多苦难，在失去了除儿子之外的所有亲属后，还是最终被波兰人杀害了。"

发生了什么？工业村集中在一个煤矿的周围，有两家面粉厂、几家农场，一家酒厂和一家生产医疗用品的小工厂，人口刚过 3500 人。1939 年前，村里住着几户贫穷的犹太家庭。其中，有两个家族脱颖而出：芬德家族拥有杜松子酒厂，贝格尔家族经营批发和零售业务。大多数农民和矿工则或多或少都欠着贝格尔和芬德的债务。他们把所购之物都写下来了。1939 年 9 月，德国人占领该村，很快就驱逐了所有的 138 名犹太人，并没收了他们的财产。只有贝格尔夫人及其儿子莫伊舍·穆尼克还活着。这两位债权人在返回后，引发了债务人的害怕，后者对从被驱者遗产中窃取的一切担忧不已。出于贪婪，他们杀害了这两名仅存的幸存者。[104]

德国士兵和统治者在物质、人力和道德上，对波兰和苏联的被占区进行了破坏。1946 年初英美政府委员会的报告对这种难以想象的破坏程度有所记载。当时，该委员会调查了逃亡的犹太人中有多少人可以并希望移民至巴勒斯坦。委员会成员参观了民主党营地、巴勒斯坦以及前德国谋杀行动区内不属于苏联的各国。他们震惊地发现，那些被带走之人"装满了可怕的记忆"。这些委员会成员困惑地指出："所有这些都发生在被认为是文明的人类社会中。"他们把自己的旅程和谈话的结果写了下来，却认为文字苍白无力且不充分，因为以冷冰冰的报告形式，不可能描述清他们在面对德国人给犹太人所造成的痛苦时是何等感受。对前华沙犹太人区的访问给该小组委员会留下了不可磨灭的印象，在那里，一片废墟下躺着无数不知姓名的犹太人的尸体。任何在寒冷而灰暗的二月天看到这一切的人都能想象到，折磨是多么的非人。在邻近的一个老兵营的院中，发现了装满死人灰烬和骨骸的坑穴。对于那些徒劳地寻找所爱之人任何踪迹的犹太人来说，这个地方一定是令人不安的，而这是无法用言语描述的……犹太幸存者在逃离空袭时，并未受到严重的身心伤害。但要找到一个完整的犹太家庭是很难的。那些回乡者发现，家园变成了废墟，或被他人侵占；企业被摧毁，或落入他人之手。他们踏上寻找亲属之路，一旦听闻在该国的另一地区或城镇看到亲人，就长途跋涉而去。德国的制度是这样的：幸存者几乎永远无法确定亲人是如何而死以及何时死亡的。在德国和通常被称为"欧洲犹太人的墓地"的波兰，一个犹太人可以在每个人身上看到杀害其家人的凶手的影子。只有少数人愿意生活在这种状态下，这是可以理解的。[105]

在 3 年半的时间内，德国人总共谋杀了统治区内 72％的犹太人，每次都得到了当地行政人员、警察、政党和反犹公民主动或被动的支持。[106] 在华沙的 352559 名犹太人中，有 6000 人幸存下来。恐怖结束后，曾遭受迫害的 300 万犹太人中，有 8 万人重新出现在波兰，其中只有 5000 名（略低于 8％）为 14 岁以下的儿童。而实际上，根据 1939 年的年龄结构，30％的返回者应是儿童。[107] 幸存者的孩子几乎都是在没有祖父母的情况下长大。1947 年 3 月，世界犹太人大会指出："非常多波兰犹太人不想留在波兰。"[108]

第九章　文明与文明的断裂

　　19 世纪初的 1808 年，德国犹太随笔作者路德维希·伯恩向未来的"历史研究者"指出，歧视和迫害犹太人的动机"因其所考虑的时代而异"。伯恩的观点基于社会剧变所造成的心理变化，以及由此在其家乡美因河畔的法兰克福新产生的偏见。对当时的人来说，旧帝国、行会和贵族的终结似乎意味着天翻地覆的变化。在这种历史形势下，伯恩认识到，"嫉妒和贪婪"是造成反犹怨恨日益强大的驱动力。他目睹了 1806 年从隔离区解放出来的法兰克福犹太人是如何作为"商人阶级的贵族"而引起众人的嫉妒。人们羡慕的并不是"他们的财富程度，因为犹太商人在社会中并不是最富有的，而是他们获得财富的迅速和安全，让人不禁愤怒"。法兰克福的新经济时代几乎刚开始，反犹者就"将宗教视作仇恨的借口"。[1]

　　60 年后，在工业革命的全盛期以及随之而来、对数百万人来说无休无止的粗暴社会动荡中，世俗的反犹主义凭借强大力量登上政治舞台，并最终获得巨大的破坏性力量。这与严重的社会和经济问题有关。

　　欧洲民族运动的先驱们在上台前，已实现对各自方言的标准化，编纂了民族神话、童话和传说，并有选择地发布了为当今民族所理解的历史文献。在此过程中，他们以格林兄弟和 19 世纪初重要史料汇编《德意志文献集成》①的发起人为榜样。作为反对派协会，民族主义者（他们大多自认为是民族民主人士）大力支持为众多未受教育者提供义务教育。他们为反对贵族和神职人员的统治而战，支持现代行政国家，反对传统特权，要求司法独立和新闻自由，以及平等、自由和匿名选举，以建立一个强大的国家中产阶级，为普通民众提供更好的生活。时至今日，欧洲人仍从中受益。

国家和社会的进步

在 19 世纪，民族主义作为民族的浪漫春天而绽放，并在 20 世纪吞噬人类的战争和革命时代留下了自己的印记。作为得到议会或公民投票支持的立法者，欧洲的民族主义者致力于各自民族的社会解放。试图扩大"人民土地"的地理边界，并因此推动了种族隔离运动和对其他民族邻国的暴力行为。1918 年至 1919 年新成立或从民族主义角度出发部分缩小、部分扩大的国家的政府互不往来。决定性原因是显见的：一战导致大规模的贫困化、自 1917 年至 1918 年起存在对革命的恐惧、在有争议的周边地区战争行为持续不断、战后的感染、合法移民的结束以及民族的傲慢。1929 年至 1930 年世界经济危机的大规模袭来，更使情况恶化。这一局面许多国家直到二战开始才得以摆脱。

---

① 《德意志文献集成》（*Monumenta Germaniae Historica*，简称 MGH）的编辑工程最初由普鲁士政治家卡尔·冯·斯泰因于 1819 年发起，主要目的是希望德意志地区的人们通过对中世纪历史文献的研究，增强日耳曼国家的民族意识。（《"蛮族"与罗马帝国关系研究述论》，载《历史研究》，2014 年第 4 期）

由于旧有民族国家，特别是新建民族国家的政治领导人希望帮助其子民在经济上重新振作起来，他们主张对外设置关税壁垒，对内针对少数族裔特别是犹太人实施依法制定的或任意制定的规章制度。这些措施是以少数族裔罗马尼亚化、立陶宛化、马扎尔化、希腊化、波兰化、捷克化或相对较晚的雅利安化为代价的，服从于更普遍的国家社会政策。国有化的理念，通俗地说就是：征用属于所谓外国人的财产，与社会化的理念相协调，并特别在"犹太资本家""犹太银行家"和"犹太投机者"被剥夺产权时，形成与社会主义者和社会民主党人沟通的桥梁。很普通的战斗口号通常都是针对犹太人的。国民经济的领土概念获得越来越多的新内涵，仿佛这种经济完全属于人民，而外国人靠寄生在最好的部分来发财。所有这一切的结果是，犹太难民被拒，"外国"犹太人被当作不受欢迎者赶至国外。必要时，人们还会辅用国家的手段和民众的愤怒。

在 1979 年的《欧洲历史手册》中，特奥多尔·席德尔制定了一个典型的渐进式方案，使民族主义的重新安置和对少数族裔的大规模谋杀之间的过渡变得明显。对于希特勒德国采取的"人口政策的特殊方法"，席德尔制定了一个规则类似的措施序列：1. 强制拘留；2. 强制移民；3. 驱逐出境；4. 在被征服的领土上进行强制重新安置；5. 事实上的消灭。席德尔本人在建议驱逐波兰人和犹太人的 40 年后，补充道（我认为他这是在自我批评），为了对数百万人进行肉体灭绝，孤立、强制移民和强制性的重新安置"通常只是"初步阶段。[2]

不过，任何想充分解析导致大规模谋杀的政治过程的人都不应跳过初步阶段，因为该阶段的成败对下一步的进程具有决定性意义。在丹麦、雅典、布鲁塞尔和意大利的部分地区，德占国由于缺乏当地的支持，无法对犹太人进行隔离，也无法将其逮捕并关至所谓的过渡营。因为当地居民和安全部队都会参与——这是当时的主要情况，就需要德国人给予能量和激励，特别是允许实施此前无法想象的行为。

绝非所有行为者都应或必须参与每项连续的措施。基于劳动分工的现代化组织也是大屠杀的特点。这令个人不清楚整个过程，也更易使其误读。这种方式淡化个人责任，麻痹了良知。席德尔系统的第一至第四步，特别是歧视、强制移民、孤立和驱逐出境，已使人们在日常生活中几乎见不到犹太人。通常情况下，那些被关在镇上或其他一些地方的犹太人还在世时，工作和财产就已分配好。

从歧视到"去犹太化"

欧洲民族运动的知识分子之父很早就发现了反犹主义。在法国，从 19 世纪 80 年代起，该主义与强大的反共和主义和保守主义潮流结合在了一起，但也获得了社会主义阵营的支持。其共同点是对法国原有的手工业者、商人、律师和医生的保护。在萨洛尼卡这个最初不属于希腊人的城市，希腊化被提上日程。此外，居民中的大多数犹太人被认为是希腊的世袭敌人奥斯曼土耳其所青睐的对象。自 1912 年起，这种情况将在希腊的统治下尽可能地结束。在波兰，国家民主党的主要代表和神职人员则在宣传反犹经济保护主义和天主教社会学说的变种。

在一个短暂的国际主义阶段之后，苏联自 1930 年起出现了以俄罗斯为中心的民族共产主义。这使得被压制了 10 年之久、从未被克服的反犹主义以社会主义的面目重新出现。由于犹太人自 1917 年起被允许在俄罗斯的任何地方定居，因而现在反犹主义也出现在了那些以前对其不感兴趣的地区。与西方非社会主义国家一样，教育政策上的成功不仅令数百万迄今为止教育程度低下的公民行动起来，还同时煽动起了其对犹太人的仇恨。

在无产阶级反对资产阶级的阶级斗争中，行动力较弱的人也会以平等正义之名起来反对创造者、精明者和成功者。因此，难怪直至今天，社会主义和民族主义形式的集体主义之间的过渡仍不稳定。1918年之后，国家和社会集体主义融合为极权主义的混合体，且不仅是在意大利和德国。欧洲大陆的执政党共同鄙视和打击英国式的自由主义，把人民的概念视为偶像，同时将个人主义视为仍未被民族共同精神启蒙的时代残余。

反犹口号很轻松便激起了群众的情绪，融入谋求国家和社会进步的项目。一开始，人们通过牺牲犹太少数族裔的利益来保护多数人。几年后，进一步的歧视性措施接踵而至。许多犹太人先是被剥夺了学习的权利或销售烟酒的特许权，然后又被禁止从事个别职业，并逐渐被剥夺了公民权。从这一点来看，设想一个基本的"解决方案"并不遥远。虽然那些以该方式追求政治的人，如波兰主要的民族民主党人罗曼·德莫夫斯基或希腊共和党人埃莱夫塞里奥斯·韦尼泽洛斯，既未想到大规模枪杀，也未想到毒气室，但却越来越认为，这些受到攻击的少数人将在可预见的未来不得不离开这个国家。在这一点上，他们与罗马尼亚、匈牙利和立陶宛的主要政治家保持了一致。

在两次世界大战之间，几乎所有的欧洲大陆国都奉行自我孤立的政策，对邻近的民族国家怀有敌意。这也是为什么经济危机有如此巨大破坏性和持久影响的原因。因此，多数基于民主或获得了群众同意的政府无法兑现所做承诺。一般福利的稳定增长并未出现，反而衰退。在此阶段，即二战前的 10 年间，犹太少数族裔更是成为国家及社会恶意压迫的对象。在罗马尼亚、波兰、匈牙利、希腊以及现在的法国，政治家们越来越频繁地谈论着犹太少数族裔的移民问题。他们还承诺，会为多数人口的成员提供新的工作机会，以及小企业、更好的公寓和扩大医疗实践、教育和未来的机会。

自 1933 年起，德国提供了一个极其激进的范例，说明如何能够异化犹太少数族裔，并在数周、数月和数年内利用由赤裸裸的暴力和立法构成的混合物完成了"解放"犹太人的所有进展。1933 年 4 月，德国政府将数千德国犹太人赶出公共服务部门。1935 年 5 月，政府剥夺了他们的军事尊严。同年秋天，又剥夺了他们的公民权。伴随着抵制行动和几十项法律和法令，犹太人在经济上受到了重创，结果让被称为德国人民的大多数人获利。1938 年，当时的大德意志政府剥夺了犹太人处置财产的权利，同时驱逐了数万人，令其穷困潦倒，失去国家。

国家恐怖主义者这种剥夺公民权的做法在欧洲其他地区遭到的不只是拒绝。然而，最重要的是德国政府在以下这件事上取得了成功：通过难民和被驱逐者输出了犹太人问题，从而助长了现有的反犹主义。这就是在法国发生的事。同样的政治效果在比利时、南斯拉夫、挪威、荷兰和瑞士都得到了详细的证明。[3] 例如，1939 年 1 月，外交部向所有德国外交官发出通知，称"犹太人问题是 1938 年外交政策的一个因素"，"1938 年迁出德国和奥地利的犹太人虽仅有约 10 万名，却已足以引起许多国家对危险的犹太人现象的兴趣，而不是理解。我们可以判断，当来自德国、波兰、匈牙利和罗马尼亚的大批犹太人感受到其东道国人民越来越大的压力时，犹太人问题将发展为一个国际性的政治问题"。[4]

民主、革命和对犹太人的仇恨

欧洲群众的社会崛起，在政治上表现为出现了有组织化的议会国家。这种变化并未减少对犹太人的怨恨，反而令其增加。乌尔里希·怀尔瓦在比较 1914 年之前的德国和意大利反犹主义时表明，有组织的反犹主义在意大利很难发展，部分原因是"投票权受到极大限制"。1882 年起，只有 7％的人口享有选举权。"正是这种缺乏民主的情况使以资产阶级为主、有文化且受过良好教育的犹太人受益，"怀尔瓦写道，他的论点更为尖锐，"反犹政党在德国的政治成功主要是基于帝国议会的普选，在意大利不会有机会的。因此，主张自由主义的意大利在反犹政策上的弱点，同时也悖论般地表现出年轻的意大利民族国家的民主缺陷。"[5] 事实上，自 1871 年起，德国国会的选举一直是以所有男子平等和秘密地选举为基础，而不是从普鲁士直至 1918 年仍然存在的三级选举。

怀尔瓦觉得上述发现自相矛盾，我却并不赞成。相反，我认为这预示着反犹主义在战时民主化条件下的迅速崛起。一些人认为，最终导致对犹太人杀气腾腾的仇恨和种族隔离的先决条件只能在专制、极权或独裁的国家中酝酿。我认为，这种想法是与事实相偏离的。在民主构成的民族国家中，议会和政府也理所当然地应遵循民族集体主义的学说。据乌尔里希·贝克说，他们经常遵循的原则是："基本权在国家层面是可分的：可将其授予国家的平等者——人民，而取消所有其他人的。"[6]

怀尔瓦的洞察力可通过 1896 年在奥地利波希米亚和摩拉维亚王室土地上生效的选举法改革一例得到证实。改革后的选举法通过不重要的限制，赋予所有男人以投票权，从而"加速了捷克政治的分化，促使反犹主义成为其最重要的主题之一"。正如米哈尔·弗兰克尔所指出的："自 1896 年的春天起，捷克所有的政党都为即将到来的帝国议会选举贡献了自己的力量。这个阶段活动增多，出现了大量集会和新闻宣传，反犹主义的影响也随之变得越来越明显。"

激进的捷克青年人以捷克追随者之名，制定了第一个典型的国家社会方案：控制证券交易所和高级金融，对重要行业国有化，放宽对小人物的财政政策，为商人和农民提供国家援助，还有反犹主义。发言人认为，反犹之战"与其说是一个民族或种族问题"，不如说"首先是一个经济和社会问题"。他要求"通过法律保护非犹太居民不受犹太人的影响"。

不同于上述方案，捷克追随者仍显得无足轻重。这一点在1897年春的选举活动结束时变得极为明显。在布拉格，捷克青年党凭借坚决的反犹运动取得了胜利。虽然反犹主义以前就存在，但"选举给了它一个新的合法性"（弗兰克尔）和组织形式。在此后不久的1897年11月底至12月初，布拉格和其他城市发生了针对犹太人的激烈的捷克暴动，针对德国人的暴动则不那么严重。暴徒抢劫并烧毁了犹太人的商店，砸碎了犹太教堂的窗户。与当时西欧的其他地方一样，谋杀和过失杀人仍是罕见的例外。这次暴动——一次善意改革的结果——让奥地利总督大吃一惊。他们实施了戒严令，威胁要对暴动者进行处决和严惩。数小时后，和平与秩序就占据了上风。[7]（在捷克斯洛伐克以及波兰、俄罗斯、匈牙利和法国，反犹主义往往与反德主义携手并进。但这是另一个话题。）

以后来捷克斯洛伐克共和国的建国总统托马斯·马萨里克为代表，捷克布拉格的反击力量令人印象深刻，但反犹主义仍是捷克民族主义的一个组成部分。弗兰克尔认为原因在于生活条件的普遍现代化，而不是中世纪持续存在的偏见。"捷克反犹主义的核心来源"是"对自由主义社会概念和自由市场经济的抵制"，这些都体现在活跃的犹太少数族裔身上。回望1867年的《犹太人解放法》和1896年的扩展选举权，按当时的标准来看都是很慷慨的，却培养了反犹的民族主义基础。换言之，哈布斯堡君主制的两项重要的自由主义改革帮助反犹主义形成了一种有组织的、公开有效的形式。弗兰克尔还指出，尽管帝国议会中的捷克青年政治家是最有影响力的反犹者，但他们也是"为波希米亚的自治赢得重要功绩之人"。[8] 任何认为现代反犹主义与政治和经济进步的良好面无关的人，都不会理解这一点，也无法以任何有意义的方式描述它是如何在大范围内进行传播的。

1906 年的俄罗斯总理斯托雷平尚不民主，但已具改革意识。他想软化专制俄罗斯的反犹特别法，但由于老百姓不愿意而以失败告终。当保罗·内森要求放宽反犹法时，斯托雷平回答道："我们不能这样做，因为俄罗斯人民不希望改变。我们担心，如果给犹太人完全的平等，俄罗斯人民会组织新的屠杀。"[9] 这与以下事实相吻合：1905 年，反封建的革命起义导致在已行将枯朽的沙皇帝国，在俄罗斯人、乌克兰人和波兰人的居住区对犹太人进行了残忍的大屠杀。

1905 年对犹太人的袭击和谋杀以及抢劫者的社会出身，使文学家和哲学家米哈伊尔·格申松产生了绝望的洞察力。他坚定地警告许多犹太社会主义知识分子，不要把信任未受教育的工人和农民当作时髦。他仿佛预见到，1917 年至 1920 年间在衰落的沙皇帝国的土地上，将以解放之名发生对犹太人的大规模屠杀。1905 年，格申松写道："鉴于我们的情况，不仅不可能'与群众融合'，相反，我们必须对其而不是国家政权所有可能的惩罚措施有所忌惮。我们应赞美和感谢政府，因为最终只有他们的刺刀和监狱可以挡在我们和民众的愤怒之间。"[10]

在 1914 年之前的自由主义阶段后，是战争和持续数月的共产主义革命尝试。1920 年，匈牙利爆发反犹浪潮。1867 年解放后，犹太人在当地获得重要的经济地位，很快成为资产阶级的重要组成部分。虽然在 1914 年之前，就已有政治团体声称犹太人获得了太多权利，但前者仅在 1920 年的民主化条件下才获得了塑造政治的机会。也直到现在，他们才得以对信奉基督教的马格里尔人给予所谓的公正，从而损害了犹太人的利益。他们已获得巨大的成功。在 1920 年至 1944 年期间，匈牙利议会两院经过广泛的辩论，以绝对多数通过了所有的反犹法。投反对票的人主要是那些认为该法案还不够反犹的议员。

迈克尔·施瓦茨证实，20 世纪普遍存在的民族暴力政治是"民族冲突和社会冲突的交织"。他从中看出"对欧洲犹太人的谋杀与掠夺之间的联系"。施瓦茨指出，种族社会政治方案已导致对亚美尼亚人的种族灭绝和进一步的大规模谋杀。偶尔会有人声称，20 世纪欧洲的多起种族驱逐与迫害犹太人毫无关系。2011 年发表的一份研究报告称："将纳粹对犹政策的意识形态、规划和实施视为'种族清洗'的案例是一种轻描淡写。"[11]

正如前几页反复证明的那样，这显然是错误的。因为这个案例是最极端的案例。大屠杀不能从民族政治的一般倾向中得到解释，但其前因后果是公开的。无节制的致富以及渴望更快地取得社会进步，导致 20 世纪的暴力政治，以及相当程度的对欧洲犹太人的歧视、迫害和谋杀。施瓦茨称，"物质再分配""是精英们出于政治动机而推动的种族'清洗'赢得广泛社会支持的决定性因素"。我们必须谈一谈为了人民利益而按民族标准组织起来的社会革命。[12]

无论是在匈牙利和德国，还是在 1941 年的罗马尼亚和保加利亚，吞并都无助于缓和与少数族裔的争吵。相反，这种事情在增加。因此，解决由此产生的新困难显得十分迫切，按曾走之路的逻辑进行的设计也更具影响力。最后，积极安置政策的规划者将战争视为用强有力方法处理自治问题的一个巨大机会。但这只是一小步而已。因为它们将被永久地德国化、马扎尔化、罗马尼亚化、克罗地亚化或保加利亚化，被吞并的领土成为暴力、征用和谋杀的训练场。犹太人是几个不受欢迎的少数族裔之一，并在各处都被认为是第一批被没收和清除的人。

犹太人是令人羡慕的榜样

1908 年，社会学家格奥尔格·西美尔在他著名的 7 页之长的《关于陌生人的短论》中，从理论上讨论了一些可考虑的问题。西美尔谈到了一般的陌生人，还提到了欧洲犹太人这个"典例"。据此，作为漫游者的陌生人遇到了当地的定居者；自由漂移者和见多识广者遇到了固守原地者。西美尔的陌生人不是来了就马上走的人，而是"今天来了，明天又留下的人。可以说是潜在的流浪者，虽未继续前进，但也尚未完全克服来去匆匆的疏离感"。尽管彼此很熟悉，但对本地人还是有距离感。这使其具有独立性："他更无偏见地忽视环境，用更普遍和更客观的理想来衡量它们，同时在行动上不受习惯、崇敬和前例的约束。"他是"终极移动者"。

通常情况下，外国人会以商人的身份进入当地人的生活。但是，"只要经济基本上是自给自足的"，偶尔提供远在当地经济圈之外的国家产品的商人就不会受到干扰。只是到了现代，外国人才成为一个问题。生产本身以及城市、地区、国家和大陆之间迅速分化的劳动分工，需要一个迅速扩大的中介机构——贸易、运输公司和通信联系、证券交易所和经纪人、银行贷款、担保和合同。新型经济空间是由外国人组织起来的。该空间具有国际性特点，与整个世界沟通，占据了新生或大量需要的脑力劳动者岗位，比如企业家、雇员和自由职业者。

如前几章所述，1880 年起大规模出现的欧洲反犹主义符合这一框架。西美尔是这样说的：因为"贸易总是能吸收比初级生产更多的人"，所以外来者集中在这个领域。这样一来，他就进入了"一个经济位置实际已被占的圈子"——或者更准确地说是被认为已被占。不过，贸易中仍有"无限的组合"。在那里，经济上的成功是可能的；在那里，"智慧仍可得到扩张和新的发展"，而"原有的生产者则由于较低的流动性，难以产生对缓慢增加的客户群的依赖性"。[13]

在这个普遍动荡的时代，已经习惯慢吞吞、懒洋洋蹲在地上的定居者，突然感到受到了歧视。他们对敏捷的陌生人的反应是半排斥和半羡慕，波动在钦佩、保留、羡慕和恶意之间。正是这个局面产生了国家反犹主义众所周知的陈词滥调。很快，犹太人被谩骂为无根、无家可归的世界主义者，而脚踏实地的人则被尊称为人民传统的坚定守护者。后者的祖先自古以来就用双手耕耘祖国，保护其不受外界侵扰，并将这项任务作为遗产传给后代。

尤里·斯廖兹金在其反复被引用的《犹太人的世纪》一书中沿用了西美尔的模式，但对此只字未提，而是发展了一个有些松散的、相似而又略有区别的概念——一方面提到墨库里人，另一方面又提到亚波罗尼人。在希腊-罗马的诸神世界中，墨丘利（赫尔墨斯）保护着信使、商人、调解人和过境者；阿波罗的职能则被斯廖兹金贬低为在克里特岛的神话世界中掌控定居者的兽群和牧羊之神，而这是鲜为人知的。[14]

我们可以反对西美尔和斯廖兹金的观点，即大多数东欧犹太人生活贫困，仅能作为小商贩勉强维持生计，或作为裁缝、鞋匠、铁匠或水管工单干，从而过上得以糊口的生活。也可以撇开东欧犹太人的物质苦难不谈，进一步认为，当时在柏林以私人讲师身份任教的西美尔是把被资产阶级同化的德国犹太人当作思考的样板。也许是这样吧。不过，西美尔只是间接提到 19 世纪末 20 世纪初犹太人远高于平均水平的上升时刻，而未加讨论。关于这个问题，维尔纳·桑巴特写道，他当时与西美尔一起论证了社会学学科的建立。桑巴特反复指出关键点：犹太人在与基督教同胞同等或更差的条件下起步，却在当时的柏林和能确保其经济自由的各地克服了在社会中攀爬的障碍。他们上升的速度是基督教同胞的 3 至 4 倍，把后者远远地甩在了后面。桑巴特发现，犹太人普遍"比我们聪明得多，也忙得多"，从而证明他们被广泛排斥在大学教职之外是合理的。这位学者称，为了科学的利益，人们不得不为此感到遗憾：在两个申请者中，人们几乎从未选择过犹太人，而总是倾向"更愚蠢的那个"。然而，他认为这一保护措施是必要的，因为否则"大学的所有讲座和教授职位都会被受洗的或未受洗的犹太人填满，这当然都一样"。桑巴特的后一句话揭示了超越单纯宗教信仰的反犹主义的开始。随后的经验是，犹太人的智力优势决不会随着皈依基督教而消灭。[15]

同样的原因促使历史学家海因里希·冯·特赖奇克于 1879 年写下了反犹的文章。其文《我们的前景》专门针对移民的经济野心，经常被人引用。在文中，特赖奇克将犹太人描述为"一群雄心勃勃地贩卖裤衩的年轻人"，他们的"孩子和孩子的孩子有朝一日将主宰德国的证券交易所和报纸"。这位亲民的（口齿伶俐的）国家历史学家指责了新人的"狂妄"和"急智的敏捷与敏锐"。特赖奇克认为，由于这种恶劣的行为方式，犹太人冒犯了当地人"谦逊的虔诚"和"崇尚舒适工作的古老爱好"。[16]

　　在本书所涉及的国家中,这种现象也一再成为人们关注的焦点:无论是立陶宛的对外贸易,还是犹太高中生和大学生的百分比,犹太裁缝建立了糖果业,商人令贸易繁荣,他们把小书店变成了大出版社,组织了铁路或电报线路的建设,发展了银行和证券交易所。因客观存在的困难、自身的失误和绝望,其他人对这种成功的羡慕在一段时间后变成了憎恨。

心理上的差异成为物质上的差异

　　在 20 世纪初,社会主义者和资产阶级圈子讨论了如何促进下层人民的社会流动,目的是为那些超越阶级背景的"有天赋和能力者"开辟通往高层的道路。1920 年,德国政治学家保罗·蒙伯特满意地指出,这种"遴选过程"现在是政治和科学强烈关注的问题,因为找出"以何种方式上升,哪些因素对谁能从底层升至高层具有决定性意义",也符合国家利益。

　　蒙伯特借助非犹太家庭的实例(尽可能超过三代),认为论断的基础是缓慢的过渡:"作为一项规则,从一个社会阶层升至或降至另一个社会阶层是以这样的方式进行的:首先经历自己所在社会群体的个别阶段,然后直到新的一代才完全进入一个新阶段。"在此过程中,"可以看到社会阶梯上连续的上升和下降"。总体而言,谨慎地努力前进占据上风,但也会经常伴随退步和时不时的跌落。为"自己或自己的后代"实现某种社会改善的普遍努力先是非常缓慢地出现,然后随着旧有阶级秩序的垮台而更加迅速地出现,并如蒙伯特在 1920 年所说的那样,成为"当今人民意志的一个基本组成部分"。[17]

　　最迟从世纪之交开始,对阶级关系的认识就在不断发展,这主要归功于社会民主党广泛的教育和政治活动。特奥多尔·冯塔纳在1899年的小说中对此曾有精彩的表达。在小说中，他让洛伦岑牧师作为一个对社会主义思想有一定了解，但不完全了解的人出现。"一切现代事物与旧事物的主要对立，"他说，"是人们不再因出生而被置于要占据的位置。现在，他们可以自由地在各个方向和各个领域发挥自己的能力。以前一个人作为城堡领主或亚麻织工的身份长达300年之久；现在，每个亚麻织工都可能在某天成为城堡领主。"另一方面，洛伦岑建议如何以合理的方式摆脱社会起伏的新深渊："宁愿守旧，只要尚可；除非必须，绝不革新。"[18] 那些以牧师身份向教会信徒宣扬这一信条的人，至少间接地和特赖奇克一起反对了"裤衩推销员群体"。

新条件伴随着对地位的高度不确定性。希望有权获得国家支持而得以升迁和接受教育的愿望，一方面随着一战不受约束地按照口号得到推动——"每个士兵的背包里都装着元帅的指挥棒"，另一方面却让人数百万次地失望。此外，为幸福而普遍进行的竞赛不得不产生胜负，并由此导致出现了取得很多成就、但从未达到前列的人。这导致对那些比可识别群体更成功的人的羡慕和仇恨。

尽管东欧犹太人的贫困和劣势是如此明显，但在波兰、立陶宛或罗马尼亚，人们对其的厌恶却不断增加。这是怎么一回事呢？1917年，以马克思主义为导向的犹太复国主义者贝尔·博罗乔夫提供了一个解释。他没有在统计图表中描述犹太人和基督教人口群体的社会状况，而是像桑巴特和伯恩一样，在不同的动态中寻求解释。根据他的分析，现代资本主义取代了主宰东欧的犹太手工业工人，他们在小作坊里做裁缝、补鞋或做木工——"因为机器是最大的敌人"。然而，犹太人对此的反应并不是机器冲撞论或宿命论。对此，他们已适应。

博罗乔夫谈到，"驱逐犹太工人"并不是突然发生的，而是在社会结构的长期调整过程中发生的。"因此，蒸汽织机在罗兹和比亚韦斯托克的入侵带来的是基督教劳工，而非犹太人。犹太织工在那里几乎消失了"。因此，"从手工劳动到机器劳动的过渡，标志着从犹太信徒的劳动过渡到基督信徒的劳动"。其间，犹太人通过移民、迁往大城市或自营职业创立了新的产业。

对这种不同的行为，博罗乔夫给出了精神上的理由："一个犹太人决定以报酬如此微薄的手段和如此糟糕的前景为代价，成为自营业者。一个基督徒在他的位置上，绝对不敢这么做。"犹太人没有多少钱，却开了自己的公司。一个基督教工人在物质上可能有更好的起步条件，却仍是"别人一辈子的仆人"。由此，作者得出结论："犹太工人阶级的人力存量在不断流动"。也就是说，它被替换的速度明显快于劳动力中的基督徒部分。许多犹太人毅然决然地脱离了无产阶级的苦难。随其从事自由职业以便尽快单独从工厂的奴役中解放出来的，最初亦是犹太人。[19] 俄国波兰的非犹太左翼社会主义者描述了同样的模式，但倾向有异。1912 年，他们对犹太阶级同志的革命决心表示怀疑，因为后者比信奉基督教的波兰工人"更有可能定居和资产阶级化"。这些左派社会主义者认为可疑的是，犹太工人很快就找到了在社会地位上升迁的方法和途径，非犹太无产者则落后他们很多。[20]

约瑟夫·特南鲍姆的分析与马克思主义的解释相去甚远，他得出与博罗乔夫类似的结论，并间接得出与波兰左翼社会主义者和天主教社会学的信徒类似的观点。后者反复谈到"波兰人的变性"问题。[21] 特南鲍姆在他的家乡伦贝格观察到："犹太人主要形成了城市的中产阶级。但这样的阶级在加利西亚这样一个精致的农业国，却不适合在强烈的种族仇恨中缓解基于经济对立的城乡冲突。"加利西亚的农民开始大规模地从乡村迁往城市，在那里遇到了这个状况。这时，冲突领域开始迅速增加："他作为土生土长的人以及部分未开化农民的头领来到这里，遇到一个聪明优越的中产阶级。在竞争性的争斗中，他难以击败后者"。在既定情况下，这是一个可以明确定义、说话方式不同、行为不同、信仰不同的人群。因此，"竞争性的嫉妒可以采取更鲜明的形式"，而不是当快速变化的巨大问题不能被投射到一个特定群体时才发生。在普遍城市化的情况下，犹太人被排斥为在欧洲城市中"阻挡"重要就业机会的人。

特南鲍姆强调了两个经济社会因素：第一，迅速加剧的城乡差距在任何一种资本主义发展的初期都是不可避免的；第二，他观察到基督教无产者的希望是如何在第一代人身上破灭的——他们被迫跟随迁移至城市。这造就了一支感到人生幸福被欺骗了的幻灭者大军。此外，新的民族自豪感因"犹太人的勇气和主动性"帮助波兰取得了一些声望以及经济实力。但这似乎有损波兰的民族荣誉。[22] 现代反犹主义从伯恩、西美尔、桑巴特、博罗乔夫、特南鲍姆和斯廖兹金分析的紧张领域汲取能量。在西美尔之前的 12 年，西奥多·赫茨尔已认识到"本土犹太人不断上升的阶级运动"是一个新的敌意来源，他将这种"进取精神"与许多人的"固定"工作相对立。然而，情况在世纪之交发生了变化，一战以来尤为如此。事实上，一战激活了幸存者的社会性，使其频繁地背井离乡，被迫反叛和流动。国家多数派在所有地方都迎头赶上，受到议员和政府的鼓励和支持。

在我为撰写本书而用的有关欧洲个别国家反犹主义的专门研究中，几乎都提到了造成反犹主义的社会经济紧张关系，而很少提到种族理论。大屠杀幸存者安德烈亚斯·比斯在报道 1960 年匈牙利犹太人如何被驱逐以及他如何试图拯救几千名犹太人时，曾给出一个早期例子。通过引导，他对 1867 年起犹太人如何作为"有能力的少数族裔"成为匈牙利资产阶级和城市知识分子的支持力量进行了讨论。其中，前者以前几乎不存在，而后者则是缓慢地才形成。这很快在社会上导致反犹主义的"增加"，而该主义"更多是由政治和社会条件决定，而不是宗教或种族偏见"。"随着犹太人的繁荣，"比斯总结道，"对其的嫉妒也在增加。"[23]

战争使谋杀成为可能

除了反犹主义在欧洲大陆的许多国家膨胀，谋杀欧洲犹太人还需要一个更重要的核心前提条件——二战本身及其破坏性的力量。与反犹主义不同的是，德国对其负有完全责任。德国国防军的无情和普遍的谋杀行动，特别是在东欧这个犹太人定居的主要地区，将数千万人卷入苦难、死亡和恐惧的漩涡，使平民成为受益或受害者，往往两者兼具。德国征服者对普通政治统治和组织结构的蓄意瓦解，为过度掠夺和谋杀创造了基础。

战争缩小了许多人的道德视野，降低了其对暴力的抑制，加强了其对内部敌人和叛徒的幻想，并增加了他们对别人财产的贪婪。在造成战争的情况下，许多基督徒的良知被麻痹，冷酷无情的敌友思维和无所谓的冷眼旁观占据了上风。1942 年春，戈培尔写道，最终解决犹太人问题的程序"相当野蛮"。他谈到德国自创的条件："感谢上帝，我们现在在战争期间有了一系列在和平时期被剥夺的可能性。我们必须利用之。"[24]

除了丹麦和（有限的范围内的）比利时之外，德国执法者为其对各国犹太人采取的暴力措施找到了具体的出发点。他们抓住了长期以来建立一个种族纯正的民族国家的愿望，让犹太难民和不受欢迎的竞争者消失。他们总是试图让个别政府、州和地方行政部门以及某些人口群体参与没收、隔离和驱逐。这使其获得了当地警察部队和行政部门的帮助，并在不同程度上获得了当地相当一部分人和精英的善意支持或至少是漠不关心的态度。然而，最重要的是，德国以极端严酷方式发动的战争加剧了本地人对"外国人"财产已存的贪婪。继而，占领国多次利用完全没收犹太人的财产，来减轻被占国给自己造成的困难。

参与犯罪成果

这导致一个问题，反犹措施和暴力行为是促进还是阻碍了德国对诸国的占领？这很重要，因为征服者不得不以少量武力来统治辽阔的领土。克里斯托弗·迪克曼对立陶宛的犹太人被谋杀的历史进行了透彻研究，并对上述问题进行了探讨。2011 年，他得出的结论是，对立陶宛犹太人的谋杀被"作为一种在社会层面上向上流动的手段"，加速了社会和经济"在一个基本贫穷的社会重组的过程"。这与 19 世纪末起一直反犹的立陶宛民族社会解放计划相吻合。

迪克曼将战时对犹太人财产分配解释为"社会再分配政策"，其目的是不受惩罚地使犹太区那些流动和非流动的腹地得到充实。贫民区和被谋杀的人，是占领国和非犹太人口之间的"重要沟通手段"。他从直接社会利益和经济利益的角度，解释了立陶宛对迅速执行谋杀 22 万犹太人的抵抗规模如此之小的原因。这些犹太人几乎是这个小国的全部犹太人。这使迪克曼得出结论，在当地人的积极协助下进行的对犹太人的谋杀，"并未使德国的占领变难，而是变得更加容易"。[25]

地方势力与征服者合作——用合作这个词来形容并不充分。某些完全不同的利益在这里汇聚，并在犹太人问题展开社会和国家层面的合作。这种合作远远超出了众所周知的内奸的顺从参与。今天，法国学校为在德国集中营中被杀害的犹太学生竖立了纪念碑。牌匾上的文字略有不同，但都证明了被驱逐儿童是在"维希政府的共谋下"被法国警察逮捕并交给纳粹野蛮统治的。

德国政府在被占国和盟国寻求"解决犹太人问题"的办法，并将其与将犹太人带出国门"工作"的要求相结合。这一提议在许多地方被接受，甚至被视为一个独特的机会而受到欢迎，特别是因为它包含一个好处。[26]各国的政治和社会代表将责任推给德国人，或至少淡化之，像法国总理皮埃尔·拉瓦尔那样说服自己接受"劳动力调配"和"重新安置"的说法，直到自己也对此深信不疑。对其而言，重要的是各自的国库和多数人口从不受欢迎的少数人的被强行消失中获利。

1941 年 10 月 15 日，当地指挥官从乌克兰的克里沃罗格报告道，警察正在射杀"剩余的犹太人"。为此，"整个乌克兰辅警部队也参与其中"。乌克兰市政府"没收了犹太人遗弃的公寓，拿走家具并卖给有需要的居民"。[27]在白俄罗斯城市，德国主子以同样的方式缓解了谋杀性战争所造成的住房短缺。正如克里斯蒂安·格拉赫研究的那样："通常，德国的军事或民事管理部门将以前由犹太人居住的房屋移交给信奉一神教的市政管理部门……然后，后者就不得不对住所进行分配"。同样，那些被害者的动产也使白俄罗斯平民和同样生活在那里的波兰平民受益。许多人是由于自己的需要而被迫这样做的。"然而，其他人对大屠杀无动于衷，接受分配住房，甚至表示赞许。"[28] 在一场破坏性的战争中，600 万人被杀意味着受战争影响的各州可分到大约 100 万套住房，其中大部分在城市。

赫尔曼·戈林违背贝尔格莱德德占官员的意愿，于 1942 年初下令，犹太人的资产将进入塞尔维亚国库，"以便为该国因背负被占区费用而强烈希望申请获得的国家预算提供可能的财政援助"。同时，法国犹太人必须向德占军缴纳 1 亿法郎，用于赔偿因英国空袭巴黎铁路设施而遭受损失的非犹太血统的法国人。这些资金由专门成立的"即时安全委员会"负责分配。

德占当局在法国殖民地突尼斯的短暂非洲之役中也采取了类似做法。由于突尼斯港口城市在 1942 年夏季和秋季受到英国的猛烈轰炸，安全警察和党卫军的工作队组织了"对被炸毁者的即刻支援"。为此，他们就像在巴黎一样，强迫犹太居民支付了至少 5000 万法郎的捐款。并让一个由当地人组成的委员会将所抢的援助款分发给了"受损家庭，主要是穆斯林"。

在战争的最后数月中，德占军还以这种资助形式向匈牙利布达佩斯和意大利米兰的爆炸受害者提供了便捷的紧急援助。[29] 在被占的波兰，他们将数十万犹太人驱逐至贫民区，以便为那些被德国人驱逐的波兰人腾出家园，从而将被吞并的波兰西部省份德国化。[30] 商店和作坊、家庭用品和衣物均被波兰市长及其市政官员卖给当地的波兰人，被完全剥夺了权利的流离失所的波兰人也能免费获赠。

1943 年夏，希姆莱的安全部门在萨洛尼卡进行了有力的干预。德国军事指挥官当时也想把运往奥斯威辛的犹太人的遗物交给当地讲保加利亚语和罗马尼亚语的少数族裔。党卫军总司令赫伯特·霍塞尔巴特给出的理由是，这样的程序无疑会在"政治上和宣传上产生极其不利的影响"。毕竟，希腊政府和地方当局曾得到承诺："出于对希腊公民的考虑，占领军会将犹太人的资产完全提供给希腊国家。"[31]

这就是德国主人在各地的所作所为，其中不乏侵占部分战利品之事。[32] 各中央国家机关没收了账户、证券和寿险保单。地方政府将房产以及房屋和作坊（只要没被邻居偷走）以优惠的价格出售给当地人。这种参与的方式导致几乎所有欧洲国家的数百万人被动地作出了支持。

德国发动的战争将欧洲的反犹主义推向极端，反犹主义的加剧又使前者受益。匈牙利作家山多尔·马洛伊在日记中报道了该情况是如何在小范围内发生的，甚至在温和的占领政权下亦是如此。1900年，马洛伊出生于当时非匈牙利的卡萨镇，原名为亨里克·格罗施密德。1944年至1945年的冬天，他在脱离苏联红军、逃往布达佩斯的途中，偶然结识了一个人。"有人在乡间小路上与我会合。此人从洛约什米热逃出，现在懊悔无比。'我上了宣传的当。'他说。我安慰他可以很快回家，但他心烦意乱地喃喃自语道：'我拥有 2 英亩犹太土地，你认为我还留得住吗？'"这就是抢劫和谋杀的小受益者们无害的言辞和感受。用"暴民"来形容他们是有误导性的。在这里，各阶层的普通人在正常生活中都很富裕，都获得了大大小小的好处。[33]

戈培尔："凡事必须善始善终。"

在战争的最后数月里，流亡的捷克总统爱德华·贝奈斯在伦敦宣布，遣返犹太人将"使政府面临困难"。1944年，法国抵抗运动的高级代表敦促戴高乐不要承诺将被逐犹太人送回法国，因为这可能会损害他的声誉。[34]

　　1947 年夏，尼赫迈亚·鲁滨逊作为世界犹太人大会的代表从希腊报告道，两位部长在去年秋签署了一项关于无继承人财产之法的补充规定，只是尚未公布。在希腊联合犹太人社区和世界犹太人大会的反复干预下，4 位部长现在接到指示再次讨论对这一条款的措辞。同时，世界犹太人大会向外交部长康斯坦丁诺斯·萨尔达里斯抱怨，希腊的反犹主义十分猖獗。鲁滨逊在捷克斯洛伐克指出，贝奈斯总统领导的政府正在为 1945 年货币改革中的损失者准备基金。同时，为了充实这一基金，已决定使用犹太人的无继承人财产。尽管捷克斯洛伐克的犹太人提出了各种要求、请愿和上诉，但议员们还是没有改变地通过了该项法律。

　　1947 年，世界犹太人大会经过一番努力终于说服波兰政府，将提出财产索赔的追讨期延长 1 年至 1948 年 12 月 31 日。只有少数幸存者可以提出这样的要求。在德国的法占区，法国军政府拒绝按照美占区的规定归还犹太人的财产，因为怕他们会走得太远，引起新的反犹主义。[35]

　　在欧洲的每个地方，国家社会主义的统治者都把尽可能多的人变成了迫害犹太人的暴发户，当然也包括德国。那些曾参与抢劫之人，即使参与的是小规模抢劫，在犹太人被运往未知目的地时也保持了沉默。欣喜者不在少数。那些接管被逐雇员、公司、工匠公寓及其冬衣或家庭用品碎片的人通常不会对非人道行为进行任何抵抗。他们只对一件事特别感兴趣——让被逐和被抢的人永远消失。国家社会主义德国的领导人就是这样计算的。他们非常清楚，以分工方式对各国犹太人共同犯下的罪行，加强了德占者与这些国家的人口及行政部门间的合作。它促进了一个阴谋团体的强盗行为，并令人一旦屈服于从大规模屠杀获利的诱惑，就很难脱身。

根据德国驻巴黎军事指挥官的意愿，出售犹太企业和财产的收益将"归入法国国库"。戈林还下令"优先考虑法国购买者的经济参与"。正如德国驻巴黎大使奥托·阿贝茨所解释的那样，这样做的目的是"将法国与犹太世界分开"。这也就意味着切断法国与西方民主国家的传统联系，而将该国与德国捆绑在一起，无论好坏。[36]

以意大利为榜样，匈牙利政府曾试图在 1943 年至 1944 年冬摆脱与德国的灾难性联盟。结果，德国国防军于 1944 年 3 月 19 日温和地占领了这个国家。匈牙利帝国的全权代表埃德蒙·维森迈尔只更换了一小部分政治领导层，就为新政府提供了解决犹太人问题的方案。6 周后，根据布达佩斯内政部而不是占领国的命令，匈牙利宪兵队已将 30 万犹太人隔离。这些人即将被逐至奥斯威辛。

在柏林，约瑟夫·戈培尔观察到正在发生之事并取得胜利："无论如何，匈牙利人都不会脱离犹太人问题的节奏。凡事必须善始善终。一旦匈牙利人开始执行反犹政策，就再也无法减速。反犹政策在某种程度上说是自我推动的，匈牙利人现在的情况即这样。"希特勒还称："反犹主义的好处……正如匈牙利的例子再次证明的那样，还是具有不可低估的意义。"通过让布达佩斯政府特别是让国家元首米克洛什·霍尔蒂参与谋杀犹太人，希特勒成功地将匈牙利与德国捆绑在一起，以便为了德国的目的"尽最大可能"调动该国的潜力。[37] 1941 年 4 月 14 日，德国驻克罗地亚全权代表埃德蒙·格莱斯-霍斯泰瑙找到希特勒，告诉他："克罗地亚的新乌斯塔沙政府当然需要钱，因而想尽快解决犹太人问题。"对此，希特勒插话道："好吧，我们可以在这方面给他们提供有经验的专家。"然而，埃德蒙拒绝了首先驱逐 1914 年后的犹太移民的想法。他解释道："正是我们以外的其他人拥有大部分的钱。"[38]

通过杀害欧洲的犹太人，德国征服者可以稳固自身地位，使战争持续得更长久。由于与被征服民族的成员分享战利品，后者的抵抗意志被削弱，从而成为帮凶和同谋、围观者和盗贼。所有这些都有助于德国领导层在一场完全过火的战争中坚持下去，并将结束时间推迟了5年半。这是他们引诱自己的民众和欧洲大部分群体加入这一邪恶体系的另一个原因。戈培尔、希特勒及其无数的合作者清楚地知道这个简单的公式意味着什么："凡事必须善始善终。"他们故意腐蚀百万人，寄希望于道德从某一时刻起自我加速分解。这种逻辑令人麻木和驯服。

德国人对这种安静的、不一定是个人的、但非常有意识的群众性合作所预计的结果，证明了1944年至1945年冬被低声说出的死亡愿望——证人为芬约·米克萨（原名为米尔萨·弗莱施曼）。在那里，两位女护士正在谈论大型犹太社区。"其中一人道：'可以肯定的是，箭十字党对犹太社区进行了可怕的活动。'另一人回应道：'我为穷人感到遗憾，但兴许是好事，因为这样他们就无法报复了。'"[39]

1943年，保加利亚、罗马尼亚、法国、斯洛伐克、雅典等欧洲城市以及匈牙利的时任领导人都表明，盟国和被占国在拒绝柏林的驱逐犹太人的愿望方面有多大的余地。在德国政府感到无能为力的情况下，负责这些地方的国家政治家突然拒绝引渡本国所有的犹太人。有两个主要原因：首先，雅典、索非亚和巴黎被同化的犹太人比在布达佩斯、布拉迪斯拉发和布加勒斯特依照传统生活和讲依地语的犹太人享有更多的保护。其次，反希特勒联盟在军事上的成功导致最初倾向于同流合污的政治家变得谨慎起来。这就是说，在大多数情况下，不是更好的理解，而是对德国国防军的坚决战争，拯救了数十万受到直接威胁的犹太人的生命。外交部的犹太事务官员直到德军在斯大林格勒和北非遭受严重失败，才在 1943 年 4 月 29 日感叹道："最近，在所有巴尔干国家，拒绝反犹措施的情况增加了。"[40]

善良的人偏爱邪恶的人

对于每件事而言，之前发生的事件和发展都是可视作部分原因的先决条件。时间跨度应是有限的，因为联系的合理性会随距离的增加而减少。从观察者的角度来看，被当作至关重要的前因的数量和权重可能因迥然不同，而仍存争议。今天，人们普遍认为，大屠杀是建立在多因素的前提条件之上的。迄今为止，没有分歧的是，整个大陆在短期内根据"血统"这一种族标准，将 600 万人无情地杀害。

人们言之凿凿地指出，被解释为因果关系的因素之间的相互作用是独特的。它们之间的情景交错以及希特勒在极端战时情况下将其结合起来的能力，使难以想象的罪行变为现实。另一方面，如果单独评估各个因素，会发现没有哪个因素是一次性的。每个因素都符合德国和欧洲近代史的连续性。这种连续性首先指向现代反犹主义，同时也适用于在之前章节中反复描述过的相关现象：不宽容的民族主义、政治的平民化、反自由主义、大集团的集体主义仇恨、具战争意识的敌我思维、对少数族裔的歧视以及对所谓人民敌人的剥夺……它们是如此普遍。此外，社会和经济竞争的加剧、对经济和社会进步的普遍追求、同质化社会的乌托邦以及战争和内战对法律及道德的破坏作用也很普遍。而且上述因素互相激化，所有国家的反犹分子也都渴望相互借鉴学习。

众多不同的诱因指向了这样一个问题，即各个元素是如何聚集在一起，相互反应，然后释放出毁灭人类的爆炸性能量的。人们面对一个悲惨事故，常常认为是几种情况的结合所导致。每个单独的情况本身与最终结果并无因果关系。只有从由迥然不同以及看似无害的因素构成的组合中，才能找出原因。接着，人们对不幸进行分析，并试图逐一排除个别原因，或消除相互作用所导致的不可预测的危险，以减少未来的风险。我们可以说（不一定更准确），这只是一个突发事件，而非关联事件。"kontingent"这个形容词源于拉丁语的动词"tangere"，意为互相触及。使用该词时，大多数作者表示"可能"，有些人表示的则是"偶然"。我把大屠杀理解为是一个并非不可能的事件。在其前史中，不同的行为者带着不同的目标，以不同的程度参与其中。这些行为者的互动部分是无意识的，部分为一知半解，还有部分则是有意识的。许多人不可能认识到，他们的反犹言论、鼓动和行动会在数年或数十年后形成奥斯威辛集中营。然而，1880年至1939年间，越来越多的欧洲人希望犹太人消失，其中包括许多对行使暴力手段肆无忌惮的人。还有一些人在早期就预测到可能发生血腥迫害，而对其提出警告。其中，最著名的是西奥多·赫茨尔。

任何声称要从大屠杀中吸取预防性教训的人，都必须坚持有区别地澄清那些滔天暴行所依据的前史。因此，将多种始作俑者的身份简化为套路表达是很不够的，如国家社会主义者、民族思想家、种族反犹者、法西斯主义、极权主义、独裁、政权或独裁者。上述表达给这些威胁披上了一层可理解的盔甲，而不做任何解释。这很好理解，是为了满足人类尽可能地与不可容忍的谋杀行为保持距离的需要。将现代反犹主义追溯到数百年前的基督教反犹主义并无裨益。甚至反犹的波兰天主教神职人员也未提到它，这些人也援引了当代的经济和社会论据。

　　20世纪上半叶，非犹太人敦促人们剥夺犹太人的部分或全部权利，或者不假思索地将其转移至欧洲以外的地区。这么做时，他们总是抱有同样的执念——对一个小型的、可精确定义的"外国"群体的所谓的优越性、实际智力和经济流动性的恐惧。无论是在俄罗斯、匈牙利、波兰、法国、希腊，还是在德国，到处都是慢者反对快者，无想象力者反对有想象力者，懒人反对有能力之人，嫉妒者反对被嫉妒者。在平等和公正的借口下，受教育程度较低的人想阻止智力较高的犹太人进入进修班、文法学校、大学和某些职业。谨小慎微的迟到者因寻求安全，而把公务员制度视为保险箱，于是在各地特别地封锁了这个通道，以禁止犹太同事进入。

　　自一战结束后，反犹主义成为大多数欧洲国家政治行动中的一个因素。主要是由于该主义创造了一个充满了对多数人的怨恨和对失败的恐惧的跨阶级的集体主义社区。作为自信不足的次生产物，游手好闲者开始絮絮叨叨地夸夸其谈，比如谁才是"真正的"俄罗斯人、罗马尼亚人或马扎尔人，比如优越的种族、永恒的价值、英雄的功绩、各自所谓国家人民的历史崇高性。这方面的一个极端例子是由被羞辱的德国战败者提供的——他们自封为"主体民族"。在这方面，"种族理论"有一个真正的用武之地：它帮助多数民族弥补了自卑感。不过，即使这样的流行语被纳粹德国使用，多数民族派成员并未把犹太人当作"次等人"来鄙视。相反，他们对其敬佩并与之斗争，以保持自身超人的形象。因此，尤里·斯廖兹金在研究报告《犹太人的世纪》中，始终放弃对种族反犹主义的解释模式。相反，他强调被歧视者的才能。根据他的分析，这些人形成了"不太成功的欧洲民族国家中的极其成功的少数群体"。[41]

　　犹太人所拥有的正规教育和企业家精神的优势在一战前就已减

少，在战后更是如此。各地的基督教多数派均开始追赶。专制政府和共和政府对学校和大学的投资开始得到回报。后来者紧跟在前人的后面。城市化和由此产生的高等教育和大学促成了这一点。

在这种社会态势下，年轻的手工业者、商人、企业家、公务员、学者以及决心进步的工人和农民子女要求限制犹太竞争者的机会，或将其赶走。这种与现代薪俸和成就相关的斗争发轫于19世纪80年代，在许多欧洲国家的战争期间达到高潮。多数人口教育水平的平等化则加剧了摩擦。这是悖论吗？不，因为只有当寻求进步的落伍者果断缩短与领先者的距离时，后者的社会地位才会显得可望而不可即。社会层面的接近产生嫉妒，分界清晰的群体间则很少出现这种情况。后者的物质条件大相径庭，且各自都处在稳定状态。

这导致了一个令人难以接受的理解。这个观点我在结论中不想断言，但想提出来讨论：邪恶并不仅仅来自于其自身，也来自原则上的善。人们永远不会反对良好的教育政策以及国家支持大规模向上进步的意愿。20世纪欧洲最大的成功增加了仇恨。现代欧洲那些最美丽、同时也最值得保存的政治思想，也必须考虑到同样的矛盾心理。这些政治思想名为：民主、民众自由、民众意愿、自决和社会平等。

面对这样的发展，社会学家暨耶路撒冷希伯来大学的共同创始人亚瑟·鲁平在1930年总结道："犹太人因此面临着越来越多的基督徒的竞争。"为什么这么说呢？因为基督教多数派已从敌人那里学到了东西。正如鲁平所观察到的那样，他们终于觉醒了："今日犹太人的心态就是明日外邦人的心态。"[42]

对个人而言，普遍的社会上升趋势总是与压力、恐惧、不确定性和可能的失望相连，并从19世纪起就助长了反犹主义，但在政治、经济和文化动荡的 20 世纪 20 年代和 30 年代尤为强烈。从此角度来看，大屠杀这个 20 世纪最大的罪行，与大规模的社会进步这一欧洲同时代的最大成就有关。在德国发起和主使的战争的极端压力下，文明的进步对文明的断裂产生了积极的影响。

注 释

第一章 从犹太人问题到大屠杀

1 Zangwill, Territoriale Lösung (1907), S. 5 f.

2 Brief v. 16. 12. 1938, zit. nach VEJ 2/203.

3 Zit. nach Kieffer, Judenverfolgung (2002), S. 351 f.

4 Brandenburgisches Landeshauptarchiv, Rep. 35 H KZ Sachsenhausen, 3/7.

5 Glass, Deutschland (2014), S. 59 f.

6 Friedländer, Jahre der Vernichtung (2006), S. 19 f.

7 Gerlach, Wannsee-Konferenz (1998).

8 Goebbels-Tgb., Bd. II/3, S. 557 – 563, Eintrag v. 27. 3. 1942.

9 Gerlach, Aly, Kapitel (2002), S. 325 – 334, 344 – 354.

10 Glass, Minderheit (2002), S. 20 – 23.

11 Arendt, Elemente (1991), S. 424, 435.

12 Abgedruckt in: Chirac, Discours (1998), S. 21 – 28.

13 In the Lost Graveyard of Prostějov, in Haaretz v. 2. 12. 2015.

14 Katz, Jewish Culture (2004), S. 356.

15 Marr, Judenkrieg (1880), S. 29 – 31; Marr, Sieg (1879), S. 3, 33, 45 f. ;
   Boeckel, Verjudung (1886); Boeckel, Nochmals (1901), S. 6 – 9; Judenfrage
   im preuß. Abgeordnetenhause (1880), S. 137 f.

第二章 1945 年不受欢迎者的返乡

1 Kakis, Legacy (2003); S. 229 – 231, 238.

2 Roth, The Last Days of Jewish Salonica, in Commentary v. 1. 7. 1950, S. 49 - 55.

3 Bericht des Präsidiums (1948); Brill, An die Judenschaft (1947); Liste der Is-raelit. Kultusgemeinde » Aus den Konzentrationslagern nach Wien zurück-gekehrte Juden« v. 31. 10. 1945, YVL 95 - 2247F.

4 Gesetz v. 21. 3. 1890, Reichsgesetzblatt für die im Reichsrathe vertretenen Kö-nigreiche und Länder, Wien, S. 109 - 113.

5 Tausig, Shanghai (1987), S. 139 - 154; Embacher, Neubeginn (1995), S. 123 - 132.

6 Kuszelewicz, Juif (2002), S. 101.

7 Zit. nach Messmer, Antisemitismus (1997), S. 444.

8 Herbert Rosenkranz, Zeugenbericht, Febr. 1965, S. 20; Mircia Rosenkranz, Zeugenbericht, Jan. 1967, S. 17, Yad Vashem Arch. 0. 3, 2751, 3358.

9 Funke, Harbort, Erinnerung (1989), S. 141 f.

10 Ben-Simhon, Schön ist die Rache in Gedanken, in Berl. Ztg. v. 19. 11. 2009.

11 Atamuk, Juden (2000), S. 217 f.

12 Smoliakovas, Nacht (1992), S. 16, 28; Messmer, Antisemitismus (1997), S. 447 f.

13 Atamuk, Juden (2000), S. 220, 250.

14 Margolis, Partisanin (2008), S. 232 f.

15 Zit. nach Šukys, Shame (2007), S. 72.

16 WJC, Short Minutes v. 31. 10. 1947.

17 Döblin, Reise (1924), S. 147.

18 Gerlach, Aly, Kapitel (2002), S. 19 - 117, 127 - 148, 186 - 239, 259 f. , 295 f. , 409 f.

19 Kertész, Flammen (1999), S. 174 - 202.

20 Kenez, Pogroms (2009), S. 232 - 234.

21 Handgeschr. Chronik der Volksschule der israelit. Cultusgemeinde Mäh-risch-Ostrau, 1899 - 1939, YVL 99 - 0970F.

22 Vermerk Eichmanns v. 6. 10. 1939, VEJ 4/18.

23 Elias, Hoffnung (1988), S. 249, 273 - 276, 299 - 310. Ähnlich erlebte es Peter Erben, Spuren (2001), S. 81 - 85, der ebenfalls in Mährisch-Ostrau

aufge-wachsen war.

24 WJC, Memorandum (1947).

第三章　1900 年前后：关于未来的可怕预言

1 Zit. nach Schoeps, Urteil (1994), S. 107.

2 Die Zitate aus Herzls » Judenstaat « werden nicht nachgewiesen. Das knapp gefasste Manifest liegt in vielerlei Ausgaben vor.

3 Hilfsverein, Geschäftsbericht (1907), S. 35.

4 Siehe den utopischen Entwurf: Herzl, Alt-Neuland (1902).

5 Pinsker, Autoemanzipation (1882).

6 Zit. nach Heiden, Geschichte (1932), S. 66 f.

7 Herzl, Briefe und Tagebücher (1984), S. 58 f., 65, 117 f.

8 Zit. nach Herzl, Selbstbiographie (1929), S. 42 – 46.

9 Weisl, Kampf (1925), S. 20; Jüdisches Lexikon (1927), Bd. IV, 1, Sp. 700.

10 Zweig, Welt (1942), S. 126 f.

11 Lagarde, Konservativ? (1892), S. 34.

12 Istóczy, Wiederherstellung (1878/1905), S. 1 – 13.

13 Siehe z. B. Nossig, Materialien (1887), S. 24 – 27.

14 Claß, Kriegsziel (1917), S. 6, 50 – 52; Claß, Kaiser (1912), S. 30 – 38, 74 – 78.

15 Zit. nach Slezkine, Jahrhundert (2006), S. 166, 170.

16 Budnitskii, Russian Jews (2012), S. 18.

17 Lestschinsky, Migration (1960), S. 1565 f.; Kaplun-Kogan, Wanderbewegungen (1913), S. 113 – 130.

18 Sombart, Zukunft (1912), S. 16 – 27.

19 Hilfsverein, Geschäftsbericht (1909), S. 14 f.

20 Hilfsverein, Geschäftsbericht (1910), S. 113 – 117.

21 Sombart, Zukunft (1912), S. 16 – 32.

22 Told, Judenmassacres (1903), S. 102.

23 Hilfsverein, Geschäftsbericht (1907), S. 140 f.; Doctor, Emigration (1908).

24 Singer, Presse und Judenthum (1882), S. 6 – 8.

25 Lichtenstaedter, Kultur (1897), S. 6, 31, 164.

26 Lichtenstaedter, Zukunft (1898), S. 7, 14, 25 f. , 29.

27 Lichtenstaedter, Weltreich, Teil 1(1901), S. 22 f. , 88 - 95.

28 Aly, Rasse (2003), S. 19.

29 Lichtenstaedter, Weltreich, Teil 2(1903), S. 23, 41 f. , 59 - 70, 102 f. , 108 - 110.

30 Dubnow, Leben (1937), S. 124.

31 Schlögel, Berlin (1998), S. 218.

第四章　迟缓笨拙者对勤奋能干者的憎恶

1 Singer (Hrsg.), Briefe (1885), S. 103 - 105, 191 - 193; Carl Vogt veröffentlichte die Artikel »Zur Judenfrage«, »Noch etwas über Barbarei«; »Noch etwas zur Judenfrage« in Frankfurter Zeitung v. 4. 12. 1880 (Nr. 339), 31. 12. 1880 (Nr. 366) u. 6. 2. 1881 (Nr. 37).

2 Zu Virchow und Bamberger Aly, Warum (2011), S. 36 f. , 47, 95; zu Börne, Aly, Volk (2015), S. 40.

3 Righini, Antisemitismo (1901), S. 23 f. , 125 - 131, 350 f.

4 Dubnow, Weltgeschichte, Bd. 10(1929), S. 256 f.

5 Wyrwa, Questione (2013), S. 193 - 195.

6 Zit. nach Hilfsverein, Geschäftsbericht (1910), S. 105 f.

7 Judavics-Paneth, Pogrom-Prozesse (1909), S. 18; Russische Greuel (1882), S. 9 - 11.

8 Dubnow, Weltgeschichte, Bd. 10(1929), S. 137 - 139.

9 Russische Greuel (1882), S. 5 - 14, 21 f. ; Rülf, Russische Juden (1892), S. 24 f. , 31.

10 Told, Judenmassacres (1903), S. 92 f.

11 Tolstoi, Antisemitismus (1909), S. 62 f.

12 Hilfsverein, Geschäftsbericht (1909), S. 96.

13 Ruppin, Verhältnisse (1906), S. 1 - 66; Kohn, Russland (1957), S. 65 f.

14 Godley, Entrepreneurship (2001), S. 71 f. ; Slezkine, Jahrhundert (2006), S. 131; Sombart, Zukunft (1912), S. 21.

15 Judenpogrome in Russland (1910).

16 Ebd., T. II, S. 5 - 24; Judge, Ostern (1995), S. 20 - 23, 129.

17 Münz, Judenmetzeleien (1906), S. 4 f.

18 Slezkine, Jahrhundert (2006), S. 165.

19 Weinberg, Workers (1987), S. 53, Anm. 2, S. 53 - 75.

20 Nathan, Russische Revolution (1906), S. 18, 26.

21 Hilfsverein, Geschäftsbericht (1907), S. 74 - 76, Geschäftsbericht (1910), S. 24.

22 Zit. nach Zangwill, Lösung (1907), S. 36 f.

23 Meldung des Pester Lloyd v. 6. 4. 1910 aus St. Petersburg.

24 Judge, Ostern (1995), S. 129; Slezkine, Jahrhundert (2006), S. 131.

25 Statistik v. 1. 1. 1886; zit. nach Grusenberg, Bedürfnisse (1898), S. 33.

26 Ruppin, Juden (1911), S. 128 f.

27 Sombart, Zukunft (1912), S. 18 f.

28 Tolstoi, Antisemitismus (1909), S. 68 - 73; Nossig, Materialien (1887), S. 85.

29 Tolstoi, Antisemitismus (1909), S. 78 - 83.

30 Zit. nach Slezkine, Jahrhundert (2006), S. 165.

31 Judenpogrome (1910), S. 97 - 133 (Abschnitt von A. Linden, Der permanente Pogrom gegen die russischen Juden. Rechtsbeschränkungen).

32 Dubnow, Leben (1937), S. 53 f. ; Ruppin, Verhältnisse (1906), S. 52 - 57.

33 Rülf, Jüdisch-Russland (1882), S. 14, 96, 86.

34 Kahan, Notes (1983), S. 111; Budnitskii, Russian Jews (2012), S. 31 f.

35 Hilfsverein, Geschäftsbericht (1914), S. 73.

36 Welter, Judenpolitik (1989), S. 53 f.

37 Lazare, Juden (1902), S. 32; Jericho-Polonius, China (1901), S. 15, 60 f.

38 Lazare, Juden (1902), S. 34 - 37, 67.

39 Zit. nach Judenfrage in Rumänien (1902), S. 5 - 7.

40 Jericho-Polonius, China (1901), S. 61 - 87; Lazare, Juden (1902), S. 35 - 40, 45 - 54, 67 - 71, 86; Hilfsverein, Geschäftsbericht (1907), S. 20 - 22; Reifer, Kampf (1925), S. 14 f. ; Trotzki, Balkankriege (1996), darin: Die Judenfrage (1913), S. 457, 462 f. ; Motzkin, Campagne (1932), S. 184, 186.

41 Zobel, Extreme Rechte (1982), S. 95 f.

42 Zola-Prozeß (1898), S. 1 – 16; Dubnow, Weltgeschichte, Bd. 10(1929), S. 232 – 242, 245; Whyte, Dreyfus (2006), S. 418 f.

43 Zit. nach Frank, Nationalismus (1933), S. 600.

44 Paugam, L'âge (1971), S. 20 – 22, 127 – 134.

45 Duclert, Dreyfus (1994), S. 143 – 145.

46 Dubnow, Weltgeschichte, Bd. 10(1929), S. 226 f.

47 Zit. nach Frank, Nationalismus (1933), S. 316.

48 Benbassa, Geschichte (2000), S. 168 f.

49 Drumont, La France juive (1886), S. 517; Winock, Nationalisme (2004), S. 130.

50 Thomas, Précurseurs (1941), S. 15 – 18.

51 Silberner, Sozialisten (1962); S. 12 – 82; Zobel, Extreme Rechte (1982), S. 81; Benbassa, Geschichte (2000), S. 175.

52 Zusammenfassend Boldorf, Parameters (2015).

53 Ebd. , S. 87a; Nolte, Faschismus (1963), S. 87.

54 Zobel, Extreme Rechte (1982), S. 30 – 32, 39, 99 – 101; Benbassa, Geschichte (2000), S. 176 f.

55 Zit. nach Silberner, Sozialisten (1962), S. 70 – 74.

56 Zit. nach Frank, Nationalismus (1933), S. 319.

57 Hyman, Jews of Modern France (1998), S. 122 – 135.

58 Benbassa, Geschichte (2000), S. 170 f.

59 Margaroni, Saloniki (2010), S. 251 – 253.

60 Zit. nach Meron, Entrepreneurship (2011), S. 36.

61 Ebd. , S. 29 – 31; Bowman, Agony (2009), S. 21; Boeckh, Balkankriege, S. 357.

62 Ebd. , S. 257 – 273.

63 Nathan, Balkanhilfswerk (1913), S. 4, 22 – 24; Hilfsverein, Geschäftsbe richt (1914), S. 66 – 72; International Commission, Balkan Wars, S. 79 f. , zit. nach Mojzes, Genocides (2011), S. 34; Trotzki, Balkankriege (1912/1996), S. 307 – 309.

64 Hilfsverein, Geschäftsbericht (1910), S. 38; Troebst, Antisemitismus

(1995), S. 111 – 116.

65 Meron, Entrepreneurship (2011), S. 218, S. 36 f.

66 P. Risal (d. i. Nechama), zit. nach ebd., S. 218, S. 21.

67 Margaroni, Saloniki (2010), S. 259.

68 Fleming, Greece (2008), S. 16 f., 35; Plaut, Greek Jewry (1996), S. 28 – 31; Mat-sas, Illusion (1997), S. 16; Dubnow, Weltgeschichte, kurzgef. Ausg., Bd. 3(1938), S. 325, 418, 526, 611; Dubnow, Weltgeschichte, Bd. 10 (1929), S. 271 f., 480 – 482; Margaroni, Saloniki (2010), S. 258 – 261; Fink, Defending (2004), S. 58 f.; Molho, Salonica (2005), S. 219 – 221.

69 Zit. nach Hemberger, Balkankrieg (1914), S. 382 – 390.

70 Saloniki und seine heutige Bedeutung, in Dt. Levante-Zeitung v. 1. 2. 1914 (siehe auch 1. 1. u. 15. 12. 1913).

71 Zit. nach Boeckh, Balkankriege (1996), S. 237. Dort die Hinweise auf die Dt. Levante-Zeitung.

72 Zit. nach Meron, Entrepreneurship (2011), S. 31; Fleming, Greece, S. 75.

73 Molho, Salonica (2005), S. 229.

第五章　1918—1921：和平、内战、大屠杀

1 Lansing, Versailler Verhandlungen (1921), S. 70 – 79.

2 Bendow (Tenenbaum), Judenpogrom (1919), S. 10, 17; Döblin, Reise (1924), S. 199 f.

3 Lansing, Versailler Verhandlungen (1921), S. 146.

4 Fink, Defending (2004), S. 164 f.

5 Documents (1998), Einleitung; Jüdisches Lexikon (1927), Stichwörter Saloniki und Griechenland.

6 Hitler, Kampf (1930), S. 356; Rosenberg, Zionismus (1922).

7 Arendt, Besuch (1993), S. 43.

8 Bresslau, Bresslau (1926), S. 73 f.

9 Soweit nicht anders angegeben, folge ich Harvey, Lost Children (1999).

10 Hugues, Marthe (2012), S. 92 – 97, 101 f., 112, 144.

11 Aly, Volksstaat (2005), S. 261.

12 Cattaruzza, Historischer Ort (2007), S. 47.

13 Oltmer, Migration (2005), S. 91 f.

14 Fischer, Alsace (2010), S. 131 – 136.

15 Mayer, Staaten (2010), S. 76, 137 – 140; Mayer, Regierung (2010), S. 356 – 360.

16 Picker (Hrsg.), Hitlers Tischgespräche (1976), S. 285 f.

17 Aly, Heim, Vordenker (2013), S. 120 – 131, 396.

18 Delmer, Die Deutschen (1963), S. 669.

19 Cohen, Report (April 1919), S. 7 f., 11 – 20; Mission of The United States to Poland: Henry Morgenthau, Sr., Report v. 3. 10. 1919, en. wikisource. org.

20 Cohen, Report (1919), S. 8; Golczewski, Beziehungen (1981), S. 31 – 33.

21 Hilfsverein, Geschäftsbericht (1919), S. 13 – 15; Golczewski, Beziehungen (1981), S. 197 f.; Pacholkiv, Einbeziehung (2009), S. 187.

22 Soweit nicht anders angegeben Bendow, Judenpogrom (1919).

23 Pacholkiv, Einbeziehung (2009), S. 186, 204.

24 Zit. nach ebd., S. 191, 188.

25 Zit. nach ebd., S. 192, 187.

26 Zit. nach Schuster, Fronten (2004), S. 433.

27 Chasanowitsch, Judenpogrome (1919), S. 5.

28 Schuster, Fronten, S. 437 – 444; Miliakova (Hrsg.), Livre, S. 427 – 432.

29 Morgenthau, wie Anm. 19; Fink, Pogroms (2009), S. 153 – 155; Schuster, Fron-ten (2004), S. 445 – 448; Miliakova (Hrsg.), Livre (2010), S. 432 – 434.

30 Mayer, Furies (2000), S. 520; Budnitskii, Russian Jews (2012), S. 217 – 274.

31 Jens Jessen, Kiew 1918. Michail Bulgakows » Weiße Garde« als ukrainisches Lehrstück, in Die Zeit v. 9. 12. 2004.

32 Heifetz, Slaughter (1921), S. 21.

33 Zit. nach Dieckmann, Jüdischer Bolschewismus (2012), S. 69.

34 Gergel, Pogroms (1928/1951), S. 237 – 251; Heifetz, Slaughter (1921), S. 84 – 89, 203 – 207; Vetter, Antisemiten (1995), S. 54 – 57; Abramson, Prayer (1999), S. 113 – 126.

35 Heifetz, Slaughter (1921), S. 1 f., 175 – 180.

36 Miliakova (Hrsg.), Livre (2010), S. 31. Zur Diskussion über die Anzahl der Pogromopfer Vetter, Antisemiten (1995), S. 54 – 57; Dieckmann, Jüdischer Bolschewismus (2012), S. 59 f.

37 Silberner, Sozialisten (1962), S. 277 f.

38 Zu den wahrheitsfernen »Dokumentationen« gehören: Die Lage der Juden in der Ukraine. Eine Dokumentensammlung, hrsg. v. Ukrainischen Presse-dienst, bearb. v. Wladimir Lewitzkyj u. Gustav Specht, Berlin 1920; Docu-ments (1927).

39 Z. B. Abramson, Prayer (1999), S. 134 – 140.

40 Dubnow, Weltgeschichte, Bd. 10(1929), S. 526.

41 Heifetz, Slaughter, S. 185 – 200; Ukraine Terror (1921); Vetter, Antisemiten, S. 33.

42 Miliakova (Hrsg.), Livre, S. 137 – 143. Heifetz, Slaughter (1921), S. 44 – 48.

43 Heifetz, Slaughter (1921), S. 208 f., 227 – 234; Proskurover Relief Organization, tsum ondenken (1924); Miliakova (Hrsg.), Livre (2010), S. 107 – 137,427 – 432; Dubnow, Weltgeschichte, Bd. 10(1929), S. 526 – 529.

44 Encyclopedia of Jewish Life (2001), Bd. 2, S. 1028.

45 Heifetz, Slaughter (1921), S. 212.

46 Bulgakow, Garde (1924), S. 325 f.

47 Schewtschenko, Kobsar (1951), Bd. 1, S. 138 – 237 (übersetzt v. Erich Weinert); Schewtschenko, Die Haidamaken, in: Weinert, Gesammelte Werke, Nach-dichtungen (1959), S. 61 – 150, hier S. 78 f., 121 f., 125. Für die korrigierenden Ergänzungen zu Weinerts Übersetzung danke ich Daria Shalygina. In den vom Verlag für fremdsprachige Literatur Moskau (1951) und vom Verlag der Nation in der DDR besorgten, gleichfalls von Weinert übertragenen Versio-nen der »Haidamaken« wurde das Wort Jude weitgehend getilgt.

48 Alwart, Ševčenko (2012) (die Autorin umgeht das Thema »Schewtschenko-Juden« hartnäckig); Koch, Gefühle bei Ševčenko (1953).

49 S. M. Dubnow, Tret'ia gaidamachina (1923), zit. nach Budnitskii, Russian Jews (2012), S. 220; Dubnow, Weltgeschichte, Bd. 10(1929), S. 526.

50 Ebd., S. 13.

51 Silberner, Sozialisten (1962), S. 270 - 277.

52 Miliakova (Hrsg.), Livre (2010), S. 415 - 418, 252; Zur Diskussion über Pogrome der Anarchisten http://kehilalinks. jewishgen. org/colonies _ of _ ukraine/pogroms/ukrainianpogroms. htm (15. 12. 2015).

53 Miliakova (Hrsg.), Livre, S. 13, 43; Heifetz, Slaughter, S. 178, 243 - 248.

54 Zit. nach Budnitskii, Russian Jews (2012), S. 219.

55 Babel, Taubenschlag (2014), S. 282 f. , 843 f.

56 Miliakova (Hrsg.), Livre (2010), S. 382 - 384.

57 http://jewua. org/polonnoe/(12. 1. 2016).

58 Kenez, Pogroms (1992), S. 303 - 307; Heifetz, Slaughter (1921), S. 8 f. ; Vetter, Antisemiten (1995), S. 49.

第六章 反对少数族裔和移民

1 The New York Times v. 17. 8. 1920, zit. nach Sanders, Shores (1988), S. 382.

2 Hilfsverein, Jahresbericht (1931), S. 26 - 28; Lestschinsky, Migration (1944), S. 8, 15, Table IA; Wischnitzer, Safety (1948), S. 289, Table I; Seligsohn, Ein-wanderung (1940), S. 11 f.

3 Hilfsverein, Jahresbericht (1931), S. 28 - 32.

4 Weisl, Kampf (1925), S. 126 - 138, 274 - 277.

5 Zangwill, Zionismus (1924), S. 483 f.

6 Chasanowitsch, Judenpogrome (1919), S. 14.

7 Hausleitner, Rumänisierung (2001), S. 151; Müller, Land Reforms (2015).

8 Kulischer, Kriegs-und Wanderzüge (1932), S. 201 f.

9 Zit. nach Rosenfeld, Polnische Judenfrage (1918), S. 182.

10 Arendt, Elemente (1991), S. 433.

11 Aus der Vorgeschichte der Orientkrise, in Pester Lloyd v. 9. 11. 1922; Ihrig, Atatürk (2014), S. 11.

12 Nansen, Betrogenes Volk (1928), S. 21 - 27.

13 Streit, Lausanner Vertrag (1929); Ladas, Exchange (1932), S. 338 - 347; Lem-berg, Entmischung (1989), S. 386.

14 Schiemann, Wiener Tagung (1928), S. 894 f.

15 Kulischer, Europe (1948), S. 175.

16 Thalheim, Strukturwandlungen (1930), S. 41 - 47; Austausch, in: Archiv für Wanderungswesen 3(1930), S 114 f. ; Die griechische Flüchtlingswanderung, ebd. , 5 (1933), S. 124 f. ; Flüchtlingswanderung. Griechenland, ebd. , 7 (1935), S. 138 f. ; Hitler, Kampf (1930), S. 741.

17 Zeitschrift für Geopolitik 14(1937), S. 53.

18 Hausleitner, Rumänisierung, S. 254, 328; Pan-arische Union (1937), S. 16.

19 Salter, Lösung (1938).

20 Zit. nach Schechtman, Population (1946), S. 53.

21 Fleming, Greece (2008), S. 87.

22 Schwartz, Säuberungen (2013), S. 407.

23 G. B. Ducas, Griechenland, in Wirtschaftsdienst v. 20. 2. 1931, Nr. 8.

24 Meron, Entrepreneurship (2011), S. 37 f.

25 Fleming, Greece (2008), S. 84 - 87; Molho, Salonica (2005), S. 233 - 236; Stav-roulakis, Jews (1997), S. 54 f.

26 Zit. nach Meron, Entrepreneurship (2011), S. 57.

27 Mazower, Salonica (2004), S. 382; Apostolou, Jews (2010), S. 213; Anastas-siadou, Salonique après 1912 (2014); Molho, Salonica (2005), S. 229 - 239.

28 Molho, Salonica (2005), S. 231 - 233, 236 f.

29 So fasst die Jewish Telegraphic Agency die Kampagnen der liberalen Presse in Saloniki zusammen, die diese im Mai 1933 begonnen und im Juni des Jahres verstärkt fortgeführt hatte. http://www. jta. org/1934/01/25/archive/venizelos-demands-jews-surrender-greek-suffrag (6. 8. 2015).

30 Plaut, Greek Jewry (1996), S. 52 - 54.

31 Mayer, Staaten (2010), S. 208; Hyman, Jews (1998), S. 137 - 159.

32 Henri-Robert Petit, L'invasion, Paris 1936, S. 3, zit. nach Mayer, Staaten, S. 23.

33 Mayer, Staaten (2010), S. 24 - 26; Caron, Asylum (1999), S. 21 - 26.

34 Zusammenfassend zit. nach Arndt, Léon Blum (1996), S. 55 - 65.

35 Zit. nach Mayer, Staaten (2010), S. 242 f.

36 Fette, Exclusions (2012), S. 52.

37 Fette, Exclusions, S. 24 f. , 41 f. , 44 – 51; Caron, Asylum (1999), S. 29 – 32, 40, 66.

38 Benbassa, Geschichte (2000), S. 187 – 191, 204 f. , 207 f. ; Hyman, Jews (1998), S. 120 – 122, 137, 153.

39 Runderlass des Auswärtigen Amts v. 25. 1. 1939 (Schumburg), ADAP, Serie D, Bd. 5, S. 780 – 785.

40 Vetter, Antisemiten (1995), S. 58 f. ; Gitelman, Century (2001), S. 64 – 74; Babel, Taubenschlag (2014), S. 682.

41 Lenin, Über die Pogromhetze gegen Juden, Rede, gehalten Ende März 1919, Lenin, Werke (1970), Bd. 29, S. 239 f.

42 Slezkine, Jahrhundert (2006), S. 178 – 181.

43 Ebd. , S. 224; N. Semasko, Kto i počemu travit evreev (Wer giftet warum gegen die Juden), S. 8 – 16, zit. nach Vetter, Antisemiten (1995), S. 172; Lenin zit. nach Slezkine, Jahrhundert (2006), S. 226.

44 Vetter, Antisemiten (1995), S. 96, 98; Slezkine, Jahrhundert (2006), S. 220.

45 Zusammengefasst nach Slezkine, Jahrhundert (2006), S. 224 – 227.

46 Gitelman, Century (2001), S. 96.

47 Grüner, Patrioten (2008), S. 28 f. ; Löwe, Juden (2007), S. 143, 159.

48 Zum Anteil der Juden im gehobenen Dienst der Sicherheitsorgane Petrow, Kaderpolitik (2002), S. 12 f. ; Slezkine, Jahrhundert (2006), S. 252.

49 Zit. nach Slezkine, Jahrhundert (2006), S. 241 – 243, 247.

50 Lunatscharski, Ob Antisemitizme (1929), S. 12 – 15, 17, 24, 29, 46 f. Für die Übersetzung Dank an Jochen Krüger. Die deutsche Version des letzten Zi-tats (S. 46 f.) zit. nach Slezkine, Jahrhundert (2006), S. 182.

51 Larin, Evrei i antisemitizm w SSSR, Moskau 1929, S. 247, zit. nach Vetter, Antisemiten (1995), S. 145.

52 Larin; ebd. , S. 184, zit. nach Lustiger, Rotbuch (1998), S. 79.

53 Vetter, Antisemiten (1995), S. 242 – 245.

54 Daten und Zitate nach ebd. , S. 148 – 160.

55 Slezkine, Jahrhundert (2006), S. 258.

56 Gitelman, Jewish Identities (2012), S. 85; Grossman, Leben (1987), S. 695.

57 Zit. nach Slezkine, Jahrhundert (2006), S. 278.

58 Gitelman, Jewish Identities (2012), S. 83 – 85.

59 Baberowski, Verbrannte Erde (2012), S. 342 – 354.

60 Zit. nach Vetter, Antisemiten (1995), S. 297 f.

61 Schlamm, Diktatur (1937), S. 96 f.

62 Chruschtschow (1971), S. 267.

63 Schlögel, Terror (2008), S. 264 f. , 570 – 575, dort das Zitat von Chlewnjuk; Baberowski, Verbrannte Erde (2008), S. 355; Petrow, Kaderpolitik (2002), S. 19 f.

64 Zeltser (Hrsg.), My Bitter Soul (2016), S. 166 f. , 171 f.

65 Chruschtschow (1971), S. 271 – 274.

第七章　1918—1939：欧洲各国对犹太人权利的剥夺

1 Der vorstehende Abschnitt folgt zusammenfassend Richter, Schatten (2013), S. 321 – 340; Lestschinsky, Economic Struggle (1946), S. 267 – 296; Dieckmann, Besatzungspolitik (2011), S. 97 – 105, 128 f. ; Bendikaite, Anspruch (2007), S. 101 – 120; Dubnow, Weltgeschichte, Bd. 10(1929), S. 538.

2 Die vorstehenden Zitate folgen Hausleitner, Rumänisierung (2001), S. 167, 192, 254; Eaton, Origins (2013), S. 58 f. ; Jüdisches Lexikon, Bd. 1(1927), Sp. 367.

3 Reifer, Kampf (1925), S. 26 – 29; Hausleitner, Rumänisierung (2001), S. 167; aus antisemitisch-heroisierender Sicht Codreanu, Garde (1941).

4 Zitate nach Nastasă, Anti-Semitism (2012), S. 219 – 243.

5 Hausleitner, Rumänisierung (2001), S. 163 – 166.

6 Heinen, Rumänien (2007), S. 53 f. ; Hausleitner, Rumänisierung (2001), S. 332.

7 Sebastian, Entsetzen (1935 – 1944), S. 202 f. , 207, 211, 222, 226, 247, 264.

8 Schuster, Judenfrage (1938), S. III – VIII, 233 – 236.

9 Hillgruber (Hrsg.), Staatsmänner, Bd. 1(1967), S. 171, 179.

10 Sebastian, Entsetzen, S. 408 f. , 413 – 415, 427 f. ; Ioanid, Pogrom (1991), S. 373 – 381.

11 Sebastian, Entsetzen, S. 451,457 f. , 474 f. , 499 f. , 502,515,524 f. , 529;
Glass, Minderheit (2002), S. 17 f. ; Glass, Deutschland (2014), S. 54 – 57,
91 – 93.

12 Kendziorek, Suche (2015), S. 286 – 289.

13 Zit. nach ebd. , S. 335 – 351.

14 Dmowski, Gedanken (1903/2009), S. 276 – 282.

15 Zit. nach Gröschel, Antisemitismus (2010), S. 49 f.

16 Zit. nach Kotowski, Hitlers Bewegung (2000), S. 78; Kossert, Founding
Father (2011), S. 98 – 101.

17 Zit. nach Kendziorek, Suche (2015), S. 328 – 333; Krzywiec, Antisemitismus
(2013), S. 127 – 129.

18 Marcus, Social History (1983), S. 67.

19 Einen eindringlichen, gut geschriebenen und quellenstarken Überblick gibt
Gröschel: Zwischen Antisemitismus und Modernisierungspolitik (2010).

20 Vishniac, Verschwundene Welt (1983), S. 65, X X I f. ; Lestschinsky,
Zusam-menbruch (1936), S. 51 f.

21 Hilfsverein, Jahresbericht (1931), S. 59 – 62; Dubnow, Weltgeschichte, Bd.
10(1929), S. 536; Gröschel, Antisemitismus (2010), S. 101,105 – 107.

22 Lestschinsky, Zusammenbruch (1936), S. 35 f.

23 Gröschel, Antisemitismus (2010), S. 409 f. , 431 – 433.

24 Friedrich, Żydokomuna (2007), S. 71.

25 Stone, Numerus Clausus (1927), S. 8 f. , 17 – 19; Motzkin, Campagne
(1932), S. 127 – 131,141 – 186; Pollmann, Untermieter (2001), S. 248.

26 De Courtenay, Antisemitismus (1919/2009), S. 354 f. ; de Courtenay,
Staatlich-keit (1919/2009), S. 344 – 353.

27 Hilfsverein, Jahresbericht (1931), S. 59 – 62; Gröschel, Antisemitismus
(2010), S. 389,404 f.

28 Zit. nach Reifer, Kampf (1925), S. 31; Nastasă, Antisemitism (2012), S.
232 f.

29 Gröschel, Antisemitismus (2010), S. 388 – 401; Bericht im Canadian Jewish
Chronicle v. 22. 11. 1935, zit. nach Kerepeszki, Defense (2012), S. 147;
Brandys, Warschauer Tagebuch (1984), S. 150 – 156.

30 Pollmann, Untermieter, S. 377; Kotowski, Hitlers Bewegung (2000), S. 75 f.

31 Zitate aus der Kirchenpresse nach Pollmann, Untermieter (2001), S. 174 - 176, 291, 295 f. , 298 f. , 356 f. , 385.

32 Mały Dziennik v. 7. 1. 1936, zit. nach Modras, Catholic Church (1994), S. 66 f.

33 Mały Dziennik v. 9. u. 11. 11. 1938, zit. nach ebd. , S. 302.

34 Zit. nach Kotowski, Polska (2007), S. 95.

35 Rycerz Niepokalanej, 1938, S. 224 - 230, zit. nach Modras, Catholic Church (1994), S. 72; Caumanns, Niendorf, Kolbe (1998), S. 175; Rudorff, Kolbe (2009), S. 434 f.

36 Kotowski, Polska (2007), S. 84 - 98.

37 Kishon, Lachen (1993), S. 40 f.

38 Case, States (2009), S. 185.

39 Hillgruber, Deutschland (1959), S. 653, Szöllösi-Janze, Pfeilkreuzlerbewegung (1989), S. 109.

40 Karady, Gewalterfahrung (1999), S. 134 - 140; Karady, Judentum (1997), S. 348 - 350, 353; Kovács, Numerus Clausus (2012), S. 39 - 41; Nagy, Anti-Je-wish Law (2012), S. 65.

41 Karady, Jews (2007), S. 42 - 46.

42 Karady, Nagy (Hrsg.), Numerus Clausus (2012), S. 12, 14, 17 - 19; Jewish Min-ority (1926), S. 14 - 19, 39 - 41.

43 Barta, Judenfrage (1941), S. 161 f. , 166; Weidlein (Hrsg.), Antisemitismus (1962), S. 33; Herczl, Christianity (1993), S. 46; Silagi, Juden (1973), S. 201; Bra-ham, Politics (1994), S. 30 f. ; York-Steiner, Kunst (1928), S. 390, 407 f. ; Karady, Gewalterfahrung (1999), S. 142 f.

44 Gömbös, Selbstzwecklichkeit (1932), S. 45; Weidlein (Hrsg.), Antisemitismus (1962), S. 38, 44; Barta, Judenfrage (1941), S. 166; Braham, Politics (1994), S. 52; Kovács, Numerus Clausus (2012), S. 48; Klocke, Kräfte (1978), S. 168 - 173.

45 Zit. nach Weidlein (Hrsg.), Antisemitismus (1962), S. 52 f.

46 Weidlein (Hrsg.), Antisemitismus (1962), S. 52 f. , 91, 74, 77, 79 f. , 87,

105 - 107; Schickert, Judenfrage (1943), S. 240; Silagi, Juden (1973), S. 213 f.; Varga, Un-garn (1991), S. 332; Deutschland und Südosteuropa (1940), S. 32.

47 Weidlein (Hrsg.), Antisemitismus (1962), S. 108 f.; Transocean-Europa-express, Informationsdienst v. 25. 11. 1942.

48 Karady, Nagy (Hrsg.), Numerus Clausus (2012), S. 19.

49 Bericht des dt. Gesandten v. Jagow an das Auswärtige Amt v. 29. 1. 1943, PA AA R 29792, Bl. 599.

50 Rede Imrédis vom 24. 4., Rede Vargas vom 1. 7. 1941, zit. nach Weidlein (Hrsg.), Antisemitismus (1962), S. 121, 124, 132 f.

51 Feszler, Nachwuchs (1942), S. 292 - 298.

52 Zit. nach Case, States (2009), S. 177, 183; zur überwiegend proungarischen Haltung der Juden in den national umstrittenen Gebieten Ungvári, Question (2000), S. 98 - 101.

53 Matolcsy, Arbeitslosigkeit (1933); Halács, Arbeitsverfassung, S. 179 - 182; Deutschland und Südosteuropa (1940), S. 27.

54 Wirtschaftsjahrbuch (1944), S. 184.

55 Barta, Judenfrage (1941), S. 185; Weidlein, Antisemitismus, S. 110 f., 139 f.

56 Kállay, Premier (1970), S. 75 f.; Weidlein (Hrsg.), Antisemitismus (1962), S. 143 f., 149 f., 158; Ungar. Volkswirt 12(1943), H. 2, S. 11, 13(1944), H. 2, S. 9; Maelicke, Entjudung (1943), S. 1272 - 1276.

57 Hillgruber (Hrsg.), Staatsmänner, Bd. 2(1970), S. 245 f.

58 Bibó, Judenfrage (1948/1990), S. 25 - 35.

第八章 1938—1945:驱逐和流放

1 Zielenziger, Auswanderung (Dez. 1937), S. 95.

2 Vorlage (Roger Makins) für Halifax v. 23. 5. 1938, zit. nach Kieffer, Judenver-folgung (2002), S. 192.

3 Telegramm (Gunther) an State Department v. 13. 4. 1938; Völkischer Beob-achter v. 9. 2. 1938, zit. nach Kieffer, Judenverfolgung (2002), S. 222 f., 353.

4 Zit. nach ebd. , S. 349.

5 Churchill, Zweiter Weltkrieg (1948/1954), Bd. 1, 1, S. 392.

6 Zit. nach Kieffer, Judenverfolgung (2002), S. 448.

7 Tagebuch von J. P. Moffat, damals Leiter der Europa-Abt. im State Departement, Einträge v. 18. , 19. 11. , 31. 12. 1938, Houghton Library, Harvard Uni-versity, MS AM 1407, vol. 40, 41, 1938 I, II, Film 95.

8 Zit. nach Kieffer, Judenverfolgung (2002), S. 192 – 195, 237 f. , 253.

9 Memorandum of instructions (Makins, Mallet) v. 15. 6. 1938, zit. nach ebd. , S. 200, 202.

10 Moffat-Tgb. , Einträge v. 13. , 19. , 21. /22. 5. , 2. , 20. , 23. 9. 1938, wie Anm. 7.

11 Ebd. , Eintrag v. 25. 3. 1938.

12 Zit. nach Kieffer, Judenverfolgung (2002), S. 205 f.

13 Lagebericht der Abt. II 112 des Sicherheitsdienstes für 1938, zit. nach Wildt (Hrsg.), Judenpolitik (1995), S. 194 – 205; Juden, was nun?, in Das Schwarze Korps v. 24. 11. 1938.

14 Aly, Volksstaat (2005), S. 54 – 66.

15 Rundschreiben (Weizsäcker) v. 8. 7. 1938 an elf deutsche Auslandsvertretungen, ADAP, Serie D, Bd. 5, S. 753.

16 Account of Negoziation (Taylor) v. 20. 7. 1938, zit. nach Kieffer, Judenverfolgung (2002), S. 235 f. ; Jüdische Rundschau v. 12. 7. 1938; Zeitungszitate nach Friedländer, Jahre der Verfolgung (1998), S. 169 f.

17 Aly, Volksstaat (2005), S. 54, 57.

18 Protokoll der Wannseekonferenz.

19 Heim, Aly, Staatliche Ordnung (1993), S. 385 f.

20 Kulischer, Jewish Migrations (1943), S. 51.

21 Zit. nach Kieffer, Judenverfolgung (2002), S. 318 f. , 294 f. , 233.

22 Hitler, Rede v. 6. 10. 1939.

23 Zit. nach Messner, Option (1989), S. 246 f.

24 Lemberg, Entmischung (1989); Ther, Dunkle Seite (2011), S. 108.

25 Zit. nach und angelehnt an Lemberg, Ethnische Säuberung (1992), S. 30 f.

26 Hitler zu Henderson v. 25. 8. 1939, ADAP, Serie D, Bd. 7, S. 233 – 235.

27 Zit. nach Faschismus (1962), S. 244.

28 Opfer, Wahn (2005), S. 46 – 49; Lemkin, Axis (1944), S. 189 f.; Schechtman, European Population (1946), S. 416 f., 419; Kulischer, Europe (1948), S. 265. Die in der Literatur angegebenen Zahlen differieren erheblich.

29 Zit. nach Ivkova, Rettung (2004), S. 178 – 184. Für die von ihr aufgefundenen inhaltsstarken Dokumente gibt die Autorin nur ungefähre Zeitpunkte ihrer Entstehung an, aber genaue Quellennachweise.

30 Dt. Fassung, Landesarchiv Berlin, B Rep. 039 – 01/342, Bl. 87.

31 Bericht v. 20. 4. 1943 an den Kommissar für Judenfragen; zit. nach VEJ 14/183.

32 Hoppe, Juden Bulgariens (2007), S. 250.

33 Polizeiattaché der dt. Gesandtschaft in Sofia an RSHA (» Judenabschub aus Bulgarien«) v. 5. 4. 1943; PA AA R 100863, Bl. 178 – 183.

34 Horthy an Hitler v. 3. 11. 1939; Horthy an Piłsudski v. 10. 10. 1934, Szinai, Szűcs (Hrsg.), Confidential Papers (1965), S. 346, 332 f.

35 Schechtman, European Population (1946), S. 430 f.

36 Hillgruber (Hrsg.), Staatsmänner, Bd. 2 (1970), S. 262 (17. 4. 1943); Weizsäcker v. 20. 4. 1943 über ein ähnliches Gespräch mit Szójay, PA AA R 29792, Bl. 178. Weizsäcker fand den Gedanken »doch etwas beklemmend«.

37 Schechtman, European Population (1946), S. 436 – 439.

38 Hillgruber (Hrsg.), Staatsmänner, Bd. 1(1967), S. 348(20. 11. 1940).

39 Zit. nach Gerlach, Aly, Kapitel (2002), S. 79 f.

40 Unterredung zwischen Hitler und Horthy am 16. und 17. 4. 1943, ADAP, Serie E, Bd. 5, S. 621 – 640.

41 Schieder (Hrsg.), Dokumentation, Bd. 2(1956), S. 37E.

42 Zit. nach Weidlein (Hrsg.), Antisemitismus (1962), S. 77.

43 Gerlach, Aly, Kapitel (2002), S. 430 – 433.

44 Aly, Endlösung (1995), S. 167, 255 – 261.

45 Manuilă, Politica de populaţie a statului şi problema minorităţilor etnice (1932), zit. nach Traşcă, Gräf, Rumänien (2007), S. 260.

46 Zit. nach Achim, Romanian Population (2001), S. 599 f.

47 Abgedruckt ebd., S. 609 – 617; Achim, Manuilă (2008), S. 397 – 402; Solonari,

Purifying (2010), S. 75 – 94.

48 Glass, Deutschland (2014), S. 149, 202.

49 Manuilă, Studie (1938), S. 32; Zschr. f. Geopolitik 14(1937), S. 53.

50 Manuilă, Judenproblem (1941), S. 612 f.

51 Aly, Endlösung (1995), S. 268 – 279.

52 Zit. nach Hausleitner, Rumänisierung (2001), S. 377, 288; Heinen, Rumänien (2007), S. 55.

53 Protokoll der Ministerratssitzung v. 8. 7. 1941, zit. nach VEJ 7/284.

54 Anweisung I. Antonescus an die Gendarmerie zur »Säuberung des Lan-des«, gez. C. Vasiliu, General der Gendarmerie u. stellv. Innenminister, v. 17. /18. 6. 1941, zit. nach VEJ 7, S. 64.

55 VEJ 7, S. 69.

56 Goebbels-Tgb., Bd. II/2, S. 269, v. 19. 8. 1941; Sebastian, Entsetzen, S. 532.

57 Solonari, Document (2007), S. 279.

58 Rumäniens Kampf gegen die Juden, Frankfurter Ztg. v. 22. 7. 1943.

59 Negură, Siedlungswerk (1943), S. 62 f.

60 Solonari, Document (2007), S. 268 – 297, 282 f.

61 Glass, Deutschland (2014), S. 161, 175 – 181, 268.

62 Tönsmeyer, Kollaboration (2003), S. 49 – 52.

63 Službene Novine Kraljevine Jugoslavije (Gesetzesblatt des Königreichs Jugoslawien), Nr. 229 – LXXX – A v. 5. 10. 1940; Protestschreiben von Mirko Fuks v. 22. 10. 1940 wegen der fristlosen Entlassung seiner elfjährigen Tochter Lea aus dem Gymnasium, VEJ 14/84.

64 Korb, Schatten, S. 78, 206, 432 – 438, 443; Ther, Dunkle Seite (2011), S. 145 – 147.

65 Zit. nach Korb, Schatten (2013), S. 174 f.

66 So berichtete es der US-amerikanische Gesandte Franklin M. Gunther am 4. 11. 1941, zit. nach Friedländer, Jahre der Vernichtung (2006), S. 255 f.

67 Pohl, Ukrainische Hilfstruppen (2002), S. 211, 219, 232.

68 Zit. nach Heine, Allgemeine Ermächtigung (2003), S. 93 f. ; Stang, Kollabora-tion (1996), S. 153 – 180.

69 Diese Zahl nennt der Historiker Alfredas Rukš è nas in der Online-Zeitung delfi. lt v. 6. 6. 2016. Die Überschrift lautet: »Die Liste der Judenerschießer um-fasst womöglich 6000. Warum ihre Veröffentlichung Befürchtungen weckt. « Für den Hinweis und die Übersetzung Dank an Christoph Dieckmann. http://www. delfi. lt/news/daily/lithuania/zydsaudziu-sarasas-lietuvoje-gali-siekti-ir-6-tukstancius-kodel-bijoma-ji-paskelbti. d? id = 71469652 (19. 8. 2016)

70 Ich danke Matthew Kott für diese Auskunft. Er kommentiert: »Most likely no-one in Latvia (at least, not among the Latvian majority) is particularly interested in finding out the real number either, but are perfectly content to stick with Andrew Ezergailis's minimum figure of ca. 1200 › really bad guys‹ operating under direct German orders. «

71 Aly, Volksstaat (1995), S. 231 f.

72 Meinen, Shoah (2009), S. 23, 25 f. , 28, 40; VEJ 5/193,

73 Aly, Roth, Erfassung (1984), S. 64 – 67; VEJ 5/82, 12/81.

74 VEJ 5, S. 48 f. , Dok. 5/271, 5/273, 5/275.

75 Mayer, Staaten (2010), S. 30, 32, 35 – 37, 307 f.

76 Zit. nach Klarsfeld, Vichy-Auschwitz (1989), S. 392.

77 Mayer, Staaten (2010), S. 278 – 280.

78 Drach, Unsentimentale Reise (1990), S. 206.

79 Mandelbrot, Chaos (2013), S. 90.

80 Bober, Neues (1995), S. 135 – 139. Die Vereinigungen der Romaniseure des Eigentums der Juden trugen klangvolle Namen: Association française des propriétaires des biens aryanisés, Association des administrateurs provisoires de France; Association nationale intercorporative du commerce, de l'indus-trie et de l'artisanat, Renaissance du foyer français, Fédération des locataires de bonne foi oder Union des commerçants, industriels et artisans français.

81 Siehe Gilles Morin, Vichy: les archives sont-elles vraiment toutes accessibles? Elles étaient déjà presque ouvertes. Pourtant, l'arrêté publié en décembre 2015 est un »tournant démocratique«. Explication. In: L'Histoire, Nr. 427, Sept. 2016, S. 27 f.

82 Artuso, La question juive (2015), S. 223 f.

83 Meldung des Dt. Nachrichtenbüros v. 11. 7. 1942, zit. nach Dublon-Knebel

（Hrsg.）, German Documents（2007）, S. 239.

84 Apostolou, Jews（2010）, S. 215; Molho, Salonica（2005）, S. 63 f.; Anastassiadou, Salonique（2014）, S. 102; zu Kammonas rückblickende Aufzeichnungen von Yom Tov Yakoel, Rechtsberater der Jüdischen Gemeinde von Saloniki, v. 1943, VEJ 14/207; Schreiben des Militärbef. Soliniki v. 18. 10. 1942, VEJ 14/217.

85 Die Zahlenangaben schwanken zwischen 45 450 und 48 533 Deportierten, dazu Bowman, Agony（2009）, S. 83 - 92.

86 Matsas, Illusion（1997）, S. 289; Stroumsa, La vie（1998）, S. 136.

87 Matsas, Illusion（1997）, S. 191 f., 202 f.; Plaut, Greek Jewry（1996）, S. 70 - 72.

88 Wochenbericht einer brit. Propagandaeinheit für die Zeit v. 22. - 29. 11. 1944 über die soziale Lage in der Region Epirus, zit. nach VEJ 14/303.

89 Matsas, Illusion（1997）, S. 292; Clogg, Greece 1940 - 1949（2002）, S. 103; Apo-stolou, Strategies（2011）, S. 138 f.

90 Excerpts from the Salonika Diary of L. Merci（1987）, S. 303 - 313.

91 Aufzeichnung v. Thaddens v. 21. 6. 1943, zit. nach Dublon-Knebel（Hrsg.）, German Documents（2007）, S. 412 - 414.

92 Zit. und dargestellt nach Rother, Spanien（2001）, S. 225 f.

93 Zit. nach VEJ 8/216.

94 Zit. nach VEJ 7/446.

95 Zandman, Never the Last Journey（1995）, S. 75 - 79, 88 f.; Yad Vashem Arch., Righteous, 3466.

96 Zit. nach VEJ 4/126, 208.

97 Zit. nach VEJ 4/318, 319.

98 Zit. nach Friedländer, Jahre der Vernichtung（2006）, S. 413. Eine Fülle weiterer Quellen bei Friedrich, Judenmord（2003）.

99 Zit. nach Friedrich, Judenmord（2003）, S. 314.

100 Zit. nach VEJ 9/121.

101 Klukowski, Diary（1993）, S. 139 f., 156 f., 159, 191, 195 - 197, 219 - 223.

102 VEJ 9/121, 293.

103 Zeltser (Hrsg.), My Bitter Soul (2016), S. 205 – 215, 223 – 225.

104 Bericht H. Brenner, geb. Piller, v. 10. 8. 1992, Yad Vashem Arch. 0. 3/
6661; www. jewishgen. org/yizkor/oswiecim1/osw417. html, p. 429 (Nov.
2015).

105 Report (1946), S. 12 f.

106 Lestschinsky, Migrations (1960), S. 1565 f.

107 Lest (s)chinsky, Bilan de l'extermination (1946).

108 WJC, Short minutes v. 31. 3. 1947.

第九章　文明与文明的断裂

1 Börne, Schriften (Stättigkeit, 1808), Bd. 1, S. 27 f. , 59.

2 Schieder, Europa (1979), S. 11; Aly, Volk (2015), S. 168 – 200.

3 Gerlach, Extermination (2016), S. 315 – 335.

4 Runderlass des Auswärtigen Amts v. 25. 1. 1939 (Schumburg), ADAP, Serie
D, Bd. 5, S. 780 – 785.

5 Wyrwa, Konfliktfelder (2015), S. 374.

6 Ulrich Beck, Macht und Gegenmacht (2002), S. 338 f. , zit. nach Schwartz,
Säuberungen (2013), S. 627.

7 Beschrieben bei Stach, Kafka (2014), S. 172 – 177.

8 Frankl, Prag (2011), S. 183 – 185, 200 f. , 284 – 288.

9 Nathan, Russische Revolution (1906), S. 18, 26.

10 Budnitskii, Russian Jews (2012), S. 36 – 40.

11 Ther, Dunkle Seite (2011), S. 161. Mit Bezug auf den Mord an den europäi-
schen Juden argumentiert Michael Schwartz im Schlusskapitel seines um-
fassenden Buches »Ethnische ›Säuberungen‹« (2013) unter der Überschrift »
Zwölf Bemerkungen zu den ethnischen ›Säuberungen‹ in unserer Mo-derne«
(S. 623 – 646) sehr viel offener und differenzierter als Ther.

12 Schwartz, Säuberungen (2013), S. 634 – 637.

13 Simmel, Soziologie (1908), S. 685 – 691.

14 Wolf[gang] Aly: Der kretische Apollonkult, Leipzig 1908, S. 44 – 48.

15 Sombart, Zukunft (1912); Sombart, Juden (1911).

16 Treitschke, Ein Wort über unser Judenthum (1879), S. 2 f.

17 Mombert, Tatsachen (1920), S. 95, 116, 118. Momberts Anregungen folgend: Sozialer Auf-und Abstieg im Deutschen Volk. Statistische Methoden und Ergebnisse, hrsg. v. Bayerischen Statistischen Landesamt, München 1930.

18 Fontane, Stechlin (1899), S. 355 f., 35.

19 Borochow, Entwicklung (1917/1920), S. 7, 16 f.

20 Slezkine, Jahrhundert, S. 129 – 132; Golczewski, Beziehungen (1981), S. 234.

21 Pollmann, Untermieter (2001), S. 356.

22 Bendow (Tenenbaum), Judenpogrom (1919), S. 6 – 8.

23 Biss, Geschäft (1960), S. 58 f.

24 Goebbels-Tgb., Bd. II/3, S. 557 – 563, Eintrag v. 27.3.1942.

25 Dieckmann, Besatzungspolitik (2011), S. 1532 f.

26 Meyer, Wissen (2010), S. 74.

27 Zit. nach Verbrechen der Wehrmacht (2002), S. 155.

28 Gerlach, Kalkulierte Morde (1999), S. 677, 680.

29 Zit. nach Aly, Volksstaat (2005), S. 245 f.

30 Dafür ein Beispiel in Aly, Endlösung (1995), S. 257 – 260.

31 Hößelbarth an den Bevollmächtigten des Reiches für Griechenland Alten-burg v. 17.6.1943, zit. nach VEJ 14/267.

32 Ausführlich in Aly, Volksstaat (1995).

33 Ungräry, Schlacht (1999), S. 348 f

34 Bankier (Hrsg.), Coming Back (2005), S. VIII-XI; Lagrou, Return, S. 8, Po-znanski, Apprehensions, S. 28 f., 48 f.

35 JWC, Short minutes v. 18.6., 11.7., 29.7., 18.12.1947, 8.3.1948.

36 Zit. nach Aly, Volksstaat (2005), S. 244.

37 Goebbels-Tgb., II/12, S. 199, 232, Einträge v. 27.4. und 4.5.1944.

38 Broucek (Hrsg.), General (1988), S. 90.

39 Zit. nach Ungváry, Schlacht (1999), S. 348 f.

40 Von Thadden v. 29.4.1943, zit. nach Dublon-Knebel (Hrsg.), German Documents (2007), S. 338 – 340.

41 Slezkine, Jahrhundert (2006), S. 214.

42 Ruppin, Soziologie der Juden (1931), S. 53 – 56.

参考文献

Abramson, Henry: A Prayer for the Government. Ukrainians and Jews in Revolutionary Times, 1917 – 1920, Cambridge, MA 1999.

Achim, Viorel: The Romanian Population Exchange Project elaborated by Sabin Manuilă in October 1941, in: Annali dell'Istituto storico italo-germanico in Trento, 27(2001), S. 593 – 617.

Achim, Viorel: Sabin Manuilă, in: Handbuch der völkischen Wissenschaft, hrsg. v. Ingo Haar u. Michael Fahlbusch, München 2008, S. 397 – 402.

Ádám, Magda u. a. (Hrsg.): Allianz Hitler-Horthy-Mussolini. Dokumente zur ungarischen Außenpolitik 1933 – 1945, Budapest 1966.

ADAP = Akten zur deutschen auswärtigen Politik.

Akten zur dt. auswärtigen Politik, Serie D, Bd. 5, Baden-Baden 1953.

Akten zur dt. auswärtigen Politik, Serie E, Bd. 5, Göttingen 1978.

Alwart, Jenny: Mit Taras Ševčenko Staat machen. Erinnerungskultur und Geschichtspolitik in der Ukraine vor und nach 1991, Köln 2012.

Aly, Götz, Karl Heinz Roth: Die restlose Erfassung. Volkszählen, Identifizieren, Aussondern im Nationalsozialismus, Berlin 1984.

Aly, Götz, Susanne Heim: Vordenker der Vernichtung. Auschwitz und die deutschen Pläne für eine neue europäische Ordnung, Erstausg. Hamburg 1991, überabeitete Neuaufl. Frankfurt a. M. 2013.

Aly, Götz: Dafür wird die Welt büßen. »Ethnische Säuberungen«-die Ge-schichte eines europäischen Irrwegs, in: Frankfurter Allgemeine Zeitung (Wochenendbeilage) vom 27. 5. 1995.

Aly, Götz: »Endlösung«. Völkerverschiebung und der Mord an den europäi-schen Juden, Frankfurt a. M. 1995.

Aly, Götz: Rasse und Klasse, Frankfurt a. M. 2003.

Aly, Götz: Hitlers Volksstaat. Raub, Rassenkrieg und nationaler Sozialismus, Frankfurt a. M. 2005.

Aly, Götz: Warum die Deutschen? Warum die Juden? Gleichheit, Neid und Rassenhass, Frankfurt a. M. 2011.

Aly, Götz: Volk ohne Mitte. Die Deutschen zwischen Freiheitsangst und Kollektivismus, Frankfurt a. M. 2015.

Anastassiadou, Méropi: Salonique après 1912. La construction d'une ville néo-hellénique, in: Benbessa, Esther, Salonique. Ville juive, ville ottomane, ville grecque, Paris 2014.

Apostolou, Andrew: »The Exception of Saloniki«: Bystanders and Collaborators in Northern Greece, in: Holocaust and Genocide Studies 14(2000), S. 165 – 196.

Apostolou, Andrew: When Did Greek Jews Become Greek?, in: Yad Vashem Studies 38, 2(2010), S. 205 – 218.

Apostolou, Andrew: Strategies of evasion. Avoiding the issue of collaboration and indifference during the Holocaust in Greece, in: Stauber, Roni (Hrsg.), Collaboration with the Nazis. Public Discourse after the Holocaust, Milton Park 2011, S. 138 – 165.

Arendt, Hannah: Elemente und Ursprünge totaler Herrschaft, München 1991.

Arendt, Hannah: Besuch in Deutschland, Berlin 1993.

Arndt, Regine: Léon Blum, ein jüdischer Franzose. Zur Bedeutung von bildhaf-ten Vorstellungen für die antisemitische Propaganda in Frankreich während der 30er Jahre, Hannover 1996.

Artuso, Vincent: La »question juive« au Luxembourg (1933 – 1941): L'Etat luxem-bourgeois face aux persécutions antisémites nazies. Rapport final. Remis au Premier ministre le 9 février 2015 (Luxembourg).

Atamuk, Solomon: Juden in Litauen. Ein geschichtlicher Überblick, Konstanz 2000.

Babel, Isaak: Mein Taubenschlag. Sämtliche Erzählungen, hrsg. v. Urs Heftrich und Bettina Kaibach, München 2014.

Baberowski, Jörg: Verbrannte Erde. Stalins Herrschaft der Gewalt, München 2012.

Bankier, David (Hrsg.): The Jews are Coming Back. The Return of the Jews to their Countries of Origin after W WII, Jerusalem 2005.

Barta, Stefan: Die Judenfrage in Ungarn, Budapest 1941.

Bartusevičius, Vincas u. a. (Hrsg.), Holocaust in Litauen. Krieg, Judenmord und Kollaboration im Jahre 1941, Köln 2003.

Baumgarten, Murray, Peter Kenez, Bruce Thompson (Hrsg.): Varieties of Antisemitism. History, Ideology, Discourse, Newark 2009.

Benbassa, Esther: Geschichte der Juden in Frankreich, Berlin 2000.

Bendikaite, Eglè: Zwischen Anspruch und Wirklichkeit. Die Politik gegenüber den Juden in Litauen in der Zwischenkriegszeit, in: Dahlmann, Hilbrenner (Hrsg.), Erwartungen (2007), S. 101 – 120.

Bendow, Josef siehe Tenenbaum, Joseph.

Benz, Wolfgang, Marion Neiss (Hrsg.): Judenmord in Litauen. Studien und Dokumente, Berlin 1999.

Bericht des Präsidiums der Israelitischen Kultusgemeinde Wien über die Tätig-keit in den Jahren 1945 bis 1948, Wien 1948 (YVL 09088).

Berkson, Isaak B.: Theories of Americanization, New York 1920.

Bibó, István: Zur Judenfrage. Am Beispiel Ungarns, Frankfurt a. M. 1990.

Biss, Andreas: Geschäft mit dem Henker. Die »Endlösung« in Ungarn, in: Der Monat, 1960, H. 8, S. 57 – 67.

Bober, Robert: Was gibt's Neues vom Krieg, München 1995.

Boeckel, Otto: Die Verjudung der höheren Schulen in Österreich und Deutschland, o. O. 1886.

Boeckel, Otto: Nochmals: » Die Juden-Könige unserer Zeit «. Eine neue Ansprache an das deutsche Volk, Berlin 1901.

Boeckh, Katrin: Von den Balkankriegen zum Ersten Weltkrieg. Kleinstaaten-politik und ethnische Selbstbestimmung auf dem Balkan, München 1996.

Börne, Ludwig: Sämtliche Schriften, hrsg. von Inge und Peter Rippmann, Düsseldorf 1964 – 1968.

Boldorf, Marcel: Racist Parameters in the French Economy 1919 – 1939/44, in: Kreutzmüller u. a. (Hrsg.), National Economies (2015), S. 167 – 180.

Borochow, Ber: Die wirtschaftliche Entwicklung des jüd. Volkes, Berlin 1920.

Bowman, Steven B. : The Agony of Greek Jews, 1940 – 1945, Stanford 2009.

Braham, Randolph L. : The Politics of Genocide. The Holocaust in Hungary, 2 Bde. , revised and enlarged edition, New York 1994.

Brandys, Kazimierz: Warschauer Tagebuch. Die Monate davor. 1978 – 1981, Frankfurt a. M. 1984.

Bresslau, Harry: Harry Bresslau, in: Steinberg, Siegfried (Hrsg.), Geschichtswissenschaft der Gegenwart in Selbstdarstellungen, Leipzig 1926, S. 29 – 83.

Brill, David: An die Judenschaft Wiens! , Wien 1947 (YVL 57 – 7186).

Broucek, Peter (Hrsg.): Ein General im Zwielicht. Die Erinnerungen Edmund Glaises von Horstenau. Band 3: Dt. Bevollmächtigter General in Kroatien und Zeuge des Untergangs des »Tausendjährigen Reiches«, Wien 1988.

Budnitskii, Oleg: Russian Jews between the Reds and the Whites. 1917 – 1920, Philadelphia 2012.

Bulgakow, Michail: Die weiße Garde (Roman, 1923/24), München 2014, übersetzt von Larissa Robiné.

Caron, Vicki: Uneasy Asylum. France and the Jewish Refugee Crisis, 1933 – 1942, Stanford, CA 1999.

Case, Holly: Between States. The Transsylvanian Question and the European Idea during World War II, Stanford, CA 2009.

Cattaruzza, Marina: Der »historische Ort« der Vertreibungen im Europa des 20. Jahrhunderts, in: Melville (Hrsg.), Zwangsmigrationen (2007), S. 39 – 53.

Cattaruzza, Marina, Stefan Dyroff, Dieter Langewiesche (Hrsg.): Territorial Revisionism and the Allies of Germany in the Second World War. Goals, Expectations, Practices, New York 2013.

Caumanns, Ute, Mathias Niendorf: Von Kolbe bis Kielce. Ein Heiliger, seine Presse und die Geschichte eines Pogroms, in: Bömelburg, Hans-Jürgen, Beate Eschment (Hrsg.), »Der Fremde im Dorf«. Überlegungen zum Eige-nen und zum Fremden in der Geschichte, Lüneburg 1998, S. 169 – 194.

Chasanowitsch, Leon: Die polnischen Judenpogrome im November und De-zember

1918. Tatsachen und Dokumente, Stockholm 1919.

Chirac, Jacques: Discours et messages. En hommage aux Juifs de France victi-mes de la collaboration de l'État français de Vichy avec l'occupant allemand, Paris 1998.

Chruschtschow erinnert sich, hrsg. v. Talbott, Strobe, Reinbek 1971.

Churchill, Winston S. : Der Zweite Weltkrieg, Bd. 1, Bern 1954.

Claß, Heinrich (Pseud. Daniel Frymann): Wenn ich der Kaiser wär'. Politische Wahrheiten und Notwendigkeiten, Leipzig 1912.

Claß, Heinrich: Zum deutschen Kriegsziel. Eine Flugschrift, München 1917.

Clogg, Richard: Greece 1940 – 1949. Occupation, Resistance, Civil War. A Docu-mentary History, Basingstoke 2002.

Codreanu, Corneliu Zelea: Eiserne Garde, Berlin 1941.

Cohen, Israel: A Report on the Pogroms in Poland, London 1919.

Committee of the Jewish Delegations (Hrsg.): The Pogroms in the Ukraine un-der the Ukrainian Governments (1917 – 1920), London 1927.

Courtenay, Jan Nieczysław Baudouin de: Der Antisemitismus und die Universi-täten in Polen, in: Guesnet (Hrsg.), Der Fremde (2009), S. 354 f.

Courtenay, Jan Nieczysław Baudouin de: Die polnische Staatlichkeit und die Juden in Polen, in: Guesnet (Hrsg.), Der Fremde (2009), S. 344 – 353.

Dahlmann, Dittmar, Anke Hilbrenner (Hrsg.): Zwischen großen Erwartungen und bösem Erwachen. Juden, Politik und Antisemitismus in Ost-und Süd-osteuropa, Paderborn 2007.

Delmer, Sefton: Die Deutschen und ich, Hamburg 1963.

Deutschland und Südosteuropa, hrsg. v. Arbeitswissenschaftliches Institut der Deutschen Arbeitsfront, Berlin 1940.

Dieckmann, Christoph: Deutsche Besatzungspolitik in Litauen 1941 – 1944, 2 Bde. , Göttingen 2011.

Dieckmann, Christoph: »Jüdischer Bolschewismus« 1917 bis 1921. Überlegungen zu Verbreitung, Wirkungsweise und jüdischen Reaktionen, in: Steinbacher, Sybille (Hrsg.), Holocaust und Völkermord. Die Reichweite des Vergleichs, Frankfurt a. M. 2012.

Dmowski, Roman: Gedanken eines modernen Polen, in: Guesnet (Hrsg.), Der

Fremde (2009), S. 276 - 282.

Doctor, Eugen: Emigration und Immigration. Ein Wort zur jüdischen Auswanderer-Not, Berlin 1908.

Documents on the History of the Greek Jews. Records from the Historical Archives of the Ministry of Foreign Affairs, Hrsg.: Ministry of Foreign Af-fairs of Greece, Univ. of Athens, Dep. of Political Science and Public Admi-nistration, researched & edited by P. Constantopoulou & T. Veremis, Athens 1998.

Documents sur les pogromes en Ukraine et l'assassinat de Simon Petljula à Paris (1921 - 1926), Paris 1927.

Döblin, Alfred: Reise in Polen, Olten 1968 (Erstausgabe 1924).

Drach, Albert: Unsentimentale Reise. Ein Bericht, München 1990.

Drumont, Édouard: Das verjudete Frankreich, 2 Bde., Berlin 1889 (La France juive, Paris 1886).

Drumont, Édouard: Les juifs contre la France. Une nouvelle Pologne, Paris 1899.

Dublon-Knebel, Irith (Hrsg.), German Foreign Office Documents on the Holocaust in Greece (1937 - 1944), Tel Aviv 2007.

Dubnow, Simon: Weltgeschichte des jüdischen Volkes. Von seinen Uranfängen bis zur Gegenwart in zehn Bänden, Bd. 10: Die neueste Geschichte des jüdi-schen Volkes. Das Zeitalter der zweiten Reaktion (1880 - 1914) nebst Epilog (1914 - 1928), Berlin 1929.

Dubnow, Simon: Mein Leben, Berlin 1937.

Dubnow, Simon: Weltgeschichte des jüdischen Volkes. Kurzgefasste Ausgabe in drei Bänden, Bd. 3: Die neueste Geschichte des jüdischen Volkes. Von der franz. Revolution bis zum Ausbruch des Weltkrieges, Jerusalem 1938.

Duclert, Vincent: Die Dreyfus-Affäre. Militärwahn, Republikfeindschaft, Judenhaß, Berlin 1994.

Eaton, Henry L.: The Origins and Onsets of the Romanian Holocaust, Detroit 2013.

Elias, Ruth: Die Hoffnung erhielt mich am Leben. Mein Weg von Theresienstadt und Auschwitz nach Israel, München 1988.

Embacher, Helga: Neubeginn ohne Illusionen. Juden in Österreich nach 1945, Wien 1995.

Encyclopedia of Jewish Life Before and During the Holocaust, hrsg. v. Shmuel Spectator und Geoffrey Wigoder, eingel. v. Elie Wiesel, 3 Bde., New York 2001.

Erben, Peter: Auf eigenen Spuren. Aus Mährisch-Ostrau durch Theresienstadt, Auschwitz I, Mauthausen, Gusen III über Paris nach Israel. Jüdische Schick-sale aus der Tschechoslowakei, hrsg. v. Erhard Roy Wiehn, Konstanz 2001.

Excerpts from the Salonika Diary of Lucillo Merci (Feb.-Aug. 1943), compiled by Joseph Rochlitz, introduction by Menachem Shelach, in: Yad Vashem Stu-dies 18(1987), S. 293 – 323.

Faschismus, Getto, Massenmord, hrsg. v. Jüdisch-Historischen Institut War-schau, Berlin 1962.

Feszler, Ludwig: Nachwuchs im Handel, in: Ungarisches Wirtschafts-Jahrbuch 18(1942), S. 292 – 298.

Fette, Julie: Exclusions. Practicing Prejudice in French Law and Medicine, 1920 – 1945, Ithaca, NY 2012.

Fink, Carole: Defending the Rights of Others. The Great Powers, the Jews, and International Minority Protection, 1878 – 1938, Cambridge 2004.

Fink, Carole: Two Pogroms. Lemberg (November 1918) and Pinsk (April 1919), in: Baumgarten u. a. (Hrsg.), Varieties (2009), S. 151 – 168.

Fischer, Christopher J.: Alsace to the Alsatians? Visions and divisions of Alsa-tian regionalism, 1870 – 1939, New York 2010.

Fleming, Katherine E.: Greece. A Jewish History, Princeton, NJ 2008.

Fontane, Theodor: Der Stechlin, Berlin 1899.

Frank, Walter: Nationalismus und Demokratie im Frankreich der dritten Repu-blik (1871 – 1918), Hamburg 1933.

Frankl, Michal: »Prag ist nunmehr antisemitisch«. Tschechischer Antisemitis-mus am Ende des 19. Jahrhunderts, Berlin 2011.

Friedländer, Saul: Das Dritte Reich und die Juden. Bd. 1: Die Jahre der Verfol-gung 1933 – 1939, München 1998.

Friedländer, Saul: Das Dritte Reich und die Juden. Bd. 2: Die Jahre der Vernich-tung 1939 – 1945, München 2006.

Friedmann, Tuvivah: Theodor Herzl. »König der Juden«, Haifa 1996.

Friedrich, Klaus-Peter: Der nationalsozialistische Judenmord in polnischen Augen. Einstellungen in der polnischen Presse 1942 – 1946/47 Marburg, 2003.

Friedrich, Klaus-Peter: Von der żydokomuna zur Lösung einer »jüdischen Frage« durch Auswanderung. Die politische Instrumentalisierung ethni-scher und kultureller Differenzen in Polen 1917/18 bis 1939, in: Dahlmann, Hilbrenner (Hrsg.), Erwartungen (2007), S. 53 – 75.

Funke, Hajo, Hans-Hinrich Harbort: Die andere Erinnerung. Gespräche mit jüdischen Wissenschaftlern im Exil, Frankfurt a. M. 1989.

Gergel, Nahum: The Pogroms in the Ukraine in 1918 – 1921, in: YIVO Annual of Jewish Social Science, vol. VI, New York 1951, S. 237 – 252. (Englische Version von Di pogromen in Ukraine in di yorn 1918 – 1921, in: Lestschinsky, Yaakov [Hrsg.], Shriftn far ekonomik un statistik, Berlin 1928).

Gerlach, Christian: Die Wannsee-Konferenz, das Schicksal der deutschen Juden und Hitlers Grundsatzentscheidung, alle Juden Europas zu ermorden, in: WerkstattGeschichte 18 (1997), S. 7 – 44, wieder abgedruckt in: Gerlach, Krieg (1998), S. 85 – 166.

Gerlach, Christian: Krieg, Ernährung, Völkermord. Forschungen zur deutschen Vernichtungspolitik im Zweiten Weltkrieg, Hamburg 1998.

Gerlach, Christian: Kalkulierte Morde. Die deutsche Wirtschafts-und Vernich-tungspolitik in Weißrussland 1941 bis 1944, Hamburg 1999.

Gerlach, Christian, Götz Aly: Das letzte Kapitel. Realpolitik, Ideologie und der Mord an den ungarischen Juden 1944/45, Stuttgart 2002.

Gerlach, Christian: Extrem gewalttätige Gesellschaften. Massengewalt im 20. Jahrhundert, München 2011.

Gerlach, Christian: The Extermination of the European Jews. Cambridge 2016.

Gitelman, Zwi: A Century of Ambivalence. The Jews of Russia and the Soviet Union 1881 to the Present, Bloomington, IN 2001.

Gitelman, Zwi: Jewish Identities in Postcommunist Russia and Ukraine: An Un-certain Ethnicity, Cambridge 2012.

Glass, Hildrun: Minderheit zwischen zwei Diktaturen. Zur Geschichte der Ju-den in Rumänien 1944 – 1949, München 2002.

Glass, Hildrun: Deutschland und die Verfolgung der Juden im rumänischen

Machtbereich 1940 – 1944, München 2014.

Godley, Andrew: Jewish Immigrant Entrepreneurship in New York and London 1880 – 1914. Enterprise and Culture, London 2001.

Goebbels-Tgb., siehe: Die Tagebücher von Joseph Goebbels.

Gömbös, Julius (Gyula): Für die nationale Selbstzwecklichkeit. Zwölf Reden des Ministerpräsidenten Julius Gömbös, Budapest 1932.

Golczewski, Frank: Polnisch-jüdische Beziehungen 1881 – 1922, Wiesbaden 1981.

Gröschel, Cornelius: Zwischen Antisemitismus und Modernisierungspolitik. Die Bedrohung des jüdischen Wirtschaftslebens in der Zweiten Polnischen Republik (1918 – 1939), Marburg 2010.

Grossman, Wassili: Leben und Schicksal, Roman, Frankfurt a. M. 1987.

Grüner, Frank: Patrioten und Kosmopoliten. Juden im Sowjetstaat 1941 – 1953, Köln 2008.

Grusenberg, S. O.: Die Bedürfnisse der jüdischen Bevölkerung Russlands. Denkschrift, gerichtet an die Repräsentanten-Conferenz der Jewish Coloni-zation Association in Paris, Oktober 1896, Berlin 1898.

Guesnet, François (Hrsg.): Der Fremde als Nachbar. Polnische Positionen zur jüdischen Präsenz. Texte seit 1800, Frankfurt a. M. 2009.

Halács, Ágoston: Arbeitsverfassung, Budapest o. J.

Harvey, Allen David: Lost Children or Enemy Aliens? Classifying the Popula-tion of Alsace after the First World War, in: Journal of Contemporary His-tory 34 (1999), S. 537 – 554.

Hatschikjan, Magarditsch A., Stefan Troebst (Hrsg.): Südosteuropa. Gesell-schaft, Politik, Wirtschaft, Kultur. Ein Handbuch, München 1999.

Hausleitner, Mariana: Die Rumänisierung der Bukowina. Die Durchsetzung des nationalistischen Anspruchs Großrumäniens 1918 – 1944, München 2001.

Heiden, Konrad: Geschichte des Nationalsozialismus. Die Karriere einer Idee, Berlin 1932.

Heifetz, Elias. The Slaughter of the Jews in the Ukraine, New York 1921.

Heim, Susanne, Götz Aly: Staatliche Ordnung und » organische Lösung «. Die Rede Hermann Görings » Über die Judenfrage« vom 6. Dez. 1938, in: Jahrb. für Antisemitismusforschung, Bd. 2, Frankfurt a. M. 1993, S. 378 – 405.

Heine, Eric: Allgemeine Ermächtigung und konkrete Eigendynamik. Die Ermordung der Juden in den ländlichen Gebieten Litauens, in: Bartusevičius u. a. (Hrsg.), Holocaust in Litauen (2003), S. 91 – 103.

Heinen, Arnim: Rumänien, der Holocaust und die Logik der Gewalt, München 2007.

Hemberger, Andreas: Illustrierte Geschichte des Balkankrieges 1912 – 13, Bd. 1, Wien 1914.

Herczl, Moshe Y.: Christianity and the Holocaust of Hungarian Jewry, London 1993.

Herzl, Theodor: Der Judenstaat. Versuch einer modernen Lösung der Judenfrage, Zürich 1997 (Erstausgabe, Wien und Leipzig 1896).

Herzl, Theodor: Alt-Neuland. Roman, Leipzig 1902.

Herzl, Theodor: Selbstbiographie, in: Theodor Herzl. Ein Gedenkbuch zum 25. Todestage, hrsg. v. der Exekutive der Zionistischen Organisation, Berlin 1929, S. 42 – 46.

Herzl, Theodor: Briefe und Tagebücher, Bd. 2: Zionistisches Tagebuch 1895 – 1899, bearb. von Johannes Wachten und Chaya Harel, Berlin 1984.

Hettling, Manfred, Michael G. Müller, Guido Hausmann (Hrsg.): Die »Judenfrage«-ein europäisches Phänomen, Berlin 2013.

Hilfsverein der Dt. Juden: Fünfter Geschäftsbericht (1906), Berlin 1907.

Hilfsverein der Dt. Juden: Siebenter Geschäftsbericht (1908), Berlin 1909.

Hilfsverein der Deutschen Juden: Achter Geschäftsbericht (1909), Berlin 1910.

Hilfsverein der Deutschen Juden: Zwölfter Geschäftsbericht (1913), Berlin 1914.

Hilfsverein der Dt. Juden: Siebzehnter Geschäftsbericht (1918), Berlin 1919.

Hilfsverein der Deutschen Juden: Jahresbericht für 1930, darin: Dreißig Jahre Hilfsverein der Deutschen Juden 1901 – 1931, Berlin 1931.

Hillgruber, Andreas: Deutschland und Ungarn 1933 – 1944. Ein Überblick über die politischen und militärischen Beziehungen im Rahmen der europäi-schen Politik, in: Wehrwissenschaftliche Rundschau 9(1959), S. 651 – 676.

Hillgruber, Andreas (Hrsg.): Staatsmänner und Diplomaten bei Hitler, 2 Bde., Frankfurt a. M. 1967, 1970.

Hitler, Adolf: Mein Kampf, 5. Auflage, München 1930.

Hitler, Adolf: Rede am 6. Oktober 1939 in Berlin vor dem Reichstag, in: Der großdeutsche Freiheitskampf. Reden Adolf Hitlers, hrsg. v. Philipp Bouhler, Bd. 1: 1. September 1939 bis 10. März 1940, München 1943, S. 67 – 100.

Hoensch, Jörg K. , Stanislav Biman, L'ubomir Lipták (Hrsg.): Judenemanzipation, Antisemitismus, Verfolgung in Deutschland, Österreich-Ungarn, den Böhmischen Ländern und der Slowakei, Essen 1999.

Hoffmann, Christhard, Bernd Passier (Hrsg.): Die Juden. Vorurteil und Verfolgung im Spiegel literarischer Texte, Stuttgart 1986.

Hoppe, Jens: Juden als Feinde Bulgariens? Zur Politik gegenüber den bulgari-schen Juden in der Zwischenkriegszeit, in: Dahlmann, Hilbrenner (Hrsg.), Erwartungen (2007), S. 217 – 252.

Hugues, Pascale: Marthe & Mathilde. Eine Familie zwischen Frankreich und Deutschland, Reinbek 2012.

Hyman, Paula E. : The Jews of Modern France, Berkeley, CA 1998.

Ihrig, Stefan: Atatürk in the Nazi imagination, Cambridge, MA 2014.

Ioanid, Radu: The Pogrom of Bucharest 21 – 23 January 1941, in: Holocaust and Genocide Studies 6(1991), S. 373 – 382.

Istóczy, Viktor: Die Wiederherstellung des jüdischen Staates Palästina. Aus den Reden Viktor Istóczy's, gehalten im ungarischen Abgeordnetenhause [1878] während der Reichstage von 1872 – 1896, Budapest 1905.

Ivkova, Rossitza: Rettung und Mord in genozidalen Entscheidungsprozessen. Bulgarien 1941 – 1943, Bielefeld 2004.

Jericho-Polonius, S. : China auf der Balkanhalbinsel oder rumänische Juden-frage, Lemberg 1901.

The Jewish Minority in Hungary. The Hungarian Law No. X XV of the Year 1920 (» Numerus Clausus «) before the Council of the League of Nations, Decem-ber 10 & 12, 1925, London 1926.

Judavics-Paneth, Lassare: Pogrom-Prozesse, 2 Bde. , Berlin 1911.

Die Judenfrage im preußischen Abgeordnetenhause. Wörtlicher Abdruck der stenographischen Berichte vom 20. und 22. November 1880, Breslau 1880.

Die Judenfrage in Rumänien. Eine Aktensammlung, vorgelegt dem Brüsseler Congress »pro Armenia« vom 17. u. 18. Juli 1902, Wien 1902.

Die Judenpogrome in Russland, hrsg. im Auftrage des Zionistischen Hilfsfonds in London von der zur Erforschung der Pogrome eingesetzten Kommission. Teil I: Allgemeiner Teil, Teil II: Einzeldarstellungen, Köln 1910.

Judge, Edward H. : Ostern in Kischinjow. Anatomie eines Pogroms, Mainz 1995.

Jüdisches Lexikon, Bde. 1 – 5, Berlin 1927; Reprint 1987.

Kahan, Arcadius: Notes on Jewish Entrepreneurship in Tsarist Russia, in: Guroff, Gregory, Fred V. Carstensen (Hrsg.), Entrepreneurship in Imperial Russia and the Soviet Union, Princeton, NJ 1983, S. 107 – 118.

Kakis, Frederic J. : Legacy of Courage. A Holocaust Survival Story in Greece, Bloomington 2003.

Kállay, Nicholas: Hungarian Premier. A personal account of a nation's struggle during the second world war, Westport 1970 (zuerst 1954).

Kaplun-Kogan, Wladimir Wolf: Die Wanderbewegungen der Juden, Bonn 1913.

Karady, Viktor (Victor): Das Judentum als Bildungsmacht der Moderne. Forschungsansätze zur relativen Überschulung in Mitteleuropa, in: Österreichi-sche Zeitschrift für Geschichtswissenschaft 8(1997), S. 347 – 361.

Karady, Viktor (Victor): Gewalterfahrung und Utopie. Juden in der europäi-schen Moderne, Frankfurt a. M. 1999.

Karady, Victor: Jews in Hungarian Legal Profession and Among Law Students from the Emancipation till the Shoah, in: Iskolakultúra Online 1(2007).

Karady, Victor, Peter Tibor Nagy (Hrsg.): The Numerus Clausus in Hungary. Studies on the First Anti-Jewish Law and Academic Anti-Semitism in Mo-dern Central Europe, Budapest 2012.

Katz, Dovid: Lithuanian Jewish Culture, Vilnius 2004.

Kendziorek, Piotr: Auf der Suche nach einer nationalen Identität. Polnische Debatten um die »Judenfrage«, in: Reinke, Andreas, Kateřina čabková, Michal Kendziorek, Ferenc Laczó (Hrsg.): Die » Judenfrage « in Ostmitteleuropa, Historische Pfade und politisch-soziale Konstellationen, Berlin 2015, S. 249 – 387.

Kenez, Peter: Pogroms and White ideology, in: Klier, Lambroza (Hrsg.), Pogroms (1992), S. 293 – 313.

Kenez, Peter: Pogroms in Hungary, 1946, in: Baumgarten u. a. (Hrsg.),

Varieties (2009), S. 223 – 236.

Kerepeszki, Robert: »The racial defense in Practice«. The activity of the Turul Association at Hungarian universities between the two world wars, in: Ka-rady, Nagy (Hrsg.), Studies (2012), S. 136 – 149.

Kertész, Lilly: Von den Flammen verzehrt. Erinnerung einer ungarischen Jüdin, Bremen 1999.

Kieffer, Fritz: Judenverfolgung in Deutschland-eine innere Angelegenheit? Internationale Reaktionen auf die Flüchtlingsproblematik 1933 – 1939, Stuttgart 2002.

Kishon, Ephraim: Nichts zu lachen. Erinnerungen, München 1993.

Klarsfeld, Serge: Vichy-Auschwitz. Die Zusammenarbeit der deutschen und französischen Behörden bei der »Endlösung der Judenfrage« in Frankreich, Nördlingen 1989.

Klier, John D., Shlomo Lambroza (Hrsg.): Pogroms. Violence in Modern Russian History, Cambridge, MA 1992.

Klocke, Helmut: Gesellschaftliche Kräfte und ungeschriebene Verfassungswirklichkeit in Ungarn 1933 – 1938, in: Ungarn-Jahrbuch. Zeitschrift für interdisziplinäre Hungarologie 9(1978), S. 159 – 195.

Klukowski, Zygmunt: Diary from the Years of Occupation. 1939 – 44, Urbana, IL 1993.

Koch, Hans: Die Gegensätzlichkeit der Gefühle bei Taras Ševčenko, in: Jahrbücher für die Geschichte Osteuropas 1(1953), S. 302 – 320.

Kohn, Hans: Das moderne Russland. Grundzüge seiner Geschichte, Freiburg i. Br. 1957.

Korb, Alexander: Im Schatten des Weltkriegs. Massengewalt der Ustaša gegen Serben, Juden und Roma in Kroatien 1941 – 1945, Hamburg 2013.

Kossert, Andreas: Founding Father of Modern Poland and Nationalist Antisemite: Roman Dmowski, in: Haynes, R., M. Rady (Hrsg.), In the Shadow of Hitler. Personalities of the Right in Central and Eastern Europe, London 2011, S. 89 – 104.

Kotowski, Albert S.: Hitlers Bewegung im Urteil der polnischen Nationaldemokratie, Wiesbaden 2000.

Kotowski, Albert, S. : »Polska dla Polaków«. Über den Antisemitismus in Polen in der Zwischenkriegszeit, in: Dahlmann, Hilbrenner (Hrsg.), Erwartungen (2007), S. 77 – 100.

Kovács, Mária M. : The Hungarian Numerus Clausus. Ideology, apology and history, 1919 – 1945, in: Karady, Nagy (Hrsg.), Numerus Clausus (2012), S. 27 – 55.

Kreutzmüller, Christoph, Michael Wildt, Moshe Zimmermann (Hrsg.): National Economies. Volks-Wirtschaft, Racism and Economy in Europe between the Wars (1918 – 1939/45), Cambridge 2015.

Krzywiec, Grzegorz: »Progressiver Antisemitismus« im russischen Teil Polens von 1905 bis 1914, in: Hettling u. a. (Hrsg.), Judenfrage (2013), S. 127 – 142.

Kulischer, Alexander, Eugen Kulischer: Kriegs-und Wanderzüge. Weltge-schichte als Völkerbewegung, Berlin 1932.

Kulischer, Eugene M. (= Eugen): Jewish Migrations. Past Experiences and Post-War Prospects, New York 1943.

Kulischer, Eugene M. : Europe on the Move. War and Population Changes, 1917 – 47, New York 1948.

Kuszelewicz, Joseph: Un juif de Biélorussie de Lida à Karaganda. Ghetto, Maquis, Goulag, Paris 2002.

Ladas, Stephen P. : The Exchange of Minorities. Bulgaria, Greece and Turkey, New York 1932.

Lagarde, Paul de: Konservativ?, in: ders. , Dt. Schriften, Göttingen 1892, S. 5 – 36.

Lagrou, Pieter: Return to a Vanished World. European Societies and the Remnants of their Jewish Communities, 1945 – 1947, in: Bankier (Hrsg.), Coming Back (2005), S. 1 – 24.

Lansing, Robert: Die Versailler Friedensverhandlungen. Persönliche Erinnerungen, Berlin 1921.

Lazare, Bernard: Die Juden in Rumänien, Berlin 1902.

Lemberg, Hans: Nationale »Entmischung« und Zwangswanderungen in Mittel-und Osteuropa 1938 – 1948, in: Westfälische Forschungen 39(1989), S. 383 – 392.

Lemberg, Hans: » Ethnische Säuberung « : Ein Mittel zur Lösung des Nationalitätenproblems?, in: Aus Politik und Zeitgeschichte, Beilage zur Wochenzei-tung Das Parlament (B 46/92) v. 6. 11. 1992, S. 27 – 38.

Lemkin, Raphael: Axis Rule in Occupied Europe. Laws of Occupation. Analysis of Government. Proposals for Redress, Washington D. C. 1944.

Lenin, W. I. : Werke, Bd. 29, März-August 1919, Berlin 1970.

Lestschinsky, Jakob: Die Umsiedlung und Umschichtung des jüdischen Volkes im Laufe des letzten Jahrhunderts, Teil II: in: Weltwirtschaftliches Archiv 30 (1929), S. 123 – 156; Teil III: ebd. , 32(1930), S. 563 – 599.

Lestschinsky, Jakob: Das jüdische Volk im Neuen Europa. Die wirtschaftliche Lage der Juden in Ost-und Zentraleuropa seit dem Weltkrieg, Prag 1934.

Lestschinsky, Jakob: Der wirtschaftliche Zusammenbruch der Juden in Deutsch-land und Polen, Paris 1936.

Lestschinsky, Jacob: The Jewish Migration for the Past Hundred Years, New York 1944.

Lest (s)chinsky, Jacob: Bilan de l'extermination, Bruxelles 1946.

Lestschinsky, Jacob: The Economic Struggle of the Jews in Independent Lithua-nia, in: Jewish Social Studies 8(1946), H. 4, S. 267 – 96.

Lestschinsky, Jacob: Jewish Migrations, 1840 – 1956, in: Finkelstein, Jews (1960), S. 1536 – 1596.

Lichtenstaedter, Siegfried (Pseud. : Dr. Mehemed Emin Efendi): Kultur und Humanität. Völkerpsychologische und politische Untersuchungen, Würz-burg 1897.

Lichtenstaedter, Siegfried (Pseud. : Dr. Mehemed Emin Efendi) : Die Zukunft der Türkei. Ein Beitrag zur Lösung der orientalischen Frage, Berlin 1898.

Lichtenstaedter, Siegfried (Pseud. : Dr. Mehemed Emin Efendi) : Das neue Welt-reich. Ein Beitrag zur Geschichte des 20. Jahrhunderts. Psychologische und politische Phantasien, T. I: Vom chinesischen Kriege bis zur Eroberung Kon-stantinopels, München 1901.

Lichtenstaedter, Siegfried (Pseud. : Dr. Mehemed Emin Efendi) : Das neue Welt-reich. Ein Beitrag zur Geschichte des 20. Jahrhunderts, T. II: Von der Er-oberung Konstantinopels bis zum Ende Österreich-Ungarns, Leipzig 1903.

Löwe, Heinz-Dietrich: Die Juden im bol'ševikischen System. Zwischen sozialem

Wandel und Intervention, in: Dahlmann, Hilbrenner (Hrsg.), Erwartungen (2007), S. 137 - 165.

Lunatscharski, Anatoli: Ob Antisemitizme, Moskau 1929.

Lustiger, Arno: Rotbuch. Stalin und die Juden. Die tragische Geschichte des Jüdischen Antifaschistischen Komitees und der sowjet. Juden, Berlin 1998.

Maelicke, Alfred: Fortschreitende Entjudung Europas, in: Die deutsche Volkswirtschaft, Sonderteil » Konstituierung der europäischen Wirtschaftsgemeinschaft« 17(1942/43), S. 1272 - 1276; abgedruckt in: Heim, Susanne, Götz Aly (Hrsg.), Bevölkerungsstruktur und Massenmord. Neue Dokumente zur deutschen Politik der Jahre 1938 - 1945, Berlin 1991, S. 152 - 164.

Mandelbrot, Benoît B.: Schönes Chaos. Mein wundersames Leben, München 2013.

Manuilă, Sabin: Ethnographische Studie über die Bevölkerung Rumäniens, o. O. (Bukarest) 1938.

Manuilă, Sabin: Das Judenproblem in Rumänien zahlenmäßig gesehen, in: Deutsches Archiv für Landes-und Volksforschung 5(1941), S. 603 - 613.

Marcus, Joseph: Social and Political History of the Jews in Poland, 1919 - 1939, Berlin 1983.

Margaroni, Maria: Das » viel ersehnte « Saloniki oder der griechische Antisemitismus und die Reaktion der Juden (1879 - 1914), in: Wyrwa, Ulrich (Hrsg.), Einspruch und Abwehr. Die Reaktion des europäischen Judentums auf die Entstehung des Antisemitismus (1879 - 1914), Frankfurt a. M. 2010, S. 251 - 268.

Margolis, Rachela: Als Partisanin in Wilna. Erinnerungen an den jüdischen Widerstand in Litauen, Frankfurt a. M. 2008.

Marr, Wilhelm: Der Sieg des Judenthums über das Germanenthum. Vom nicht confessionellen Standpunkt aus betrachtet, Bern 1879.

Marr, Wilhelm: Der Judenkrieg, seine Fehler und wie er zu organisieren ist (Antisemitische Hefte, Nr. 1), Chemnitz 1880.

Matolcsy, Mátyás: Die landwirtschaftliche Arbeitslosigkeit (= Ungarisches Institut für Wirtschaftsforschung. Sonderheft Nr. 6), Budapest 1933.

Matsas, Michael: The Illusion of Safety. The Story of the Greek Jews during the

Second World War, New York 1997.

Mayer, Arno J.: The Furies. Violence and Terror in the French and Russian Revolutions, Princeton, NJ 2000.

Mayer, Michael: »Die französische Regierung packt die Judenfrage an«. Vichy-Frankreich, deutsche Besatzungsmacht und der Beginn der »Juden-politik« im Sommer/Herbst 1940, in: Vierteljahrshefte für Zeitgeschichte 58 (2010), S. 329 – 362.

Mayer, Michael: Staaten als Täter. Ministerialbürokratie und »Judenpolitik« in NS-Deutschland und Vichy-Frankreich. Ein Vergleich, München 2010.

Mazower, Mark: Salonica. City of Ghosts. Christians, Muslims and Jews, 1430 – 1950, New York 2004.

Meinen, Insa: Die Shoah in Belgien, Darmstadt 2009.

Melville, Ralph, Jiří Pešek, Claus Scharf (Hrsg.): Zwangsmigrationen im mittleren und östlichen Europa. Völkerrecht, Konzeptionen, Praxis (1938 – 1950), Mainz 2007.

Meron, Orly C.: Jewish Entrepreneurship in Salonica 1912 – 1940. An Ethnic Eco-nomy in Transition, Brighton 2011.

Messmer, Matthias: Sowjetischer und postkommunistischer Antisemitismus. Entwicklungen in Russland, der Ukraine und Litauen. Mit einem Vorwort von Walter Laqueur, Konstanz 1997.

Messner, Reinhold (Hrsg.): Die Option. 1939 stimmten 86% der Südtiroler für das Aufgeben ihrer Heimat. Warum? Ein Lehrstück in Zeitgeschichte, München 1989.

Meyer, Ahlrich: Das Wissen um Auschwitz. Täter und Opfer der »Endlösung« in Westeuropa, Paderborn 2010.

Miliakova, Lidia (Hrsg.): Le livre des pogroms. Antichambre d'un génocide. Ukraine, Russie, Biélorussie 1917 – 1922, Paris 2010 (umfangreichere russ. Erstausg. Moskau 2006).

Modras, Ronald: The Catholic Church and Antisemitism. Poland 1933 – 1939, Chur 1994.

Mojzes, Paul: Balkan Genocides. Holocaust and Ethnic Cleansing in the Twen-tieth Century, Lanham 2011.

Molho, Rena: Salonica and Istanbul. Social, Political and Cultural Aspects of Jewish life, Istanbul 2005.

Mombert, Paul: Die Tatsachen der Klassenbildung, in: Schmollers Jahrbuch 44 (1920), S. 93 – 122.

Motzkin, Leo: La campagne antisémite en Pologne. Troubles universitaires. Question du »numerus clausus«. Boycott économique. Attitude des tribu-naux, Paris 1932.

Müller, Uwe: The Meaning of Land Reforms for the Constitution, in: Kreutzmüller u. a. (Hrsg.), National Economies (2015), S. 181 – 195.

Münz, Wilh. : Die Judenmetzeleien in Russland. Ein offener Brief an die regierenden Fürsten und Staatsoberhäupter der Kulturwelt, Breslau 1906.

Nagy, Peter Tibor: The first anti-Jewish law in inter-war Europe, in: Karady, Nagy (Hrsg.), Numerus Clausus (2012), S. 56 – 68.

Nansen, Fridtjof: Betrogenes Volk. Eine Studienreise durch Georgien und Armenien als Oberkommissar des Völkerbundes, Leipzig 1928.

Nastasă, Lucian: Anti-Semitism at universities in Romania (1919 – 1939), in: Ka-rady, Nagy (Hrsg.), Numerus Clausus (2012), S. 219 – 243.

Nathan, Paul: Die russische Revolution und die Juden. Vortrag, gehalten am 5. Dezember 1906 in Berlin (Separatdruck).

Nathan, Paul, Elkan Adler, Bernhard Kahn: Bericht über das Balkanhilfswerk (der Union des Associations Israélites), Berlin (Juli) 1913.

Negură, Ion: Das Siedlungswerk von 1942 in Rumänien, in: Raumforschung und Raumordnung 7(1943), H. 1/2, S. 62 f.

Nolte, Ernst: Der Faschismus in seiner Epoche, München 1963.

Nossig, Alfred: Materialien zur Statistik des jüdischen Stammes, Wien 1887.

Oltmer, Jochen: Migration und Politik in der Weimarer Republik, Göttingen 2005.

Opfer, Björn: Der Wahn vom homogenen Großreich. Die bulgarische Nationalitätenpolitik im besetzten Makedonien während des Zweiten Weltkrieges, in: Zeitschrift für Genozidforschung 6(2005), H. 1, S. 42 – 71.

Pacholkiv, Svjatoslav: Zwischen Einbeziehung und Ausgrenzung. Die Juden in Lemberg, in: Binnenkade, Alexandra u. a., Vertraut und fremd zugleich.

Jüdisch-christliche Nachbarschaften in Warschau, Lengnau, Lemberg, Köln 2009, S. 155 – 216.

Pan-arische Union (Weltbund der arischen, arianisierten und affilierten Völker in Wien) (Hrsg.): Zusammenschluss der Arier oder Zusammenbruch des Altertums und der christlichen Kultur, Wien, o. J. [1937].

Paugam, Jacques: L'âge d'or du Maurrassisme, Paris 1971.

Petrow, Nikita: Die Kaderpolitik des NKWD während der Massenrepressalien 1936 – 39, in: Hedeler, Wladislaw (Hrsg.), Stalinistischer Terror 1934 – 41. Eine Forschungsbilanz, Berlin 2002, S. 11 – 32.

Picker, Henry: Hitlers Tischgespräche im Führerhauptquartier, Stuttgart 1976.

[Pinsker, Leo:] Autoemanzipation! Mahnruf an seine Stammesgenossen von einem russischen Juden, Berlin 1882.

Plaut, Joshua Eli: Greek Jewry in the Twentieth Century, 1913 – 1983. Patterns of Jewish Survival in the Greek Provinces before and after the Holocaust, Madison 1996.

Pohl, Dieter: Ukrainische Hilfskräfte beim Mord an den Juden, in: Paul, Ger-hard (Hrsg.), Die Täter der Shoah. Fanatische Nationalsozialisten oder ganz normale Deutsche? Göttingen 2002, S. 205 – 234.

Pollmann, Viktoria: Untermieter im christlichen Haus. Die Kirche und die »jüdische Frage« in Polen anhand der Bistumspresse der Metropolie Krakau 1926 – 1939, Wiesbaden 2001.

Poznanski, Renée: French Apprehensions, Jewish Expectations. From a Social Imaginary to a Political Practice, in: Bankier (Hrsg.), Coming Back (2005), S. 25 – 57.

Proskurover Relief Organization (Hrsg.): Khurbn Proskurov; tsum ondenken fun di heylige neshomes vos zaynen umgekumen, in der shreklikher shkhite, vos iz ongefirt gevoren durkh di haydamakes 1919, Newark, NJ 1924.

Reifer, Manfred: Der hundertjährige Kampf um die Judenemanzipation in Rumänien (1825 – 1925), Breslau 1925 (Separatabdruck aus Monatsschrift für Geschichte und Wissenschaft des Judentums, Jg. 1925, H. 7, S. 426 – 444).

Report of the Anglo-American Committee of Enquiry regarding the problems of European Jewry and Palestine, Lausanne, 20th April 1946, London 1946.

Richter, Klaus: »Ein Schatten über dem ganzen Land«. Wirtschaftliche Emanzipation und die »Judenfrage« in Litauen 1883 – 1914, in: Hettling u. a. (Hrsg.), Judenfrage (2013), S. 321 – 344.

Righini, Eugenio: Antisemitismo e semitismo nell' Italia politica moderna, Mi-lano 1901.

Rosenberg, Alfred: Der staatsfeindliche Zionismus aufgrund jüdischer Quellen, Hamburg 1922.

Rosenfeld, Max: Die polnische Judenfrage. Problem und Lösung, Wien 1918.

Rother, Bernd: Spanien und der Holocaust, Tübingen 2001.

Rudorff, Andrea: Maksymilian Kolbe, in: Handbuch des Antisemitismus. Judenfeindschaft in Geschichte und Gegenwart, hrsg. v. Wolfgang Benz, Bd. 2, 1, Berlin 2009, S. 434 f.

Rülf, Jsaak: Drei Tage in Jüdisch-Russland. Ein Cultur-und Sittenbild, Frankfurt a. M. 1882.

Rülf, Jsaak: Die russischen Juden. Ihre Leidensgeschichte und unsere Rettungsversuche, Memel 1892.

Ruppin, Arthur: Die Juden der Gegenwart. Eine sozialwissenschaftliche Studie, Berlin 1904, wesentlich veränderte 2. Aufl. , Berlin 1911.

Ruppin, Arthur: Die sozialen Verhältnisse der Juden in Russland, Berlin 1906.

Ruppin, Arthur: Der Kampf der Juden um ihre Zukunft, Bd. 2: Soziologie der Juden, Berlin 1931.

Russische Greuel. Die Juden-Verfolgung in Russland, hrsg. v. russisch-jüdischen Comité (Nathan Mayer von Rothschild), Berlin 1882.

Die russischen Judenverfolgungen. Fünfzehn Briefe aus Süd-Russland, Frank-furt a. M. 1882.

Salter, Arthur: Zur Lösung der Frage der Flüchtlingswanderungen. Eine englische Stimme zur Lösung der jüdischen Emigrantenfrage, in: Archiv für Wanderungswesen und Auslandskunde 10(1938/39), S. 139 ff.

Sanders, Ronald: Shores of Refuge. A Hundred Years of Jewish Emigration, New York 1988.

Schechtman, Joseph B. : European Population Transfers 1939 – 1945, New York 1946.

Schewtschenko, Taras: Der Kobsar, 2 Bde., Moskau 1951.

Schewtschenko, Taras: Meine Lieder, meine Träume. Gedichte und Zeichnungen, Berlin-Kiew 1987.

Schickert, Klaus: Die Judenfrage in Ungarn. Jüdische Assimilation und antisemitische Bewegung im 19. und 20. Jahrhundert, 2. erw. Aufl., Essen 1943.

Schieder, Theodor (Hrsg.): Das Schicksal der Deutschen in Ungarn (= Dokumentation der Vertreibung der Deutschen aus Ost-Mitteleuropa, Bd. 2), Düsseldorf 1956.

Schieder, Theodor: Europa im Zeitalter der Weltmächte, in: ders. (Hrsg.), Hand-buch der europäischen Geschichte, Bd. 7, 1, Stuttgart 1979, S. 1 – 351.

Schiemann, Paul: Rede v. 25. 7. 1928 in Wien, enthalten in: Die Wiener Tagung des Verbandes der deutschen Volksgruppen in Europa (Bericht), in: Nation und Staat 1(1927/1928), S. 893 – 895.

Schlamm, Willi (d. i. Wilhelm Siegmund, später William S. Schlamm): Diktatur der Lüge. Eine Abrechnung, Zürich 1937.

Schlögel, Karl: Berlin, Ostbahnhof Europas. Russen und Deutsche in ihrem Jahrhundert, Berlin 1998.

Schlögel, Karl: Terror und Traum. Moskau 1937, München 2008.

Schoeps, Julius H. : »Das Urteil wird öffentlich verkündet werden . . . « Der erste Dreyfus-Prozeß im Spiegel von Theodor Herzls Pariser Korrespondenz, in: Das Jüdische Echo, Bd. 43, Okt. 1994, S. 99 – 108.

Schuster, Frank M. : Zwischen den Fronten. Osteuropäische Juden während des Ersten Weltkrieges (1914 – 1919), Köln 2004.

Schuster, Hans: Die Judenfrage in Rumänien, Leipzig 1938.

Schwartz, Michael: Ethnische » Säuberungen « in der Moderne. Globale Wechselwirkungen nationalsozialistischer und rassistischer Gewaltpolitik im 19. und 20. Jahrhundert, München 2013.

Sebastian, Mihail: »Voller Entsetzen, aber nicht verzweifelt«. Tagebücher 1935 – 44, hrsg. v. Edward Kanterian, Berlin 2005.

Seligsohn, Julius L. Israel: Die Einwanderung nach USA, Berlin 1940.

Silagi, Denis: Die Juden in Ungarn in der Zwischenkriegszeit, in Ungarn-Jahr-buch

5(1973), S. 198 - 214.

Silberner, Edmund: Sozialisten zur Judenfrage. Ein Beitrag zur Geschichte des Sozialismus des 19. Jahrhunderts bis 1914, Berlin 1962.

Simmel, Georg: Soziologie. Untersuchungen über die Formen der Vergesellschaftung, Leipzig 1908.

Singer, Isidor: Presse und Judenthum, 2. verm. u. verb. Aufl. , Wien 1882.

Singer, J. (Isidor) (Hrsg.): Briefe christlicher Zeitgenossen über die Judenfrage, Wien 1885.

Slezkine, Yuri: Das jüdische Jahrhundert, Göttingen 2006.

Smoliakovas, Grigorijus: Die Nacht, die Jahre dauerte. Ein jüdisches Überlebensschicksal in Litauen 1941 - 1945, Konstanz 1992.

Sokolow, Nahum: Ewiger Haß auf ein Volk der Ewigkeit, Warschau 1882.

Sokolow, Nahum: Geschichte des Zionismus, Wien 1905.

Solonari, Vlad. : An Important New Document on the Romanian Policy of Eth-nic Cleansing, in: Holocaust and Genocide Studies 21(2007), S. 268 - 297.

Solonari, Vladimir: Purifying the Nation. Population Exchange and Ethnic Cleansing in Nazi-Allied Romania, Baltimore, MD 2010.

Sombart, Werner: Die Juden und das Wirtschaftsleben, Leipzig 1911.

Sombart, Werner: Die Zukunft der Juden, Leipzig 1912.

Stach, Reiner: Kafka. Die frühen Jahre, Frankfurt a. M. 2014.

Stang, Knut: Kollaboration und Massenmord. Die litauische Hilfspolizei, das Rollkommando Hamann und die Ermordung der litauischen Juden, Frank-furt a. M. 1996.

Stauber, Roni (Hrsg.): Collaboration with the Nazis. Public Discourse after the Holocaust, London 2014.

Stavroulakis, Nicholas P. : The Jews of Greece, Athens 1997.

Stone, Jules: The Numerus Clausus in the Universities of Eastern Europe, Birmingham 1927.

Streit, Georgios: Der Lausanner Vertrag und der griechisch-türkische Bevölkerungsaustausch, Berlin 1929.

Stroumsa, Jacques: Tu choisiras la vie. Violiniste à Auschwitz, Paris 1998.

Šukys, Julija: »And I burned with shame. « The Testimony of Ona Šimaitr · ,

Righteous Among the Nations, Jerusalem 2007.

Szinai, Miklós, László Szücs (Hrsg.): The Confidential Papers of Admiral Horthy, Budapest 1965.

Szöllösi-Janze, Margit: Die Pfeilkreuzlerbewegung in Ungarn. Historischer Kontext, Entwicklung und Herrschaft, München 1989.

Die Tagebücher von Joseph Goebbels, hrsg. v. Elke Fröhlich, Teil II, Bd. 1 ff., München 1996 ff.

Tausig, Franziska: Shanghai-Passage. Flucht und Exil einer Wienerin, Wien 1987.

Tenenbaum, Joseph (Pseudonym: Bendow, Josef): Der Lemberger Judenpogrom. November 1918-Jänner 1919, Wien 1919.

Tenenbaum, Joseph: Economic Antisemitism. A Review of Political and Economic Conditions of the Jews, New York 1931.

Thalheim, Karl C. : Gegenwärtige und zukünftige Strukturwandlungen in der Wanderungswirtschaft der Welt, in: Archiv für Wanderungswesen 3(1930), S. 41 – 47.

Thalheim, Karl C. : Die menschlichen Wanderungen in Krise und Neuaufbau der Weltwirtschaft. Vortrag, gehalten vor der Deutschen Weltwirtschaft-lichen Gesellschaft in Berlin am 28. November 1941, in: Nachrichtenblatt der Reichsstelle für das Auswanderungswesen 24(1942), Heft 12, S. 186 – 188.

Ther, Philipp: Die dunkle Seite der Nationalstaaten. »Ethnische Säuberungen« im modernen Europa, Göttingen 2011.

Thomas, Louis: Les précurseurs. Alphonse Toussenel. Socialiste national antisémite (1803 – 1885), Paris 1941.

Tönsmeyer, Tatjana: Kollaboration als handlungsleitendes Motiv? Die slowaki-sche Elite und das NS-Regime, in: Kooperation und Verbrechen. Formen der » Kollaboration « im östlichen Europa 1939 – 1945, hrsg. v. Dieckmann, Christoph u. a. , Göttingen 2003, S. 25 – 54.

Told (d. i. Berthold Baruch Feiwel): Die Judenmassacres in Kischinew. Mit einem Weiheblatt von E. M. Lilien, Berlin 1903.

Tolstoi, Iwan: Der Antisemitismus in Russland, Frankfurt a. M. 1909.

Trașcă, Ottmar, Rudolf Gräf: Rumänien, Ungarn und die Minderheitenfrage zwischen Juli 1940 und August 1944, in: Melville u. a. (Hrsg.) Zwangsmigrationen (2007), S. 259 – 308.

Treitschke, Heinrich von: Ein Wort über unser Judenthum. Separatabdruck aus dem 44., 45. u. 46. Bd. der Preuß. Jahrbücher, 4. verm. Aufl., Berlin 1881.

Troebst, Stefan: Antisemitismus im »Land ohne Antisemitismus«. Staat, Titularnation und jüdische Minderheit in Bulgarien 1878 – 1993, in: Hausleitner, Mariana, Monika Katz, Juden und Antisemitismus im östlichen Europa, Berlin 1995, S. 109 – 126.

Trotzki, Leo: Die Balkankriege 1912 – 13, Essen 1996.

The Ukraine Terror and the Jewish Peril, hrsg. v. The Federation of Ukrainian Jews, London 1921.

Ungvári, Tamás: The »Jewish Question« in Europe. The Case of Hungary, New York 2000.

Ungváry, Krisztián: Die Schlacht um Budapest. 1944/45. Stalingrad an der Donau, München 1999.

Varga, László: Ungarn, in: W. Benz (Hrsg.), Dimension des Völkermords. Die Zahl der jüdischen Opfer des Nationalsozialismus, München 1991, S. 331 – 351.

Verbrechen der Wehrmacht. Dimensionen des Vernichtungskrieges 1941 – 1944. Ausstellungskatalog, hrsg. v. Hamburger Institut für Sozialforschung, Hamburg 2002.

VEJ 2 = Die Verfolgung und Ermordung der europäischen Juden durch das nationalsozialistische Deutschland 1933 – 1945, hrsg. im Auftrag des Bundesarchivs u. a., Bd. 2: Deutsches Reich. 1938-August 1939, bearb. v. Susanne Heim, München 2009.

VEJ 4 = ... Bd. 4: Polen. September 1939-Juli 1941, bearb. v. Klaus-Peter Fried-rich, München 2011.

VEJ 5 = ... Bd. 5: West-und Nordeuropa. 1940-Juni 1942, bearb. v. Katja Happe, Michael Mayer, Maja Peers, München 2012.

VEJ 7 = ... Bd. 7: Sowjetunion mit annektierten Gebieten I. Besetzte sowjetische Gebiete unter deutscher Militärverwaltung, Baltikum und Transnistrien, be-arb. v. Bert Hoppe, Hildrun Glass, München 2011.

VEJ 8 = ... Bd. 8: Sowjetunion mit annektierten Gebieten II, bearb. v. Bert Hoppe, Berlin 2016.

VEJ 9 = ... Bd. 9: Polen. Generalgouvernement. August 1941 – 1945, bearb. v. Klaus-Peter Friedrich, München 2014.

VEJ 14 = ... Bd. 14: Besetztes Südosteuropa und Italien, bearb. v. Sara Berger, Sanela Schmid, Maria Vassilikou, Erwin Lewin, München 2017.

Vetter, Matthias: Antisemiten und Bolschewiken. Zum Verhältnis von Sowjetsystem und Judenfeindschaft 1917 – 1939, Berlin 1995.

Vishniac, Roman: Verschwundene Welt, München 1983.

Weidlein, Johann (Hrsg.): Der ungarische Antisemitismus in Dokumenten, Schorndorf 1962.

Weinberg, Robert: Workers, Pogroms, and the 1905 Revolution in Odessa, in: The Russian Review 46(1987), S. 53 – 75.

Weinert, Erich, Gesammelte Werke: Nachdichtungen, Berlin 1959.

Weisl, Wolfgang: Der Kampf um das Heilige Land, Wien 1925.

Welter, Beate: Die Judenpolitik der rumänischen Regierung 1866 – 1888, Frankfurt a. M. 1989.

Whyte, George R: The Dreyfus Affair. A Chronological History, London 2006.

Wildt, Michael (Hrsg.): Die Judenpolitik des SD 1935 bis 1938. Eine Dokumentation, München 1995.

Winock, Michel: Nationalisme, antisémitisme et fascisme en France, Paris 2004.

Wirtschaftsjahrbuch des Pester Lloyd. Ungarns Volkswirtschaft 1943, Budapest 1944.

Wischnitzer, Mark: To Dwell in Safety. The Story of Jewish Migration since 1800, Philadelphia 1948.

WJC, siehe World Jewish Congress.

World Jewish Congress: Short minutes of office committee meetings 1. 2. 1946 – 4. 9. 1948.

World Jewish Congress: Memorandum to the United Nations Special Commit-tee on Palestine, (New York) 1947 (YVL 02855).

Wyrwa, Ulrich: »La questione ebraica«. Der Begriff »Judenfrage« in der italienischen Sprache und die Juden in der neueren Geschichte Italiens, in: Hettling u.

a. (Hrsg.), Judenfrage (2013), S. 181 - 202.

Wyrwa, Ulrich: Gesellschaftliche Konfliktfelder und die Entstehung des Antisemitismus. Das Deutsche Kaiserreich und das Liberale Italien im Vergleich, Berlin 2015.

York-Steiner, Heinrich: Die Kunst, als Jude zu leben. Minderheit verpflichtet, Leipzig 1928.

Zandman, Felix: Never the Last Journey, New York 1995.

Zangwill, Israel: Die territoriale Lösung der Judenfrage, Wien 1907.

Zangwill, Israel: Ist der Zionismus tot?-Ja!, Berlin 1924.

Zeltser, Arkadi (Hrsg.): To Pour Out My Bitter Soul. Letters of Jews from USSR, 1941 - 1945, Jerusalem 2016.

Zielenziger, Kurt: Die Auswanderung der deutschen Juden seit 1938, in: Population. Journal of the International Union for the Scientific Investigation of Population Problems, December 1937, S. 81 - 95.

Zobel, Andreas: Frankreichs extreme Rechte vor dem Ersten Weltkrieg unter besonderer Berücksichtigung der »Action française«. Ein empirischer Bei-trag zur Bestimmung des Begriffs Präfaschismus, Berlin 1982.

Zola-Prozeß vor dem Schwurgericht vom 7. bis 23. Februar 1898 und der Dreyfus-Kampf in Frankreich, Chemnitz 1898.

Zweig, Stefan: Die Welt von Gestern. Erinnerungen eines Europäers (Stockholm 1942), Frankfurt a. M. 1970.

Götz Aly
Europa gegen die Juden 1880—1945
Originally published as "Europa gegen die Juden: 1880—1945"
Copyright © 2017 S. Fischer Verlag GmbH, Frankfurt am Main
Simplified Chinese translation rights arranged through The PaiSha Agency

图字：09‐2021‐781 号

图书在版编目（CIP）数据

　　欧洲反犹史：1880—1945/（德）格茨·阿利著；
陶卓，朱凤仪译. —上海：上海译文出版社，2024.6（2025.6 重印）
（历史学堂）
　　书名原文：Europa gegen die Juden 1880—1945
　　ISBN 978‐7‐5327‐9481‐2

　　Ⅰ. ①欧… Ⅱ. ①格…②陶…③朱… Ⅲ. ①反犹太
主义—历史—欧洲— 1880—1945 Ⅳ. ①D750.1

　　中国国家版本馆 CIP 数据核字(2024)第 082832 号

欧洲反犹史 1880—1945
［德］格茨·阿利 著　陶 卓　朱凤仪 译
责任编辑/薛 倩　装帧设计/胡 枫

上海译文出版社有限公司出版、发行
网址：www. yiwen. com. cn
201101　上海市闵行区号景路 159 弄 B 座
上海新华印刷有限公司印刷

开本 890×1240　1/32　印张 12.75　插页 2　字数 280,000
2024 年 6 月第 1 版　2025 年 6 月第 3 次印刷
印数：6,001—7,500 册

ISBN 978‐7‐5327‐9481‐2
定价：68.00 元